TEORIA DA CONTABILIDADE

O GEN | Grupo Editorial Nacional – maior plataforma editorial brasileira no segmento científico, técnico e profissional – publica conteúdos nas áreas de ciências sociais aplicadas, exatas, humanas, jurídicas e da saúde, além de prover serviços direcionados à educação continuada e à preparação para concursos.

As editoras que integram o GEN, das mais respeitadas no mercado editorial, construíram catálogos inigualáveis, com obras decisivas para a formação acadêmica e o aperfeiçoamento de várias gerações de profissionais e estudantes, tendo se tornado sinônimo de qualidade e seriedade.

A missão do GEN e dos núcleos de conteúdo que o compõem é prover a melhor informação científica e distribuí-la de maneira flexível e conveniente, a preços justos, gerando benefícios e servindo a autores, docentes, livreiros, funcionários, colaboradores e acionistas.

Nosso comportamento ético incondicional e nossa responsabilidade social e ambiental são reforçados pela natureza educacional de nossa atividade e dão sustentabilidade ao crescimento contínuo e à rentabilidade do grupo.

Sérgio de Iudícibus

Colaborador: Ricardo Pereira Rios

TEORIA DA CONTABILIDADE

12ª edição

» Atualizada de acordo com as novas normas do CPC/IASB e o CPC 00 (R2) Estrutura Conceitual para Relatório Financeiro

- O autor deste livro e a editora empenharam seus melhores esforços para assegurar que as informações e os procedimentos apresentados no texto estejam em acordo com os padrões aceitos à época da publicação, *e todos os dados foram atualizados pelo autor até a data de fechamento do livro*. Entretanto, tendo em conta a evolução das ciências, as atualizações legislativas, as mudanças regulamentares governamentais e o constante fluxo de novas informações sobre os temas que constam do livro, recomendamos enfaticamente que os leitores consultem sempre outras fontes fidedignas, de modo a se certificarem de que as informações contidas no texto estão corretas e de que não houve alterações nas recomendações ou na legislação regulamentadora.

- Data do fechamento do livro: 05/03/2021

- O autor e a editora se empenharam para citar adequadamente e dar o devido crédito a todos os detentores de direitos autorais de qualquer material utilizado neste livro, dispondo-se a possíveis acertos posteriores caso, inadvertida e involuntariamente, a identificação de algum deles tenha sido omitida.

- **Atendimento ao cliente: (11) 5080-0751 | faleconosco@grupogen.com.br**

- Direitos exclusivos para a língua portuguesa
  Copyright © 2021, 2023 (2ª impressão) by
  Editora Atlas Ltda.
  Uma editora integrante do GEN | Grupo Editorial Nacional
  Travessa do Ouvidor, 11
  Rio de Janeiro – RJ – 20040-040
  www.grupogen.com.br

- Reservados todos os direitos. É proibida a duplicação ou reprodução deste volume, no todo ou em parte, em quaisquer formas ou por quaisquer meios (eletrônico, mecânico, gravação, fotocópia, distribuição pela Internet ou outros), sem permissão, por escrito, da Editora Atlas Ltda.

- Capa: OFÁ Design

- Editoração eletrônica: LBA Design

CIP-BRASIL. CATALOGAÇÃO NA PUBLICAÇÃO
SINDICATO NACIONAL DOS EDITORES DE LIVROS, RJ

I87t
12. ed.

Iudícibus, Sérgio de, 1935-
Teoria da contabilidade / Sérgio de Iudícibus ; colaborador Ricardo Pereira Rios. – 12. ed. [2ª Reimp.]. - São Paulo: Atlas, 2023.

Inclui bibliografia e índice
"Atualizada de acordo com as normas do CPC/IASB e o CPC00(R2) Estrutura Conceitual para Relatório Financeiro"
ISBN 978-85-97-02709-9

1. Contabilidade. 2. Contabilidade - Normas. 3. Contabilidade - História. I. Rios, Ricardo Pereira. II. Título.

21-69490 CDD: 657
CDD: 657

Camila Donis Hartmann – Bibliotecária – CRB-7/6472

Dedico a meus pais, os quais me ensinaram que o mais importante não é ser o melhor, mas apenas íntegro e, se possível, um dos melhores.

Sobre o autor

Sérgio de Iudícibus é Professor Titular aposentado e Professor Emérito do Departamento de Contabilidade e Atuária da FEA/USP, Professor do Mestrado Profissional em Ciências Contábeis, Financeiras e Atuariais da PUC de São Paulo e membro do Conselho Curador da FIPECAFI. Coordenador e coautor do livro *Contabilidade Introdutória*.

Autor dos livros *Análise de Balanços* e *Contabilidade Gerencial*. Coautor de *Análise de Custos, Contabilidade Comercial, Curso de Contabilidade para não contadores* (Texto e Exercícios), *Introdução à Teoria da Contabilidade, Teoria avançada da Contabilidade* e outros, todos publicados pelo GEN | Atlas. Coautor do *Manual de Contabilidade Societária*, também do GEN | Atlas.

Foi *Visiting Professor* da Universidade de Kansas, nos EUA, em 1986, quando ministrou, no Mestrado daquela instituição, as disciplinas *Contabilidade Gerencial* e *Seminários de Teoria da Correção Monetária Contábil*. Membro do Conselho Editorial de várias Revistas. O Professor Iudícibus, juntamente com outros pioneiros, associou seu nome a uma importante etapa da evolução da Contabilidade no Brasil quando, em 1962, se iniciou a mudança do ensino e da pesquisa em Contabilidade, lançando-se as bases de uma linha de pensamento mais voltada para as necessidades do usuário da informação contábil. Exerceu, em várias gestões, a Chefia do Departamento de Contabilidade e Atuária da FEA/USP, bem como foi seu Diretor entre 1979 e 1983. Também exerceu a função de Diretor de Fiscalização do Banco Central do Brasil. O Prof. Iudícibus obteve várias honrarias, dentre as quais se destaca a de Professor Notável pelo CRCSP e muitas outras.

Sobre o colaborador

Ricardo Pereira Rios atua na área Contábil Tributária há 25 anos. Doutorando em Educação e mestre em Ciências Contábeis pela Pontifícia Universidade Católica de São Paulo (PUC-SP). Pós-graduado em Gestão Empresarial pela Universidade Nove de Julho (UNINOVE). Bacharel em Ciências Contábeis pela Faculdade de Administração e Ciências Contábeis de São Roque. Professor universitário, coordenador do curso de Ciências Contábeis e diretor acadêmico do Centro Universitário de São Roque. Participa e participou como dirigente de diversas entidades da classe contábil.

Prefácio à Décima Segunda Edição

Este livro tem sido, desde o fim da década de 1970, apreciado por muitos estudantes, profissionais e amantes em geral da Contabilidade, especialmente de sua teoria.

Nesta nova edição, a parte conceitual do texto continua vibrante e ulteriormente atualizada. Adicionalmente, todos os capítulos nos quais o progresso regulatório da Contabilidade em nível profissional tem levado a editar normas técnicas de qualidade por entidades como CPC/IASB/CVM/CFC etc. foram modernizados e atualizados graças à grande colaboração do prof. Ricardo Pereira Rios, a quem agradeço.

Temos, como sempre, um trabalho conceitualmente completo, incluindo as normas regulatórias profissionais mais importantes, além da adição de novas questões no final dos capítulos e de outros aperfeiçoamentos.

Assim, o livro é apresentado à grande legião de admiradores rejuvenescido, mantendo seu marco fundamental, a coerência e suas qualidades básicas tradicionais.

Esta edição se destina tanto aos melhores cursos de graduação quanto aos de pós-graduação e, em geral, a todos os profissionais e aos que apreciam a Contabilidade, sua teoria e prática.

Janeiro de 2021.
Sérgio de Iudícibus

Prefácio à Décima Primeira Edição

Apresentamos aos nossos caros e fiéis leitores a **décima primeira edição do** *Teoria da Contabilidade*.

Não há alterações estruturais, nem adição, subtração ou alteração de ordem de capítulos.

Entretanto, foram feitos minuciosos ajustes, correções e aditamentos **em todos os capítulos**, principalmente nos de números 13, 14 e 15, muito importantes.

Conceitos como **Valor Justo** foram revisados e atualizados, bem como as normas regulatórias citadas, atualizadas.

Enfim, temos o prazer de levar ao nosso público uma nova edição, atualizada e expandida.

Novembro de 2014.
Sérgio de Iudícibus

Material Suplementar

Este livro conta com os seguintes materiais suplementares:

- Manual do Mestre (exclusivo para professores).
- Dicas e sugestões.

O acesso ao material suplementar é gratuito. Basta que o leitor se cadastre, faça seu *login* em nosso *site* (www.grupogen.com.br) e, após, clique em Ambiente de aprendizagem.

O acesso ao material suplementar online fica disponível até seis meses após a edição do livro ser retirada do mercado.

Caso haja alguma mudança no sistema ou dificuldade de acesso, entre em contato conosco (gendigital@grupogen.com.br).

Sumário

UNIDADE I – DEFINIÇÕES BÁSICAS, 1

1   **Objetivos e Abordagens (Ênfases) da Teoria Contábil, 3**
   1.1   Generalidades, 3
   1.2   Das várias abordagens à Teoria Contábil, 7
       1.2.1   A abordagem ética, 7
       1.2.2   A abordagem comportamental, 7
       1.2.3   A abordagem macroeconômica, 8
       1.2.4   A abordagem sociológica, 8
       1.2.5   A abordagem sistêmica, 9
       1.2.6   Dedução e indução, 9
       1.2.7   Teoria normativa e teoria positiva, 11
   Resumo, 11
   Questionário, 12

2   **Resumo da Evolução Histórica da Contabilidade, 13**
   2.1   Objetivos e limites do capítulo, 13
   2.2   Origem da Contabilidade, 13
   2.3   Ascensão da escola europeia, 14
   2.4   A invasão norte-americana (a escola anglo-saxônica), 15
   2.5   O caso brasileiro, 17
       2.5.1   Das firmas de auditoria de origem anglo-americana, 19
       2.5.2   A influência da reestruturação do ensino da Contabilidade na Faculdade de Economia e Administração da USP, 19
   2.6   Perspectivas da Contabilidade e da profissão contábil no Brasil, 20
   2.7   Algumas datas e eventos importantes na evolução histórica da Contabilidade (escola italiana), 21
   Resumo, 23
   Esclarecimento aos leitores, 23
   Questionário, 24

3   **Postulados Contábeis, 25**
   3.1   Natureza dos postulados, 25
   3.2   Postulado da entidade contábil, 26

3.3 Postulado da continuidade, 27
Resumo, 29
Questionário, 29
Exercícios, 30

4 Os Princípios Contábeis, 33

4.1 Generalidades, 33

4.2 Custo como base de registro inicial, 33

4.3 O princípio da realização da receita e da confrontação com as despesas (competência), 36

    4.3.1 Receitas que acrescem em uma proporção direta ao decurso do tempo, 38

    4.3.2 Reconhecimento da receita por valoração dos estoques, 39

    4.3.3 Produtos ou serviços de longo prazo de maturação (produção), 40

    4.3.4 Reconhecimento da receita após o ponto de venda, 42

4.4 O princípio do denominador comum monetário, 43

Resumo, 44

Questionário, 44

5 As Convenções (Normas e Restrições), 45

5.1 A norma (convenção ou restrição) da objetividade, 45

5.2 A convenção (restrição, norma) da materialidade (relevância), 48

5.3 A convenção (restrição, norma) do conservadorismo (prudência), 50

5.4 A convenção (restrição, norma) da consistência (uniformidade), 51

5.5 Qualidades da informação contábil e a prevalência da essência sobre a forma, 51

5.6 A Contabilidade no meio econômico e administrativo, 53

    5.6.1 O conceito fundamental de lucro e outras considerações, 53

    5.6.2 Contabilidade e decisões: um casamento de conveniência?, 56

    5.6.3 A interface com sistemas, 57

    5.6.4 A teoria do agenciamento, 57

Resumo, 58

Questionário, 58

Apêndices aos Capítulos 3, 4 e 5, 59

Introdução, 59

1 Os princípios contábeis segundo Mattessich, 59

    1.1 Premissas básicas (um resumo), 60

2 A nova estrutura conceitual para relatório financeiro no Brasil (Deliberação CVM nº 835, de 10 de dezembro de 2019), 63

    2.1 Definição de Ativos, Passivos e Patrimônio Líquido, 64

3 Estruturas conceituais anteriores, 68

    3.1 Estrutura conceitual para a Elaboração e Divulgação de Relatório Contábil-Financeiro (Deliberação CVM nº 675, de 13 de dezembro de 2011), 69

    3.2 Estrutura conceitual para a elaboração e apresentação das demonstrações contábeis no Brasil (Deliberação CVM nº 539, de 14 de março de 2008), 70

    3.3 Resolução nº 750 do Conselho Federal de Contabilidade, de 1993, sobre princípios fundamentais, 75

    3.4 Princípios fundamentais de Contabilidade, 76

    3.5 Princípios fundamentais segundo a CVM e o Ibracon, 90

Considerações finais, 92

6   A Evidenciação (*Disclosure*), 93
    6.1   Generalidades, 93
    6.2   As várias formas de evidenciação, 95
    Resumo, 98
    Questionário, 99
    Exercícios, 100

UNIDADE II – O NÚCLEO FUNDAMENTAL DA TEORIA CONTÁBIL, 103

7   O Ativo e sua Mensuração, 105
    7.1   Generalidades, 105
    7.2   Algumas definições de ativo, 105
    7.3   Características adicionais, 107
    7.4   Mensuração e avaliação dos ativos, 107
        7.4.1   O plano baseado em valores de mercado (de realização), 111
        7.4.2   Valores de saída, 112
        7.4.3   Valores de entrada, 113
    7.5   O custeamento variável e seus reflexos na avaliação do ativo (considerações especiais), 116
    Resumo, 116
    Questionário, 117
    Exercícios, 118

8   O Passivo e sua Mensuração, 119
    8.1   Generalidades, 119
    8.2   Definições de passivo, 119
    8.3   Composição das exigibilidades, 120
    8.4   O momento de reconhecimento das exigibilidades, 121
    8.5   Nota sobre contingências, 122
    8.6   Mensuração das exigibilidades, 122
    Resumo sobre exigibilidade, 123
    Exercícios, 123

9   Receitas, Despesas, Perdas e Ganhos, 125
    9.1   Generalidades, 125
    9.2   Natureza e definições de receita, 125
    9.3   Algumas bases para a mensuração da receita, 127
    9.4   Uma definição geral de receita, 128
    9.5   As despesas, 129
    9.6   O grau de associação das despesas com as receitas, 131
    9.7   Ganhos e perdas extraordinários (itens extraordinários), 134
    9.8   Ajustes de períodos anteriores, 135
    Resumo, 137
    Questionário, 137
    Exercícios, 138

10 O Patrimônio Líquido, 141
    10.1   Generalidades, 141
    10.2   Patrimônio líquido e exigibilidades, 141
    10.3   Outras considerações, 142

10.4 Um resumo sobre as várias abordagens do patrimônio líquido, 143
10.5 Classificações principais no patrimônio líquido, 146
10.6 A questão dos dividendos em ações, 146
10.7 Lucro por ação, 148
10.8 Apresentação do patrimônio líquido nas consolidações, 149

Resumo, 150

Questionário, 150

Exercícios, 151

11 Imobilizado Tangível Depreciável, 153

11.1 Generalidades, 153
11.2 Conceituação de imobilizado tangível, 153
11.3 O que incluir no custo de incorporação inicial, 155
11.4 Imobilizados construídos pela entidade, 156
11.5 Considerações sobre a depreciação, 157

Resumo, 161

Questionário, 161

Exercícios, 162

12 Estoques, 163

12.1 Generalidades, 163
12.2 Que são estoques, 163
12.3 Bases e métodos de avaliação de estoques (um resumo), 164
    12.3.1 Avaliação a valores de saída (ou de *output*), 164
    12.3.2 Avaliação a valores de entrada, 165
12.4 Conteúdo dos custos a serem atribuídos aos estoques, 169

Resumo, 169

Questionário, 170

13 Ativo Intangível e Outros Itens, 171

13.1 Finalidade do capítulo, 171
13.2 Capital circulante líquido, 171
13.3 Intangíveis, 172
    13.3.1 Caracterização de intangíveis, 172
    13.3.2 Gastos (custos) de organização, 173
    13.3.3 *Goodwill*, 173
    13.3.4 Marcas e patentes, direitos autorais, licenças, 176
    13.3.5 Gastos com pesquisa e desenvolvimento, 176
    13.3.6 Características adicionais dos intangíveis, 177
13.4 Aspectos essenciais sobre consolidação e método *equity* de contabilização de investimentos em ações, 177
    13.4.1 Método *equity* (equivalência patrimonial) para a contabilização de investimentos em ações, 177
    13.4.2 Consolidação (demonstrações contábeis consolidadas), 178
    13.4.3 Considerações adicionais sobre o *goodwill*, 179
13.5 Algumas considerações sobre *leasing*, 181

Resumo, 183

Questionário, 183

Exercícios, 184

14 As "Novas" Abordagens à Teoria (Pesquisa) Contábil – Um Resumo, 185
   14.1 Introdução, 185
   14.2 Teoria positiva, 185
   14.3 Abordagem institucional e social, 187
   14.4 Outras abordagens, 188
   14.5 A Teoria contratual da firma e a Contabilidade, 188
   14.6 Assimetria informacional, 188
   14.7 A diferente interpretação dos conceitos contábeis fundamentais conforme a teoria normativa e a positiva, 189
   14.8 Qual a melhor, a teoria normativa ou a positiva?, 189
   14.9 Prevalência da essência sobre a forma e valor justo (mais um pouco), 190
   Resumo, 190
   Questionário, 191

15 Perspectivas e Tendências da Teoria da Contabilidade e da Contabilidade em Geral, 193
   15.1 Finalidades e objetivos do capítulo, 193
   15.2 Nosso presente é uma realidade de computadores e robôs, Internet e *big data*, 194
   15.3 A aplicação de métodos quantitativos no equacionamento da solução de problemas empresariais, 194
   15.4 Outras características sociais e institucionais que poderão influenciar a profissão, 196
   15.5 Considerações conclusivas, 198
   Resumo, 199
   Questionário, 199

UNIDADE III (ESPECIAL) – TEORIA DA CORREÇÃO MONETÁRIA CONTÁBIL, 201

16 A Contabilidade em Face das Flutuações de Preços – Conceitos Gerais, 203
   16.1 Observações introdutórias, 203
   16.2 A Contabilidade e as flutuações de preços, 204
   16.3 As várias abordagens de correção, num modelo simplificado, 205
   Resumo, 214
   Questionário, 214
   Exercícios, 215

17 Generalização da Contabilidade ao Nível Geral de Preços, 217
   17.1 Mudanças no nível geral dos preços, 217
   17.2 Ativos e passivos monetários (uma reflexão), 219
   Resumo, 226

18 As Correções pelas Variações Específicas de Preços, 229
   18.1 Mudanças nos preços específicos, 229
   18.2 Algumas fontes para obtenção de preços específicos, 231
   18.3 Exemplo de correção global dos dados históricos de empresa industrial (hipotética), 235
   Resumo, 243

19 A Influência das Variações do Poder Aquisitivo da Moeda; Custos Correntes Corrigidos, 245
   19.1 Generalidades, 245
   19.2 As premissas sobre o índice geral de preços, 245
   19.3 Escolha da data-base e cálculo dos coeficientes, 246
   19.4 O resultado corrente corrigido apurado por diferença entre patrimônios líquidos, 246

19.5 Correção dos balanços patrimoniais, 246
19.6 Correção da demonstração de resultados, 247
    19.6.1 Vendas, 247
    19.6.2 Custo corrente dos produtos vendidos, 247
    19.6.3 Economias de custo realizadas, 247
    19.6.4 Despesas de desembolso, 248
    19.6.5 Imposto de Renda, 248
    19.6.6 Acréscimo no saldo dos ganhos não realizados ocorrido entre 31-12-75 e 31-12-76, 248
    19.6.7 Ganhos (perdas) nos itens monetários, 249
    19.6.8 Demonstração de resultados corrigida (resumo), 249

Resumo, 249

UNIDADE IV (APÊNDICES)
– ALTERAÇÕES PRINCIPAIS DAS LEIS Nº 11.638, DE 2007, E Nº 11.941, DE 2009
– A LEI DAS SOCIEDADES POR AÇÕES (1976), 251

Apêndice A   Principais Alterações da Lei nº 11.638, de 2007, e da Lei nº 11.941, de 2009, 253

Apêndice B   Avaliação Global das Principais Disposições Contábeis Contidas na Lei nº 6.404, de 15-12-1976, 259

A.1 Finalidades do apêndice, 259
A.2 Escrituração, 260
A.3 Demonstrações financeiras (demonstrações contábeis), 261
A.4 Balanço patrimonial, 263
A.5 Ativo, 264
A.6 Passivo exigível, 266
A.7 Critérios de avaliação do ativo, 266
A.8 Patrimônio líquido, 269
A.9 Demonstração de lucros ou prejuízos acumulados, 270
A.10 Demonstração do resultado do exercício, 270
A.11 Outras considerações, 272
    A.11.1 Lucro líquido, 272
    A.11.2 Das reservas e retenção de lucros, 272
    A.11.3 Dos dividendos (considerações principais), 275
A.12 Conclusões sobre disposições contábeis da Lei nº 6.404, 277
    A.12.1 A lei quanto à sua oportunidade, 277
    A.12.2 A lei quanto à terminologia contábil, 277
    A.12.3 A lei quanto à clareza e à ordem de exposição, 277
    A.12.4 Os grandes problemas de natureza técnica existentes, 278
    A.12.5 As grandes contribuições da lei sob o aspecto contábil, 278

Lei nº 6.404, de 15 de Dezembro de 1976, 279

Referências, 291
    Referências básicas, 291
    Referências complementares, 292

Índice Alfabético, 295

Unidade I

Definições Básicas

Objetivos e Abordagens (Ênfases) da Teoria Contábil

Objetivos de Aprendizagem

Neste capítulo, você aprenderá:
- A origem da Teoria da Contabilidade.
- O estabelecimento de seus objetivos e as abordagens que o sustentam.
- O debate entre as duas abordagens principais sobre o objetivo da Contabilidade.
- As várias abordagens (ênfase) à Teoria da Contabilidade.
- Uma visão sobre dedução e indução e sobre teorias normativa e positiva.

1.1 Generalidades

O ponto de partida para o estudo da teoria de uma ciência social como a Contabilidade é estabelecer seus objetivos. A nosso ver, a formulação de tais objetivos a partir da observação da realidade transcende os próprios princípios e normas, pois estes, na verdade, fornecem apenas os *meios conceituais* para atingirmos os objetivos, que são o ponto mais alto da estrutura hierárquica da disciplina.

Nesse aspecto, o estabelecimento dos objetivos da Contabilidade pode ser feito na base de duas abordagens distintas: ou consideramos que o objetivo da Contabilidade é fornecer aos usuários, independentemente de sua natureza, um conjunto básico de informações que, presumivelmente, deveria atender igualmente bem a todos os tipos de usuários, ou a Contabilidade deveria ser capaz e responsável pela apresentação de cadastros de informações totalmente diferenciados, para cada tipo de usuário. Frequentemente, a segunda alternativa tem sido a citada pelos autores como a correta; todavia, ou porque a natureza do modelo decisório de cada tipo de usuário não foi ainda inteiramente revelada, ou por não ser do conhecimento dos contadores, o fato é que raramente se tem visto um desenvolvimento coerente e completo de *quais* seriam os vários conjuntos completos de informações a serem fornecidos para *cada tipo* de usuário. Nosso ponto de vista diferencia-se dos dois citados e repousa mais na construção de um "arquivo básico de informação contábil", que possa ser utilizado, de forma flexível, por vários usuários, cada um com ênfases diferentes neste ou naquele tipo de informação, neste ou naquele princípio de avaliação, porém extraídos todos os informes do arquivo básico ou "data-base" estabelecido pela Contabilidade.

O *American Institute of Certified Public Accountants* (AICPA) publicou, em 1973, um relatório do Grupo de Estudos sobre os Objetivos dos Demonstrativos Financeiros, denominado "Objetivos dos Demonstrativos Financeiros".[1] Vamos comentar alguns trechos mais importantes dos primeiros capítulos, que tocam de perto o problema que estamos examinando.

Uma afirmação geral é que

> "a função fundamental da Contabilidade (...) tem permanecido inalterada desde seus primórdios. Sua finalidade é prover os usuários dos demonstrativos financeiros com informações que os ajudarão a tomar decisões. Sem dúvida, tem havido mudanças substanciais nos tipos de usuários e nas formas de informação que têm procurado. Todavia, esta função dos demonstrativos financeiros é fundamental e profunda. O objetivo básico dos demonstrativos financeiros é prover informação útil para a tomada de decisões econômicas".

Analisemos mais detidamente as afirmações acima: enquanto se procura enfatizar as mudanças ocorridas no tipo de usuário e nas formas de informação que tem procurado, a função da Contabilidade (objetivo) permanece praticamente inalterada através dos tempos, ou seja, prover informação útil para a tomada de decisões econômicas. A decisão sobre o que é útil ou não para a tomada de decisões econômicas é, todavia, muito difícil de ser avaliada na prática. Isto, como afirmamos anteriormente, exigiria um estudo profundo do modelo decisório de cada tipo de tomador de decisões que se utiliza de dados contábeis. Deveríamos: (a) estabelecer claramente qual a função-objetivo que desejamos maximizar; (b) coletar e avaliar o tipo de informação utilizada no passado para maximizar a função; (c) prover o modelo preditivo que irá suprir o modelo decisório para a maximização da função-objetivo. Isto nem sempre é fácil, pois, conforme o tipo de usuário, pode existir mais de uma função a ser maximizada. Por exemplo, o acionista gostaria, provavelmente, de ver maximizado seu rendimento (fluxo de dividendos) por ação, mas também pode estar interessado em maximizar o valor patrimonial da ação, em caso de retirada ou liquidação da sociedade. Ora, frequentemente, a maximização do dividendo por ação e a do valor patrimonial da ação exigem tomadas de decisões, no tempo, se não conflitantes, em todos ou em alguns casos, pelo menos diferenciadas quanto à ênfase. E, também, o fluxo de informação contábil, que será o insumo do modelo decisório, pode, em cada caso, ser diferente. No primeiro caso (dividendos por ação), as entradas líquidas de caixa futuras talvez sejam o insumo informativo mais importante, enquanto no segundo caso um conceito de lucro contábil, talvez expresso em termos de custos de reposição, provavelmente seja o mais adequado.

Se, mesmo no contexto de um único tipo de agente decisório, a Contabilidade frequentemente tem necessidade de contar com um cadastro básico de informações bastante diferenciadas, o que dizer, então, dentro de um quadro mais amplo de vários tipos de usuários da informação contábil?

Uma breve enunciação dos principais tipos de usuários de informações contábeis, com a natureza básica das informações mais requisitadas por eles, mesmo correndo o risco de não ser completa, poderá auxiliar-nos a entender melhor o problema:

Usuário da Informação Contábil	Meta que Desejaria Maximizar ou Tipo de Informação mais Importante
• Acionista minoritário	fluxo regular de dividendos.
• Acionista majoritário ou com grande participação	fluxo de dividendos, valor de mercado da ação, lucro por ação.
• Acionista preferencial	fluxo de dividendos mínimos ou fixos.

---

[1] American Institute of Certified Public Accountants (AICPA). *Objectives of financial statements* (out. 1973).

Usuário da Informação Contábil	Meta que Desejaria Maximizar ou Tipo de Informação mais Importante
• Emprestadores em geral	geração de fluxos de caixa futuros suficientes para receber de volta o capital mais os juros, com segurança.
• Entidades governamentais	valor adicionado, produtividade, lucro tributável.
• Empregados em geral, como assalariados	fluxo de caixa futuro capaz de assegurar bons reajustes ou manutenção de salários, com segurança; liquidez.
• Média e alta administração	retorno sobre o ativo, retorno sobre o patrimônio líquido; situação de liquidez e endividamento confortáveis.

Note que enunciamos as *principais* metas de cada tipo de usuário sem sermos exaustivos e sabendo que algumas metas principais de algum tipo de usuário podem ser, ao mesmo tempo, metas auxiliares ou secundárias de outros. Por exemplo, o acionista minoritário de pequeno poder aquisitivo pode estar interessado na valorização do valor de mercado da ação, mas seu objetivo principal é garantir-se com um fluxo regular e seguro de dividendos, para completar sua renda pessoal. Por outro lado, não podemos esquecer que a Contabilidade atua num contexto social e é influenciada por ele, ao mesmo tempo que o influencia. Racionalidade e técnica são elementos importantes na Contabilidade, mas não são os únicos. Nem sempre as ações dos agentes são totalmente racionais.

Verifique que a necessidade ou o desejo de maximização de fluxos de caixa aparece muitas vezes, e este é um tipo de informação (fluxo de caixa) que os relatórios financeiros publicados às vezes não continham. Nos últimos anos, esta questão, principalmente no que se refere à evidenciação de outros fatos presentes ou futuros ligados à geração de fluxos de caixa, está sendo muito enfatizada pelos teóricos. Os demonstrativos publicados, segundo eles, deveriam suprir algum tipo de informação sobre a geração de fluxos de caixa futuros, a fim de servirem como elemento preditivo para os vários tipos de usuários. Em alguns países, a publicação do fluxo de caixa é obrigatória, juntamente com as demonstrações tradicionais, como certamente o é no Brasil, atualmente.

Podemos ainda ressaltar que os vários tipos de usuários estão mais interessados em fluxos futuros, de renda ou de caixa, do que propriamente em dados do passado. Em outras palavras, para bom número de decisões dos vários tipos de usuários, os demonstrativos financeiros somente são efetivamente importantes à medida que possam ser utilizados como instrumento de predição sobre eventos ou tendências futuras. Este é um aspecto do qual voltaremos várias vezes a tratar neste trabalho. Isto não quer dizer que a informação sobre o passado ou o presente não seja importante, mas significa que somente é importante se o que foi reportado em termos contábeis no passado for relevante para o futuro, ou, explicando melhor, se, ocorrendo no futuro o mesmo conjunto de eventos ocorridos no passado, tivermos algum tipo de segurança de que os parâmetros financeiros passados se repetirão. Isto implica também uma noção de adequação da mensuração contábil. Mas, admitindo, por enquanto, que a informação passada foi colhida com métodos adequados de mensuração e que é importante e válida para predizer o que poderá ocorrer no futuro, em situações semelhantes, ainda temos várias metas a serem maximizadas, que envolvem informações ou conjuntos de informações diferenciados. Na prática, o problema é complexo, pois, ou fornecemos conjuntos separados de informação para cada tipo de usuário, ou fornecemos uma única informação-relatório, tão abrangente e detalhada, que poderá servir a muitos usuários, embora não sirva para todos.

Além disso, como Hendriksen muito bem adverte: "Embora possa ser possível (com muita dificuldade) determinar os modelos decisórios que descrevem como os usuários realmente tomam suas decisões e qual informação desejam, esse procedimento pode não levar aos melhores resultados, porque os usuários estão limitados pela informação contábil disponível no momento ou porque eles podem não estar usando os melhores modelos."[2]

Em outras palavras, o modelo decisório é influenciado pela informação disponível ou que, historicamente, tem sido utilizada pelos usuários.

Qual a abordagem possível? Como afirmamos no início da seção, provavelmente as duas abordagens são algo extremadas, *embora a informação específica para usuários específicos seja, idealmente, a melhor*. Entretanto, nem sempre é possível ou desejável obter toda a informação relevante para cada tipo de usuário, em virtude de problemas de mensuração da Contabilidade e das próprias restrições do usuário, bem como por problemas de custo.

Provavelmente, o sistema de informação contábil dentro da empresa deveria ser dimensionado para captar e registrar uma série bastante ampla de informações elementares, que poderiam ser agregadas, classificadas e apresentadas em vários subconjuntos, conforme o interesse particular de cada tipo de usuário. Entretanto, não estamos, ainda, inclusive por questões de custo do sistema de informação, em condições de fornecer toda a informação relevante, no momento em que for necessário, para cada tipo de usuário. Não é somente um problema de mensuração, mas também de utilização de um critério de avaliação diferenciado, para cada caso. No que se refere à avaliação, voltaremos a tratar do assunto em várias seções do livro.

O sistema contábil deveria ser capaz de produzir, em intervalos regulares de tempo, um conjunto básico e padronizado de informações que deveria ser útil para um bom número de usuários, sem esgotar as necessidades destes, mas resolvendo-lhes as mais prementes. E, ainda assim, deveria ser capaz de reagir, mais lentamente, é verdade, mas seguramente, às solicitações diferenciadas de usuários. No que se refere ao primeiro aspecto, provavelmente a melhor maneira de enriquecer os relatórios básicos fundamentais é por meio de uma hábil evidenciação de informações adicionais, em quadros suplementares do balanço que demonstrem, entre outras informações: (1) lucro por ação; (2) fluxo de caixa projetado para o próximo exercício; e (3) possivelmente, todo o conjunto de demonstrativos projetados para o próximo exercício.

O objetivo básico da Contabilidade, portanto, pode ser resumido no fornecimento de informações econômicas para os vários usuários, de forma que propiciem decisões racionais.[3] Não conhecemos suficientemente, ainda, todos os detalhes de cada modelo decisório de cada usuário. Enquanto isso não for conseguido, não poderemos atender igualmente bem, em todo e qualquer tempo, a todos os usuários. A alternativa é formar um arquivo-base de informação contábil capaz de fornecer saídas, periodicamente, de utilidade para as metas de maior número possível de usuários. O sistema deveria ter capacidade para gerar relatórios de exceção para finalidades informativas especiais. Os relatórios contábeis tradicionais deveriam ter poder preditivo e vir acompanhados de quadros informativos suplementares, demonstrando informações históricas e preditivas sobre indicadores de interesse para os vários usuários. O quadro da página 5 dá-nos uma boa ideia das informações que poderiam ser contidas nos informes suplementares. Estamos cônscios da impossibilidade ou da impraticabilidade atual de obedecer à definição ideal dos objetivos da Contabilidade, mas estamos atuando decisivamente para conhecer melhor nossos usuários. Um bom caminho já foi percorrido, e é possível que muito ainda venhamos a descobrir, dependendo da metodologia de pesquisa que utilizarmos para atingir os objetivos da Contabilidade.

No que se refere ao Objeto da Contabilidade, há muitos anos tem sido defendido como o patrimônio e suas variações quantitativas e qualitativas. Esse, todavia, é apenas um primeiro atalho para entender o assunto. Mais recentemente, está se desenvolvendo a noção de que o verdadeiro objeto, amplo, da Contabilidade é o estudo, em todos os seus aspectos, da informação contábil e financeira, mas, também, social e de sustentabilidade.

---

[2] HENDRIKSEN, Eldon S. *Accounting theory*. Homewood: Richard D. Irwin, 1971. p. 104 e 105.

[3] Na atualidade, o objetivo da Contabilidade envolve os aspectos econômico-financeiros, sociais e ambientais.

1.2 Das várias abordagens à Teoria Contábil

A teoria contábil pode ser encarada sob várias abordagens (ênfases). É improvável, todavia, que possamos utilizar apenas uma delas para definir todo o modelo contábil. Discutiremos, agora, as principais abordagens. A discussão está baseada, em boa parte, nos conceitos do texto de Hendriksen, citado, e em tendências mais recentemente observadas.

1.2.1 A abordagem ética

Dica (Abordagens)
Abordagens são metodologias a serem aplicadas ao modelo contábil, com determinada tendência. Em teoria, existem diversas possibilidades.

Segundo esta abordagem, a Contabilidade deveria apresentar-se como *justa* e *não enviesada* para todos os interessados. Deveria repousar nas noções de verdade e *fairness*. Ao mesmo tempo em que todos concordam que a Contabilidade deveria ser "verdadeira", "justa" e "não enviesada", é muito difícil, como afirma Hendriksen, definir, objetivamente, o que vem a ser "justo", "verdadeiro" ou "não enviesado".

Contadores diferentes poderiam ter diferentes ideias sobre tais conceitos. Por exemplo, alguns poderiam conceber que todos os usuários seriam bem servidos se a base de avaliação fosse a custos históricos, na premissa de que são objetivos e, portanto, verdadeiros, justos e não enviesados. Para outros, todavia, o custo histórico pode ser enviesado em algumas circunstâncias, no sentido de que não fornece uma avaliação do custo de reposição dos fatores de produção, na data dos balanços. Isto pode introduzir um viés no julgamento, e também não seria "justo", digamos, para a gerência da empresa, pois não estaríamos reconhecendo os acréscimos nos preços dos inventários, por exemplo, deixando de atribuir à gerência o mérito por uma estocagem antecipada.

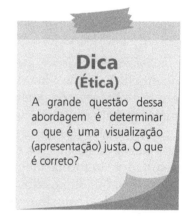

Dica (Ética)
A grande questão dessa abordagem é determinar o que é uma visualização (apresentação) justa. O que é correto?

A abordagem ética é muito enfatizada por alguns autores; todavia, por ser muito subjetiva, apresenta o perigo de, por comodismo, continuarmos aceitando, no estado em que se encontram, os atuais princípios de Contabilidade, sem pesquisar as mudanças que poderiam ser adotadas. Além do mais, a abordagem ética não distingue muito bem as necessidades diferenciadas dos vários usuários, pretendendo apresentar um único conjunto de informações que deveria ser "justo" para todos. Isto, no estágio atual, é praticamente inviável.

1.2.2 A abordagem comportamental

Segundo esta abordagem, as informações contábeis deveriam ser feitas "sob medida", de forma que os usuários reagissem para tomar a decisão correta. Esta abordagem atinge os campos da Psicologia, da Sociologia e da Economia. É dada ênfase à *forma* pela qual os relatórios contábeis são utilizados mais do que ao desenvolvimento lógico dos demonstrativos. Em outras palavras, é melhor um procedimento empírico que leve a decisões corretas do que um procedimento contábil conceitualmente correto que possa levar a uma decisão ou a um comportamento inadequado. Esta abordagem repousa no julgamento subjetivo do que é bom ou mau comportamento ou reação. Muita pesquisa será necessária, ainda, no campo da teoria do comportamento, antes que esta abordagem possa ser aplicada, com maior intensidade, na Contabilidade. Desempenha, por enquanto, um papel não relevante, embora a tendência parecesse, alguns anos atrás, de se tornar de uso crescente, principalmente na pesquisa.

Dica (Comportamental)
A preocupação aqui é com a qualidade relevante da informação, como ela é apresentada aos tomadores de decisão e qual o comportamento desses em razão da apresentação.

1.2.3 A abordagem macroeconômica

Dica (Macroeconômica)
A abordagem macroeconômica procura analisar o efeito que o modelo exercerá na economia do país.

A abordagem macroeconômica é semelhante à da teoria do comportamento, porém fixa-se em objetivos econômicos definidos. Utiliza-se do *approach* da teoria do comportamento para atingir determinados fins macroeconômicos. Por exemplo, durante períodos de recessão, os relatórios contábeis poderiam ser elaborados obedecendo a um conjunto de princípios que favorecessem uma retomada do processo econômico, por meio da distribuição de mais dividendos ou de maiores gastos de capital. Note, todavia, que quem toma as decisões para distribuir mais dividendos ou gastar mais em termos de expansão são os administradores, tomadores de decisão. A Contabilidade apenas favoreceria este tipo de política. Por outro lado, o inverso poderia ocorrer em períodos de expansão exagerada e de consequente inflação, de forma que as práticas contábeis desfavorecessem os investimentos. A maioria dos países realiza tais políticas de aquecimento ou desaquecimento por intermédio da política monetária ou da política fiscal, enquanto outros, principalmente a Suécia, fazem tentativas para basear seus conceitos contábeis em metas macroeconômicas. Um dos aspectos fundamentais desta abordagem é reportar lucros relativamente estáveis de período para período, o que é conseguido por meio de políticas flexíveis de depreciação e de provisões.

Da mesma forma que a teoria do comportamento, esta abordagem apresenta aspectos subjetivos de difícil avaliação à luz do estágio atual do desenvolvimento da economia. Por outro lado, por restringir-se à obtenção de determinadas metas macroeconômicas, que são normalmente determinadas pelo planejamento central de um país, esta abordagem somente seria viável em economias altamente planificadas. Parece-nos que as vias mais fáceis e diretas para os governos obterem algumas metas passam por suas políticas fiscais e monetárias, deixando às unidades microeconômicas a tarefa de apurar seus resultados de forma adequada e consistente. Não nos parece que a função da Contabilidade seja a de "equalizar" os lucros dos períodos, e sim reportar, por meio da utilização consciente de um conjunto de postulados, princípios, normas e procedimentos, o lucro "real" dos empreendimentos, de forma que o investidor possa tomar adequadamente suas decisões de distribuição, investimento e financiamento.

1.2.4 A abordagem sociológica

A Contabilidade, nesta abordagem, é julgada por seus efeitos no campo sociológico. É uma abordagem do tipo "bem-estar social" (*welfare*), no sentido de que os procedimentos contábeis e os relatórios emanados da Contabilidade deveriam atender a finalidades sociais mais amplas, inclusive relatar adequadamente ao público informações sobre a amplitude e a utilização dos poderes das grandes companhias. Na Inglaterra e Grã-Bretanha, a abordagem teve uma aplicação parcial quando se obrigaram as sociedades anônimas a evidenciarem, claramente, eventuais contribuições para entidades de caridade e para organizações políticas. São bastante complexas a definição e a aplicação precisa desta abordagem, pois, muitas vezes, os aspectos sociológicos podem ser inferidos apenas na análise dos procedimentos que estão sendo utilizados. As inter-relações de interesses afetados pelo uso dos poderes e recursos das grandes sociedades são inúmeras e, às vezes, contrastantes. Nos países em desenvolvimento, por exemplo, esta abordagem poderia ser confundida com restrições à ação das multinacionais e ser motivo para grandes disputas que escapariam do âmbito contábil. Todavia, não há dúvidas de que certos itens de "despesa" das grandes sociedades mereceriam uma explicação melhor, mas isto pode ser obtido por intermédio de normas bem precisas sobre a evidenciação em notas explicativas ou em quadros suplementares ao balanço. Discutiremos esse assunto em detalhes no Capítulo 6. Uma variante desta abordagem é a chamada Contabilidade Social, que consiste em ampliar a evidenciação contábil para incluir informações sobre níveis de emprego da entidade, tipos de treinamento, demonstração de valor adicionado etc. Outra ramificação importante é a Contabilidade Ecológica (Ambiental).

Esta abordagem está sendo bastante pesquisada na atualidade, dada a amplitude de interesses que procura atingir (sindicatos de empregados, governos etc.). Inclusive, mais recentemente, tendo como seu pioneiro Hopwood (1978), surge uma nova abordagem que poderíamos denominar de Institucional e Social, que vai muito além das motivações puramente técnicas e formais da Contabilidade, para estudar o caráter simbólico e de legitimização que pode ter, na estrutura social, influenciando-a e sendo por ela influenciada, principalmente dentro das empresas e em seu ambiente mais amplo. Assim, por exemplo, uma empresa que possua um sistema de informação contábil avantajado é passível de ser considerada, pela sociedade, como respeitável e digna de confiança etc. Esta vertente tem inúmeras facetas que podem ser pesquisadas e contribui ou pode contribuir bastante para a Teoria da Contabilidade, não podendo, todavia, ser sua ênfase única ou, mesmo, principal. O aspecto racional nunca pode deixar de ser enfatizado pois, mais importante do que "o que a Contabilidade faz" é "o que ela é ou pode vir a ser".

1.2.5 A abordagem sistêmica

Esta parece ser uma base profícua para a Contabilidade, que, de fato, pode ser conceituada como o método de identificar, mensurar e comunicar informação econômica, financeira, física e social, a fim de permitir decisões e julgamentos adequados por parte dos usuários da informação. Esse processo de comunicação implica o reconhecimento dos tipos de informação necessária para cada principal usuário da informação contábil e a avaliação da habilidade dos usuários em interpretar a informação adequadamente. Não parte de posições doutrinárias sobre qual é o tipo de decisão que leva a resultados adequados e não entra em critérios de julgamento tanto sobre a ética de determinado procedimento como sobre o uso dos poderes societários, mas procura entender as necessidades expressas de cada usuário e fornecer uma resposta adequada, com a única ressalva de que envolve, por parte do contador, um entendimento sobre as restrições do usuário, para utilizar uma grande gama de informações, e sobre as restrições de mensuração da própria Contabilidade. Realça, assim, a noção de relevância, talvez uma das poucas formas de delimitar a quantidade e a qualidade da informação prestada; caso contrário, não saberíamos quais os limites a serem impostos à comunicação e à informação. Envolve um processo de participação entre usuário e Contabilidade e uma noção sistêmica da Contabilidade dentro do processo ou sistema de informação empresarial.

1.2.6 Dedução e indução

Qualquer que seja a abordagem ou a composição de abordagens escolhida para a Contabilidade, poderemos utilizar, no estabelecimento dos princípios e dos procedimentos que irão reger as pesquisas e os trabalhos escritos da disciplina, principalmente, dois tipos (métodos) de raciocínio: o dedutivo e o indutivo. Na verdade, em ciência, vivemos utilizando os dois, porém explicaremos, sumariamente, as características dos dois procedimentos ou raciocínios.

A dedução em Contabilidade. O raciocínio dedutivo em Contabilidade é o processo de iniciar com objetivos e postulados e, destes, derivar princípios lógicos que fornecem as bases para as aplicações práticas ou concretas.[4] Assim, as aplicações práticas são derivadas de raciocínio lógico. Segundo Hendriksen, a estrutura do processo dedutivo deveria incluir os seguintes passos:

1. a formulação de objetivos gerais ou específicos dos relatórios contábeis;

---

[4] HENDRIKSEN, Eldon S. *Accounting theory*. Homewood: Richard D. Irwin, 1971. p. 3.

2. a declaração dos postulados de Contabilidade concernentes ao ambiente econômico, político ou sociológico no qual a Contabilidade precisa operar;
3. um conjunto de restrições a fim de guiar o processo de raciocínio;
4. uma estrutura, um conjunto de símbolos ou *framework* (contexto), no qual as ideias podem ser expressas e sumarizadas;
5. o desenvolvimento de um conjunto de definições;
6. a formulação dos princípios ou declarações gerais de políticas, derivados do processo lógico; e
7. a aplicação dos princípios a situações específicas e o estabelecimento de métodos de procedimentos e normas.

Um dos problemas da abordagem dedutiva é que, se qualquer dos postulados e premissas for falso, as conclusões também serão falsas, embora logicamente deduzidas.

O processo indutivo. Este processo consiste em obter conclusões generalizantes a partir de observações e mensurações parciais detalhadas. Muitas descobertas no campo da Física e em outras ciências foram possíveis pelo uso do processo indutivo. Em Contabilidade, por exemplo, a aplicação da indução seria feita pela observação e análise de informações financeiras relativas a empresas e entidades.

Se pudermos localizar relacionamentos recorrentes, poderemos realizar generalizações e formular princípios. Entretanto, algum tipo de raciocínio dedutivo sempre está implícito no raciocínio indutivo; pelo menos, no que se refere à escolha *do que observar*, está evidenciando noções previamente concebidas do *que é ou não relevante*. Assim, verifica-se que, em ciência, sempre utilizamos os dois raciocínios, embora, para uma disciplina chegar ao *status* de ciência reconhecida, o dedutivo devesse constituir a base formal de sua apresentação. Isto ainda está longe de acontecer na Contabilidade, e talvez a mais arrojada (e não devidamente apreciada) tentativa neste sentido tenha sido a realizada por Richard Mattessich.[5] Em seu trabalho, pelo menos o estabelecimento dos postulados e princípios é feito de forma dedutiva. Diríamos que é muito importante o processo indutivo em termos de pesquisa, a fim de observar detalhadamente uma série de dados financeiros, que permitam algumas generalizações. Todavia, não nos deveríamos deixar influenciar pelas práticas existentes e, uma vez que essas generalizações tenham sido extraídas, deveriam ser confirmadas pelo processo lógico do raciocínio dedutivo. Uma dificuldade existente nesse processo é que a matéria-prima informativa pode ser diferente em cada empresa. As relações são diferentes e fica difícil traçar generalizações.

Teoricamente, todavia, os métodos dedutivo e indutivo não são os únicos que poderiam ser utilizados na pesquisa contábil. Outros, como o histórico, dialético, holístico etc., podem ser úteis em várias circunstâncias. Por simplificação, englobamos todas essas formas como *métodos*. Entretanto, às vezes, os especialistas em epistemologia utilizam terminologias diferentes.

Como vimos nos tópicos anteriores, as várias abordagens são interdependentes, e é possível que, na prática ou no estágio atual do desenvolvimento da disciplina, várias estejam sendo utilizadas ao mesmo tempo, com dosagens diferentes. Na verdade, todavia, a Contabilidade atual ainda está bastante consubstanciada em uma estratificação ou cristalização de procedimentos e normas que não são considerados, a rigor, enquadráveis em nenhuma das abordagens teóricas vistas anteriormente, mas em uma consolidação e aperfeiçoamento do que historicamente os contadores vêm fazendo para reagir aos desafios das práticas profissionais cada vez mais complexas. Em essência, o estado da arte tal qual se encontra hoje, via agências reguladoras é um "receituário" farmacológico para atender a determinadas necessidades. Muitos procedimentos são considerados válidos, por exemplo, somente porque algumas grandes empresas (países, ou agências reguladoras) os utilizam e prescrevem. Isto ainda não seria o pior, pois presume-se que, como usuários e especialistas, tenham uma razoável noção do que estejam

---

[5] MATTESSICH, Richard. *Accounting and analytical methods*. Homewood: Richard D. Irwin, 1964.

fazendo. Casos até piores existiram até recentemente, como o da regrinha de avaliação: escolha sempre, entre duas alternativas, a de menor ativo e de maior passivo que nada mais eram do que reminiscências da idade do medo na Contabilidade, felizmente fora de moda (Conservadorismo excessivo). Estas questões ainda serão discutidas no decorrer do trabalho. Todavia, deveríamos conscientizar os leitores de que nenhuma obra, de nenhum autor, parece ser capaz, por enquanto, de satisfazer a todos os requisitos de uma abordagem essencialmente lógica, pois muita pesquisa ainda será necessária antes de delinearmos as necessidades principais de cada tipo de usuário. Fica claro, também, que consideramos a abordagem sistêmica a suscetível de apresentar maiores horizontes e possibilidades para a Contabilidade. Pesquisar as necessidades de cada um deles (dos usuários) e fornecer-lhes um conjunto de informações contábeis relevantes, em cada caso, não parece, apesar de tudo, um ideal inatingível para a Contabilidade.[6] Teremos em mente tais necessidades na sequência deste livro. Lembrem-se, todavia, de que muitas necessidades dos usuários, neste texto, serão fornecidas como um dado do problema derivante de observações já realizadas, de pesquisas já efetuadas ou, apenas, da experiência e sensibilidade. Por outro lado, dada a natureza do livro, o desenvolvimento do mesmo levará em conta mais os tipos de usuários externos à empresa do que a gerência. As necessidades desta última e as respectivas respostas contábeis são estudadas em Contabilidade Gerencial. Entretanto, um texto sobre Teoria deveria, em princípio, englobar, mesmo que sumariamente, todas as especializações contábeis. Teremos oportunidade, no Capítulo 14, de tecer considerações sobre o aspecto gerencial da Contabilidade.

1.2.7 Teoria normativa e teoria positiva

Observe que não consideramos essas duas como simples abordagens. Embora, inicialmente, possam ter sido, efetivamente, abordagens à teoria contábil, provaram ter tal densidade conceitual que, hoje são, talvez, as únicas que possam candidatar-se, embora com limitações, à posição de teorias integrais. A Teoria Normativa, apoiada mais no dedutivismo, procura, de forma prescritiva, demonstrar como a Contabilidade "deveria ser", à luz de seus objetivos e postulados, que são dados e indiscutíveis. A Teoria Positiva, que surgiu na década de 60, procura explorar o caminho inverso, ou seja, descrever como a Contabilidade é, entender por que é assim e procura prever comportamentos. Usualmente apoiada no método indutivo, procura estabelecer hipóteses que devem ser testadas, antes de chegar a conclusões parciais. As duas formas de teoria têm méritos e se completam, embora aparentemente antagônicas. Este livro de Teoria da

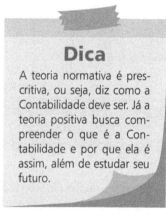

Dica
A teoria normativa é prescritiva, ou seja, diz como a Contabilidade deve ser. Já a teoria positiva busca compreender o que é a Contabilidade e por que ela é assim, além de estudar seu futuro.

Contabilidade, embora observando e respeitando as influências e as importâncias da teoria positiva e das várias abordagens à teoria contábil, permanece, basicamente, dedutivo-normativo, embora nunca assumamos posições dogmáticas ou façamos prescrições rígidas. Talvez pudéssemos caracterizá-lo melhor como analítico-dedutivo. Para uma análise da teoria positiva, veja: *Teoria avançada da contabilidade*, Coordenação de Sérgio de Iudícibus e Alexsandro Broedel Lopes, Atlas, 2004. Mais recentemente, o próprio Prof. Broedel Lopes considerou a Teoria Positiva mais como uma metodologia de pesquisa, pois, afinal, Teoria deveria ser somente uma.

Resumo

O objetivo principal da Contabilidade (e dos relatórios dela emanados) é fornecer informação econômica, física, de produtividade, social e ambiental relevante para que cada usuário possa tomar suas decisões e realizar seus julgamentos com segurança. Isto exige

---

[6] Num futuro mediato. Veja considerações iniciais ao capítulo.

um conhecimento do modelo decisório do usuário e, de forma mais simples, é preciso perguntar ao mesmo, pelo menos, qual a informação que julga relevante ou as metas que deseja maximizar, a fim de delinearmos o conjunto de informações pertinentes. Embora um conjunto básico de informações financeiras consubstanciadas nos relatórios periódicos principais deva satisfazer às necessidades básicas de um bom número de usuários, a Contabilidade ainda deve ter flexibilidade para fornecer conjuntos diferenciados para usuários ou decisões especiais. Isto deveria ser possível sem introduzir traumas no sistema.

Uma vez estabelecidos os objetivos, é preciso verificar a metodologia ou abordagem a ser utilizada. Nossa definição de objetivos, todavia, leva-nos, seguramente, à abordagem sistêmica, embora tenhamos comentado rapidamente várias outras que podem ser de interesse para desenvolvimentos futuros ou servir de base para pesquisas. Todavia, uma apresentação final e formal de uma Teoria deveria ser colocada sob forma dedutiva. A tentativa mais arrojada nesse sentido (de Mattessich) ainda não teve a acolhida esperada, talvez em parte porque o autor utilizou metodologias quantitativas que não são de domínio corrente dos contadores. Possivelmente, o trabalho de colocar a disciplina em uma roupagem totalmente dedutiva é tarefa demasiadamente complexa para ser desenvolvida por um autor apenas, mas envolveria a participação de vários estudiosos e pesquisadores. Importante é não considerar como sinônimos abordagens, métodos (por exemplo: dedutivo, indutivo etc.) e teorias (normativa e positiva), estas últimas mais abrangentes.

Questionário

1. Como podem ser conceituados os *objetivos* da Contabilidade?
2. Qual a meta mais importante a ser maximizada pelo acionista com participação acentuada (digamos, mais de 10%) no capital de uma empresa?
3. Os vários tipos de usuários estão interessados em fluxos futuros (de caixa, de resultados ou de capital de giro líquido). Qual o motivo? Até que ponto é válida a informação contábil sobre eventos passados e atuais para inferir com relação a eventos futuros?
4. O modelo decisório do tomador de decisões sofre influência da qualidade e da quantidade de informação existente. Se estudássemos o modelo decisório para determinar a informação que será fornecida, não criaria isto um círculo vicioso? Como amenizar o impasse?
5. Compare, por meio de um quadro-resumo, as várias abordagens à Teoria da Contabilidade. Analise suas vantagens e desvantagens. Por que, na opinião do autor, é a Abordagem Sistêmica a que oferece maiores perspectivas para a Contabilidade?
6. Faça uma análise sobre a abordagem ética. Seria possível utilizarmos essa abordagem de forma predominante em nosso modelo contábil? Que vantagens e desvantagens você percebe nessa utilização?
7. Quais dificuldades haveria para a utilização de um modelo contábil baseado na abordagem macroeconômica?
8. Explique por que a abordagem sociológica vem ganhando destaque nos últimos tempos.
9. Como se aplicaria o método dedutivo em Contabilidade? Enumere os passos necessários para sua aplicação.
10. Por que informações de natureza ambiental são importantes?

2

Resumo da Evolução Histórica da Contabilidade

2.1 Objetivos e limites do capítulo

O objetivo deste capítulo é apresentar uma breve visão da evolução histórica da Contabilidade, de forma estrutural, isto é, preocupando-se mais com tendências e formas evolutivas do que com autores e datas. As citações foram realizadas para melhor ilustrar certas formas evolutivas da Contabilidade. A não enumeração de datas ou de certos autores na história da disciplina não significa que não sejam importantes. Nossa síntese histórica será feita com base em avaliação crítica, à luz, principalmente, da abordagem europeia-continental à contabilidade, ao enfoque anglo-saxônico e à realidade brasileira.

2.2 Origem da Contabilidade

Não é descabido afirmar que a noção intuitiva de conta e, portanto, de Contabilidade seja, talvez, bastante antiga. Alguns historiadores fazem remontar os primeiros sinais objetivos da existência de contas a aproximadamente 2.000 anos a.C. Entretanto, antes disto, o homem primitivo, ao inventariar o número de instrumentos de caça e pesca disponíveis, ao contar seus rebanhos, ao enumerar suas ânforas de bebidas, já estava praticando uma forma rudimentar de Contabilidade. É possível localizar os primeiros exemplos completos de contabilização, portanto, seguramente no terceiro milênio antes de Cristo, na civilização da Suméria e da Babilônia e Mesopotâmia (hoje Iraque), no Egito e na China. Mas é provável que algumas formas mais rudimentares de contagem de bens tenham sido realizadas bem antes disto, talvez por volta do quarto milênio antes de Cristo. É claro que a Contabilidade teve evolução relativamente lenta até o aparecimento da moeda. Na época da troca pura e simples de mercadorias, os negociantes anotavam as obrigações, os direitos e os bens perante terceiros, porém, obviamente, tratava-se de um mero elenco de inventário físico, sem avaliação monetária.

Entretanto, a preocupação com as propriedades e a riqueza é uma constante no homem da antiguidade (como hoje também o é), e ele teve de ir aperfeiçoando seu instrumento de avaliação da situação patrimonial à medida que as atividades foram-se desenvolvendo em dimensão e em complexidade. A Contabilidade reflete um dos aspectos mais dominantes no homem hedonista, isto é, põe ordem nos lugares em que reinava o caos, toma o pulso do empreendimento e compara uma situação inicial com outra mais avançada no tempo. De certa forma, o "homem contador" põe ordem, classifica, agrega e inventaria o que o "homem produtor", em seu anseio de produzir, vai, às vezes desordenadamente, amealhando, dando condições a este último de aprimorar cada vez mais a quantidade e a qualidade dos bens produzidos. Parte do que a Contabilidade é pode ser aferida pelo que a Contabilidade realiza dentro da atividade econômica. Pode-se facilmente verificar que um sistema simples de registro e análise contábil não falta, nem mesmo na mais rudimentar das organizações. Em certas organizações pequenas, poderão faltar o economista, o engenheiro ou o técnico em Administração, mas certamente não faltará o técnico em Contabilidade para "tocar" a escrituração, como vulgarmente se afirma. Isto caracteriza a essencialidade da função contábil. E, de acordo com a evolução da forma organizacional e com as dimensões do empreendimento, avoluma-se e enobrece-se a função contábil. O contador torna-se também o primeiro analista das informações produzidas pelo sistema por ele montado e um dos executivos mais importantes dentro da entidade. Assim, a importância e a essencialidade da Contabilidade são incontestes para os iniciados. Mesmo assim, essa essencialidade e, por que não dizer, a extraordinária beleza desta nobre e antiga disciplina são por poucos reconhecidas, e esses poucos são, normalmente, pessoas de grande experiência e descortino.

O acompanhamento da evolução do patrimônio líquido das entidades de qualquer natureza constituiu-se no fator mais importante da evolução da disciplina contábil. Vimos que a Contabilidade é quase tão antiga quanto o homem que pensa. Se quisermos ser pessimistas, é tão antiga quanto o homem que conta e que é capaz de simbolizar os objetos e seres do mundo por meio da escrita, que nas línguas primitivas tomava, em muitos casos, feição pictórica.

Em termos do entendimento da evolução histórica da disciplina, é importante reconhecer que raramente o "estado da arte" se adianta muito em relação ao grau de desenvolvimento econômico, institucional e social das sociedades analisadas, em cada época. O grau de desenvolvimento das teorias contábeis e de suas práticas está diretamente associado, na maioria das vezes, ao grau de desenvolvimento comercial, social e institucional das sociedades, cidades ou nações.

É, assim, fácil de entender, passando por cima da Antiguidade, por que a Contabilidade teve seu florescer, como disciplina adulta e completa, nas cidades italianas de Veneza, Gênova, Florença, Pisa e outras. Estas cidades e outras da Europa fervilhavam de atividade mercantil, econômica e cultural, mormente a partir do século XIII até o início do século XVII. Representaram o que de mais avançado poderia existir, na época, em termos de empreendimentos comerciais e industriais incipientes. Foi nesse período que Pacioli escreveu seu famoso *Tractatus de computis et scripturis*, provavelmente o primeiro a dar uma exposição completa e com muitos detalhes, ainda hoje atuais, da Contabilidade.

Inicia-se, assim, um largo período de domínio da que se chamou "Escola Italiana", em particular, e europeia, em geral, de Contabilidade.

2.3 Ascensão da escola europeia

Como dissemos, é difícil ocorrer um período muito longo em que os desafios práticos e institucionais e os progressos teóricos na Contabilidade se dissociam. Após o surgimento inicial do método contábil, na Itália, provavelmente no século XIII/XIV, de sua divulgação no século XV (obra de Frà Luca Pacioli), da disseminação da "escola italiana" por toda a Europa, surge, a partir do século XIX, um período que muitos denominam de científico. É neste período que, quiçá pela primeira vez, a teoria avança com relação às necessidades e às reais complexidades das sociedades. Esta fase também teve seus expoentes máximos na Itália, que dominou o cenário contábil provavelmente até os primeiros vinte anos do século XX. No fim do período ou em seus limites, surgem os vultos, entre outros, de Fábio Besta, Giuseppe Cerboni, e, no fim do século XIX e inícios do século XX, Gino Zappa e outros; mais recentemente, Aldo Amaduzzi, Teodoro D'Ippolito e muitos outros. Seus trabalhos tiveram grande repercussão na época e provocaram grandes discussões entre os adeptos de uma ou outra corrente, com uma paixão somente comparável às discussões futebolísticas. Este fato demonstra o interesse com que camadas de estudantes acompanhavam o desenvolvimento da Contabilidade. Nesta safra realmente existem trabalhos de excepcional valor para a época. Entretanto, aos poucos, mas inexoravelmente, talvez devido à falta de aplicação e comprovação de algumas de suas ideias e devido ao excessivo "culto da personalidade" que se desenvolveu entre mestres e discípulos (o fenômeno é ainda encontrado, inclusive no Brasil), o vigor da escola italiana aplaca-se, perdendo substância e ímpeto. A escola italiana, vinculada a um excessivo culto da personalidade, não amparada, usualmente, por uma pesquisa indutiva de vulto e baseada em concepções generalizantes de algumas mentes privilegiadas, continuou produzindo trabalhos algo repetitivos, excessivamente teóricos, apenas pelo gosto de serem teóricos, e não se nota muita aderência de alguns autores aos princípios da pesquisa, mas apenas uma livre difusão de ideias.

Existem, claramente, exceções de vulto, como, por exemplo, a monumental *Storia della ragioneria*, de Federigo Melis, escrita na primeira metade do século XX, até agora insuperada no gênero e exemplo de pesquisa profunda. E, sem favor algum, o ciclópico trabalho de Besta, *La Ragioneria*, em três volumes, de 1891, é, possivelmente, a mais completa obra já escrita até o momento sobre Contabilidade, no mesmo nível do trabalho de Hendriksen, que é muito mais recente, e de Mattessich, já citado, de 1964. Apesar disso, o domínio da escola italiana parece ter chegado a seu final (pelo menos até o momento), inclusive no Brasil, onde a Lei das Sociedades por Ações é inspirada (na parte contábil) na doutrina norte-americana. Talvez nossa crítica à escola italiana tenha sido dura, mas diremos que, apesar de tudo, o saldo deixado por ela e pelos demais europeus (entre os quais se destacam os alemães e os ingleses, esses últimos apenas na parte de auditoria) é altamente positivo.

Os italianos e alemães fizeram da Contabilidade ou quiseram dar-lhe, talvez, uma roupagem excessivamente vistosa, mas, assim mesmo, conseguiram, na época, vender ao mundo esta imagem. O enquadramento da Contabilidade como elemento fundamental da equação aziendalista teve o mérito incontestável de chamar a atenção para o fato de que a Contabilidade é muito mais do que mero registro; é um instrumento básico de gestão, e, na verdade, um dos principais. Os defeitos da escola europeia passada estão consubstanciados: (1) na relativa falta de pesquisa indutiva sobre a qual efetuar generalizações mais eficazes; (2) em se preocupar demasiadamente com a demonstração de que a Contabilidade é ciência, quando o mais importante é conhecer bem as necessidades informativas dos vários usuários da informação contábil e construir um modelo ou sistema contábil de informação adequado; (3) na excessiva ênfase na teoria das contas, isto é, no uso exagerado das partidas dobradas, inviabilizando, em alguns casos, a flexibilidade, necessária, principalmente, na Contabilidade Gerencial; (4) na falta de aplicação de algumas das teorias expostas; (5) na queda de nível de algumas das principais faculdades superpovoadas de alunos, com professores mal remunerados, dando expansão mais à imaginação do que à pesquisa séria de campo e de grupo. Em virtude de peculiaridades da legislação comercial, principalmente na Itália, o grau de confiabilidade e a importância da auditoria não eram ainda tão enfatizados, comparativamente aos Estados Unidos. Um corpo de auditores externos de alto gabarito é essencial para testar os demonstrativos e para discutir, à luz da praticabilidade e da objetividade, as várias práticas contábeis.

Esse conjunto de fatores desfavoráveis foi se acentuando a partir de 1920, com a ascensão econômica e cultural do colosso norte-americano. Hoje, mesmo na Itália, nas faculdades do país, muitos textos apresentam influência norte-americana e as principais empresas contratam na base da experiência contábil de inspiração norte-americana. Nos últimos anos, como consequência das necessidades informativas de uma economia global, existe um grande esforço de convergência contábil internacional, que está aproximando as várias "escolas". Temos ainda, porém, muito a evoluir.

2.4 A invasão norte-americana (a escola anglo-saxônica)

O surgimento das gigantescas *corporations*, principalmente em inícios do século XX, além do formidável desenvolvimento do mercado de capitais e o extraordinário ritmo de desenvolvimento que aquele país experimentou e ainda experimenta, constitui um campo fértil para o avanço das teorias e práticas contábeis norte-americanas. Não podemos esquecer, também, que os Estados Unidos herdaram da Inglaterra uma excelente tradição no campo da auditoria, criando, lá, sólidas raízes.

A evolução da Contabilidade nos Estados Unidos apoia-se, portanto, em um sólido embasamento, a saber:

1. o grande avanço e o refinamento das instituições econômicas e sociais;
2. o investidor médio deseja estar permanentemente bem informado, colocando pressões não percebidas no curtíssimo prazo, mas frutíferas no médio e longo prazos, sobre os elaboradores de demonstrativos financeiros, no sentido de que evidenciem tendências;
3. o governo, as universidades e os institutos de contadores empregam grandes quantias para pesquisas sobre princípios contábeis; e
4. o Instituto dos Contadores Públicos Americanos tem sido órgão atuante em matéria de pesquisa contábil, desde muitas décadas;
5. mais recentemente, a criação do Financial Accounting Standards Board (FASB), em 1973, mesmo ano da criação do IASC, hoje IASB, e, há muitos anos, da SEC (a CVM deles), tem propiciado grandes avanços na pesquisa sobre procedimentos contábeis.

O surgimento do *American Institute of Certified Public Accountants*, e o ano de 1930, quando se tornou mais ativo, têm uma importância decisiva no desenvolvimento da Contabilidade e dos princípios contábeis. Os *Special Commitees*, a *The Accounting Research Division*, o *The Accounting Principles Board* e, mais recentemente, o *Financial Accounting Standards Board* têm promovido inúmeros estudos, pesquisas e emitido opiniões sobre áreas de interesse da Contabilidade. Entretanto, outras associações e entidades, como a *American Accounting Association* (AAA), a *Security Exchange Commission* (SEC) equivalente à nossa Comissão de Valores Mobiliários, a Bolsa de New York etc., todas têm tido uma participação pelo menos intensa na fase de discussão sobre princípios, procedimentos e normas de Contabilidade. O FASB consegue até congregar profissionais em tempo integral. Alguns eram influentes na profissão contábil e de auditoria. A interação entre acadêmicos e profissionais de Contabilidade é intensa, reconhecendo cada grupo a contribuição e os méritos do outro. O FASB não se arvora, apesar de sua grande importância, em único baluarte da Contabilidade, mas procura a colaboração de universidades e acadêmicos.

O FASB, gradualmente, consegue formar uma doutrina regulatória de princípios contábeis, seguidos das normas. O IASB, reconhecido agora internacionalmente, seguiu o mesmo caminho, aliás de forma melhor, dando mais ênfase a princípios do que a normas específicas. Nem sempre o trabalho da instituição (FASB) é brilhante, diga-se de passagem, mas demonstra uma evolução qualitativa apreciável. Não podemos esquecer, na evolução da teoria contábil americana, influência das revistas especializadas, quase todas de grande qualidade, principalmente no campo acadêmico, notadamente a *The Accounting Review*, editada pela AAA, talvez a melhor do gênero em todo o mundo, e, atualmente, mais umas três do mesmo nível.

O desenvolvimento da teoria e das práticas contábeis americanas, é claro, está fortemente baseado em trabalho de equipe. Isto não quer dizer que não tenham surgido figuras individuais exponenciais, na literatura norte-americana, tais como Littleton, Paton, Sprouse, Moonitz, Anthony, mais recentemente Horngren e muitos outros, que seria fora do âmbito desta breve evolução histórica enumerar. A premissa muitas vezes levianamente abraçada por alguns autores brasileiros de que as obras de autores norte-americanos são fracas sob o ponto de vista teórico demonstra desconhecimento de alguns trabalhos de profundo saber e que revolucionaram a Contabilidade nos últimos anos. Bastaria citar três:

1. *The Theory and Measurement of Business Income*, 1961, de Edwards & Bell, dois economistas que apresentam pela primeira vez, de forma completa, o problema da Contabilidade em face das flutuações de preços em geral (não apenas da inflação), com ampla abordagem econômica;
2. o trabalho de Hendriksen, (atualmente com Van Breda) citado anteriormente, adotado nos cursos de pós-graduação da USP e da FGV, é, até o momento, o estudo normativo mais profundo e completo sobre teoria contábil; e

3. o trabalho de Mattessich, também citado, representa o lançamento de uma nova fronteira para a Contabilidade. É tão avançado sob ponto de vista conceitual que nem mesmo nos Estados Unidos pôde ser apreciado com a devida ênfase. Existem muitos outros trabalhos de grande envergadura teórica, e não esqueçamos as contribuições geniais de Chambers (na avaliação de ativos e preços de realização), de Vatter (sobre a teoria dos fundos), de Bedford (sobre teoria do lucro), de Ohlson, Beaver, Sterling e muitos outros. Alguns não são nativos dos EUA, mas exerceram funções docentes e de pesquisa naquele país.

Por outro lado, nos livros de introdução à Contabilidade, a essência da obra de autores americanos é a clareza e a didática da exposição. Partem de uma visão de conjunto dos relatórios emanados da Contabilidade (o balanço principalmente) para, a partir daí, descer ao nível de detalhe dos lançamentos originários. O aluno tem muito maior interesse e facilidade em aprender desta forma do que na ordem inversa, pois é assim que evoluiu, historicamente, a Contabilidade. Primeiramente fizeram-se inventários, em momentos distintos, a fim de apurar a variação da riqueza, para depois imaginarem-se as formas de registro das operações elementares. As partidas dobradas são explicadas como resultado de um raciocínio algébrico (como de fato são), sem se preocupar em enxergar pessoas atrás de cada conta (como na escola personalista).

Predomina, nos textos americanos, a preocupação com o usuário da informação contábil. A Contabilidade é sempre utilizada e apresentada como algo útil para a tomada de decisões. A teoria contábil americana não deseja, de partida, endeusar demasiadamente a importância da Contabilidade no contexto do conhecimento humano, mas, lenta e seguramente, por meio da solidez dos argumentos apresentados e dos exemplos, o leitor acaba percebendo a verdadeira e efetiva importância desta disciplina, no contexto administrativo.

Os defeitos da Escola Americana são os seguintes: (1) pouca importância atribuída à sistematização dos planos de contas, pelo menos nos livros-texto; (2) apresentação dos tópicos dos livros de forma não ordenada, dificultando distinguir, às vezes, os de maior importância; e (3) pouca consideração – por parte dos reguladores na edição de normas contábeis pelo menos até a década de 70 – para o tratamento do problema inflacionário, embora algumas das melhores obras teóricas sobre contabilidade e flutuações de preços tenham sido escritas por autores norte-americanos e alemães.

Como se vê, considerando o progresso já alcançado, as grandes quantias ainda investidas na pesquisa contábil e a posição de potência econômica mundial que ainda sustenta, dificilmente deixará a escola norte-americana de continuar a produzir notáveis progressos na disciplina. Analisaremos, a seguir, com mais detalhes, obviamente citando pessoas e autores, bem como datas, da forma mais sumarizada possível, algumas características da evolução contábil no Brasil.

2.5 O caso brasileiro

Uma característica recente do estágio de desenvolvimento da Contabilidade no Brasil era paradoxal: a qualidade das normas contábeis à disposição ou editadas por órgãos governamentais (devido à inoperância, até um passado recente, de nossas entidades de regulação, o Governo teve de tomar a iniciativa) era claramente superior – principalmente com a Lei das Sociedades por Ações, com a Correção Integral, com as normas mais recentes do Conselho Federal de Contabilidade, CFC, e da Comissão de Valores Mobiliários, CVM etc. – à qualidade média dos profissionais que tinham de implementar estas normas. Nossa legislação, historicamente, adianta-se sempre em relação aos profissionais que irão utilizá-la e isto é mais sentido no campo contábil. Entretanto, nos últimos anos a profissão tem tido progressos marcantes e, agora, os profissionais formados em boas faculdades estão em condições de acompanhar toda esta evolução das normas, inclusive as do CPC.

Sempre existiram contadores altamente qualificados, capazes de editar normas bastante razoáveis ou influenciá-las, como é o caso das contidas na Lei das Sociedades por Ações, e, antes disto, na própria

Circular nº 179 do Banco Central, e, mais recentemente, na Correção Integral da CVM e outras. Note-se, todavia, que o antigo Código Comercial Brasileiro e a antiga Lei das Sociedades por Ações continham disposições contábeis. A legislação fiscal, reiteradamente, tem tido influência nos conceitos contábeis em virtude da falta de esclarecimentos de muitos contadores sobre os limites entre a Contabilidade científica (e até societária) e da Contabilidade para finalidades fiscais. A falta de discussão dos princípios contábeis e das boas técnicas de contabilidade tem sido responsável por uma enorme confusão mental dos nossos contabilistas, no passado. Na falta de parâmetros teóricos, aceitaram os fiscais e confundiram critérios técnicos com critérios fiscais. Até hoje esse problema continua. Em matéria de princípios contábeis, tínhamos dois conjuntos: o do CFC e o da CVM. (Resolução nº 750, de 93, do CFC e Deliberação 29, da CVM.)[1]

Mas, voltando às origens, o Brasil foi inicialmente influenciado pela escola italiana. Aliás, as paixões e as discussões em torno das escolas – reditualista, patrimonialista, contista, materialista etc. – foram quase tão acesas aqui quanto na Itália e, de certa forma, igualmente irrelevantes. O pior é que, se a escola italiana transplantada para a realidade de hoje já apresentava alguns problemas, sua adaptação ou tradução aqui no Brasil fez-se ainda sob a égide e com os problemas contidos na frase: *traduttore traditore*, isto é, tradutor traidor. (Aliás, este fenômeno está ocorrendo, em parte, com a tradução de bons textos americanos.) Na verdade, possivelmente, poucos autores brasileiros leram e meditaram, profundamente, sobre os autores italianos. D'Auria, contudo, foi, realmente, uma das exceções notáveis.

Provavelmente, a primeira escola especializada no ensino da Contabilidade foi a Escola de Comércio Álvares Penteado, criada em 1902. Alguns autores preferem fazer recair a honra do pioneirismo na Escola Politécnica de São Paulo, a qual, alguns anos antes, em seu Curso Preliminar, já incluía a disciplina Escrituração Mercantil. Conquanto legalmente e cronologicamente tais autores possam ter razão, o fato de haver disciplina de Escrituração Mercantil não caracteriza, a meu ver, um Curso de Contabilidade. Mas, vale a pena ressaltar tais peculiaridades históricas. Produziu (a Álvares Penteado) alguns professores excelentes, como Francisco D'Auria, Frederico Herrmann Júnior, Coriolano Martins (este mais especializado em Matemática Financeira) e muitos outros. Entretanto, foi com a fundação da Faculdade de Ciências Econômicas e Administrativas da USP, em 1946, e com a instalação do curso de Ciências Contábeis e Atuariais, que o Brasil ganhou o primeiro núcleo efetivo, embora modesto, de pesquisa contábil nos moldes norte-americanos, isto é, com professores dedicando-se em tempo integral ao ensino e à pesquisa, produzindo artigos de maior conteúdo científico e escrevendo teses acadêmicas de alto valor. Diga-se de passagem que os professores egressos da escola Álvares Penteado constituíram, pelo menos em parte, o núcleo inicial da nova Faculdade de Ciências Econômicas e Administrativas, na parte de Contabilidade e Atuária. O próprio Professor D'Auria e outros da Álvares Penteado deixaram vestígios de seu conhecimento e de sua personalidade na nova escola, dando possibilidade para que novos talentos surgissem.

Os autores que mais se destacaram, pertencentes à escola clássica, foram, incontestavelmente, Francisco D'Auria e Frederico Herrmann Júnior. A morte deste último foi muito prematura, causando grandes prejuízos no sentido da formação de uma corrente de seguidores do autor, que, pessoalmente, consideramos como, talvez, o melhor na época, sem desmerecer a obra ciclópica do ilustre Professor D'Auria. Este, sem dúvida, teve o mérito de ser o mais "brasileiro" dos autores famosos da época, no sentido de que conseguiu formar o que se poderia chamar de embrião de uma autêntica escola brasileira. Assim, diríamos que a Contabilidade no Brasil evoluiu sob a influência da escola italiana, não sem aparecerem traços de uma escola verdadeiramente brasileira, até que algumas firmas de auditoria de origem anglo-americana, certos cursos de treinamento em Contabilidade e Finanças, oferecidos por grandes empresas, tais como o excelente BTC da General Electric, e a Faculdade de Economia e Administração, em seu curso básico de Contabilidade Geral, acabassem exercendo forte influência, revertendo a tendência. Por outro lado, a legislação comercial, que até a Lei das Sociedades

---

[1] Em 2007, aconteceram duas mudanças importantes: a Lei nº 11.638, que alterou a Lei das S.A., e a criação do CPC (Comitê de Pronunciamentos Contábeis), que já formulou uma nova Estrutura Conceitual, baseada na do IASB. E emitiu mais de 40 pronunciantes sobre Normas.

por Ações (de 1940) era de inspiração europeia (com traços marcantes brasileiros na classificação dos balanços das S.A.), passa a adotar uma filosofia nitidamente norte-americana, a partir, principalmente, da Resolução nº 220 e da Circular nº 179 do Banco Central. Expliquemos isoladamente, mas com brevidade, cada uma das influências.

2.5.1 Das firmas de auditoria de origem anglo-americana

Talvez essa tenha sido a mais antiga influência no sentido da "americanização" do entendimento das normas e dos procedimentos de Contabilidade. Obviamente, pelo menos de início, estas firmas levaram uma grande vantagem, em termos de auditoria, sobre as congêneres puramente nacionais, em virtude da sólida tradição e estrutura preexistentes, dos procedimentos e dos manuais adotados (poucas ou nenhuma firma nacional possuía manuais sobre como auditar os vários grupos) e da mentalidade de treinamento existente. Aos poucos foram associando-se a firmas nacionais preexistentes, com exceção notável da Arthur Andersen & Co., que permaneceu nitidamente com as características originais. A influência de tais firmas, obviamente, era e é grande. Se considerarmos que quase todas as grandes subsidiárias de multinacionais são por elas auditadas, veremos que a influência sobre os procedimentos adotados, por meio da imitação das grandes companhias, foi acentuada e deve ter influenciado os legisladores. Alguns profissionais, inclusive, que participaram na elaboração das diretrizes contábeis governamentais foram ou são pertencentes a grandes firmas de auditoria independente. Assim, a importância desta orientação é fundamental para entender a passagem da orientação europeia para a norte-americana, ou anglo-saxônica, de maneira mais ampla. O International Accounting Standards Board (IASB) é, hoje, a principal fonte de inspiração dos reguladores contábeis brasileiros mas, embora algo diferenciada, nos detalhes, sua orientação, filosoficamente é parecida com a do FASB. Para o FASB, todavia, as normas são mais importantes do que conceitos genéricos. A vantagem do IASB é que as normas têm que ser baseadas em princípios.

2.5.2 A influência da reestruturação do ensino da Contabilidade na Faculdade de Economia e Administração da USP[2]

Verifica-se, a partir de 1964, uma modificação substancial no ensino de Contabilidade na Faculdade de Ciências Econômicas e Administrativas da USP. Na disciplina Contabilidade Geral, na regência de cátedra do Prof. José da Costa Boucinhas, adota-se, pela primeira vez, o método didático norte-americano, baseado no livro de Finney & Miller, *Introductory accounting*, com importantes adaptações à realidade brasileira, consubstanciadas pela abordagem do problema da Contabilidade em face da inflação. Como consequência desse trabalho, surge, em 1971, o livro *Contabilidade introdutória*, de uma equipe de professores da USP, livro hoje bastante adotado nas faculdades de todo o Brasil. Isto significa que, desde 1964, gerações de contadores, de administradores e de economistas são influenciadas pelo novo enfoque, constituindo um centro de irradiação das novas doutrinas. Note-se que datam desta época alguns trabalhos de pesquisa elaborados por professores da Faculdade de Economia e Administração da USP, que focalizam a Contabilidade e o problema das flutuações de preços, em profundidade. A escola da correção monetária, que pôde surgir a partir daí, é uma contribuição das mais notáveis à constituição de uma verdadeira e genuína escola brasileira de Contabilidade, ainda hoje em pleno desenvolvimento. Mais recentemente, a FEA, na área contábil, contribuiu com o surgimento do Gecon, da Contabilometria, da Teoria Positiva da Contabilidade e com outros avanços que se espalharam por todo o Brasil, principalmente nas faculdades de ciências contábeis, e entre os profissionais mais competentes.

---

[2] Hoje, Faculdade de Economia, Administração e Contabilidade.

2.6 Perspectivas da Contabilidade e da profissão contábil no Brasil

Do ponto de vista puramente financeiro, em termos de mercado de trabalho para o contador, as perspectivas são boas. Na verdade, ainda estamos no limiar de uma era em que será reconhecida toda a importância da função contábil dentro das entidades. O número de bons profissionais, com ampla visão de administração financeira (além de Contabilidade), é ainda modesto. Os que são mais competentes e, portanto, têm condições de assumir posições de controladores, diretores financeiros, chefes de Departamento de Contabilidade e de Custos, auditores internos e externos, têm obtido remuneração e satisfação profissional muito grandes. Isto somente poderá evoluir com o vasto campo de aperfeiçoamento introduzido pela legislação recente.

Progresso constante, duradouro, equilibrado e que dependa de algo mais que meras adaptações de princípios do IASB somente será possível se ocorrerem as seguintes circunstâncias:

1. nossas entidades representativas de contadores necessitarão realmente continuar um trabalho de profundidade sobre pesquisa de princípios contábeis. É verdade que isto exige recursos, difíceis de serem obtidos, ainda mais considerando-se o reduzido número de sócios ou membros;[3]

2. será necessário que nossos técnicos de Contabilidade se dirijam, em massa, para os bons cursos de Ciências Contábeis, a fim de obterem uma formação realmente completa. Os bons cursos de Ciências Contábeis, diga-se de passagem, são escassos;

3. nossas instituições de pesquisa, principalmente as universidades, precisam dedicar fundos e esforços à pesquisa contábil, no sentido de treinar, manter e atualizar seu corpo docente, com boa participação de docentes que se dediquem integralmente à universidade. Entramos, então, em um campo delicado e que tem merecido a atenção de professores, estudiosos e pesquisadores. A longo prazo, muito pouco será possível realizar em nível de qualidade internacional, sem um corpo de pesquisadores de alto gabarito, adequadamente remunerados. A única instituição que até há alguns anos tinha condições de manter esse corpo era a Universidade de São Paulo. Hoje, entretanto, nota-se a progressiva perda de talentos docentes e de pesquisa na área contábil (e em outras), devido a critérios de prioridades orçamentárias discutíveis, em termos de universidade. Como a remuneração de professores está bem abaixo do nível salarial do mercado, tem ocorrido êxodo de alguns docentes ou, na melhor das hipóteses, quase todos deixam de dedicar-se integralmente.

Este problema, diga-se de passagem, não existe apenas na área contábil, embora esta talvez o sinta mais do que outras áreas, devido aos atrativos que o mercado oferece aos mais bem dotados. É claro que não desejamos, nem seria viável ou razoável, que todos os melhores talentos permanecessem na universidade em tempo integral. Entretanto, é preciso dar condições mínimas aos que dispõem de verdadeiro talento para a pesquisa pura e aplicada e para a docência. Eles são verdadeiros polos reprodutores e incentivadores de progresso para a profissão. As Fundações de apoio, como a Fipecafi, no caso da Contabilidade, têm ajudado bastante em manter pesquisadores em tempo integral, mas recentemente têm enfrentado resistências de setores importantes da USP.

Assim, temos todas as possibilidades de progredir, pois fomos expostos às duas grandes tendências contábeis, aprendemos os pontos fortes e as fraquezas de cada uma delas e temos condições, se houver muito esforço e recursos, de solidificar uma verdadeira escola brasileira de Contabilidade.

---

[3] Mais recentemente, o Ibracon e o Conselho Federal de Contabilidade (CFC) têm tomado iniciativas mais arrojadas com relação a princípios e normas de Contabilidade e Auditoria, como já vimos. Ressalta-se o CPC, já citado, que está desenvolvendo intenso e profícuo trabalho, e que já levou o Brasil a adotar integralmente as normas internacionais de contabilidade (IASB).

2.7 Algumas datas e eventos importantes na evolução histórica da Contabilidade (escola italiana)[4]

Apesar de nossa breve retrospectiva ter assumido um caráter evolutivo, crítico, não deixaremos de demarcar e, em alguns casos, fazer ligeiros comentários, sobre algumas datas importantes na evolução histórica da disciplina. Omitiremos os primórdios e a antiguidade greco-romana, por não apresentarem destacado interesse para o desenvolvimento deste livro; omitiremos, também, nomes da evolução histórica no Brasil (além dos já citados no item anterior), pois estamos, pessoalmente, envolvidos com alguns deles.

1202	*Leonardo Fibonacci* publica seus *Liber abaci*, um compêndio sobre cálculo comercial que demarca, segundo Federigo Melis, o limite entre a era da Contabilidade Antiga e a era da Contabilidade Moderna. Temos, até 1494, data da famosa obra de Pacioli, uma série de trabalhos sobre práticas comerciais, dos quais o de Fibonacci é um dos exemplos. Esses trabalhos são importantes, pois difundem não apenas o mecanismo de funcionamento das instituições jurídicas e comerciais, mas também os usos e costumes do comércio. Entretanto, o trabalho de Fibonacci é mais sobre cálculo do que sobre práticas comerciais. Normalmente, não existe nesses trabalhos nenhuma pretensão científica, como afirma V. Alfieri em seu artigo publicado na *Rivista Italiana di Ragioneria*, em 1918. Melis delimita até a metade do século XIII o uso de partidas simples, e, a partir daí, começam a aparecer exemplos (embora incompletos) de partidas dobradas apenas nos grandes empreendimentos, continuando os menores a adotar a partida simples, mesmo bastante tempo após o trabalho de Pacioli. Seguramente, embora haja diferenças de opiniões sobre em que região da Itália teria sido utilizada pela primeira vez a partida dobrada, ela foi aplicada antes do livro de Pacioli, possivelmente entre 1280 e 1335. O *Giornale Dal Libro Segreto Di Giotto De Peruzzi*, de 1308, é um caso evidente de emprego das partidas dobradas, com algumas falhas. Possivelmente, porém, este comerciante, desde 1292, utilizava o método, em Florença. Os mais importantes livros dos Peruzzi, todavia, são *Libro dell'asse sesto* e *Libro segreto sesto*, de 1335-1343.
1340	*Francesco di Balduccio Pegolotti* escreve *La pratica della mercatura*, uma espécie de enciclopédia do comerciante da época e obra fundamental para a análise da evolução da Contabilidade e dos usos e costumes comerciais.
1458	*Benedetto Cotrugli* lança *Della mercatura et del mercante perfetto*, publicado apenas em 1573. Segundo Federigo Melis, alguns autores viram nesse trabalho uma etapa fundamental da história da Contabilidade.
1494	*Luca Pacioli* publica, em Veneza, a *Summa de aritmetica geometria, proportioni et proportionalità*, na qual se distingue, para a história da Contabilidade, o *Tractatus de computis et scripturis*, marco básico na evolução da Contabilidade. Nesse tratado, talvez pela primeira vez, o método contábil é explicado integralmente a partir do inventário. Pacioli é considerado, portanto, o "pai dos autores de Contabilidade".
1558	*Alvise Casanova* publica um trabalho de título estranho e muito longo, *Spechio lucidissimo nel quale si devono essere deffinito tutti i modi, et ordini di scrittura, che si deve menare nelli negoziamenti della mercantia, cambii, recambii, con li loro corrispondentie, disgarbugliando, et illuminando l'intelletto a' negozianti, opera non piu veduta*. Apesar disso, foi um trabalho notável para a época. A partir da obra de Pacioli, muitos e muitos tratadistas apareceram na Itália e em outros países, melhorando aqui e acolá um ou outro detalhe da obra do mestre; permanece, porém, insuperado seu trabalho por dezenas e dezenas de anos. Portanto, não citamos outros autores até Angelo Pietra.
1586	*Angelo Pietra* publica seu *Indirizzo degli economi o sia ordinatissima instruttione da regolatamente formare qualunque scrittura in un libro doppio*. O interesse especial na obra de Pietra é a aplicação do método contábil na administração de seu convento e a referência a aplicações bancárias, mercantis e patrimoniais. É, talvez, o primeiro autor a escrever sobre previsões orçamentárias.
1636	*Ludovico Flori* publica *Tratato del modo di tenere il libro doppio domestico col suo esemplare*, trabalho que, sempre segundo Melis, alcança o ponto mais alto da Contabilidade italiana até o século XIX. A finalidade do trabalho é a mesma da obra de Pietra: descrever a aplicação do método das partidas dobradas aos mosteiros; entretanto, foi mais feliz que seu predecessor. Tendo em vista a afirmação anterior, e considerando-se que os autores italianos dominam a Contabilidade até o início do século XX, e levando-se em conta, ainda, que o século XVIII é considerado como de decadência para a Contabilidade italiana, saltaremos diretamente para o século XIX, o mais importante, possivelmente, para a escola europeia e particularmente para a italiana.

continua

---

[4] Quadro adaptado do livro de Federigo Melis, já citado.

continuação

1803	*Niccolo D'Anastasio* publica *La scritura doppia ridotta a scienza*, primeira preocupação, portanto, de demonstrar o caráter científico da Contabilidade.
1838	*Giuseppe Ludovico Crippa* publica *La scienza dei conti ossia l'arte di tenere i libri e compilare i bilanci di ogni azienda*. Seu trabalho foi importante, pois foi precursor da teoria econômica das contas.
1840	Início da *Contabilidade Científica, Francesco Villa* publica *La contabilità applicata alle amministrazioni private e publiche*. Este tratado é considerado pelos autores italianos como o demarcador do início da fase em que a Contabilidade se afirma como ciência. Francesco Villa é também considerado "pai da Contabilidade italiana". Escreveu outros importantes trabalhos após 1840.
1867	*Francesco Marchi* edita *I cinquencontisti, ovvero la ingannevole teoria che viene insegnata intorno il sistema di scritture a partita doppia e nuovo saggio per la facile intelligenza ed applicazione di quel sistema*. É uma crítica feroz ao trabalho de Degranges e, em seguida, apresenta de forma completa a teoria personalista das contas, classificando-as em quatro categorias: do proprietário, do gerente ou administrador, dos consignatários e dos correspondentes.
1873	*Giuseppe Cerboni* publica *Primi saggi di logismografia*. Em 1886 escreve seu melhor trabalho, denominado *La ragioneria scientifica e le sue relazioni con le discipline amministrative e sociali, in due volumi.* Cerboni notabilizou-se, além da aplicação da partida dobrada na forma logismográfica, por ter aprofundado a teoria personalística das contas de Marchi e como contador governamental. Seu trabalho citado, de 1886, é considerado uma das obras-primas da Contabilidade, em todos os tempos. Vários seguidores de Cerboni realizaram aprofundamentos parciais de sua obra; entre eles: Giovanni Rossi, Giovanni Massa, Clitofonte Bellini e outros.
1891	*Fábio Besta* publica o primeiro volume e parte do segundo de seu ciclópico trabalho *La ragioneria*, que aparece em sua edição completa, de três volumes, pela primeira vez, em 1909-1910. Com Fábio Besta, vulto insuperado e talvez insuperável da Contabilidade, inicia-se a era do controle. Para ele, a Contabilidade é a ciência do controle econômico. Além de autor inspirado, é um pesquisador histórico e indutivo. Escrutinou arquivos e bibliotecas italianos e estrangeiros. Um de seus grandes méritos é ter delimitado o campo de aplicação da Contabilidade; ao contrário de Cerboni, entretanto, aprofundou-se sobremaneira no estudo do controle. Podemos dizer que Besta foi o primeiro e é o maior contador moderno. *Muitas teorias hoje tornadas famosas pelos autores norte-americanos tiveram seu primeiro expositor em Besta*. Além da ciência do controle, Besta desenvolve a teoria materialística das contas, destruindo o trabalho personalístico de Marchi e de Cerboni. *Besta, juntamente com Pacioli, é, em nossa opinião, o maior vulto da Contabilidade, até o momento, em todos os tempos.*
1891	Teve vários seguidores, entre eles: Vittorio Alfieri, Francesco de Gobbis, Vincenzo Vianello, Pietro Rigobon e Pietro D'Alvise. Digno de nota é o trabalho de Emanuele Pisani, que, em 1875, apresenta seu *Statmografia*, manuscrito, em um concurso; mais tarde foi publicado como *La statmografia applicata alle aziende private* (1880) e *La statmografia, applicazione alle aziende pubbliche* (1886). Pisani é um intermediário entre Cerboni e Besta. Na teoria das contas aproxima-se de Besta e aproxima-se de Cerboni na forma escritural excogitada, a qual, como a de Cerboni, é uma forma sinótica de partida dobrada.

Encerramos aqui este breve retrospecto dos acontecimentos mais importantes, pelo menos no âmbito da escola italiana de Contabilidade. A partir do trabalho de Besta, outros grandes autores surgiram, como Gino Zappa, Vincenzo Masi e outros, e, do lado norte-americano, já citamos alguns nomes importantes em tópicos anteriores deste capítulo. Entretanto, esses trabalhos e autores, inclusive nacionais, estão muito próximos de nós para que sejam analisados quanto a seus méritos mais intrínsecos.

O fato é que, como dissemos, a partir de 1920, aproximadamente, se inicia a fase de predominância norte-americana dentro da Contabilidade, também auxiliada pelo poderio econômico e político do grande país irmão, influenciado pela ação das subsidiárias que se estabeleceram em vários países, inclusive na Europa. Ressalte-se, todavia, que ao poderio político e econômico foram juntadas grandes doses de esforço, de pesquisa e de estudo. Nomes como Hatfield, Littleton, Paton, Sprouse, Moonitz, Anthony, Horngren e outros merecem, hoje, estar no mesmo nível, em termos de contribuição à disciplina, dos de Cerboni, Marchi, Besta etc. e dos ilustres autores brasileiros citados anteriormente. No fundo, a predominância dessa ou daquela escola, nesta ou naquela época, nada mais é do que consequência natural do grau de integração entre as teorias esposadas e as práticas empresariais, as instituições econômicas e sociais. Diferenças quanto à abordagem da Contabilidade e preferências pessoais não devem deslustrar uma análise imparcial da contribuição dada por autores de todos os países à nossa disciplina. Acreditamos, inclusive, que o Brasil tenha muito a oferecer, daqui para a frente, para o progresso da Contabilidade. Basta, apenas, que haja uma concentração de esforços e de recursos das entidades, das muitas hoje existentes, que tratam de interesses da profissão.

Resumo

A Contabilidade é tão remota quanto o homem que pensa, ou, melhor dizendo, que conta. A necessidade de acompanhar a evolução dos patrimônios foi o grande motivo para seu desenvolvimento. O surgimento do capitalismo deu impulso definitivo a esta importante disciplina, potencializando seu uso e aumentando sua eficácia. Através dos tempos, verifica-se que normalmente o grau de avanço da Contabilidade está diretamente associado ao grau de progresso econômico, social e institucional de cada sociedade. Entretanto, é inegável explicitar que, embora a Contabilidade seja instrumento eficaz de gestão em qualquer regime econômico, de mercado ou centralizado, com todas as nuanças existentes, é nas economias de mercado que a Contabilidade atinge seu ponto mais alto. Verifica-se, até 1920, aproximadamente, uma influência muito grande da escola europeia e da italiana em particular, e, a partir de então, desenvolve-se o approach norte-americano, favorecido não apenas pelo apoio de uma ampla estrutura econômica e política, mas também por pesquisa e trabalho sério dos órgãos associativos e pesquisadores.

A Contabilidade só cria foros de metodologia realmente científica se houver muito trabalho e muita pesquisa. Temos todos os pré-requisitos para transformar a profissão em algo deveras importante no Brasil. É preciso, primeiramente, organizar talentos e recursos. Por outro lado, em apreciação geral, é importante conhecer qual foi a evolução histórica da disciplina, para podermos entender melhor o que ela é hoje. A Contabilidade é uma ciência essencialmente utilitária, no sentido de que responde, por mecanismos próprios, a estímulos dos vários setores da sociedade. Portanto, entender a evolução das sociedades, em seus aspectos econômicos, dos usuários da informação contábil, em suas necessidades informativas, é a melhor forma de entender e definir os objetivos da Contabilidade. Apesar das diferenças de abordagem das várias escolas, devemos reconhecer que somente existe uma Contabilidade, baseada em postulados, princípios, normas e procedimentos racionalmente deduzidos e testados pelo desafio da praticabilidade. Todavia, não devemos desprezar um postulado, um princípio ou procedimento somente porque não é praticável imediatamente em termos de custo da informação e de benefício. Desde que não seja rejeitado como utópico, pode integrar o conjunto de normas sujeitas ao aperfeiçoamento dos processos de mensuração, a fim de ser totalmente aplicado. Veremos detalhadamente esse e outros pontos no Capítulo 3.

Esclarecimento aos leitores

Este livro de Teoria, que sempre foi o preferido pelos leitores e estudantes de nível mais elevado, teve seu início de formulação já no final da década de 70 e sempre foi atualizado em sucessivas edições.

Sempre procuramos escrever um livro conceitual, de teoria, e não um livro de normas contábeis nacionais ou internacionais.

Às vezes, são citados alguns (raros) pronunciamentos do Financial Accounting Stantard Board (FASB), dos EUA, e de seus precursores norte-americanos, apenas para ilustrar alguns conceitos. Não valeu a pena, nas edições mais recentes, substituí-los totalmente pelos do IASB ou outros, pois eram apenas ilustrativos e continuam válidos. Até o momento em que o Brasil resolveu adotar as normas do IASB, as do FASB eram o único parâmetro internacional válido de comparação, para ilustrar conceitos teóricos.

Recentemente, a partir da década de 90, o Brasil, através da reformulação da Lei das S.A., da criação do Comitê de Pronunciamentos Contábeis (CPC), trabalhando em estrita colaboração com a Comissão de Valores Mobiliários (CVM), tomou uma decisão de caráter político, aderindo à internacionalização das normas contábeis do International Accounting Standards Board (IASB), sediado em Londres.

Conquanto essa decisão tenha sido extremamente importante, note-se que os dois conjuntos de normas, do FASB e do IASB, do ponto de vista filosófico-conceitual, são parecidos. Na verdade, os vários países só não adotaram as normas do FASB por serem norte-americanas. Hoje, os dois conjuntos estão tentando convergir.

No desenrolar desta "Teoria", algumas vezes fala-se em "americanização" das normas, em "influência anglo-saxônica", praticamente como sinônimos. Depois, se fala em FASB e IASB. No fundo, americanos e outras nações de tradição anglo enxergam a contabilidade, basicamente, da mesma forma, ou seja, do ponto de vista dos investidores, primeiramente, e, depois, dos demais *stakeholders*. Daí denominamos essa visão como Modelo Contábil de Mercado, em contraste com o Modelo Legalista (antigamente prevalecente na Europa Continental). Este autor sempre se alinhou conceitualmente ao Modelo de Mercado. Isso não significa que, como alguns autores mais recentes são levados a crer, um livro de Teoria deva, simplesmente, reproduzir as normas de órgãos reguladores.

Assim, a estruturação dos conceitos fundamentais apresentada neste texto não é igual à dos pronunciamentos oficiais. Entretanto, o autor, desde a primeira concepção do livro, já era aderente à filosofia do **Modelo de Mercado**, de orientação nitidamente mais ligada à maneira norte-americana de ver a Contabilidade, isto é, ressaltando a transparência, a prevalência da essência sobre a forma e outras características.

Este, repetimos, é um livro de **Teoria**, não de **Contabilidade Internacional, ou de IFRS**. É claro que todos devem estudar as IFRS e aplicá-las na prática contábil, mas **Teoria** vai muito além de Normas, por melhores que elas sejam. E um autor de um livro de teoria precisa ter a liberdade de criticar certas normas, quando não lhe parecerem conceitualmente válidas.

Questionário

1. Em que data pode ser presumida, aproximadamente, a existência de sinais objetivos de relatórios contábeis (inventários)?
2. Qual o grande fator que possibilitou à Contabilidade evoluir para atingir o atual grau de desenvolvimento?
3. Apresente algumas das razões pelas quais as mais avançadas praças em que se praticou a Contabilidade, na Renascença, foram algumas das cidades italianas, tais como Pisa, Gênova, Florença, Veneza etc.
4. Quais os motivos da queda recente da escola europeia e qual foi sua grande contribuição à Contabilidade?
5. Cite os quatro fatores fundamentais sobre os quais se baseia a estrutura da escola norte-americana de Contabilidade.
6. Quais os pontos fortes e fracos da situação da Contabilidade no Brasil, atualmente?
7. Explique quais os motivos que possam ter levado o Governo a adiantar-se em relação aos Contadores quanto à edição de normas e princípios contábeis.
8. Cite alguns dos autores norte-americanos que mais têm contribuído para a evolução recente da Contabilidade.
9. Cite os méritos principais da obra de Fábio Besta, dentro da história da Contabilidade.
10. Por que é necessário ter uma noção do desenvolvimento e da evolução histórica da disciplina?

3

Postulados Contábeis

> ### Objetivos de Aprendizagem
>
>
>
> Neste capítulo, você aprenderá:
> - O que são postulados.
> - Quais são os postulados ambientais da Contabilidade.
> - O Postulado da Entidade e o da Continuidade.

3.1 Natureza dos postulados

Uma vez definidos os objetivos da Contabilidade, conforme o Capítulo 1, temos de pensar uma estrutura conceitual de cúpula apta a favorecer atingi-los. Como vimos, o ideal seria poder partir dos objetivos, explicitar os postulados e, em grau de detalhe cada vez maior, os princípios, as normas e os procedimentos. Os Capítulos 3 e 4, além de exporem qual deveria ser a sequência ideal, são uma tentativa de entender os conceitos fundamentais como se encontram no momento, bem como possíveis ampliações de entendimento, visando adequar-se às novas necessidades emergentes. Algumas considerações de natureza histórica ainda serão necessárias, aqui e acolá, para melhor entendermos certos princípios.

Um postulado pode ser definido como uma proposição ou observação de certa realidade que pode ser considerada não sujeita a verificação, ou axiomática. Normalmente, a categoria de postulado, em Contabilidade, abarca uma área de atração mais ampla do que a da própria disciplina e relaciona-se com certos aspectos "ambientais" ou que cercam o campo e as condições em que a Contabilidade deve atuar. Postulados, todavia, podem ser meras exposições de verdades, mas que, por serem triviais ou por não delimitarem o campo dos princípios contábeis subsequentes, deixam de ter utilidade. Por exemplo, poderíamos afirmar que, em uma transação de mercado, o preço acordado parece ser a melhor escolha para o comprador e para o vendedor. Embora possa ser verdadeira, esta afirmação não delimita ou caracteriza muita coisa para a Contabilidade (a não ser o valor de registro inicial!). Portanto, estas e outras afirmações que não geram consequências diretas e lógicas em termos de princípios podem ser omitidas, mesmo porque, caso contrário, teríamos uma lista enorme de afirmações, sem maior significância.

Entretanto, e de acordo com Hendriksen,[1] postulados normativos em sua formulação, isto é, que prescrevem *o que* a Contabilidade deveria fazer ou *como* deveria ser feita, deveriam ser explicitados e não simplesmente presumidos por consenso geral ou acordo.

---

[1] HENDRIKSEN, Eldon S. *Accounting theory*. Homewood: Richard D. Irwin, 1971. p. 96.

Assim, basicamente, os postulados que nos interessam são as premissas básicas acerca do ambiente econômico, político e social no qual a Contabilidade deve operar, conforme afirma Hendriksen.[2]

A esse respeito, os dois postulados mais importantes para a Contabilidade, conforme referidos por muitos autores, são: *o postulado da entidade contábil* e *o postulado da continuidade*. Mais modernamente poderíamos considerar mais um, ou seja, o postulado da prevalência da essência econômica sobre a forma jurídica.

3.2 Postulado da entidade contábil

Moonitz, em seu *Accounting Research Study nº 1*, visualiza a abordagem deste postulado como a identificação da *entidade contábil*, ou seja, a unidade econômica que tem controle sobre recursos, aceita a responsabilidade por tarefas e conduz a atividade econômica... Esta entidade contábil pode ser uma pessoa física, uma sociedade limitada, uma grande sociedade por ações, um grupo engajado em uma atividade com finalidade de lucro ou não... Em uma abordagem mais analítica, pode ser um setor da entidade, uma divisão, um departamento que compartilha de recursos escassos comuns e que contribui para o resultado conjunto do empreendimento...

Para nossa finalidade, poderíamos afirmar que, para a Contabilidade, qualquer indivíduo, empresa, grupo de empresas ou entidades, setor ou divisão, desde que efetue atividade econômica, e que seja tão importante, a critério dos *stakeholders* (segmentos de pessoas interessadas, como acionistas, donos, credores, empregados etc.), que justifique um relatório separado e individualizado de receitas e despesas, de investimentos e de retornos, de metas e de realizações, pode tornar-se uma *entidade contábil*.

Assim, o conceito de entidade contábil pode incluir o conceito legal, uma divisão da empresa ou uma superempresa, tal como uma consolidação de várias firmas correlacionadas. Segundo Hendriksen, a escolha da entidade contábil apropriada, em cada caso, depende dos objetivos dos demonstrativos e dos interesses dos usuários da informação. Assim, por exemplo, uma empresa que tem um investimento relevante em várias outras e que influencia a gerência das outras pode ser mais bem apreciada e avaliada se consolidarmos os demonstrativos financeiros da empresa mãe e das controladas. Em outras circunstâncias, bastará avaliar o investimento pelo grau de participação no patrimônio líquido das investidas. Isso não elimina o fato de que, para certos usuários, em certas circunstâncias, a entidade contábil de maior interesse seja cada uma das empresas individualizadas.

É importante notar que, no nível de um ente, o postulado da entidade contábil considera-o como distinto dos sócios que o compõem, devendo ser realizado pela Contabilidade um esforço para alocar gastos, custos e despesas, bem como ativos e passivos, à entidade e separar do que cabe aos sócios. Pela teoria da entidade do patrimônio líquido (que veremos mais detalhadamente na Unidade II), o patrimônio líquido pertence à entidade, na continuidade das operações, e não aos sócios, a não ser aquela parcela destacada, pelos próprios sócios, como distribuível.

Mattessich (1964), que nos legou uma enunciação dos conceitos contábeis pela abordagem de teoria dos conjuntos, considera a entidade da seguinte forma: "Existe um conjunto de entidades que constitui a armação ou pano de fundo para as ações econômicas." Note, todavia, que, na abordagem de Mattessich, não se hierarquizam postulados, princípios, normas etc. *Todos são conceitos*. Apresentaremos em Apêndice uma enunciação completa dos conceitos de Mattessich.

É preciso alertar que, do ponto de vista de rigor lógico, uma coisa é reconhecer a existência de entidades e outra explicar *o que é entidade contábil*.

Assim, o postulado da entidade poderia ser assim enunciado: *existem entidades que realizam as operações econômicas observadas pela Contabilidade*. Outra etapa seria definir o que é esta entidade: *todo ente (envolvendo as mais variadas graduações de dimensão) capaz de gerir recursos e agregar utilidade (em sentido amplo)*.

---

[2] HENDRIKSEN. *Op. cit.*, p. 96.

Poderíamos ser mais objetivos e detalhados e finalizar afirmando: entidade contábil é o ente, juridicamente delimitado ou não, divisão ou grupo de entidades ou empresas para os quais devemos realizar relatórios distintos de receitas e despesas, de investimentos e retornos, de metas e realizações, independentemente dos relatórios que fizermos para as pessoas físicas ou jurídicas que têm interesse em cada uma das entidades definidas em cada oportunidade...

O importante, no entendimento e aplicação do postulado da entidade, é que devemos realizar um esforço, tanto na avaliação de seus consumos, como das utilidades auferidas, com os respectivos ativos e passivos, para separar o que pertence à entidade do que deve ser alocado para os sócios ou proprietários da mesma.

Entretanto, o postulado da entidade poderá ser mais bem dimensionado e entendido quando tratarmos do postulado da continuidade. A dimensão econômica da entidade (como "comandante" de recursos) é mais importante para a Contabilidade do que sua caracterização jurídica. As bases da prevalência da essência sobre a forma estão, desde já, lançadas.

3.3 Postulado da continuidade

É outro postulado ambiental da Contabilidade, e enuncia-se, simplificadamente, da seguinte forma: as entidades, para efeito de Contabilidade, são consideradas como empreendimentos em andamento (*going concern*), até circunstância esclarecedora em contrário, e seus ativos devem ser avaliados de acordo com a potencialidade que têm de gerar benefícios futuros para a empresa, na continuidade de suas operações, e não pelo valor que poderíamos obter se fossem vendidos como estão... (no estado em que se encontram).

Em outras palavras, a entidade é vista como capaz de manipular fatores, de agregar utilidade aos mesmos para, assim, obter suas receitas, e não é vista como vendedora dos ativos que não forem especificamente destinados à venda. Se, entretanto, houver evidência de que não continuará operando por um período razoável (como, por exemplo, quando existirem grandes prejuízos, históricos e persistentes, bem como outras evidências), o contador auditor deveria informar o leitor a respeito desta circunstância.

Basicamente, portanto, a entidade é vista como um mecanismo voltado para adicionar valor aos recursos que utiliza, e seu sucesso é mensurado pelo valor das vendas ou serviços, menos os custos dos recursos utilizados (consumidos) no esforço de produzir a receita.

Recursos adquiridos e ainda não utilizados são evidenciados, portanto, por seu custo e não pelo dinheiro que a empresa poderia obter vendendo-os. Exceções admitidas podem ser constituídas pelos produtos destinados à venda e pelas inversões em títulos para rendimento (não para controle), caso em que um valor de realização poderia ser aconselhável, mas às vezes não será possível, em virtude das incertezas reinantes sobre o valor líquido de realização. A aplicação do princípio ou do postulado a cada elemento do ativo será analisada em capítulo especial na Unidade II.

Devemos analisar, por enquanto, a natureza e as extensões filosóficas e doutrinárias do postulado de forma geral. Em primeiro lugar, nem todos os autores concordam com o fato de que, na continuidade, o valor de entrada (custo) é relevante, e não o valor de realização. Chambers (1961), por exemplo, afirma que uma empresa em continuidade (operação) adapta-se sucessivamente pela venda de seus ativos no curso normal de seu negócio, isto é, adota um conceito de "liquidação ordenada", em vez de "liquidação forçada". De certo ponto de vista, se considerarmos que todo empreendimento tem suas fases de vida delimitadas (embora não seja fácil avaliar o horizonte), cada exercício da entidade nada mais seria do que uma etapa rumo à morte do empreendimento. Neste caso, o esforço da empresa consistiria em vender seus ativos, de forma ordenada, de maneira que obtivesse o maior valor possível. Quanto mais ordenada for a liquidação no período de ascensão da empresa, menores serão os prejuízos na fase de liquidação forçada ou de obsolescência do empreendimento.

Embora tal argumento seja muito atrativo e não isento de alguns méritos, na fase atual de nossos conhecimentos é muito difícil avaliar o horizonte exato de um empreendimento, e a continuidade não deve ser encarada apenas à luz da utilização de determinada empresa como um todo, operando com certa característica produtiva. Muitas vezes, os empreendimentos aumentam consideravelmente seus horizontes iniciais, alterando sua linha de produtos, mudando os canais de distribuição, alterando a função produção etc. Por outro lado, se o valor descontado dos fluxos futuros de caixa que podem ser gerados pelo uso combinado dos ativos for superior ao valor de investimento necessário para obter tais ativos, supõe-se que exista um *goodwill* e que, portanto, a empresa deva continuar.

Acreditamos que, para a Contabilidade, a premissa da continuidade seja válida se atentarmos para o fato de que o resultado exato do empreendimento poderá ser conhecido, de qualquer forma, somente no final. A Contabilidade tem a responsabilidade de atribuir parcelas, mesmo que apenas aproximadas, de seu resultado total, aos vários períodos. Assim, a maior parte dos ativos, em cada ciclo operacional, não se destina, efetivamente, à venda, mas à contribuição para produzir a receita daquele ciclo. A Contabilidade tem interesse e responsabilidade em avaliar o retorno dos gastos incorridos. Isto somente pode ser feito por meio da comparação entre o valor da receita (saída) com o valor de custo (entrada) dos recursos utilizados, direta ou indiretamente, para produzir tal receita. Não somos contrários às tentativas de avaliar todos os ativos a valores de realização (restaria ver o tipo); para certas finalidades (custos de oportunidade) e como instrumento de pesquisa, podem ser interessantes. Entretanto, a Contabilidade tem mais dificuldade para avaliar a valores de saída *todos os ativos* do que a valores de entrada. E, efetivamente, a maior parte dos ativos não é mantida, a curto e médio prazo, para ser vendida de per si.

Por outro lado, não podemos concordar, mesmo aceitando o postulado da continuidade, com as conotações que a maioria dos autores lhe quer atribuir, que tal aceitação implique, necessariamente, admitir que o único tipo de valor de entrada relevante seja o custo original de aquisição ou de fabricação dos ativos. Como veremos mais adiante, vários tipos de valor de entrada poderiam ser relevantes para vários tipos de usuários ou aplicações diferentes, como: custo original (histórico), custo corrente de reposição, custo futuro de reposição, custo origi-nal corrigido monetariamente etc.

Na verdade, os postulados *da continuidade* e *da entidade* constituem o pilar sobre o qual se baseia todo o edifício dos conceitos contábeis. De forma combinada poderíamos afirmar: a Contabilidade é mantida para entidades, como pessoas distintas dos sócios que as integram e que, se supõe, continuarão operando por um período indefinido de tempo.

Entretanto, note que, se o contador julgar que a entidade não terá condições de continuar operando por muito tempo (teoricamente, isto seria detectado no ponto em que o valor atual dos fluxos futuros de caixa gerados pela entidade for menor que seu valor de realização), esta circunstância deveria ser claramente apontada. Não se aplicariam, no caso, os princípios de Contabilidade, da continuidade tal como se encontram hoje, e os ativos seriam avaliados por seu valor provável de realização.

Isto é muito importante para o usuário da informação contábil, pois continuar avaliando a valores de entrada poderia levar o investidor a sério erro sobre a análise de tendência do empreendimento, investindo, talvez, em uma entidade cujo horizonte esteja no fim.

Observe que, se avaliássemos nossos ativos a valores de saída, o lucro iria se realizando continuamente, à medida que o processo produtivo se desenrolasse. Desse modo, no ato da troca do produto por dinheiro ou recebíveis, não haveria lucro, mas apenas uma troca de um inventário por dinheiro ou recebíveis. Isto está mais de acordo com os conceitos econômicos do que com a premissa aceita pela Contabilidade. Entretanto, incertezas quanto à mensuração do valor de saída em cada etapa do processo produtivo tornam difícil, usualmente, o procedimento. Claramente, os postulados da continuidade e da entidade condicionam os princípios e as normas subsequentes. Frequentemente, em tratados mais elementares, tais postulados são simplesmente catalogados na categoria de princípios, como o da realização, do custo como base de valor etc. Entretanto, na verdade, trata-se de pré-condições, de imperativos, de constatações, de verdades que desencadeiam os demais princípios. A hierarquia dos postulados é, assim, superior à dos princípios que se seguem, como é mais alta a destes do que a das convenções (normas) que delimitam os princípios. Nem sempre é fácil, todavia, diferenciar rigorosamente tais categorias. Assim, analisaremos o problema em três níveis: postulados, princípios e convenções (restrições aos princípios). Entretanto, em Apêndice, apresentaremos a abordagem de Mattessich, que engloba tudo na categoria de *conceitos*, mas que é interessante para avaliarmos as tentativas mais avançadas para dar à teoria da Contabilidade um arcabouço lógico digno de uma ciência ou, pelo menos, de uma metodologia científica. Também serão apresentados *os Princípios*, na abordagem legal, no Brasil. O conceito da prevalência da essência econômica sobre a forma jurídica, por ser, mais do que um postulado ambiental, uma premissa subjacente de grande profundidade, será abordado em outro item.

Resumo

Os postulados são premissas ou constatações básicas, não sujeitas a verificação, que formam o arcabouço sobre o qual repousa o desenvolvimento subsequente da teoria da Contabilidade. Existem postulados que são apenas descrições de situações verdadeiras, mas que nada dizem com relação a serem específicos quanto à sequência de princípios contábeis. Os postulados ambientais, por sua vez, são os que mais interessam à Contabilidade. Destes, os fundamentais são: o *postulado da entidade contábil* e o *postulado da continuidade*. O *postulado da entidade* considera que as transações econômicas são levadas a termo por entidades e a Contabilidade é mantida como distinta das entidades dos sócios que a compõem. É claro que diversos tipos de usuários, em circunstâncias diferentes, podem ter como foco de interesse entidades diversas. Por exemplo, no caso de uma companhia-mãe que tenha investimento relevante em controlada ou controladas, a apresentação de demonstrativos consolidados da empresa-mãe e das controladas é de grande interesse para os acionistas da primeira. Mas, para os acionistas e credores das subsidiárias pode ser mais interessante e reveladora a evidenciação dos demonstrativos contábeis das várias subsidiárias. Assim, o conceito de entidade não somente transcende ao de pessoa jurídica individual (para abranger grupos de empresas, *holdings* e outras concentrações), como também pode ser uma fração desta, detendo-se na avaliação de desempenho de divisões, setores, departamentos, linhas, canais de distribuição etc., desde que em tais setores haja comando de recursos econômicos capaz de gerar benefícios para a empresa. O *postulado da continuidade* observa a entidade como "algo em andamento" *(going concern)*, cuja principal finalidade é gerir e utilizar ativos não para serem vendidos no estado em que se encontram, mas para servirem à entidade no esforço de produzir receita. Assim, basicamente, o sucesso do empreendimento seria mensurado pela diferença entre o valor que o mercado atribui a nosso produto ou serviço e os custos dos ativos consumidos e/ou sacrificados no esforço de produzir e vender *aquele* produto que foi, de fato, vendido. Os postulados referidos são importantes para a conceituação que se segue, porque a maior parte deriva do sentido profundo de *continuidade* e *entidade*.

Questionário

1. Que são postulados, em sentido geral?
2. E, na Contabilidade, que tipos de postulados poderíamos ter?
3. Qual a importância dos postulados para a teoria contábil?
4. Os postulados poderiam ser chamados de "princípios"? Por quê?
5. Em que consiste o postulado da entidade? Confunde-se a entidade com seus sócios? Qual a diferença entre os conceitos jurídico, econômico e contábil de entidade?

6. Conceitue as consequências, em matéria de avaliação dos ativos, da aceitação do postulado da continuidade. Existem opiniões contrárias à conceituação atual da continuidade? Explique.
7. O postulado da entidade e o da continuidade se complementam? Explique.
8. Explique a afirmação: "Basicamente, portanto, a entidade é vista como um mecanismo voltado para adicionar valor aos recursos que utiliza, e seu sucesso é mensurado pelo valor das vendas ou serviços, mesmo os custos dos recursos utilizados (consumidos) no esforço de produzir a receita."
9. Explique a diferença entre liquidação ordenada e liquidação forçada.
10. O que ocorre se resolvermos avaliar os ativos a valores de saída?

Exercícios

A empresa Box S.A., criada há cerca de dez anos, tem experimentado, nos últimos três anos, um histórico de prejuízos crescentes, devido ao efeito combinado de uma situação desfavorável de mercado (queda de demanda), estrutura de endividamento inadequada para a empresa, gerando encargos financeiros apreciáveis, sem o devido retorno, e, possivelmente, em virtude da má administração. Segue um resumo dos principais itens de receita e despesa nos últimos três anos e a projeção para o próximo exercício dos mesmos itens.

BOX S.A.				
	Em $ milhões Resultado dos últimos três exercícios			Projeção para o próximo exercício
	20x5	20x6	20x7	20x8
Receitas operacionais	450	428	375	435
(–) Despesas operacionais (exclusive financeiras)	443	448	438	420
= Resultado operacional	7	(20)	(63)	15
(–) Despesas financeiras	(14)	(17)	(21)	(20)
= Resultado líquido	(7)	(37)	(84)	(5)

Os balanços e as outras peças contábeis revelam, nos anos analisados, queda dos índices de liquidez corrente, certa estabilidade dos índices de liquidez geral e índices de rotatividade adequados para a atividade exercida (calçados, fabricação e venda por atacado). O auditor J. B. Arfolder ficou impressionado com o histórico de prejuízos dos anos de 20x5 a 20x7 e recomendava que, consequentemente, os ativos fossem avaliados a valores de realização no próximo balanço, se persistisse o prejuízo. O parecer de 20x7 não foi dado. O auditor apenas remeteu à administração uma carta descrevendo o trabalho de auditoria realizado e que, de fato, a empresa havia procedido aos registros e ao levantamento de peças contábeis de forma correta, de acordo com os princípios de Contabilidade geralmente aceitos, aplicados em uma base consistente com os do ano anterior. Entretanto, como a empresa tem apresentado prejuízos crescentes, em sua opinião, tais princípios não se aplicariam, e omitiu-se de dar parecer formal sobre os relatórios.

A empresa, que mantinha ações em bolsa, achou que a não divulgação do parecer iria prejudicar sua imagem e, sinceramente, acreditava que a situação não era tão grave a ponto de justificar o abandono dos princípios contábeis geralmente aceitos para avaliar a valores de liquidação. Apresentou a seguinte argumentação:

1. O quadro de resultados dos últimos três exercícios e a projeção do próximo estão expressos em moeda constante (de 20x7). Os demonstrativos históricos, com os procedimentos oficiais de correção monetária normalmente aplicados, sobre os quais os auditores se detiveram em suas análises, apontam resultados individualmente diferentes, mas de tendência final bastante parecida.

2. A série revela, de fato, tendência decrescente de receitas e crescente de despesas. Entretanto,

    a) a empresa prevê um resultado operacional positivo para 20x8, que, por sinal, é maior do que o de 20x5;

    b) prevê-se um expressivo acréscimo nas receitas, como resultado de uma política mais agressiva de marketing e de abrir linhas de produção mais populares, eliminando algumas que apresentavam margens de contribuição negativas; e

    c) o grande peso nos resultados finais negativos é derivante das despesas financeiras.

    Todavia, a administração argumenta que tais despesas são ainda o reflexo da fase de expansão sofrida pela entidade em 20x1, quando contraiu empréstimos vultosos, nem sempre bem dimensionados quanto a condições de prazo, juros etc. A administração acredita que a partir de 20x1 os encargos financeiros tenderão a diminuir consideravelmente.

3. A administração pondera que o auditor se impressionou com os dados dos últimos três anos, não analisando, com devida ênfase, a projeção para o próximo exercício, nem efetuando projeções para outros. Considera, também, que a empresa, com uma adequada política de controle de despesas, expansão de vendas e racionalização da produção, poderá perfeitamente ser considerada como "em andamento" por um longo período de tempo. Você foi convidado a emitir uma opinião sobre a situação. Quais as considerações que faria a fim de decidir se a empresa se encontra no fim de suas atividades econômicas ou não? Quais as informações adicionais que exigiria, se fosse o caso, antes de emitir uma opinião? Supondo válidas as informações contidas na projeção de resultados para 20x8 e as alegações da administração com relação às despesas financeiras, acha você que a opinião do auditor foi correta? Por quê?

Observação.: Deve ficar claro que, nesse exemplo, procurou-se delimitar ou suscitar algumas das questões e dúvidas envolvidas em casos de natureza semelhante, apenas para finalidades didáticas, sem se ter a pretensão de esgotar o assunto, que é extremamente complexo e que envolve outras especializações, além de Teoria da Contabilidade.

4

Os Princípios Contábeis

Objetivos de Aprendizagem

Neste capítulo, você aprenderá:
- O que é um princípio contábil.
- Os princípios contábeis existentes e como aplicá-los.

4.1 Generalidades

Uma vez estabelecidos os objetivos da Contabilidade e delineados os dois postulados ambientais, seguem-se, naturalmente, os princípios e as convenções (restrições) que qualificam e delimitam o campo de aplicação dos princípios em certas situações. Analisaremos, em profundidade, os princípios e as convenções:

Princípios (neste capítulo):
- do custo como base de registro inicial;
- da realização da receita e da confrontação com as despesas (competência);
- do denominador comum monetário.

Convenções (normas ou restrições aos princípios) – Capítulo 5
- da objetividade;
- da materialidade (relevância);
- do conservadorismo (prudência);
- da consistência (uniformidade).

> **Dica**
> Princípios são conceitos básicos, que nos guiam para que possamos atingir os objetivos da Contabilidade (produzir informações estruturadas para os usuários da Contabilidade). São direcionadores.

4.2 Custo como base de registro inicial

Na forma como é geralmente entendido, considera-se que este princípio seja uma sequência natural do postulado da continuidade. Segundo ele, os ativos são incorporados pelo preço pago para adquiri-los ou fabricá-los, mais todos os gastos necessários para colocá-los em condições de gerar benefícios para a empresa. Esta avaliação é base para as contabilizações posteriores, somente sendo permitidas amortizações, depreciações e cálculo da quota de exaustão dos ativos que sofrerem tais diminuições de valor, pelo uso, decurso do tempo ou obsolescência.

A premissa subjacente ao princípio, conforme geralmente se admite, é, além de uma consequência da continuidade (no sentido de que não interessariam valores de realização), a de que, presumivelmente, o preço acordado entre comprador e vendedor seja a melhor expressão do valor econômico do ativo, no ato da transação.

Dica
Os ativos são incorporados pelo preço pago para adquiri-los ou fabricá-los, mais todos os gastos necessários para colocá-los em condições de gerar benefícios para a empresa.

Portanto, o custo representaria para o incorporador a justa apreciação da potencialidade futura do ativo para a entidade adquirente. Isto significa que o comprador presume que o valor descontado dos fluxos futuros de caixa gerados pelo ativo, isolada ou conjuntamente com outros ativos, seja superior ou, pelo menos, igual ao gasto realizado para obtê-lo. Infelizmente, reconhecer a contribuição isolada de cada ativo não é uma tarefa fácil, mas presume-se que ninguém adquire um ativo por um preço superior ao valor esperado dos benefícios a serem gerados pelo mesmo.

Se o valor de troca pode ser considerado como uma boa aproximação do valor econômico de um ativo na ocasião da transação, o mesmo pode não ocorrer futuramente. Não se pode afirmar que será necessariamente maior devido às flutuações de preços, mas que será certamente diferente. Para entender a natureza do fenômeno, é preciso detectar os fatores que presidem o estabelecimento do preço original. Assim, o custo de reposição, na data, do ativo adquirido é o próprio valor pago para adquiri-lo. Idealmente, segundo alguns autores (como Edwards e Bell, 1961) a contabilidade deveria avaliar os ativos pelo valor que se gastaria para adquiri-los ou fabricá-los no estado em que se encontram, na data de avaliação. A questão, todavia, é crítica. Ninguém garante que o ativo, com o passar do tempo, continue apresentando para a entidade a mesma potencialidade de gerar benefícios futuros. Por outro lado, o processo de cálculo de valores presentes para os ativos está subjacente ao entendimento global do Princípio. A tendência corrente sobre princípios contábeis é conservadora, no sentido de não correr riscos na avaliação, a cada momento, sobre a potencialidade do ativo em gerar serviços futuros, o que poderia levar a erros de julgamento. Contenta-se, apenas, em resguardar o valor original do ativo (com amortizações respectivas), pelo menos como indicador de um valor econômico aproximado, na data da transação. A Contabilidade, conforme hoje entendida, preocupa-se em registrar adequadamente, nas dimensões tempo e valor, as transações. Se o valor econômico do ativo se alterou no transcorrer do tempo, a Contabilidade reconhecerá o fato apenas na variação total das receitas da empresa ou em provisionamento, na despesa, quando houver uma perda acentuada do potencial econômico. A maior ou menor contribuição dos ativos à receita é transferida ao reconhecimento desta última, como apreciação do mercado ao esforço produtivo da entidade. Não deixa de ter méritos o raciocínio atual, subjacente ao princípio. *Na verdade, a Contabilidade baseada em custos históricos e em todos os demais princípios é muito mais sofisticada, do ponto de vista do relacionamento entidade-mundo exterior, do que pode parecer à primeira vista.*

Entretanto, a avaliação conservadora, baseada no custo original, falha, nos demonstrativos financeiros, como elemento preditivo de tendências futuras para os usuários externos. Nenhuma premissa pode ser feita, a não ser sobre o custo do investimento inicial e sobre quão bem ou malsucedida foi a empresa, até o momento, no uso de tais recursos na geração da receita. O investidor em potencial e o eventual concorrente que desejaria entrar no mercado não têm ideia de quanto deveriam gastar, aproximadamente, para constituir uma entidade com os recursos materiais de mesmo porte que os da entidade objeto de análise e, mais importante, não podem formar ideias sobre o valor econômico dos ativos. Neste ponto, a Contabilidade a valores de realização seria mais informativa para o usuário, pois, não se sabendo até que ponto irá a "continuidade" da entidade (pelas normas atuais de avaliação), talvez fosse mais fácil depreender quão próxima está a descontinuidade. Provavelmente, uma comparação mais adequada seria a fornecida por balanços paralelos: um, a custos de reposição na data; outro, a valores de realização ordenada na mesma data. Se o patrimônio resultante a valores de realização for maior ou igual do que a de custos de reposição, provavelmente terá alcançado um máximo, a partir do qual iniciaria sua queda. Esta, entretanto, é uma hipótese a ser estudada.

Na verdade, todavia, os contadores precisam, no que se refere aos princípios contábeis para usuários externos (aliás toda a discussão está baseada nas necessidades dos usuários externos, pois a Contabilidade Gerencial é a resposta mais flexível para a gerência da entidade e pode ir além dos princípios geralmente aceitos), tomar ou escolher opções que talvez não servirão igualmente bem para todos os usuários em todas as circunstâncias, mas que, pelo menos, servirão razoavelmente à maioria deles em um bom número de circunstâncias. As opções básicas são:[1]

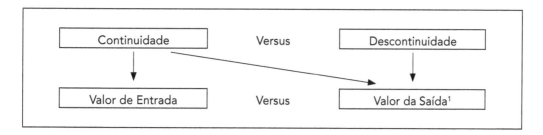

Dentro dos valores de entrada estão os custos originais *versus* outros tipos de valores de entrada, presentes e futuros.

A maioria dos contadores preferiu, até o momento, a continuidade à premissa inversa e derivou que valores de entrada seriam uma consequência lógica da aceitação da continuidade. E, entre os valores de entrada, optaram pelo valor objetivamente verificável por uma transação de mercado, isto é, o custo original (ou histórico). Note que a Contabilidade acompanhou, passo a passo, a evolução do capitalismo e que a avaliação objetiva das transações efetivamente ocorridas é uma característica fundamental do método. Quem deve dar uma apreciação do valor do esforço produtivo da entidade (feito com a utilização, entre outros fatores, de todos os ativos) é o próprio mercado, por ocasião da transferência da produção ou dos serviços gerados pela entidade.

Este raciocínio pode ter algumas falhas e impropriedades, mas, ainda assim, é muito mais profundo, em sua aparente simplicidade, do que alguns críticos do custo histórico (sempre militamos entre eles) estejam dispostos a admitir. Tais falhas serão mais bem entendidas nos capítulos subsequentes.

A aceitação do custo original não implica que, em circunstâncias especiais, certos ativos não possam ser reavaliados. O ativo pode ser reavaliado, e, neste ponto, as legislações dos vários países diferem quanto ao grau de liberalidade para realizar tais reavaliações, desde que se julgue que a avaliação agora nada tem que ver com o valor econômico inicialmente estabelecido. Entretanto, tais reavaliações (não confundir com correção monetária) normalmente são realizadas por meio de laudos técnicos, e o excesso do valor original não pode ser distribuído, até que seja "realizado", usualmente, através da venda.

Por outro lado, as legislações de alguns raros países admitem correção monetária do balanço, com reflexos no demonstrativo de resultados. Sejam as disposições impositivas ou não, trata-se de uma interpretação mais ampla do conceito de custo histórico como base de valor. Não foge dele totalmente, pois procura, apenas, restabelecer os custos históricos em termos de moeda de poder aquisitivo constante, de certa data-base. Note, todavia, que esses procedimentos entraram em uso mais por imposição de leis e portarias do Governo ou de agências governamentais do que por iniciativa dos contadores. No ativo, tais correções limitam-se normalmente ao grupo do *permanente* (atual "não circulante"). No Brasil, corrige-se também o capital de giro próprio, criando-se a reserva de manutenção do capital de giro próprio, cuja contrapartida era deduzida do lucro histórico. Tais procedimentos foram substituídos pelos preconizados na Lei das Sociedades por Ações e pela *Correção Integral* da CVM, que veio a ser extinta pelo Governo, em 1995.

---

[1] Teoricamente, alguns autores ainda admitem continuidade com valores de saída, mas não descontinuidade com valores de entrada.

Trataremos, em capítulo especial, da Lei das Sociedades por Ações, com relação à teoria da Contabilidade. Apesar, portanto, de modificações parciais, introduzidas pelo critério de correção monetária e pela possibilidade de efetuar reavaliações periódicas de grupos do ativo, o princípio básico do custo como base de valor, custo histórico, continua prevalecendo, para muitos ativos. Entretanto, como dissemos linhas atrás, embora criticável sob certos ângulos, principalmente em períodos de mudanças bruscas de preços, o princípio, entendido sob uma ótica global, é muito mais lógico do que seus críticos possam inicialmente pensar. Baseia-se em uma sequência lógica estrutural da disciplina que, diante do problema da relevância presumida de certo procedimento, de sua objetividade e praticabilidade, sempre tem de atender a um equilíbrio entre os vários fatores. *O grande sancionador do valor a ser atribuído ao esforço produtivo da empresa é o mercado*. Ao transferir sua produção ou seus recursos ao mercado, a entidade terá reconhecido, ou não, a validade dos esforços realizados, que serão premiados por um valor de receita maior do que o custo original dos ativos utilizados (sacrificados) para produzir a receita. No fundo, é um mecanismo de trocas que consubstancia nossa economia de mercado. Maiores considerações sobre a validade de se adotarem outras formas de custo que não os históricos serão realizadas em capítulos posteriores. Embora a filosofia subjacente ao custo histórico seja muito mais profunda do que possa parecer à primeira vista, este é um aspecto que pode ser apreciado pelos *scholars* da Contabilidade; os usuários dos demonstrativos contábeis sentem-se, frequentemente, frustrados, principalmente nos países em que as flutuações de preços são violentas, com a perspectiva de valor fornecida pelos contadores. O que desejariam obter são demonstrativos que tivessem uma potencialidade preditiva muito grande. Isto não é alcançado pelos demonstrativos convencionais, que exigem um esforço hercúleo e um conhecimento de princípios contábeis, não ao alcance de todos os leitores, para se extraírem tendências. Os anseios da sociedade para que os contadores sejam mais agressivos na avaliação do ativo têm-se acentuado nos últimos anos. Na verdade, pronunciamentos contábeis posteriores às datas das estruturas conceituais, do FASB (e IASB), por exemplo, como o FAS 133, que trata da contabilização de instrumentos financeiros e derivativos, inovaram violentamente deixando para trás o entendimento original do Custo como Base de Valor. A representação dos ativos deve ser verdadeira e justa, *true and fair*, o que leva ao esforço da avaliação a valores de mercado sendo que, quando esses não existem objetivamente para o ativo que está sendo avaliado, deverão ser calculados subjetivamente através de fórmulas que levem em conta os fluxos de caixa gerados pelos ativos, o horizonte de geração e taxas de desconto apropriadas. De forma geral, esta é uma avaliação *proxy* do verdadeiro valor econômico, ou seja, do valor dos serviços que o ativo proporcionará para a entidade. Custo Histórico, assim, evoluiu para Custo Histórico Corrigido, para Custo Corrente, Corrente Corrigido para, finalmente, chegar ao valor justo e verdadeiro, seu valor econômico. Se, todavia, fôssemos escolher um único tipo de valor para a avaliação dos ativos, nossa preferência recairia sobre o Custo Corrente de Reposição, na data da avaliação. Não deixa de ser um valor de mercado, obtido de preferência por pesquisa no mercado, mas é um valor de entrada, de acordo com o Postulado da Continuidade.

4.3 O princípio da realização da receita e da confrontação com as despesas (competência)

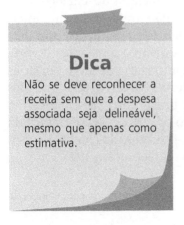

Dica
Não se deve reconhecer a receita sem que a despesa associada seja delineável, mesmo que apenas como estimativa.

A realização da receita é, muitas vezes, tratada isoladamente, o que tem provocado muitos desentendimentos sobre o verdadeiro alcance do problema, pois, na verdade, o reconhecimento de receita e a apropriação de despesas estão intimamente ligados. Frequentemente, não se deve reconhecer a receita sem que a despesa associada seja delineável, mesmo que apenas como estimativa (caso, por exemplo, da provisão para devedores duvidosos). Assim, julgamos que os dois aspectos da questão devam ser tratados conjuntamente, embora reconheçamos que, na ordem temporal estrita dos reconhecimentos, primeiramente se faz um esforço para retratar a receita (na demonstração de resultados) e, em seguida, a despesa. Isto, todavia, é mais uma ordem prática do que uma precedência no tempo do uso dos recursos. Muitas vezes, auferimos agora uma receita gerada pela cessão de ativos adquiridos há mais tempo. Normalmente, a compra dos fatores utilizados no esforço de produzir receita antecede à própria receita. Outras vezes, é concomitante e, em casos raros, pode ser posterior.

Uma demonstração típica de resultados, na forma dedutiva, apresentada de forma agregada e simplificada, pode ter a disposição a seguir:

	Receitas Operacionais	$
(−)	Deduções da receita	$
=	Receita líquida	$
(−)	Custos com a produção do produto ou serviço vendido	$
=	Lucro bruto	$
(−)	Despesas operacionais de período	$
=	Resultado operacional	$
±	Receitas e despesas não operacionais, ganhos e perdas, itens extraordinários etc.	$
=	Resultado líquido (AIR)	$
(−)	Imposto de Renda	$
=	Lucro líquido (DIR)	$

Focalizemos, por enquanto, nossa atenção até o item *resultado operacional*, pois a questão dos ganhos, das perdas, das receitas e das despesas não operacionais é muito complexa para ser discutida no momento.

Verificamos que existem grupos importantes, como:

1. receitas operacionais;
2. deduções de receita;
3. custos (despesas) com a produção do produto ou do serviço vendido; e
4. despesas operacionais de período.

Embora as definições rigorosas de receita, dedução de receita, despesas, perdas e ganhos, e de outros itens, sejam objeto de capítulo especial na Unidade II, notamos uma preocupação em caracterizar, em grau decrescente de ligação com a receita, o custo dos ativos sacrificados em troca da obtenção da receita. Existem deduções, como devolução de vendas, impostos faturados e, em alguns casos, comissões sobre vendas, que são quase decorrência fatal e imediata da existência da receita. Não envolvem uma decisão, em cada período, sobre o montante de recursos (ativos) sacrificados, embora ocorra, efetivamente, sacrifício. Tais itens, veremos, devem ser distintos das despesas propriamente ditas. Em seguida, retratamos aqueles sacrifícios diretamente associados *com* e imputáveis *à* receita. É o caso do custo dos produtos vendidos ou dos serviços prestados. São os ativos consumidos diretamente na produção da receita e a esta associáveis, no período. As despesas operacionais relativas ao período correspondem ao outro grande grupo de ativos consumidos no esforço de produzir receita. Embora a associação com as receitas não seja direta, como no caso dos produtos vendidos, presume-se que tais consumos de ativos favoreceram, indiretamente, o esforço de produzir a receita daquele período. No capítulo sobre receitas, despesas, perdas e ganhos, trataremos com detalhes de tais problemas. Todavia, nota-se que existe um grande esforço dos contadores para *confrontar* receitas com *despesas* em determinado período (conceito do confronto).

É importante notar que a base do confronto não está relacionada com os recursos entrados em caixa (do lado da receita) e dos pagamentos efetuados (no lado da despesa). Sem dúvida, pode haver, e há, receitas auferidas (ganhas) e recebidas dentro do mesmo período, da mesma forma que há despesas incorridas e pagas no mesmo período, mas o elemento fundamental no reconhecimento da receita e na apropriação das despesas não é, normalmente, seu recebimento ou pagamento, mas: (a) o "ganho" da receita (sendo, portanto, reconhecida); e (b) o fato de termos "incorrido" a despesa. Termos incorrido a despesa significa termos realizado o sacrifício de consumir ativos (ou de assumir dívidas) no esforço de produção (direto ou indireto, como vimos) da receita. Assim, podemos tanto consumir, imediatamente, ativos do tipo disponibilidades, como podemos ter consumido ativos anteriormente adquiridos e que estão contidos nos produtos cedidos aos clientes; podemos, ainda, ter consumido recursos ou serviços pelos quais ainda não pagamos, e, portanto, assumido uma dívida. *Por outro lado, termos "ganho" uma receita significa podermos reconhecê-la ou realizá-la, mas, mais profundamente, significa que temos direito de fazê--lo, porque realizamos uma troca, porque realizamos uma parcela substancial de um compromisso com clientes, porque realizamos uma parcela pré-combinada de um contrato de longo prazo com um cliente, ou porque existem condições objetivas de atribuir um valor de saída ao nosso estoque de produtos, mesmo sem ter sido vendido.* Temos direito, devido a um desses fatores, de reconhecer um aumento em nosso ativo e um consequente aumento de patrimônio líquido em uma conta de receita.

O princípio da realização da receita e da confrontação da despesa, conforme geralmente entendido, considera como ponto usual de reconhecimento da receita (e, como vimos, de todas as despesas associadas) o ponto em que produtos ou serviços são transferidos ao cliente, coincidente, muitas vezes, com o ponto de venda. A Contabilidade assim o faz porque:

1. o ponto em que ocorre a transferência é, usualmente, aquele em que a maior parte do esforço em obter a receita já foi desenvolvida;

2. o ponto de transferência é o ideal para estabelecer um valor objetivo de mercado para a transação; e

3. no ponto de transferência, normalmente se conhece todo o custo de produção do produto ou serviço vendido e outras despesas diretamente associáveis, embora os desembolsos com tais despesas possam ocorrer após a venda (como, por exemplo: devedores duvidosos, comissão sobre a venda, gastos com consertos derivados de concessão de garantia etc.). É possível, pelo menos em um bom número de casos, prever razoavelmente tais encargos no ato da venda.

É importante notar que a observância das três condições estudadas é que deveria propiciar a escolha do melhor ponto para reconhecer a receita. O ponto de venda somente deveria ser escolhido se se verificassem as três condições em mais alto grau naquele ponto (o que quase sempre ocorre, mas não exclusivamente). Este posicionamento, que, de resto, é aceito pela teoria prevalecente, não é muito bem atendido pelos praticantes da Contabilidade, que se fixam demasiadamente na ocorrência da venda (ou transferência do produto) como base de realização da receita, ou escolhem o ponto que mais lhes interessa para efeitos fiscais, sem considerar os princípios contábeis. E, é claro, o que se ganha hoje em termos fiscais pela adoção de um critério pode-se perder amanhã. O Fisco, por outro lado, dispõe de condições para aceitar certos procedimentos, desde que justificados pelos princípios contábeis.

Assim, é possível que as três condições se verifiquem antes ou após o momento da transferência, e, assim, possamos reconhecer as receitas e confrontá-las com as despesas.

A teoria aceita alguns casos práticos em que a receita é reconhecida antes (durante ou no final da produção) e dois casos em que deve ser reconhecida após o ponto de transferência. Vejamos primeiramente os casos de reconhecimento antes do ponto de transferência, durante ou no final da produção.

4.3.1 Receitas que acrescem em uma proporção direta ao decurso do tempo

Segundo as práticas mais comuns, reportadas por vários autores, como Hendriksen, e neste texto, existem certos serviços cujo contrato é estabelecido em uma base biunívoca de tempo. Por exemplo, aluguéis são apropriáveis como receita (e como despesa) na proporção do tempo em que o imóvel foi utilizado (entretanto, para muitas dessas receitas, o ponto de "avaliação" ou reconhecimento é o encerramento de cada mês); o mesmo ocorreria com certas receitas de juros (e despesas, do outro lado da moeda) e com receitas de serviços contratados em uma base de tempo. Como exemplo, podemos citar uma firma de auditores independentes que contrata com um cliente a auditoria de balanço, pactuando um preço por hora de trabalho realizado. À medida que as horas vão-se acumulando, vai-se acumulando a receita, em uma base contínua de tempo. O trabalho ou serviço, como um todo, pode não estar completo, ou o contrato global (do aluguel, por exemplo) pode cobrir um período muito maior do que um mês, mas presume-se que uma parcela da receita possa ser reconhecida na proporção direta do tempo transcorrido. Obviamente, não existe neste caso ligação entre o valor intrínseco da etapa do serviço prestado para o cliente e o valor da receita reconhecida pelo fornecedor do serviço. O valor da receita a ser reconhecido não é, necessariamente, proporcional ao esforço ou ao custo dos fatores consumidos em cada subetapa, mas diretamente proporcional ao tempo decorrido, como fração do tempo total fixado no contrato ou de um fator unitário de remuneração por dia, hora ou mês, também estabelecido em contrato.

Na verdade, o que acontece nesse caso é que, como *unidade homogênea de mensuração* de serviço realizado, julgou-se ser mais razoável (ou mais praticável) escolher o tempo decorrido. A linearidade dos comportamentos de receitas e despesas é sempre a hipótese preferida pela Contabilidade, desde que não existam fatores muito fortes em contrário.

A questão dos juros (no que se refere à despesa) não é tão simples, pois em algumas situações tais juros são capitalizados no ativo. Por enquanto, no que se refere à receita, é satisfatório considerar que o juro é uma função do tempo (embora, matematicamente, o seja também da taxa de juros).

Tais lançamentos são feitos, normalmente, por meio de partidas de ajuste no final de cada mês ou período de avaliação contábil. Assim, a empresa que alugou um imóvel a terceiros poderá fazer, no final de cada período contábil, um lançamento do tipo *aluguéis a receber a receita de aluguéis*, por um valor proporcional à fração que o tempo de avaliação representa com relação ao tempo total do contrato. Veja bem que tal apropriação (digamos, mensal) é independente da periodicidade de recebimentos em dinheiro do aluguel, embora normalmente haja, de forma aproximada, esta correspondência. Suponhamos que uma empresa alugue um imóvel por um ano, por $ 100.000,00, recebíveis, de uma só vez, somente no final do ano. Ao levantar o balanço semestral, poderia perfeitamente (deveria, aliás) lançar 50% do valor anual do aluguel como receita do semestre encerrado. Aliás, neste capítulo, estamos tratando de três assuntos ao mesmo tempo. Muitos autores, no entanto, consideram estas três facetas separadamente pelas denominações: *realização da receita, confrontação da despesa* e *competência dos exercícios*. Os três conceitos estão fundamentalmente ligados. Normalmente, não existe reconhecimento de receita sem reconhecimento de despesa. Entretanto, pelo princípio da competência, o fator predominante para o reconhecimento não é a entrada ou a saída monetária. Em outra estrutura teórica, poderíamos eventualmente ter em vigor o aspecto do confronto, mas a base de reconhecimento poderia ser a de caixa. Por outro lado, quando não há receita (se a empresa estiver em período totalmente pré-operacional, por exemplo), também não há, normalmente, reconhecimento de despesa, e os gastos são ativados para serem amortizados a partir do período em que a entidade começar a produzir receita.

4.3.2 Reconhecimento da receita por valoração dos estoques

Em produtos que encerram características especiais, como bens sujeitos a processo de crescimento natural e metais preciosos, é possível reconhecer a receita, mesmo antes da venda, porque existe uma avaliação do mercado (ou preço) que é objetiva em estágios distintos da maturação dos produtos (gado, vinho, reservas florestais, estufas de plantas) ou no caso de metais preciosos, mais fáceis de se caracterizarem, pois o produto já se encontra no final da fase de produção. Nestes casos, proceder-se-ia a um lançamento a débito de estoque, adicionando o lucro ao valor dos custos incorridos. Assim, o estoque ficaria avaliado a valor de realização, em cada estágio. Deveria ser feito, todavia, um provisionamento das despesas para colher e vender tais estoques, no estágio em que se presume que a venda irá ocorrer. No caso de metais preciosos, isto equivale a avaliar o estoque pelo preço de venda como produto acabado e a deduzir as despesas de venda (despesas de desembaraço). Um esquema mais inteligível de contabilização poderia ser feito da seguinte forma: suponhamos que certa produção de vinho tenha acumulado até o momento t_1 custos diretos de $ 100.000,00. Neste momento, existe um valor de mercado de $ 120.000,00. Mas, se a vendermos no estágio em que se encontra, teremos despesas de desembaraço de $ 1.500,00. Poderíamos ter, então,

   a) pelos custos acumulados de produção: *Produção* a *Diversos*, $ 100.000,00;
   b) pelo reconhecimento do valor em excesso de mercado: *Produção* a *Lucro na Valorização de Estoque*, $ 20.000,00;
   c) pelo provisionamento: *Despesas* a *Provisão* (de acordo com o tipo de despesa prevista), $ 1.500,00;
   d) pela venda (se houver): *Contas a Receber* a *Produção*, $ 120.000,00.

Portanto, ficam os seguintes saldos:

   a) Contas a Receber, devedor de $ 120.000,00;
   b) Lucro na Valoração do Estoque, credor de $ 20.000,00;
   c) Diversas Contas, credor de $ 100.000,00 na soma;
   d) Despesas, devedor de $ 1.500,00; e
   e) Provisão, credor de $ 1.500,00.

O Lucro na Valoração do Estoque e a despesa seriam encerrados contra Resultados. Independentemente de ter ocorrido a venda, o lucro e, implicitamente, a receita, seriam reconhecidos.

Note, mais uma vez, que, se o produto não for vendido na fase em que se encontra, nem por isso deixaríamos de reconhecer o lucro (e a receita). Apenas não haveria o lançamento: *Contas a Receber* a *Produção*.

Esta e outras variantes de contabilização mais completas,[2] desde que respeitem os preceitos básicos, são possíveis se as três condições de reconhecimento de receita forem cumpridas, isto é, se tivermos desenvolvido grande parte do esforço associado à produção, se dispusermos de um valor objetivo e afiançável de mercado e se tivermos possibilidade de estimar todas as despesas associadas.

No caso de metais preciosos, o procedimento seria mais simples, pois estaríamos antecipando o valor final de venda (e conhecemos todo o custo de produção). Restaria apenas provisionarmos as despesas adicionais de desembaraço. No caso dos metais preciosos, todavia, o procedimento somente é adotável se o preço de mercado for relativamente estável, o que nem sempre ocorre.

4.3.3 Produtos ou serviços de longo prazo de maturação (produção)

É um caso particular de reconhecimento de receita durante o período de produção, normalmente associado a contratos de longa duração ou a produtos cujo período de fabricação ultrapassa o exercício financeiro. Conforme explica Hendriksen,[3] a aceitação geral neste caso está baseada em justificativa pragmática e suportada, pelo menos em parte, pela teoria. Acionistas poderiam apresentar objeções à publicação de demonstrativos contábeis que não evidenciassem lucro em um exercício em que a firma gastou muito esforço e recursos para obter uma parte do acabamento do contrato total que lhe permitirá um lucro final, com bom grau de certeza. Quando os contratos são terminados em intervalos irregulares de tempo, o reconhecimento do lucro apenas quando cada contrato é terminado poderia transformar-se

---

[2] Seria mais completo um esquema em que aparecesse uma conta de receita creditada por $ 120.000,00 e não diretamente o lucro por $ 20.000,00.

[3] HENDRIKSEN, Eldon S. *Accounting theory*. Homewood: Richard D. Irwin, 1971. p. 169.

em uma injustiça para os acionistas que, digamos, queiram retirar-se da sociedade antes do término de tais contratos. Os usuários da informação contábil e também a gerência teriam informação sem muita relevância nesses casos.

Existem, todavia, condições específicas que permitem o reconhecimento da receita (e do lucro) em uma base *pro rata tempore*. Tais condições podem ser resumidas da seguinte forma:

a) o preço total do contrato precisa ser determinado adiantadamente ou é determinável; e

b) a incerteza relativa ao preço é mínima e a incerteza relativa ao recebimento não é, de modo geral, muito grande, principalmente, como muito bem ressalta Hendriksen, se o cliente for uma unidade governamental ou uma grande e tradicional sociedade anônima.

Há problemas relacionados a esta abordagem, pois os custos totais associados ao projeto podem ser de difícil estimação. É claro que, se os custos reais no fim do projeto tiverem variado com relação aos estimados, lucros incorretos terão sido apropriados a cada período. Isto era relevante em nossa conjuntura inflacionária, a não ser que os custos incorridos e o preço de venda tivessem sido corrigidos.

Para apurar o resultado de determinado período, dividem-se os custos incorridos pelos custos totais estimados, e a porcentagem obtida é multiplicada pelo valor total de receita fixado no contrato, obtendo-se, assim, a receita a ser reconhecida no período, que é comparada com os custos incorridos, apurando-se o resultado do período por diferença.

Note que uma importante premissa subjacente ao procedimento é considerar que o lucro cresce à medida que os custos são incorridos. Duas dificuldades podem surgir neste ponto: 1. uma parte substancial do esforço e da contribuição da empresa pode estar associada às fases embrionárias do contrato, digamos, na etapa de planejamento, antes que custos vultosos sejam incorridos; e 2. alguns custos e, em muitos casos, custos relevantes, são resultantes do trabalho executado por subempreiteiros e, portanto, não representam o esforço da empresa. *Neste caso, utilizaríamos apenas o custo dos insumos adicionados pela empresa.*

Por outro lado, embora o preço total do contrato possa ser fixo, os custos são incertos, tornando-se difícil alocar um lucro incerto a vários períodos. No caso de contratos com cláusula "custo mais taxa de administração", o lucro é determinado antecipadamente e apenas a porcentagem de acabamento torna-se o fator incerto. Como reconhecem muitos autores, todavia, a incerteza não deveria ser motivo para deixar de realizar um esforço para a utilização do método, desde que possamos realizar estimativas efetivas baseadas nos preços dos contratos e em julgamento cuidadoso com relação aos custos. O critério ainda será melhor que uma utilização restrita do princípio da realização, no ato do completamento da produção.

Em certos casos a receita e/ou os custos podem ser reajustados por meio de índices de preços, gerais ou específicos, para o setor. Note, todavia, que, embora o reconhecimento da receita possa estar associado, no tempo, ao faturamento ou mesmo ao recebimento de parcelas do contrato global, este recebimento não é a base usual de reconhecimento da receita, mas algum fator de relacionamento entre custos incorridos e custos totais previstos (reajustados ou não). O lucro apropriado a cada período será sempre igual a um valor reconhecido para a receita (que, como vimos, pode ser reajustada em alguns casos), menos os custos efetivamente incorridos no período. Todavia, são muitas as variantes, e os fatores preponderantes para o reconhecimento da receita são os apontados em páginas anteriores. Em outros casos, o reconhecimento de uma receita parcial para os períodos pode estar associado a porcentagens físicas ou etapas de acabamento do trabalho. Nestes casos, são realizadas medições de obra, e a receita é reconhecida proporcionalmente ao grau físico de acabamento. Não é fácil, todavia, para uma obra complexa, de muitas etapas, estabelecer porcentagens físicas de acabamento. Direta ou indiretamente, deveremos fazer alguma referência aos custos incorridos com relação aos custos totais previstos (reajustados ou não) para ter uma ideia mais homogênea do estado em que se encontra o trabalho. O fato é que, nos contratos de longo prazo, receita e lucro são reconhecidos em base proporcional ao esforço (e ao consumo de ativos) realizados durante os vários períodos. Embora as datas de faturamento e recebimento possam, às vezes, coincidir com datas de reconhecimento da receita, o fator preponderante para este é uma porcentagem de acabamento expressa pelo relacionamento entre custos incorridos e custos totais ou porcentagem física do trabalho realizado sobre o trabalho total. Assim, cada real de custo gera o mesmo montante de receita, fato que, como vimos, pode ser conceitualmente incorreto. Julga-se, entretanto, que o esforço criterioso de avaliação, mesmo que apenas aproximado, seja melhor que esperar o término do contrato para reconhecer o lucro, de uma só vez. O valor total do contrato, todavia, deve ser determinado ou determinável objetivamente à luz de condições de mercado ou de cláusulas contratuais; caso contrário, não poderemos reconhecer a receita nestas bases.

4.3.4 Reconhecimento da receita após o ponto de venda

O diferimento do reconhecimento da receita após o ponto de venda pode ser justificado em duas circunstâncias:

1. se for impossível avaliar os ativos recebidos em troca da venda com um bom grau de afiançabilidade; e
2. se esperamos despesas adicionais relevantes, após a venda, e se estas não puderem ser estimadas com um bom grau de afiançabilidade.

Com relação ao primeiro caso, podemos ter duas situações:

a) Um ativo tangível ou não monetário pode ter sido recebido em troca pela venda. Se este ativo não tiver um valor reconhecido de mercado ou se não for possível uma avaliação, o reconhecimento da receita pode ter pouco significado. Felizmente, tais casos são raros e, quando ocorrem, o custo do ativo vendido é transferido para o ativo recebido em troca, e o lucro não é reconhecido. Somente quando o ativo recebido em troca for vendido é que apuraremos um resultado.

b) O direito de receber contra o cliente pode ser de probabilidade duvidosa de recebimento. Conforme muito bem alerta Hendriksen,[4] normalmente este problema pode ser superado por uma estimativa razoável de contas insolváveis ou de duvidoso recebimento. Somente se esta estimativa for impossível deverá ser diferido o reconhecimento da receita. Felizmente, tais casos não são muito comuns.

Um dos casos que frequentemente necessitam de um diferimento da receita é o chamado "vendas a prestação" (veja item 2). Porém, mesmo neste caso, o diferimento somente é desejável se: (a) o recebimento é improvável ou muito arriscado ou se o período se estende por bastante tempo no futuro; e (b) se despesas de faturamento, de expedição e de garantia forem relevantes e não estimáveis com acurácia no período em que a venda ocorrer. Em alguns negócios altamente especulativos em que os recebimentos são feitos em prestações e o recebimento das prestações finais é duvidoso, o lucro final somente pode ser determinado no fim dos recebimentos. Em tais casos, pode ser justificado o diferimento da receita; as primeiras prestações serão consideradas um retorno ou uma cobertura dos custos investidos e o lucro registrado apenas após todos os custos terem sido recuperados. Após todos os custos serem recuperados, os recebimentos adicionais são considerados como lucro. Hendriksen exemplifica o conceito com uma empresa que emprestou fundos a outra que está em falta com os pagamentos do principal e juros, os quais são realizados à medida que a empresa devedora liquida (vende) as propriedades penhoradas por ocasião do empréstimo, ou por meio de outras formas. Por causa da incerteza com relação aos futuros pagamentos, todos os recebimentos, tanto do principal como dos juros, são tratados como recuperação do custo do investimento, até que tenha sido totalmente recuperado.

---

[4] HENDRIKSEN, Eldon S. *Accounting theory*. Homewood: Richard D. Irwin, 1971. p. 174.

Na prática atual, com exceção dessas operações especiais ou outros casos excepcionais, poucas empresas tratam suas *vendas a prestação* pelo método contábil da *venda a prestação*, isto é, diferindo o reconhecimento da receita (e do lucro) para os momentos dos recebimentos das prestações parciais. Normalmente, uma entidade tem condições de estimar razoavelmente as despesas associadas com o recebimento das prestações e outras despesas associadas à venda.

Continuam válidos os parâmetros que devem nortear o reconhecimento das receitas, como vimos anteriormente. Nas empresas que vendem a prazo, e a prestação, todavia, dever-se-ia tomar cuidado de não incluir "juros embutidos" no valor da receita operacional de vendas.

O princípio da Confrontação das Receitas com as Despesas foi mais detalhado na parte das receitas. No capítulo sobre Receitas, Despesas, Perdas e Ganhos, trataremos também das despesas, com mais profundidade. É importante notar que, se adotarmos para a avaliação dos ativos conceitos mais avançados do que o do custo histórico e mesmo do custo histórico corrigido, o confronto que ocorreria seria entre receitas correntes e despesas que representariam o consumo de ativos avaliados, digamos, pelo seu custo corrente médio de reposição. Assim, o confronto seria mais "igualitário" entre receitas e despesas.

4.4 O princípio do denominador comum monetário

Este princípio está associado à qualidade de a Contabilidade evidenciar a composição patrimonial de bens, direitos e obrigações de várias naturezas, homogeneizando-os por meio da mensuração monetária. É a qualidade *agregativa* da Contabilidade que, sem deixar de considerar os vários ativos em suas essencialidades e como geradores específicos de fluxos de serviços futuros para a empresa, consegue agregar, adicionar e homogeneizar tais elementos por meio da avaliação monetária. O princípio do denominador comum monetário expressa a natureza essencialmente financeira da Contabilidade. Por outro lado, a não ser que esteja expresso em contrato, o relacionamento entre devedores e credores é realizado por intermédio da avaliação da relação débito/crédito em moeda corrente de determinada data. Se o poder aquisitivo da moeda variar entre o período do estabelecimento da relação e a data do ajuste de contas, este deverá ser feito pelo montante originariamente compromissado. Note que este fato

Dica
O princípio do denominador comum monetário expressa a natureza essencialmente financeira da Contabilidade.

nada tem a ver com correção monetária ou reajustamento de dados contábeis para efeito de análise de resultados depurados da variável inflacionária. Devemos distinguir correção monetária para efeito contábil de *correção monetária operacional*. Normalmente, relacionamentos de débito e crédito são expressos na "moeda de conta" da data da transação, e este valor não pode ser alterado na fase de ajuste. Mattessich relaciona este fenômeno como *inequity of monetary claims*.

Mattessich acredita que a profissão tem condições para discernir, na discussão sobre indexação, as características fundamentais do que é relevante para a Contabilidade do que é acessório, o que talvez deva ser sempre decidido pelas necessidades de informação dos usuários da informação contábil. Por outro lado, a Contabilidade é uma metodologia de alocação valorativa de recursos escassos às entidades e não, própria ou isoladamente, uma ciência da avaliação empresarial.

O valor de uma empresa como um todo é estimado pelo mercado e pelo investidor, pela expectativa que ele traça sobre taxas de juros presentes e futuras, pelo risco do empreendimento, pelo horizonte do empreendimento e por outras variáveis, algumas de julgamento muito subjetivo, que cabe à Contabilidade ajudar a delinear, por meio de uma informação fidedigna do passado e do presente e de uma evidenciação de fluxos futuros potenciais relevantes (por exemplo, fluxo de caixa futuro). *Entretanto, nunca o Contador deveria pretender tomar o lugar, único e indivisível, do tomador do risco*.

No estado em que o princípio do denominador comum monetário se encontra, como geralmente entendido, ressaltam-se três pontos:

1. propriedade agregativa de ativos diversos pela avaliação monetária;
2. estabelecimento das relações débito/crédito em moeda de conta da data da transação, não podendo ser alterado o valor na data do ajuste de contas, salvo cláusula expressa em contrário.
3. deveria ser escolhida uma data-base para expressar as demonstrações contábeis de uma entidade, de vários períodos, em moeda de poder aquisitivo daquela data-base, desde que seja escolhido o Custo Histórico Corrigido como método de ajuste. O fato de a Contabilidade vir a adotar outra base de avaliação, no futuro, não invalida o Princípio, todavia, pois trata-se de uma qualidade essencial das demonstrações contábeis, qual seja, a de trazer ativos e passivos de várias naturezas, bem como as respectivas receitas e despesas, sob o manto da avaliação em moeda, o Denominador Comum Monetário, sem prejuízo das análises qualitativas dos serviços e características diferenciadas de cada elemento patrimonial.

Resumo

Os princípios contábeis são direcionadores, ou seja, são conceitos básicos que devem guiar a consecução dos objetivos da Contabilidade. Os princípios são: o custo como base de registro inicial, que estabelece que os ativos devem ser incorporados pelo preço pago para adquiri-los ou fabricá-los, acrescidos de todos os gastos que porventura sejam necessários para colocá-los em condições de gerar benefícios para a empresa; a realização da receita e da confrontação com as despesas (competência), que determina que não se deve reconhecer a receita sem que a despesa associada seja delineável, mesmo que apenas como estimativa; e o princípio do denominador comum monetário, que estabelece que a Contabilidade deve evidenciar a composição patrimonial de bens, direitos e obrigações de várias naturezas, homogeneizando-os por meio da mensuração monetária.

Questionário

1. O que são princípios contábeis?
2. No que os princípios se diferenciam dos postulados?
3. Explique o princípio do custo como base de registro inicial.
4. É possível a admissão de avaliação a valores de entrada em um cenário de descontinuidade? Explique.
5. Por que, em um cenário de continuidade, podem ser admitidos valores de entrada e valores de saída para avaliação de ativos e passivos?
6. Explique o princípio da realização da receita e da confrontação com as despesas.
7. Explique o conceito de receitas que crescem em proporção direta ao decurso do tempo. Cite exemplos.
8. Explique reconhecimento da receita após o ponto de venda.
9. Em que situações é possível o reconhecimento de receitas durante o período de produção?
10. Explique o princípio do denominador comum monetário.

5

As Convenções (Normas e Restrições)

Objetivos de Aprendizagem

Neste capítulo, você aprenderá:
- O que é uma convenção contábil (norma).
- As convenções contábeis existentes e como aplicá-las.
- As qualidades da informação contábil.
- O conceito de lucro e a teoria do agenciamento.

5.1 A norma (convenção ou restrição) da objetividade

Vimos anteriormente que as chamadas convenções contábeis delimitam ou qualificam melhor o tipo de comportamento necessário do contador em face dos amplos graus de liberdade que os postulados e princípios lhe permitem exercer. As convenções contábeis são o condimento dos princípios contábeis, talvez mais bem expressas como *restrições*. Hendriksen adota esta última abordagem. Trata-se, segundo ele, de restrições do usuário e de mensuração da própria Contabilidade. Na verdade, diríamos que as restrições efetivas ao livre uso dos princípios são de três ordens: quanto à objetividade, quanto à consistência e quanto à praticabilidade (em termos de custo-benefício da informação contábil propiciada por certo procedimento).

Já analisamos em outros trabalhos[1] a circunstância de que um princípio precisa ser, ao mesmo tempo, relevante (útil), objetivo e praticável. A Contabilidade é um árduo exercício para a maximização destas três condições. A objetividade é o aspecto que analisaremos neste tópico.

Acompanhemos, inicialmente, o raciocínio de Hendriksen,[2] ao traçar a objetividade como uma restrição, principalmente de mensuração. Em resumo, afirma o autor que, a fim de que as mensurações contábeis possam ser tão afiançáveis quanto possível na apresentação de informação, relevantes para as predições e tomadas de decisões dos investidores e de outros usuários da informação contábil, os contadores precisam decidir o atributo que será mensurado e, então, selecionar um procedimento de mensuração que poderá descrever o atributo adequadamente. Note, todavia, que, neste afã de descrever

---
[1] Veja IUDÍCIBUS, Sérgio de. *Análise de balanços*. 2. ed. São Paulo: Atlas, 1978.
[2] HENDRIKSEN, Eldon S. *Accounting theory*. Homewood: Richard D. Irwin, 1971. p. 114-116.

objetividade, muitos contadores têm meramente proclamado ou justificado os princípios contábeis no estado em que se encontram ou a superioridade deste ou daquele princípio, sem uma explicação clara do conceito de objetividade.

Segundo o mesmo autor, objetividade tem significado conceitos distintos para autores distintos. Por exemplo: (1) mensurações impessoais ou que existem fora da mente da pessoa que as está realizando; (2) mensurações baseadas no consenso de *experts* qualificados; (3) mensurações baseadas em evidência verificável; e (4) valor da dispersão estatística das mensurações de um atributo quando realizadas por vários pesquisadores.

Dica
Convenções ou restrições são normas publicadas por órgãos reguladores, baseados nas experiências profissionais e que delimitam ou qualificam a prática profissional em relação à aplicação de postulados e princípios.

Quanto ao primeiro aspecto, dificilmente conseguimos separar completamente a qualidade daquilo que está sendo mensurado da pessoa ou das crenças do mensurador. Frequentemente, afirma-se que o ponto de venda é o mais objetivo para reconhecimento da receita, porque existe um valor de mercado independentemente da figura do avaliador. Embora isto possa ser verdadeiro, o contador precisa decidir o valor do que está sendo dado em troca, quando não o valor efetivo do que está sendo recebido. Na melhor das hipóteses, podemos dizer que este sentido de objetividade é aplicável apenas em algumas situações. O segundo sentido, segundo o autor, tem maior significado para a teoria da mensuração em Contabilidade. Se as mensurações podem ser verificadas por consenso intersubjetivo entre *experts* qualificados, podem tornar-se objetivas. Este procedimento, entretanto, adotado muitas vezes pelo (IASB) e outras entidades do gênero, não tem levado, em todas as circunstâncias, a critérios que possam ser considerados como objetivos à luz de um plano mais científico de mensuração. No que se refere ao terceiro sentido, a ênfase recai mais na evidência do que na mensuração em si. A evidência provê os meios pelos quais a mensuração pode ser verificada. De novo, a receita é reconhecida na base da *venda como evidência*. O problema é que, embora a evidência possa ser verificável, a seleção do critério de evidência como base de mensuração pode ser objeto de viés pessoal. Hendriksen argumenta que se o custo histórico foi selecionado como evidência do valor corrente de um ativo, a evidência (o custo) pode ser objetiva, mas sua seleção como evidência do valor corrente dos ativos pode refletir viés pessoal.

Por exemplo, os contadores fazem uso deste viés quando utilizam o custo histórico nos demonstrativos contábeis, mas preferem o valor de mercado se este for inferior aos custos históricos (veja, a este respeito, conservadorismo, prudência).

Talvez o quarto sentido seja o mais "científico", pois a maior ou menor objetividade de uma mensuração pode ser avaliada pelo desvio-padrão em relação a uma média $\bar{x}$ do atributo que está sendo mensurado. Entretanto, pode ser que o próprio valor da média $\bar{x}$ não retrate adequadamente o atributo considerado. Por exemplo, considere que estamos avaliando a objetividade dos procedimentos de avaliação de estoques pelos métodos tradicionais: Peps, Ueps e Média Ponderada. Pode ser que um dos três se revele com menor desvio-padrão com relação à média. Isto significa apenas que as mensurações são mais verificáveis, mas não necessariamente objetivas. Pode ser que um critério de mensuração baseado no custo histórico corrigido apresente mais desvio, embora *menos viés*. Este último é determinado pelo desvio relativo entre o valor médio ou da média x determinada pelo procedimento de mensuração utilizado, e o "verdadeiro" valor de x^*, do atributo que está sendo mensurado. Como, todavia, o verdadeiro valor de x^* não pode ser determinado, a diferença entre x e x^* precisa ser estimada na base de julgamento e das relações lógicas entre o procedimento de mensuração e o atributo que está sendo mensurado.

O fato é que, embora os sentidos mais rigorosos da objetividade, quanto a seu uso, possam ser mais divulgados no futuro, ainda o fator prevalecente no estágio atual de evolução da disciplina é o relativo ao consenso de profissionais qualificados. Isto favorece a intervenção de estratos sociais na Contabilidade. É preciso selecionar muito bem de onde vêm os *experts* e que, embora possam ter sido indicados por entidades, devem utilizar seu *background* como experiência e vivência, mas deveriam manter grau de independência profissional.

Neste sentido, um procedimento pode ser considerado objetivo para a Contabilidade e a profissão, desde que envolva um consenso de profissionais qualificados, normalmente trabalhando em comitês de estudo e pesquisa, criados por institutos de contadores, auditores etc. O procedimento considerado objetivo pelo consenso dos *experts* pode trazer em seu bojo elementos de subjetividade, que se relacionam com o exercício do julgamento profissional, elemento indispensável para todas as profissões liberais.

É claro que nas metodologias utilizadas por estes comitês de pesquisa podem estar incluídos elementos de análise estatística, de desvios e distribuições de certas mensurações contábeis. Entretanto, uma vez aprovado pelo comitê, o procedimento torna-se objetivo (ou responsavelmente subjetivo), no que se refere ao consenso profissional.

Outra forma de encarar esta restrição é no sentido de dar evidência aos procedimentos utilizados. Assim, o termo *objetividade*[3] pode ser observado dos seguintes pontos de vista:

1. da referência a uma documentação formal ou tipo de evidência que suporte o registro e sua avaliação;
2. da tangibilidade do objeto passível de mensuração; e
3. da posição de neutralidade que a Contabilidade deveria manter.

Sob o primeiro aspecto, os registros devem ter suporte, sempre que possível, em documentos de transações, normas e procedimentos escritos e práticas geralmente aceitas no ramo comercial específico. Observe que a base de evidência documental é bastante ampla, incluindo não somente títulos de crédito, de propriedade ou de transações, mas também *vouchers*, documentos de uso interno, manuais de procedimentos etc.

Sob o segundo aspecto, recai a preferência de avaliação e registro nos elementos patrimoniais tangíveis ou com suporte em direitos e obrigações determinadas entre partes. Por exemplo, o reconhecimento do *goodwill* criado pela própria empresa é frequentemente desenfatizado pela Contabilidade, como hoje a conhecemos, pois, embora economicamente significativo, recai na qualidade de intangível geral (não específico, como seria o caso de marcas, patentes e outros, em que a prática contábil pode reconhecer registro). Em parte, todavia, o caso do *goodwill* é também explicável pela atual posição da Contabilidade de não entrar no mérito da avaliação da empresa como um todo, não penetrando profundamente no modelo do investidor e do tomador de risco.

Sob o terceiro aspecto, devido à necessidade de neutralidade por parte da Contabilidade com relação aos sócios, à gerência e aos investidores (aspecto da metodologia ética da Contabilidade, ainda muito utilizada nesta ciência), é, frequentemente, aceito o ponto de vista de que, quanto mais objetivos formos, isto é, quanto mais repousarmos em evidências documentais e transacionais objetivas, mais neutros e "justos" ou não enviesados seremos perante os vários usuários. Na verdade, este raciocínio é falho, pois cada usuário, como vimos, tem suas necessidades informativas. Se nem mesmo em notas explicativas notícias forem dadas sobre o esforço e sobre os gastos que a empresa está incorrendo para manter e mesmo reforçar seu *goodwill*, na verdade estaremos sendo enviesados com relação aos usuários que consideram importante esta informação para traçar suas tendências. Duas empresas que tenham o mesmo *goodwill* registrado (pela aquisição), mas que estejam desenvolvendo esforços bem diferenciados quanto a pesquisa e desenvolvimento, treinamento de executivos, boas relações industriais etc., terão efetivamente tendências futuras completamente diferentes. Se tais esforços diferenciados não forem, de alguma forma, evidenciados, estaremos fornecendo um quadro "injusto", enviesado e não neutro para os usuários.

Voltamos, então, ao problema do consenso profissional. Toda profissão liberal precisa exercer um cuidadoso julgamento, que deverá lidar, evidentemente, com fatores objetivos e subjetivos. John W. Wagner, neste aspecto, definiu da melhor maneira possível o sentido real de objetividade. Afirma que

---

[3] IUDÍCIBUS, Sérgio de. *Análise de balanços*. 2. ed. São Paulo: Atlas, 1978. p. 37-38.

a objetividade pode ser examinada de forma muito mais útil como uma qualidade emergente de um processo psicossocial de percepção. O consenso profissional é exatamente o que se poderia chamar de fenômeno psicossocial de percepção. É o procedimento que tem sido utilizado, principalmente, pelo FASB, IASB, CPC etc. Todavia, nem sempre a metodologia utilizada antes de se chegar a uma proposição para ser submetida à comissão plena tem sido a mais científica. Grande parte é baseada no que as grandes empresas fazem com relação a certo critério ou problema de contabilização... Outras decisões estão baseadas no bom-senso mais ou menos condimentado com alguma dose de imediatismo. As antigas normas relativas à amortização de intangíveis são uma evidência disto. Nos Estados Unidos (até recentemente), o *goodwill* deveria ser amortizado no máximo em quarenta anos. No Brasil, por exemplo, a Lei das Sociedades por Ações mandava amortizar o ativo diferido no prazo máximo de dez anos. Na verdade, teria sido muito mais correto deixar para cada entidade amortizar (ou não) estas contas de acordo com o prazo que consideram que tais ativos estarão beneficiando as operações – este é o critério correto de qualquer alocação de ativo para despesa – desde que as bases de cada método de amortização sejam explicadas e evidenciadas. (Hoje em dia não mais se amortiza anualmente o *goodwill* adquirido, mas se realiza teste anual de *impairment*).

Estamos acordes que, em última análise, o consenso profissional deva ser o critério mais prático para transformar um princípio ou um procedimento em aceito (ou imposto), *desde que, na fase preliminar de estudos, a metodologia mais avançada disponível para o caso tenha sido utilizada.*

A experiência dos profissionais, o bom-senso dos "práticos" e a vivência dos mais experimentados servirão para dosar alguns arroubos dos mais acadêmicos, concordamos, mas procedimentos de mensuração quantitativos (como a dispersão da média), sempre que possível, deveriam ser utilizados. Hoje, na discussão de qualquer procedimento ou proposição contábil, está sendo enfatizada a metodologia que será utilizada na proposição. Talvez esteja sendo superada – conforme tivemos oportunidade de ouvir, pessoalmente, em palestra proferida pelo Prof. Stephen A. Zeff, da Tulane University – a fase dos grandes autores "normativos" da Contabilidade, que, pelo brilho de sua exposição e por sua capacidade intrínseca, muitas vezes impunham este ou aquele critério (digamos, o custo corrente é superior ao custo histórico) sem uma base metodológica e de pesquisa maior. Esta última tendência parece bastante promissora, desde que também não fiquemos apenas discutindo, interminavelmente, metodologias, sem chegar a conclusões. Mais recentemente, com a evolução das operações com instrumentos financeiros e derivativos, com a cada vez maior importância que os intangíveis assumem na avaliação da potencialidade de valor da empresa, há uma tendência em favorecer a utilização do subjetivismo responsável, apoiado em métodos científicos de previsão. Mais cedo do que talvez se possa pensar, atravessaremos a ponte que separa o Custo do Valor para aproximar-nos, embora sem nunca alcançá-lo, do valor da empresa.

5.2 A convenção (restrição, norma) da materialidade (relevância)

Dica
Material é a informação capaz de mudar decisões.

Materialidade pode ser enfocada sob dois ângulos distintos: sob o ângulo de quem "toca" a escrita contábil ou a audita e sob o ângulo do usuário da informação contábil. A responsabilidade, todavia, sempre recai na figura do contador ou do auditor por ter demonstrado a situação financeira da entidade levando em conta a materialidade. No sentido interno da sistemática contábil, materialidade tem muito a ver com a noção de custo *versus* benefício da informação contábil gerada. A Contabilidade pode ser feita com requintes de detalhe que visem à sua perfeição e que, na verdade, se revelam imateriais, pois o benefício adicional gerado pela informação é superado pelo custo (mensurado também em tempo) para gerá-la. Sempre vale a pena citar o exemplo clássico de R. Anthony sobre os empregados de uma empresa que se utilizam diariamente de lápis em seus trabalhos de escritório; a Contabilidade poderia registrar um lançamento diário do valor de tais ativos como despesa, na proporção exata da porcentagem física do material que foi consumido naquele dia. Isto poderia ser considerado correto, mas absolutamente irrelevante e imaterial. Que benefícios teriam os usuários com informação deste tipo, mesmo os gerentes, se material de escritório representa uma porcentagem ínfima do ativo? Por outro lado, calcule o tempo que um ou mais empregados gastariam para mensurar fisicamente a parcela do lápis que foi consumida. Se multiplicarmos o tempo gasto diariamente com esta operação pelo salário horário dos empregados, veremos que seria muito mais conveniente terem utilizado seu tempo com tarefas mais produtivas. Este é um exemplo dramatizado do problema da materialidade na Contabilidade. Todavia, a prática está eivada de casos em que o contador peca por não considerar esta convenção. O contador que desdobra seu plano de contas em até contas de sexto grau também estará esquecendo-se da materialidade que, neste caso, ganha foros de falta de relevância. A empresa que perde tempo abrindo contas especiais para ativos que representam menos de 1% do ativo total e que apresentam tais contas individualmente, inclusive nos balanços publicados, também está usando inadequadamente o conceito de materialidade. O contador de um banco que gasta 24 horas extras para localizar uma diferença de $ 1,00 num documento também está sendo irrelevante, na maior parte dos casos. Não podemos esquecer-nos de que as cifras contábeis representam apenas aproximação de uma complexa realidade e, preocupando-nos em excesso com detalhes, não estaremos melhorando apreciavelmente a qualidade das informações. Do ponto de vista do usuário, qualquer informação contábil é material, desde que a sua omissão dos demonstrativos publicados ou das notas de evidenciação propicie um julgamento errado sobre a situação da entidade, principalmente no que se refere ao estabelecimento de tendências. É muito difícil, senão impossível, estabelecer regras para classificar o que é material e o que não é. Certamente, se, em virtude de uma mudança de critério na avaliação dos estoques, por exemplo, houve uma alteração no lucro para mais ou para menos, considerada significativa para o estabelecimento do julgamento por parte do usuário, tal informação (da mudança de critério) não pode ser omitida, por ser material. Aqui, deveria ser esclarecida não somente por ser material, mas também devido a outra convenção – consistência de procedimentos. Consistência e materialidade unem-se, nesse caso. Aliás, todo o corpo de *postulados, princípios* e *convenções* contábeis está indissoluvelmente ligado. Todavia, fazemos sempre questão de ressaltar o fato de que a utilização do conceito de materialidade não significa, necessariamente, *desprezo pelo detalhe*, se este pode ser indicador de algo mais grave. Se, repetidamente, em vários documentos se apuram pequenas diferenças, o sintoma é desagradável; alguma coisa não está funcionando bem no sistema; é possível que as diferenças tenham sido pequenas apenas por coincidência. É necessário levantar e auditar, nesse caso, os procedimentos e toda a sistemática contábil. Da mesma forma, em uma auditoria de contas a receber, verifica-se que 20% das contas auditadas apresentam pequenos erros; pode ser que os erros sejam pequenos, mas a porcentagem de contas erradas pode ser considerada alarmante, de forma que é necessário investigar mais a fundo. Este conceito de materialidade e/ou relevância é um dos mais difíceis de serem empregados na Contabilidade. Na verdade, exige muita vivência e, acima de tudo, bom-senso. Todavia, um manual de critérios de materialidade e relevância pode e deve ser montado em médias e grandes empresas, a fim de reduzir a um mínimo as áreas de inconsistência. Em última análise, são importantes o julgamento e o discernimento do contador e do auditor, principalmente na ocasião de publicar os demonstrativos contábeis para uso do grande público investidor. O problema da materialidade invade toda a problemática contábil e vimos que, inclusive para estabelecer os objetivos da Contabilidade, é preciso utilizar esse conceito. Outra área em que se pode delimitar o que é material ou não é a da "evidenciação" *(disclosure)*. Se não aplicarmos o conceito, corremos o risco de literalmente sepultar o usuário em massa de detalhes pouco materiais e, acima de tudo, pouco relevantes. Aqui é necessário frisar que, embora normalmente os termos *materialidade* e *relevância* sejam tratados como sinônimos, existe uma diferença, em certas circunstâncias. Algo pode ser material e ser irrelevante, embora isto seja raro. Outro fenômeno pode ser considerado imaterial, isoladamente considerado, e ser relevante para alguns usuários. Por exemplo, a evidenciação em quadro suplementar do orçamento de capital de uma empresa para os próximos dez anos pode ser material pelo tamanho das cifras envolvidas, mas não será relevante para todos os usuários, embora possa sê-lo para alguns. Um acionista minoritário, por exemplo, está mais interessado no fluxo de caixa da empresa previsto para os próximos três anos, digamos (se é que isto é viável), e não nos grandes projetos de investimento a partir do quinto ano. No caso das auditorias de contas a receber, o valor pode ser imaterial, mas o que os erros estão escondendo pode ser relevante. Normalmente, todavia, materialidade e relevância caminham juntas. Nem sempre isto é verdadeiro com relevância (em sentido amplo) e objetividade, esta entendida em sentido restrito. O entendimento e aplicação das noções de materialidade, objetividade e relevância está imerso num contexto muito mais amplo do que aquele que considera a Contabilidade em seus aspectos formais e puramente técnicos. Como vimos, exercemos nossa atividade num meio social, no qual a função contábil assume foros de legitimadora de procedimentos e outros comportamentos, todos subjetivos. Assim, os conceitos vistos, bem como toda a Contabilidade, assumem características sociais, em muitas circunstâncias, e que variam de empresa para empresa, de usuário para usuário e, até, de teórico para teórico.

5.3 A convenção (restrição, norma) do conservadorismo (prudência)

Afirmamos, em outros trabalhos, que o conservadorismo (termo desprezado, atualmente, pelas entidades reguladoras e normatizadoras), em Contabilidade tem duas abordagens distintas. Em uma, a mais nobre, conservadorismo deve ser entendido como elemento "vocacional" da profissão a fim de disciplinar o entusiasmo natural de alguns donos e administradores de negócios na apresentação das perspectivas da entidade. É claro que, entre duas ou mais alternativas igualmente relevantes, o contador escolherá aquela que apresentar menor valor para o ativo ou para o lucro e/ou maior valor para o passivo. Todavia, note bem que nossa afirmação foi claramente *entre duas ou mais alternativas igualmente relevantes*. Suponha que fosse prática comum apresentar, em quadros suplementares ao balanço, o orçamento de vendas para o próximo exercício. Suponha, ainda, que uma previsão de $ 1.300.000,00 tenha 50% de chance e que uma de $ 1.000.000,00 tenha a mesma chance. É lógico que entre as duas opções a Contabilidade escolheria a de $ 1.000.000,00, por ser *mais prudente*, no sentido, porém, de prudência em Contabilidade, isto é, entre vários valores relevantes escolhe-se o que influenciar de maneira menos otimista as expectativas dos usuários da informação contábil. Possivelmente, todavia, o valor mais correto a ser indicado, no caso, seria $ 1.150.000,00, resultado de multiplicarmos cada probabilidade pelos valores individuais de cada evento, somando os valores assim obtidos. Este seria o conceito estatístico de valor esperado. É provável, entretanto, que a Contabilidade ainda venha a escolher os $ 1.000.000,00, pelos motivos já apresentados, e também porque os contadores ainda não estão muito afeitos ao uso de conceitos estatísticos e matemáticos.

Este é o sentido mais útil do conservadorismo (prudência) em Contabilidade. Outro sentido é o que provoca distorções e deve merecer a atenção dos contadores. A caracterização clássica desta concepção é a conhecida regra utilizada principalmente na avaliação de inventários – *custo ou mercado, o que for menor*.

Nascida há muitas décadas, quando se verificaram quedas acentuadas e bruscas de preços dos bens e serviços da economia, esta regra visava antecipar prejuízos futuros. Quando os preços dos estoques estavam em baixa, o *valor de mercado* (que deve ser entendido como custo de reposição na data da avaliação e, na falta deste, como valor líquido de realização, com ou sem margem normal de lucro) normalmente é inferior ao preço pago para adquirir originariamente a mercadoria. Assim, avaliando o estoque final por um valor de mercado mais baixo, estaremos aumentando o valor do custo das mercadorias vendidas e, portanto, diminuindo o resultado. Quer dizer, existe uma antecipação de prejuízos que, de outra forma, seriam reconhecidos apenas nas vendas futuras.

Mesmo dentro da mecânica da regra "custo ou mercado" deveriam existir algumas sub-regras bem definidas; caso contrário, a aplicação da regra torna-se quase manipulação de dados contábeis.

Um grande problema da aplicação da regra, principalmente na avaliação de inventários, é a reversão do sentido da flutuação dos preços. O que pode ser considerado conservador hoje poderá tornar-se "não conservador" amanhã, bastando uma variação no sentido das flutuações de preços. A regra é de difícil acompanhamento e, frequentemente, os gerentes e contadores acabam perdendo seu controle. Mais recentemente, na última década principalmente, as críticas ao Conservadorismo (Prudência) excessivo(a) têm crescido bastante entre os estudiosos e, mesmo, vindas do mercado. É que a aplicação combinada de Conservadorismo (Prudência) e Objetividade, quando entendidos de forma equivocada, acaba por diminuir a relevância. Relevância deve ser o teste crítico preferencial para a adoção de uma norma. Atualmente, aceita-se certa dose de Prudência e procrastinou-se o sentido antigo de Conservadorismo.

5.4 A convenção (restrição, norma) da consistência (uniformidade)

Esta talvez seja a Convenção mais importante da Contabilidade, ou pelo menos aquela a que os auditores externos atribuem maior importância. Caracteriza-se como um conceito de que, desde que tenhamos adotado certo critério, entre os vários que poderiam ser válidos à luz dos princípios contábeis, não deveria ele ser alterado nos relatórios periódicos, a não ser que absolutamente necessário e desde que a alteração de critério e os efeitos que possa ter acarretado na interpretação por parte dos usuários das tendências e dos resultados da empresa sejam evidenciados. Consistência é um conceito utilizado mais para retratar comparabilidade no tempo, dentro de uma mesma entidade, do que critérios uniformes para entidades distintas, dentro ou fora do mesmo setor. Consistência não significa uniformidade de procedimentos contábeis de uma empresa para outra, mas é entendida no sentido de que certa empresa utilizou critérios consistentes (uniformes no âmbito da própria empresa e no contexto temporal), a fim de que a comparabilidade seja assegurada, pelo menos dos dois últimos exercícios.

Analisemos as vantagens e desvantagens desta importante convenção. Desde que criteriosamente aplicada, pode conduzir a excelentes resultados. Se, todavia, for levada no sentido de imobilismo na utilização deste ou daquele critério, apenas porque é consistente com o exercício anterior, sua aplicação torna-se danosa para a relevância das demonstrações contábeis.

O critério da consistência está muitas vezes associado à materialidade. Tanto consistência como materialidade unem-se para obrigar a empresa ou o auditor a evidenciarem a mudança de critério, porque, primeiramente, representa uma mudança (consistência) e, em segundo lugar, já que material, a diferença que a mudança provocou nos resultados, quando comparados com os obtidos se tivéssemos continuado a usar o critério antigo, pode tornar enganosos, para os usuários, os demonstrativos contábeis, se não for evidenciada.

Note como a ênfase está sempre calcada no usuário, principalmente externo, da informação contábil. É para este que deveremos evidenciar, da melhor forma possível, as várias peças contábeis e suas notas explicativas.

5.5 Qualidades da informação contábil e a prevalência da essência sobre a forma

Os estudos e pesquisas mais recentes sobre estruturas conceituais básicas da Contabilidade, em nível internacional, têm destacado, até como pré-requisito aos *Princípios Fundamentais de Contabilidade* (por nós hierarquizados, neste livro, em Postulados, Princípios e Convenções), a importância e os cuidados que devem ser tomados com relação a:

a) algumas qualidades da informação contábil;

b) prevalência da essência sobre a forma.

Em 2008, foi aprovado pelos órgãos reguladores o CPC 00, Estrutura Conceitual para Elaboração e Divulgação de Relatório Contábil-Financeiro. Em 2011, houve uma grande revisão do pronunciamento e, em 2019, mais uma, resultando no CPC 00 (R2), com a denominação de Estrutura Conceitual para Relatório Financeiro, aprovado pela Deliberação CVM 835/2019 e pela Resolução CFC 2019/NBC TG EC. Nessa norma, as qualidades da informação contábil são apresentadas da seguinte maneira:

a) características qualitativas fundamentais;

b) características qualitativas de melhoria.

As fundamentais são divididas em Relevância, Materialidade e Representação Fidedigna. As de melhoria, em Comparabilidade, Capacidade de Verificação, Tempestividade e Compreensibilidade.

A *Relevância* diz respeito à informação que é capaz de fazer a diferença em decisões a serem tomadas pelos usuários das demonstrações contábeis. Essa diferença pode se dar pelo valor preditivo ou confirmatório da informação ou até mesmo por ambos. Preditivo, no uso das informações para projeção de cenários futuros, e confirmatório, quando a informação serve de *feedback*, confirmando ou modificando avaliações prévias.

A *Materialidade* é um aspecto da relevância: uma informação será considerada material se sua omissão ou sua divulgação distorcida ou obscura influenciar, de forma razoável, as decisões que os principais usuários tomarem com base nessa informação.

A *Representação Fidedigna* corresponde ao chamado *true and fair view*, ou seja, os demonstrativos financeiros representam um fenômeno econômico tanto em palavras quanto em números. Dessa forma, a informação financeira tem que representar não apenas um fenômeno relevante, mas também sua essência de forma fidedigna. A representação fidedigna exige três atributos: (a) informação completa, ou seja, para que o retrato completo da realidade econômica seja fornecido, toda informação, descrição e explicação deve ser fornecida; (b) neutralidade, que diz respeito à representação das informações livre de viés, ou seja, não deve ser tendenciosa em sua seleção ou em sua apresentação: a informação não pode se apresentar de forma distorcida ao usuário, fazendo com que seja recebida por este de modo favorável ou desfavorável; e (c) livre de erros, o que significa que não há erros ou omissões no fenômeno retratado e que o processo para produzir a informação foi selecionado e aplicado sem erros.

Esses três atributos formam as características qualitativas fundamentais. Existem outras características que são denominadas características qualitativas de melhoria e recebem esse nome porque melhoram a utilidade da informação que é relevante e apresentada de forma fidedigna. São elas:

- A *Comparabilidade* deve poder propiciar ao usuário o discernimento da evolução, no tempo, da entidade observada ou comparações entre entidades distintas, não devendo, entretanto, constituir entrave para a evolução qualitativa da informação.
- A *Capacidade de Verificação (verificabilidade)* deve assegurar que a informação representa fidedignamente o fenômeno econômico a que diz respeito. Diferentes observadores, bem informados e independentes, podem chegar a um consenso – embora possam não chegar a um acordo completo – quanto ao retrato de uma realidade econômica em particular ser uma representação fidedigna.
- A *Tempestividade* diz respeito, em essência, ao fato de que as informações e demonstrações contábeis, para serem úteis aos usuários, devem ser editadas em tempo hábil para que o tomador de decisões possa extrair o máximo de utilidade da informação para os propósitos a que se destina. De pouco adianta dispor de uma Demonstração de Resultados de uma Entidade, absolutamente perfeita e extremamente detalhada, somente um ano após a data do término do exercício social que contempla.
- A *Compreensibilidade* revela a qualidade da informação contábil, que deve ser exposta da forma mais compreensível possível, para que o usuário possa, efetivamente, entendê-la e utilizá-la de forma cabal nas tomadas de decisões.

No que se refere à *Prevalência da Essência sobre a Forma*, na verdade, está-se a tratar de algo tão importante para a qualidade da informação contábil, que mereceria até ser considerado Postulado ou Pré-requisito ao conjunto de Postulados, Princípios e Convenções.

Sempre que houver discrepância entre a forma jurídica de uma operação a ser contabilizada e sua essência econômica, a Contabilidade deverá *privilegiar a essência sobre a forma*. O caso (e exemplo) mais tradicional é o constituído por certas operações de *leasing*, que, na essência, são compras financiadas, disfarçadas. A observância da *Prevalência da Essência sobre a Forma* levaria a registrar a operação tanto no Ativo como no Passivo, amortizando-se *um* pelas depreciações e *outro* do total da prestação por aquela parcela que ultrapassa o valor do juro implícito embutido, sendo esta última a despesa do período. A observância da Prevalência da Essência sobre a Forma é um pré-requisito fundamental da aplicação correta do conjunto de conceitos fundamentais que são os Postulados, Princípios e Convenções. A preocupação e o zelo na aplicação deste importante conceito devem estar sempre presentes no trabalho do contador e do auditor. Esta importante pré-condição é fruto típico da forma "Anglo" de encarar a Contabilidade. Deve prevalecer a essência de uma operação sobre sua forma jurídica, caso haja discrepâncias que a aplicação contábil da operação, sob o aspecto formal, possa acarretar sobre sua contabilização pelo aspecto da sua essência. Mesmo em casos mais complexos e que, aparentemente, não teriam reflexos imediatos na aplicação, devemos focalizá-la. Por exemplo, por esta conceituação, o Balanço Consolidado, embora não tenha personalidade jurídica, tem essência econômica e como tal deve ser considerado pela Contabilidade.

Em termos das normas, a essência sobre a forma não é mais tratada como componente separado da representação fidedigna, já que isso acabava criando redundância, sendo que, se as demonstrações contábeis não representarem a substância das transações, não estarão representando de forma fidedigna a situação financeira e patrimonial da entidade.

5.6 A Contabilidade no meio econômico e administrativo

Para entender melhor por que a Contabilidade é como é e, mais ainda, para poder projetar algumas de suas evoluções, necessário se torna descrever o meio econômico e administrativo no qual está inserida.

Sem dúvida, as ciências ligadas ao mundo econômico e financeiro têm, na Economia, sua disciplina mãe. Usualmente, os conceitos da Economia, em seu aspecto macro, envolvem, em sua mensuração, agregados, tais como: juros, renda, consumo etc. Mesmo a microeconomia, quando fala em empresa, o faz referindo-se a uma entidade emblemática que reproduz paradigmas ideais ou que se refere a um ente hipotético, que não existe no mundo real. A passagem, portanto, da Economia para a Contabilidade (e para a Administração) não é isenta de dificuldades, pois estas últimas estão firmemente baseadas na entidade real.

Talvez o campo de conhecimento que melhor evidencie a adaptação dos conceitos ideais da Economia para a vida das entidades seja o das ciências administrativas, principalmente quando procuram "traduzir" os sinais emanados dos conceitos econômicos para a linguagem decisória. Mesmo a ciência administrativa, todavia, seria incompleta, caótica e incomunicável se não existisse uma linguagem universal dos negócios e um modelo de mensuração de resultados, como a Contabilidade, a apoiá-la.

Existe, portanto, uma ligação funcional entre as disciplinas de importância transcendental e que, na verdade, não é lícito desconhecer. Economistas que se prezem, tanto quanto administradores e contadores, não serão completos, nem mesmo entenderão direito sua disciplina, se não tiverem uma noção das outras duas e de sua influência. De certa forma, fazendo uma grande simplificação e analogia, a Economia planeja, a Administração executa e a Contabilidade controla, se se quiser fazer um paralelo com o fluxo: Planejamento – Execução – Controle – Novo Planejamento etc.

5.6.1 O conceito fundamental de lucro e outras considerações

Sem dúvida, o conceito fundamental que mais tem influenciado as ciências contábeis vem do economista Hicks, com sua famosa definição, em linguagem livre: "Lucro é o que podemos consumir numa semana e sentir-nos tão bem no fim como nos sentíamos no início" (HICKS, J. R., *Value and capital*, 1946).

Deve-se entender bem todo o significado da definição, sua profundidade e implicações para as disciplinas, mormente para a Contabilidade, pois é grande o número de consequências que aquela definição desfecha e os desafios que nos propõe.

A definição de Hicks foi, muito ingenuamente, interpretada, de início, como um conceito estático de manutenção de patrimônio, pura e simplesmente, pelos contadores. Na verdade, embora a preocupação com manutenção de patrimônio esteja presente, é preciso indagar que patrimônio quer-se manter (após a distribuição do resultado), a saber: (1) o patrimônio a valores históricos; (2) a valores correntes (de entrada ou saída); (3) a custo histórico corrigido; (4) a valor corrente corrigido; (5) a custo histórico corrigido mais um fator c de crescimento; (6) a valor corrente corrigido mais um fator a de crescimento etc. Ou, se se quer, a manutenção da capacidade física.

A visão econômica de Hicks consegue harmonizar fluxos e estoques pela consideração da projeção dos fluxos em dois momentos distintos, no início e no fim do período. Note, todavia, que Hicks trata de expectativas futuras de fluxos de caixa gerados pela entidade, descontados a valor presente pela taxa de custo de capital. Cálculo feito no início e no fim do período. O lucro, no sentido dado por Hicks, seria a taxa de juros multiplicada pelo valor subjetivo calculado no momento inicial. É fácil verificar-se que, a distribuir-se esse valor e se as expectativas no momento final permanecerem as mesmas, ao calcular o novo valor subjetivo no momento final, já deduzindo-se o valor do lucro econômico, obter-se-á, novamente, o valor subjetivo inicial.

A proposição de Hicks, entretanto, teve que ser adaptada às necessidades de objetividade e aos mecanismos de apuração da Contabilidade. Assim, pode-se afirmar que lucro, em Contabilidade, é o que se pode distribuir durante um período, mantendo a *potencialidade* do patrimônio líquido inicial intacta. Utiliza-se o termo *potencialidade*, pois dá mais liberdade de várias interpretações contábeis, evolutivamente falando, conforme visto anteriormente.

A conceituação de Hicks e todas as interpretações contábeis, todavia, somente nos remetem à dimensão microeconômica da Contabilidade e, quando muito, põem-nos a refletir sobre as diversas interpretações valorativas do patrimônio, restando restritas, todavia, à dinâmica quantitativa da equação patrimonial... Nada nos indicam quanto ao meio econômico mais amplo, no qual a Contabilidade atua, e que condiciona o desenvolvimento da disciplina contábil.

Pode-se dizer que, na maioria dos países de fundo capitalista, a Contabilidade atua num meio econômico em que prevalecem entidades livremente criadas, produtoras de bens e serviços, com preços mais ou menos influenciados pelo mercado, dependendo do grau de importância de cada entidade no mercado global. De maneira geral, a propriedade dos fatores de produção pertence a pessoas privadas, físicas ou jurídicas, embora o Estado, em alguns países, tenha uma participação importante como acionista de entidades que, direta ou indiretamente, produzem serviços e/ou utilidades.

Por outro lado, em tais sociedades, encontram-se mercados financeiros e de capitais desenvolvidos, facilitando a intermediação financeira e possibilitando o levantamento de recursos de risco para as entidades, embora existam algumas sociedades capitalistas sem um mercado de capitais avançado, mas o financeiro sempre o será.

Condições como as traçadas notam-se, em graus embrionários, desde o grande desenvolvimento da Contabilidade como ciência da avaliação das variações patrimoniais, principalmente para acompanhamento dos proprietários, a partir do século XIII. Mais tarde, outros interlocutores vieram a interessar-se pelos dados contábeis: credores, governos, gerentes, empregados e, finalmente, numa sociedade capitalista avançada, em princípio, toda ela está interessada no uso dos recursos que uma corporação faz, tendo-se juntado, recentemente, as preocupações social, laborial e ambiental.

Se a Contabilidade fosse, todavia, somente acompanhar os interesses dos proprietários, sem nenhuma regulamentação social, provavelmente ter-se-iam empresas do mesmo ramo de atividade utilizando procedimentos contábeis diferentes umas das outras, com dificuldades para o analista compará-las. Seria o caminho natural para a Contabilidade. Provavelmente, haveria, em alguns casos, demonstrações contábeis extremamente avançadas e, em outros, pobreza informativa. A força das pressões da sociedade, todavia, é elemento importante, mesmo numa economia de mercado. Pode-se dizer que, principalmente a partir do século XX, essas demandas sociais fazem com que surjam organismos como o AICPA (mais tarde o FASB), nos EUA e em outros países, e até os governos intervenham, editando normas e procedimentos contábeis, por meio das leis societárias e de outras formas, de maneira a atender à demanda da sociedade por um mínimo de padronização e de evidenciação que satisfizesse, pelo menos em parte, os interesses informativos dos vários *players* do mercado.

A contabilidade financeira, em muitos países avançados, como a conhecemos hoje, é o resultado nem sempre admirável, sob o ponto de vista puramente técnico, dessas influências múltiplas e, às vezes, contrastantes, tendo a missão, difícil, de ser *fair and true*, não enviesada, e de servir como um dos instrumentos que melhoram a alocação dos recursos escassos numa economia.

A Contabilidade pode ser conceituada, pelo menos, sob três ângulos: (1) sob o ponto de vista do acompanhamento das variações quantitativas e qualitativas do Patrimônio e, nesse caso, pode-se considerá-la como ciência, a definição preferida pelos neopatrimonialistas, quando se referem ao objeto da Contabilidade; (2) sob o ponto de vista do usuário da informação contábil, o fato de ser ciência ou não pouco importa; interessa a ele que a Contabilidade, ou melhor, o sistema de informação contábil lhe entregue, a um custo razoável, as informações e *análises* que permitirão uma ágil tomada de decisão. Existe, todavia, outra visão da Contabilidade, qual seja a econômica, que observa a Contabilidade como (3) a disciplina que permite avaliar os recursos escassos colocados à disposição das entidades, bem como inferir sobre a eficiência e eficácia com que os mesmos foram manipulados. Neste último aspecto, a Contabilidade ganha realce macroeconômico, tendo participação efetiva no processo de alocação de recursos, no sentido de que, quanto melhor a qualidade da informação, mais eficientes, em tese, as decisões de investimento, contribuindo para a eficiente alocação de recursos dentro da economia.

Claramente, para o proprietário dos recursos da entidade, a primeira conceituação constitui-se na essência da Contabilidade, pois permite-lhe verificar quanto e como variou sua riqueza num período. Para o usuário não proprietário, todavia, tanto aquele que tem eventual interesse em investir na entidade, como para o gerente interno, a conceituação como sistema de informação adiciona valor a sua atividade (não que a definição patrimonialista não seja importante, como base). Para os analistas do efeito da Contabilidade na eficiência e eficácia da alocação dos recursos na economia, em sua totalidade, a conceituação alocativa, a terceira, apresenta interesse especial, justificando, inclusive, as abordagens macroeconômicas à Contabilidade, ou seja, direcionamentos normativos tais que permitam ao planejamento central da economia de certos países atingir, via procedimentos contábeis, certas metas de aquecer a economia ou vice-versa. A prática mais comum, nesse sentido, é a da depreciação acelerada, quando se deseja incrementar ou estimular investimento, em período de desaquecimento da economia. É preciso lembrar, todavia, que, mesmo nos países onde não existe esse planejamento contábil em âmbito nacional, acredita-se que um sistema de mensuração, avaliação e informação contábil baseado em sadios princípios, normas e procedimentos, seja um instrumento de boa alocação de recursos, na economia, em sua totalidade. Aliás, as pesquisas que ligam a área de Finanças à Contabilidade, as que procuram evidenciar o nexo entre a informação contábil e o valor de mercado das ações demonstrariam sobejamente que o mercado incorpora, no valor das ações, a informação contábil e outras. A Hipótese do Mercado Eficiente, tão estudada em Finanças, é a base de toda esta discussão acadêmica e tem, como fundo macroeconômico, a premissa de que os investidores são racionais, não se deixando levar por emoções, crenças e considerações éticas. Essas premissas estão sendo cada vez mais questionadas pelos cientistas sociais, com importantes reflexos para a pesquisa contábil. Infelizmente, pesquisa sobre tais tópicos é ainda incipiente em nossa realidade universitária contábil, com honrosas exceções.

O fato é que a Contabilidade está imersa num *framework* socioeconômico e nosso modelo de informação contábil é muito influenciado pelas condições econômicas, sociais, instituições, grau de participação da sociedade em questões ambientais, modelos econômicos etc.

Até recentemente, poder-se-iam distinguir, claramente, pelo menos três blocos, no que se refere ao modelo contábil-financeiro: o dos países de tradição anglo-saxônica (por exemplo: Reino Unido, Estados Unidos da América, Canadá, Austrália etc.), o europeu continental (Alemanha, Itália, França, Portugal, Espanha etc.) e o latino-americano. Veja que a simplificação é enorme, pois existem diferenças dentro do mesmo bloco, principalmente no europeu continental e no bloco latino-americano (sem contar os grupos asiático e africano). Deixam-se de fora países como os nórdicos (Suécia, principalmente), que diferem bastante, em muitos detalhes, do europeu continental típico, sem contar os antigos países socialistas, outro modelo de Contabilidade, que nem é tratado aqui.

O modelo anglo-saxônico caracteriza-se por ser *capital market oriented*, ou seja, pretende inserir-se num contexto em que se procura fortalecer e informar, preferencialmente, depois dos acionistas, o mercado, pois é deste que se esperam novos aportes de recursos. É um modelo que leva ao extremo de sofisticação a quantidade e qualidade da informação oferecida ao mercado, à sociedade em geral. Já o modelo europeu continental, também conhecido como *legalista*, tendo em vista que, até recentemente, grande parte dos fundos das entidades era provinda de bancos, governamentais ou não, privilegia o balanço fiscal e a informação para credores. Na América Latina e nos demais países, adotavam-se modelos mistos, na maior parte das vezes. A globalização da atividade econômica, todavia, está, inexoravelmente, mudando esse quadro, havendo uma força aglutinadora que tende a aproximar os modelos contábeis prevalecentes nos países de acordo com o modelo do país onde as ações são negociadas. Por outro lado, a atividade intensa de entidades como IASB, de nítida orientação anglo, embora mais flexível que a orientação do FASB, dos EUA, na convergência contábil, tende a aproximar, com importantes variações, os países a seu modelo de mercado. É claro que existem os recalcitrantes, os que conseguem enxergar por detrás de normas e procedimentos contábeis instrumentos de "dominação imperialista", mas, aqui, está-se a falar de Contabilidade financeira, no ambiente econômico e, claramente, o modelo contábil de mercado apresenta um grau de evidenciação muito maior do que o de modelos outros, doa a quem doer.

Vê-se, assim, que a Contabilidade está envolta por tecido econômico e gerencial, com suas ampliações comportamentais, sociais, ambientais etc. Pobre do contador que desejar construir uma teoria baseada apenas em pressupostos lógicos endógenos, por mais científicos que possam parecer, pois, alienando-se da realidade econômica, social e até institucional e política em que está imersa a nossa disciplina, ter-se-á uma construção sem fundamentação adequada. Soa como elegante, fácil e até satisfaz a alguns acadêmicos afirmar que os princípios contábeis são universais e imutáveis no tempo e no espaço. Sem dúvida, deseja-se que sejam universais, mas nunca serão imutáveis, pois ignorar-se-iam variáveis sociais que são mutáveis, pelo menos a cada lapso razoável de tempo. Quem, poucos anos atrás, consideraria a operação de *capital lease* no ativo e no passivo? Foi a consideração de prevalência da essência sobre a forma a fazer-nos pensar nessa dúplice contabilização, para algo que era considerado em seu aspecto puramente formal. Quantos, 80 anos atrás (ou mais) contabilizariam, usualmente, a despesa de depreciação? E os escravos não seriam considerados como verdadeiros ativos, há pouco mais de uma centena de anos, como consequência da plena aceitação do conceito de propriedade? Importante notar-se que não é apenas a realidade social a mudar, mas o próprio observador dessa realidade, por melhorar seu entendimento, por descobrir novos sentidos para as mesmas operações. No caso do *leasing*, a essência sempre foi a mesma, mas a acuidade do observador é que mudou.

5.6.2 Contabilidade e decisões: um casamento de conveniência?

Uma das finalidades da Contabilidade é a avaliação de desempenho de períodos passados; outra, muito importante, é fornecer informações hábeis para tomada de decisões gerenciais.

Neste último aspecto, a Contabilidade, com suas informações emanadas do sistema de informação contábil-gerencial, às vezes não tem sido tão profícua como na avaliação de desempenho passado. Diga-se que a Contabilidade foi feita "sob medida" para avaliar desempenho mais do que para servir como insumo informativo para decisões que visam só ao futuro. Não se pode afirmar, todavia, que a avaliação e a análise bem feitas de desempenho de período recém-encerrado não sejam válidas como elementos preditivos. De fato, a avaliação de tendências de estruturas patrimoniais de vários períodos passados, se realizada corajosamente, fertilizada pela visualização de tendências e de cenários futuros, não deixa de ser altamente proveitosa.

Um investidor criterioso não vai deixar de utilizar a análise de desempenho de períodos passados, para decisões de hoje (por exemplo, compra de ações da entidade) que têm reflexos no futuro. O que se critica é o modelo informacional contábil para tomadas de decisões do dia a dia, que se referem ao futuro de curto prazo. Via de regra, a Contabilidade fornece custos e preços, quando o tomador de decisões está mais interessado em mercado e em valor econômico. Às vezes, fornecem-se números sobre custos unitários, para decisões de curto prazo, eivados de rateios de custos fixos e semifixos que pouco significado têm, nesse tipo de decisão. A consideração do preço e custo em lugar de valor prejudica, também, a avaliação de desempenho de períodos passados, por nós tão elogiada. Nestas considerações, englobam-se as carências contábeis na adequada avaliação e evidenciação dos intangíveis, principalmente os não identificáveis com facilidade, chegando-se à falta de reconhecimento do Capital Intelectual, em última análise, nossa teimosia em não querer aventurar-nos a quantificar um valor para o patrimônio líquido que represente, mais de perto, o valor econômico da entidade (não necessariamente o valor de mercado das ações da entidade).

Tem, a Contabilidade, que se desvencilhar dos atávicos apegos a custos e preços para se aventurar, com risco calculado, no *valor*, caso contrário será como num casamento de conveniência, no qual os cônjuges (Contabilidade e decisões) não serão felizes.

5.6.3 A interface com sistemas

Tem sido das mais profícuas, em geral, a interface da evolução da Contabilidade com a dos sistemas de informação computadorizados. Receia-se, todavia, que, nos últimos anos, a área de sistemas tenha-se adiantado mais se se levar mais em conta a arquitetura dos sistemas integrados de informação do que a conceitualização contábil do que seja esta integração. O grande problema é que tais sistemas, no que se refere à função contábil-orçamentária-financeira, internalizaram conceitos de valor os mais tradicionais e atrasados dentro da Contabilidade. Em outras palavras, os sistemas fornecem uma série de indicadores, com rapidez e integração de toda a entidade, podendo descer a detalhes incríveis, mas a qualidade dos números contábeis é extremamente convencional. Fez-se um sistema contábil gerencial com critérios tradicionais de Contabilidade financeira.

5.6.4 A teoria do agenciamento

A pesquisa contemporânea realizada nos campos da economia, finanças e Contabilidade tem desenvolvido visões interessantes sobre a natureza dos incentivos e do compartilhamento de riscos sob condições de incerteza. Esta análise requer uma especificação formal das preferências dos agentes econômicos e de suas atitudes perante o risco, conforme sejam modeladas pelas respectivas funções de utilidade e sobre suas crenças, conforme modeladas pelas distribuições subjetivas de probabilidades dos agentes. Da mesma forma, estados da natureza, ações e funções de resultados são simulados. Isto que, nas palavras de Robert Kaplan (1982), acabamos de traduzir, são as bases conceituais da Teoria do Agenciamento, a *Agency Theory*, um campo de pesquisa extremamente vasto e complexo e que procura, inicialmente, colocar o Principal, o dono do capital, e o Agente, o que gere os recursos em nome e por conta do Principal, como os atores mais importantes. Como as funções de utilidade dos dois atores são diferentes existirá uma assimetria informacional entre Agente e Principal. Aquele utilizará uma função objetivo que tenderia a maximizar sua utilidade, em prejuízo da do Principal. Esse não consegue ter acesso ao modelo informacional daquele, havendo, portanto, a assimetria. Sistemas de incentivos ao Agente podem reduzir ou até eliminar esta discrepância, levando o Agente a administrar e empregar os recursos de acordo com a missão que o Principal lhe impusera. Esse amplo pano de fundo conceitual pode levar a Contabilidade, A Teoria Contábil, incluindo na Teoria a Contabilidade Gerencial, a grandes desenvolvimentos, para melhor entender o modelo decisório dos *stakeholders* da informação contábil. Por outro lado, esta teoria pode ser ampliada, no sentido de que, numa sociedade moderna e capitalista, quase tudo pode ser explicado por um conjunto de contratos e de relações de agenciamento. Assim, os auditores, por exemplo, ou as práticas que eles adotam, podem ser encarados como relações de agenciamento entre a empresa que estão auditando, a sociedade, o "Board" de administração etc. A Teoria do

Agenciamento bem como seu problema mais importante, qual seja, a assimetria informacional, devem ser sempre levados em conta na construção de uma moderna Teoria da Contabilidade.

Resumo

As convenções contábeis são normas que restringem a aplicação dos postulados e princípios contábeis mencionados nos capítulos 3 e 4. As restrições são de três ordens: quanto à objetividade, quanto à consistência e quanto à praticabilidade (em termos de custo-benefício). As principais convenções são: (a) a materialidade ou relevância, que está ligada à questão do custo-benefício, ou seja, a Contabilidade pode ser feita com requintes de detalhe que visem à sua perfeição e que, na verdade, se revelam imateriais, pois o benefício adicional gerado pela informação é superado pelo custo para gerá-la; (b) o conservadorismo, que tem duas abordagens distintas. A primeira é que, entre duas ou mais alternativas igualmente relevantes, deverá o contador escolher a de menor valor para o ativo e maior valor para o passivo – esse é o sentido mais útil de conservadorismo (prudência) em Contabilidade. A segunda é o custo ou mercado, o que for menor. A esta deve-se dar muita atenção; por não haver sub-regras de tratamento, sua aplicação poderá tornar-se quase manipulação de dados contábeis. A Convenção da Uniformidade ou Consistência determina que, uma vez escolhidas as bases (critérios) a serem utilizadas, não devemos alterá-las nos demonstrativos contábeis subsequentes, a menos que seja extremamente necessário.

As características qualitativas da informação contábil ganharam espaço nas pesquisas e na normatização. No Brasil, foi aprovada a Estrutura Conceitual para Relatório Financeiro, na qual as qualidades da informação contábil são apresentadas em dois níveis: Características Qualitativas Fundamentais (relevância, materialidade e representação fidedigna) e as Características Qualitativas de Melhoria, ou seja, que melhoram a utilidade da informação (Comparabilidade, Capacidade de Verificação, Tempestividade e Compreensibilidade). No que se refere à prevalência da essência sobre a forma, esta é tão importante para a qualidade da informação contábil que mereceria ser considerado um postulado, ou pré-requisito ao conjunto de postulados, princípios e convenções. Em termos de normas, a essência sobre a forma não é mais tratada como componente separado de representação fidedigna, já que isso criava redundância, sendo que, se as demonstrações contábeis não representarem a substância das transações, não estarão representando de forma fidedigna a situação financeira e patrimonial da entidade.

Questionário

1. Explique o que são convenções contábeis. Por que podem ser chamadas de restrições?
2. Explique o conceito de objetividade como uma restrição.
3. Explique a Convenção da Materialidade.
4. Explique custo × benefício, em relação à Convenção da Materialidade.
5. Explique a Convenção do Conservadorismo.
6. Por que há críticas a custo ou mercado, dos dois o menor?
7. Por que não devemos ficar mudando bases (critérios) contábeis? Qual Convenção é afetada, quando isso ocorre e por quê?
8. Elabore um quadro com as características qualitativas fundamentais, explicando cada uma delas.
9. No quadro elaborado no exercício 8, adicione as características qualitativas de melhoria. Explique cada uma delas e o porquê de receberem essa denominação.
10. Explique a essência sobre a forma.

Apêndices aos Capítulos 3, 4 e 5

Introdução

O mundo da teoria nem sempre é totalmente coincidente com a realidade das normas e procedimentos emanados de órgãos reguladores.

Na estruturação dos Postulados, Princípios e Convenções apresentados nos Capítulos 3, 4 e 5, já vistos, preferimos manter o formato já exaustivamente testado e que vem da formulação original, com adaptações, de Hendriksen.

Entretanto, outros autores (como os que aparecem no Apêndice) e os órgãos reguladores seguem uma formação diferenciada, mais detalhada em alguns itens e menos em outros.

Nem todas as estruturas conceituais do tipo FASB, IASB e CPC/CVM contêm todos os postulados, princípios e convenções estudados nos capítulos passados.

No entanto, como a contabilidade brasileira convergiu para as normas do IASB (a própria Lei nº 11.638/07 foi um passo neste sentido) e tais normas são, na essência, *market oriented*, isto é, seguem o modelo de mercado e considerando, ainda, que a estruturação teórica apresentada neste livro de teoria é fundamentalmente *market oriented*, também não há muitos problemas quanto à essência.

Este livro não é um livro de contabilidade internacional, como já vimos, nem mesmo um simples reprodutor das normas brasileiras, mas é um livro de teoria, essencialmente.

O profissional precisa adotar as normas legais e, portanto, a ninguém é lícito desconhecê-las, mas se quiser se aprofundar no entendimento dos conceitos subjacentes, é necessário estudar Teoria, conforme nosso texto.

1 Os princípios contábeis segundo Mattessich

Mattessich, em seu já citado trabalho, estabelece uma tentativa de expressar os postulados, os princípios e as convenções contábeis de forma dedutiva. Embora a linguagem seja muitas vezes complexa, vale a pena traduzir os conceitos para termos uma ideia dos progressos da disciplina no campo puramente conceitual.

1.1 Premissas básicas (um resumo)

1. **Valores monetários.** "Existe um conjunto de valores agregáveis pela propriedade aditiva, expressos numa unidade monetária. Este conjunto é isomórfico ao sistema de números inteiros (positivos e negativos) e ao número zero."

Aqui, a unidade monetária refere-se à menor unidade da moeda corrente de um país. Poderíamos escolher, em vez do sistema de números inteiros, o de números racionais ou reais, mas o de números inteiros é suficiente. Note-se a propriedade aditiva dos valores monetários. O fato de ser isomórfico significa que os elementos que estão em um conjunto (dos valores monetários) estão no outro (dos números inteiros).

2. **Intervalos de tempo.** "Existe um conjunto de intervalos de tempo elementares (mínimos) e aditivos (exemplo: dias)."

É importante notar que a *função tempo* em que o contador atua é discreta. Por outro lado, a soma de um número específico de intervalos de tempo pode ser escolhida como *período contábil*.

3. **Estrutura.** "Existe um conjunto estruturado de classes (uma hierarquia de classes de equivalência) que reflete categorias significativas de uma *entidade*."

O conjunto estruturado de classes (ou conjunto isomórfico a ele) é chamado *plano de contas*. Por outro lado, a coleção não estruturada de todas as classes de equivalência contidas no plano de contas é o *conjunto de contas* e seus elementos são as *contas*.

4. **Dualidade.** "Para todas as transações contábeis, um valor é atribuído a um conceito tridimensional (trinca ordenada), consistindo em *duas contas* e em *uma data* (momento de tempo)."

Aqui, o autor está referindo-se ao conceito tridimensional que atribui valores a uma conta debitada e a outra creditada, mas também levando-se em conta outra dimensão, que é o tempo.

5. **Agregação.** "Cada saldo atribui um valor monetário, isto é, a soma aritmética de todos os valores (positivos e negativos) agregados durante um período numa conta – a um par ordenado; este último consiste na conta pertinente e no período acima citado, que se inicia com o período contábil."

Este conceito refere-se aos saldos das contas que são agregativos (soma aritmética de todos os valores positivos e negativos) e que se referem a determinado período.

6. **Objetos econômicos.** "Existe um conjunto de objetos econômicos cujos valores e propriedades físicas estão sujeitos a variações."

Este conceito refere-se aos objetos das transações econômicas, cujos valores (por razões de mercado, de obsolescência etc.) e condições físicas (por motivos de progresso tecnológico, depreciação etc.) estão sujeitos a variações.

7. **Iniquidade das reivindicações monetárias.** "Existe um hábito de registrar dívidas com o entendimento de redimi-las em moeda corrente, pelo valor nominal, independentemente das variações ocorridas no poder aquisitivo da moeda."

Trata-se do problema que tratamos no princípio do denominador comum monetário. A não ser cláusula expressa em contrário, assumimos dívidas em moeda corrente e redimi-las-emos, também, em moeda corrente, não sendo permitido ao nosso credor corrigir monetariamente o montante da dívida. O mesmo ocorre com nossas contas a receber.

8. **Agentes econômicos.** "Existe um conjunto de agentes econômicos que estabelece metas específicas para um sistema contábil, comanda recursos e traça planos e decisões com relação a ações econômicas."

Este conceito é muito importante, pois reconhece o papel e a existência do agente econômico, que pode ser: pessoas naturais, grupos diversos (proprietários, gerentes, empregados, clientes, fornecedores etc.). Em uma abordagem de teoria dos conjuntos, os agentes são considerados como conceitos *primitivos*, dos quais o conceito de *entidade* é derivado.

9. **Entidades.** "Existe um conjunto de entidades que constitui a estrutura para as ações econômicas."

Reconhece este conceito a existência de conjuntos de entidades que constituem o "campo" propício no qual se desenvolvem as transações econômicas.

10. **Transações econômicas.** "Existe um conjunto de fenômenos empíricos, denominado transações econômicas. Cada uma de tais transações atribui, por meio de hipóteses empíricas, um valor para um par ordenado de transacionantes (categorias) e um momento de tempo."

É importante notar que o conjunto das transações econômicas não é necessariamente isomórfico ao conjunto das *transações contábeis*. Podem existir transações econômicas que não são objeto de registro na Contabilidade, e, por outro lado, alguns registros contábeis podem não ser transações econômicas.

11. **Avaliação.** "Existe um conjunto de hipóteses que determina o valor a ser atribuído a uma transação contábil."

Na verdade, este conjunto de hipóteses é a essência da questão da avaliação, e vimos, na parte de princípios, os parâmetros fundamentais que presidem a avaliação em Contabilidade.

12. **Realização.** "Existe um conjunto de hipóteses, especificando qual dos seguintes efeitos mutuamente exclusivos são exercidos através de uma mudança (em quantidade, valor, *status* legal etc.) do objeto econômico de uma entidade. Tal mudança: 1. afeta o valor atribuído ao lucro corrente de uma entidade; 2. não afeta o valor do patrimônio líquido da entidade; ou 3. afeta o patrimônio líquido sem afetar o lucro corrente da entidade."

Verificamos, no princípio da realização da receita e da confrontação da despesa, que um objeto econômico derivante de uma transação 1. afeta o lucro corrente (que afeta, por sua vez, o patrimônio líquido); e 2. não afeta o patrimônio ou afeta o patrimônio sem afetar o lucro corrente. Todas as condições estão associadas ao problema do reconhecimento da receita e da despesa visto no Capítulo 4 e que neste conceito estão enunciados de forma resumida. Na verdade, o conceito é mais amplo, pois ainda não vimos o problema dos itens extraordinários e dos efeitos de exercícios anteriores, contidos no conceito 12 e ainda não tratados por nós, detalhadamente.

13. **Classificação.** "Existe um conjunto de hipóteses requeridas para estabelecer um quadro de contas."

Refere-se este conceito às hipóteses necessárias para construir um quadro de contas, com suas classificações decimais ou alfanuméricas etc.

14. **Dados de entrada.** "Existe um conjunto de hipóteses necessárias para determinar a forma dos dados de entrada e o nível de agregação para o qual as transações contábeis devem ser formuladas."

Aqui o autor faz referência ao nível de agregação das transações contábeis a serem registradas pela Contabilidade. Obviamente, materialidade, objetividade e praticabilidade são conceitos intimamente envolvidos ao estabelecer a forma e o nível de agregação dos dados de entrada.

15. **Duração.** "Existe um conjunto de hipóteses sobre a vida esperada da entidade (ou entidades), sob consideração, e sobre a duração dos períodos contábeis individuais."

Note-se neste ponto que Mattessich não aceita a continuidade indefinida das entidades contábeis, mas admite que existem hipóteses para determinar a vida esperada de cada uma delas, em circunstâncias individuais.

16. **Extensão.** "Existe um conjunto de hipóteses especificando as condições empíricas sob as quais dois ou mais sistemas contábeis podem ser consolidados e ampliados rumo a um sistema mais global."

O autor reconhece as condições sob as quais o conceito de entidade pode ser estendido para um conjunto maior, para maior relevância dos usuários (acionistas) do conjunto-mãe.

17. **Materialidade.** "Existe um conjunto de hipóteses (critérios) determinando se e quando uma transação econômica ou evento relacionado deve ser refletido por uma transação contábil."

Reconhece-se aqui a importância do conceito de materialidade, já visto. Nem todas as transações econômicas são contábeis. É necessário utilizar uma série de critérios para determinar se uma mudança em um objeto econômico é tão importante para merecer uma transação e esta ser consubstanciada em uma transação contábil, entrando, portanto, no sistema contábil.

18. **Alocação.** "Existe um conjunto de hipóteses que determina a alocação dos objetos econômicos de uma entidade ou fluxos de serviços para subentidades e categorias semelhantes."

Este conceito explicita a existência de critérios para alocação de valores dos recursos escassos para utilização das subentidades dentro de uma entidade maior.

Verifica-se, assim, que Mattessich elaborou uma listagem quase exaustiva dos conceitos contábeis, conceituando-os à luz da teoria dos conjuntos e dando-lhes um caráter rigoroso de definição bastante apreciável. Talvez sua falha tenha sido não ligar suficientemente o sentido e as consequências de um conceito com outro dentro da prática contábil. Todavia, o trabalho é de nível muito alto e deve ser citado. Os próprios autores norte-americanos deixam frequentemente de citar o trabalho de Mattessich, talvez por utilizar uma linguagem muito hermética; nem por isso deveria ser-lhe negada a atenção.

Existe outro emérito pesquisador de princípios contábeis, entre vários outros, que é Maurice Moonitz (do ARS, *Accounting Research Study nº 1*, do AICPA, de 1961), que estabeleceu uma listagem interessante de postulados. Seguindo a própria terminologia de Mattessich, faremos agora uma analogia entre os "conceitos" de Mattessich e os postulados de Moonitz.

A1. **Quantificação.** "Dados quantitativos são úteis para realizar decisões econômicas racionais, isto é, para fazer escolhas entre alternativas, de forma que as ações possam ser corretamente relacionadas às consequências."

É semelhante ao conceito nº 8 de Mattessich – Agentes econômicos.

A2. **Troca.** "A maior parte dos bens e serviços produzidos são distribuídos através de trocas e não diretamente consumidos pelos produtores."

Este postulado caracteriza bem o caráter dinâmico da economia, em que todos produzem para satisfazer às necessidades de muitos agentes e não diretamente apenas às próprias. Nota-se semelhança com o conceito nº 10 de Mattessich – Transações econômicas.

A3. **Entidades.** "A atividade econômica é exercida através de unidades específicas ou entidades. Qualquer relatório sobre a atividade precisa identificar claramente a unidade ou atividade especificamente envolvida."

Verifica-se semelhança com o conceito nº 9 de Mattessich – Entidades.

A4. **Período de tempo.** "A atividade econômica é levada a cabo durante períodos específicos de tempo. Qualquer relatório sobre uma atividade precisa identificar claramente o período de tempo envolvido."

Nota-se semelhança com o conceito nº 2 de Mattessich – Intervalos de tempo.

A5. **Unidade de mensuração.** "Dinheiro é o denominador comum em termos de quais bens e serviços, incluindo mão de obra, recursos naturais e capital são mensurados. Qualquer relatório precisa indicar claramente que moeda (dólares, liras etc.) está sendo utilizada."

É semelhante ao conceito nº 1 – Valores monetários.

B1. **Demonstrativos financeiros.** "Os resultados do processo contábil são expressos num conjunto de demonstrativos financeiros fundamentalmente relacionados que se articulam com os outros e se baseiam nos mesmos dados básicos."

Tem certa semelhança com o conceito nº 5 de Mattessich – Agregação.

B2. **Preços de mercado.** "Os dados contábeis são baseados em preços gerados por trocas passadas, presentes ou futuras, já ocorridas ou que se espera venham a ocorrer."

Este postulado é extraordinário, pois dá embasamento para muitos princípios e procedimentos contábeis. Nota-se semelhança com o conceito nº 11 de Mattessich – Avaliação.

B3. **Entidades**. "Os resultados do processo contábil são expressos em termos de unidades ou entidades específicas."

Nota-se semelhança com o conceito nº 3 de Mattessich – Estrutura. Moonitz relaciona duas vezes a *entidade*, uma no conjunto A de postulados, outra no conjunto B, que se refere à avaliação.

B4. **Aproximação**. "Os resultados das operações para períodos relativamente curtos de tempo são aproximados sempre que sejam requeridas alocações entre passado, presente e futuro."

Este postulado não tem correspondência com os conceitos de Mattessich.

C1. **Continuidade**. Na ausência de evidência em contrário, a entidade deveria ser encarada como operando indefinidamente. Na presença de evidência de que a entidade tem uma vida limitada, não deveria ser considerada como operando indefinidamente.

Tem semelhança com o conceito nº 15 – Duração.

C2. **Objetividade**. Mudanças nos ativos e passivos e os efeitos relativos (se existirem) nas receitas, despesas, lucros retidos e outros não deveriam ser reconhecidos nas contas antes que pudessem ser mensurados objetivamente.

Tem semelhança com o conceito nº 12 – Realização – e 17 – Materialidade.

C3. **Consistência**. Os procedimentos usados em Contabilidade para certa entidade deveriam ser apropriados para a mensuração de sua posição e de suas atividades e ser utilizados consistentemente de período para período.

Não existe semelhança com os conceitos de Mattessich.

C4. **Unidade estável**. "Os relatórios contábeis deveriam ser baseados numa unidade monetária estável."

Nota-se certa associação com o conceito nº 7 – Iniquidade das Reivindicações Monetárias.

C5. **Evidenciação**. "Os relatórios contábeis deveriam evidenciar o que é necessário para não torná-los enganosos."

Não existe correspondência com os conceitos de Mattessich.

2 A nova estrutura conceitual para relatório financeiro no Brasil (Deliberação CVM nº 835, de 10 de dezembro de 2019)

A mais recente alteração na estrutura conceitual foi realizada no final de 2019, sendo esta a segunda desde a publicação da Deliberação CVM nº 539, em 14 de março de 2008, que estabeleceu uma nova estrutura conceitual revogando a consagrada na Deliberação CVM nº 29, de 1986.

A segunda revisão do CPC 00 (R2) – Estrutura Conceitual para Relatório Financeiro também foi aprovada pela resolução do Conselho Federal de Contabilidade CFC 2019/NBC TG EC.

Nesta nova revisão, a primeira mudança foi a mudança em sua denominação de "Estrutura Conceitual para Elaboração e Divulgação de Relatório Contábil-Financeiro" para "Estrutura Conceitual para Relatório Financeiro"; em toda a norma, o termo *relatório contábil-financeiro* foi substituído por apenas *financeiro*.

De acordo com o IASB, as alterações são fruto da consulta da agenda de 2011, em que foram identificadas prioridades dos *stakeholders*, preenchendo lacunas e proporcionando um guia de mensuração e apresentação. Além disso, atualiza alguns assuntos, como definições de ativos e passivos, e esclarece alguns pontos, como o papel da incerteza na mensuração.

Foram também adaptados os objetivos da estrutura, a descrição da entidade que relata e o seu limite e estabelecidos critérios para inclusão e remoção de ativos e passivos nas demonstrações contábeis.

O próprio CPC afirma que o pronunciamento não é uma norma, mas um guia.

A última versão da estrutura de 2011, tinha quatro capítulos, sendo que o quarto reproduzia o texto da Estrutura Conceitual de 1989. Agora, passa a ter oito capítulos, sendo eles:

- Capítulo 1 – Objetivos;
- Capítulo 2 – Características qualitativas de informações financeiras úteis;
- Capítulo 3 – Demonstrações contábeis e a entidade que reporta;
- Capítulo 4 – Elementos das demonstrações contábeis;
- Capítulo 5 – Reconhecimento e desreconhecimento;
- Capítulo 6 – Mensuração;
- Capítulo 7 – Apresentação e divulgação;
- Capítulo 8 – Conceitos de Capital e manutenção de capital.

Percebe-se um substancial aumento de informações na nova revisão. As características qualitativas que têm grande ênfase na estrutura conceitual foram abordadas no Capítulo 5 deste livro. Abordaremos os pontos mais relevantes das mudanças:

2.1 Definição de Ativos, Passivos e Patrimônio Líquido

As definições de Ativos, Passivos e Patrimônio Líquido foram aperfeiçoadas. Estas modificações aproximam as definições dos conceitos vistos na Teoria da Contabilidade. Vamos comentar individualmente as alterações:

Ativos

O conceito trazido pela estrutura anterior era: "Recursos controlados pela entidade como resultado de eventos passados e do qual se espera que fluam benefícios econômicos para a entidade".

A expressão *recursos controlados* foi substituída por *recursos econômicos presentes controlados*, isso porque um recurso econômico é um direito que tem potencial para produzir benefícios econômicos. A definição separada de recurso econômico é para esclarecer que um ativo é o recurso econômico, não a entrada final de benefícios econômicos.

Houve a exclusão do "fluxo esperado", porque não é necessário ter a certeza, nem mesmo provável, de que benefícios econômicos surgirão. Além disso, a baixa probabilidade de benefício econômico pode afetar a decisão de reconhecer e mensurar o ativo.

Dessa maneira, o novo conceito de ativo pela estrutura conceitual é: "Recursos econômicos presentes controlados pela entidade como resultado de eventos passados".

Passivos

Para os passivos, o conceito trazido anteriormente era: "Obrigações presentes da entidade, resultantes de eventos passados, cuja liquidação se espera que resulte na saída de recursos da entidade capazes de gerar benefícios econômicos".

Da mesma forma que no ativo, os recursos são modificados para recursos econômicos, para explicar que um passivo é a obrigação de transferir o recurso econômico, não a saída final de benefícios econômicos.

Também houve a exclusão do "fluxo esperado", com as mesmas considerações definidas acima para os ativos.

A estrutura também introduziu no conceito de obrigação o entendimento de que esta é um dever ou responsabilidade que a entidade não possui capacidade prática de evitar.

O novo conceito de passivo pela estrutura conceitual é: "Obrigações presentes da entidade de transferir um recurso econômico como resultado de eventos passados".

Patrimônio líquido

Para o patrimônio líquido, a alteração conceitual feita foi de interesse residual nos ativos para participação residual nos ativos. Vejamos o antes e o agora:

Antes: "Patrimônio Líquido é o interesse residual nos ativos da entidade depois de deduzidos todos os seus passivos".

Agora: "Patrimônio Líquido é a participação residual nos ativos da entidade após a dedução de todos os seus passivos".

Lembrando que estamos trazendo os conceitos consagrados na Estrutura Conceitual das normas. No Capítulo 10, apresentamos as várias abordagens do patrimônio líquido.

Nossa intenção é apresentar os pontos principais da Estrutura, já que este é um livro de teoria.

O novo documento possui 62 páginas. Reproduziremos a seguir algumas páginas iniciais.

COMITÊ DE PRONUNCIAMENTOS CONTÁBEIS

PRONUNCIAMENTO TÉCNICO CPC 00 (R2)

ESTRUTURA CONCEITUAL PARA RELATÓRIO FINANCEIRO

Correlação às Normas Internacionais de Contabilidade – *Conceptual Framework*

Sumário	Item
SITUAÇÃO E FINALIDADE DESTA ESTRUTURA CONCEITUAL	SP1.1 – SP1.5
CAPÍTULO 1 – OBJETIVO DO RELATÓRIO FINANCEIRO PARA FINS GERAIS	
INTRODUÇÃO	1.1
OBJETIVO, UTILIDADE E LIMITAÇÕES DO RELATÓRIO FINANCEIRO PARA FINS GERAIS	1.2 – 1.11
INFORMAÇÕES SOBRE RECURSOS ECONÔMICOS DA ENTIDADE QUE REPORTA, REIVINDICAÇÕES CONTRA A ENTIDADE E ALTERAÇÕES EM RECURSOS E REIVINDICAÇÕES	1.12
Recursos econômicos e reivindicações	1.13 – 1.14
Alterações em recursos econômicos e reivindicações	1.15 – 1.16
Desempenho financeiro refletido pela contabilização pelo regime de competência	1.17 – 1.19
Desempenho financeiro refletido por fluxos de caixa passados	1.20
Alterações em recursos econômicos e reivindicações não resultantes do desempenho financeiro	1.21
INFORMAÇÕES SOBRE O USO DE RECURSOS ECONÔMICOS DA ENTIDADE	1.22 – 1.23
CAPÍTULO 2 – CARACTERÍSTICAS QUALITATIVAS DE INFORMAÇÕES FINANCEIRAS ÚTEIS	
INTRODUÇÃO	2.1 – 2.3

Sumário	Item
CARACTERÍSTICAS QUALITATIVAS DE INFORMAÇÕES FINANCEIRAS ÚTEIS	2.4 – 2.38
Características qualitativas fundamentais	2.5 – 2.22
Características qualitativas de melhoria	2.23 – 2.38
RESTRIÇÕES DO CUSTO SOBRE RELATÓRIOS FINANCEIROS ÚTEIS	2.39 – 2.43
CAPÍTULO 3 – DEMONSTRAÇÕES CONTÁBEIS E A ENTIDADE QUE REPORTA	
DEMONSTRAÇÕES CONTÁBEIS	3.1 – 3.9
Objetivo e alcance das demonstrações contábeis	3.2 – 3.3
Período de relatório	3.4 – 3.7
Perspectiva adotada nas demonstrações contábeis	3.8
Premissa de continuidade operacional	3.9
ENTIDADE QUE REPORTA	3.10 – 3.18
Demonstrações contábeis consolidadas e não consolidadas	3.15 – 3.18
CAPÍTULO 4 – ELEMENTOS DAS DEMONSTRAÇÕES CONTÁBEIS	
INTRODUÇÃO	4.1 – 4.2
DEFINIÇÃO DE ATIVO	4.3 – 4.25
Direito	4.6 – 4.13
Potencial de produzir benefícios econômicos	4.14 – 4.18
Controle	4.19 – 4.25
DEFINIÇÃO DE PASSIVO	4.26 – 4.47
Obrigação	4.28 – 4.35
Transferência de recurso econômico	4.36 – 4.41
Obrigação presente como resultado de eventos passados	4.42 – 4.47
ATIVO E PASSIVO	4.48 – 4.62
Unidade de conta	4.48 – 4.55
Contrato executório	4.56 – 4.58
Essência de direito contratual e obrigação contratual	4.59 – 4.62
DEFINIÇÃO DE PATRIMÔNIO LÍQUIDO	4.63 – 4.67
DEFINIÇÃO DE RECEITA E DESPESA	4.68 – 4.72
CAPÍTULO 5 – RECONHECIMENTO E DESRECONHECIMENTO	
PROCESSO DE RECONHECIMENTO	5.1 – 5.5
CRITÉRIOS DE RECONHECIMENTO	5.6 – 5.25
Relevância	5.12 – 5.17
Representação fidedigna	5.18 – 5.25
DESRECONHECIMENTO	5.26 – 5.33
CAPÍTULO 6 – MENSURAÇÃO	

Sumário	Item
INTRODUÇÃO	6.1 – 6.3
BASES DE MENSURAÇÃO	6.4 – 6.22
Custo histórico	6.4 – 6.9
Valor atual	6.10 – 6.22
INFORMAÇÕES FORNECIDAS POR BASES DE MENSURAÇÃO ESPECÍFICAS	6.23 – 6.42
Custo histórico	6.24 – 6.31
Valor atual	6.32 – 6.42
FATORES A SEREM CONSIDERADOS AO SELECIONAR A BASE DE MENSURAÇÃO	6.43 – 6.86
Relevância	6.49 – 6.57
Representação fidedigna	6.58 – 6.62
Características qualitativas de melhoria e a restrição de custo	6.63 – 6.76
Fatores específicos para mensuração inicial	6.77 – 6.82
Mais de uma base de mensuração	6.83 – 6.86
MENSURAÇÃO DE PATRIMÔNIO LÍQUIDO	6.87 – 6.90
TÉCNICAS DE MENSURAÇÃO BASEADAS EM FLUXO DE CAIXA	6.91 – 6.95
CAPÍTULO 7 – APRESENTAÇÃO E DIVULGAÇÃO	
APRESENTAÇÃO E DIVULGAÇÃO COMO FERRAMENTAS DE COMUNICAÇÃO	7.1 – 7.3
OBJETIVOS E PRINCÍPIOS DE APRESENTAÇÃO E DIVULGAÇÃO	7.4 – 7.6
CLASSIFICAÇÃO	7.7 – 7.19
Classificação de ativos e passivos	7.9 – 7.11
Classificação de patrimônio líquido	7.12 – 7.13
Classificação de receitas e despesas	7.14 – 7.19
AGREGAÇÃO	7.20 – 7.22
CAPÍTULO 8 – CONCEITOS DE CAPITAL E MANUTENÇÃO DE CAPITAL	
CONCEITO DE CAPITAL	8.1 – 8.2
CONCEITOS DE MANUTENÇÃO DE CAPITAL E DETERMINAÇÃO DO LUCRO	8.3 – 8.9
AJUSTES PARA MANUTENÇÃO DE CAPITAL	8.10
APÊNDICE – DEFINIÇÕES DE TERMOS	

SITUAÇÃO E FINALIDADE DA *ESTRUTURA CONCEITUAL*

SP1.1   A Estrutura Conceitual para Relatório Financeiro (Estrutura Conceitual) descreve o objetivo do, e os conceitos para, relatório financeiro para fins gerais.

A finalidade desta Estrutura Conceitual é:

(a) auxiliar o desenvolvimento das Normas Internacionais de Contabilidade (IFRS) para que tenham base em conceitos consistentes;

(b) auxiliar os responsáveis pela elaboração (preparadores) dos relatórios financeiros a desenvolver políticas contábeis consistentes quando nenhum pronunciamento se aplica à determinada transação ou outro evento, ou quando o pronunciamento permite uma escolha de política contábil; e

(c) auxiliar todas as partes a entender e interpretar os Pronunciamentos.

O Comitê de Pronunciamentos Contábeis (CPC), considerando o seu objetivo de promover e manter a plena convergência das práticas contábeis adotadas no Brasil às Normas Internacionais de Contabilidade (IFRS) emitidas pelo IASB, decidiu desde 2008, adotar a Estrutura Conceitual para Relatório Financeiro emitida pelo Iasb no desenvolvimento dos Pronunciamentos Técnicos do CPC.

A presente Estrutura Conceitual revisada foi emitida pelo Iasb em março de 2018.

SP1.2 Esta Estrutura Conceitual não é um pronunciamento propriamente dito. Nada contido nesta Estrutura Conceitual se sobrepõe a qualquer pronunciamento ou qualquer requisito em pronunciamento.

SP1.3 Para atingir o objetivo de relatório financeiro, para fins gerais, o Iasb pode algumas vezes especificar requisitos que divergem de aspectos desta Estrutura Conceitual. Se isso for feito, ele explicará a divergência na Base para Conclusões em tal pronunciamento.

SP1.4 Esta Estrutura Conceitual pode ser revisada de tempos a tempos com base na experiência com a sua utilização. As revisões desta Estrutura Conceitual não levarão automaticamente a mudanças nos Pronunciamentos. Qualquer decisão de alterar um Pronunciamento exige que seja conduzido o devido processo para acrescentar um projeto à sua agenda e desenvolver a alteração a esse pronunciamento.

SP1.5 Esta Estrutura Conceitual contribui para a missão declarada da *IFRS Foundation* e do Iasb, que faz parte da *IFRS Foundation*. Essa missão é desenvolver pronunciamentos que tragam transparência, prestação de contas (*accountability*) e eficiência aos mercados financeiros em todo o mundo. O trabalho do Iasb atende ao interesse público ao promover a confiança, o crescimento e a estabilidade financeira de longo prazo na economia mundial. Esta Estrutura Conceitual estabelece a base para pronunciamentos que:

(a) contribuem para a transparência ao melhorar a comparabilidade internacional e a qualidade de informações financeiras, permitindo que os investidores e outros participantes do mercado tomem decisões econômicas fundamentadas;

(b) reforçam a prestação de contas, reduzindo a lacuna de informações entre os provedores de capital e as pessoas a quem confiaram o seu dinheiro. Os pronunciamentos baseados nesta Estrutura Conceitual fornecem informações necessárias para responsabilizar a administração. Como fonte de informações mundialmente comparáveis, esses Pronunciamentos também são de vital importância para os reguladores em todo o mundo;

(c) contribuem para a eficiência econômica, ajudando os investidores a identificar oportunidades e riscos em todo o mundo, melhorando assim a alocação de capital. Para os negócios, o uso de uma linguagem de contabilidade única e confiável derivada dos Pronunciamentos com base nesta Estrutura Conceitual diminui o custo do capital e reduz os custos de relatórios internacionais.

3 Estruturas conceituais anteriores

Para mero efeito histórico-comparativo apresentamos a seguir elementos das Estruturas Conceituais plenamente vigentes até a aprovação da Deliberação CVM nº 835/2019.

3.1 Estrutura conceitual para a Elaboração e Divulgação de Relatório Contábil-Financeiro (Deliberação CVM nº 675, de 13 de dezembro de 2011)

A primeira revisão realizada na Estrutura Conceitual de 2008 foi promovida pelo CPC 00 (R1), aprovado em 2 de dezembro de 2011. O Conselho Federal de Contabilidade aprovou o pronunciamento por meio da Resolução 1.374/2011 e a CVM, pela Deliberação nº 675/2011.

A alteração promoveu diversas modificações no documento anterior. Inicialmente, foi modificada sua denominação de "Estrutura Conceitual para Elaboração e Apresentação das Demonstrações Contábeis" para "Estrutura Conceitual para Elaboração e Divulgação de Relatório Contábil-Financeiro". Foram também incluídos dois capítulos: o capítulo 1 trata sobre o objetivo da elaboração e divulgação de relatório contábil-financeiro de propósito geral e o capítulo 3, sobre as características qualitativas da informação contábil-financeira útil. O capítulo 2 trata da entidade que reporta a informação; ele é apresentado no sumário, mas será acrescentado em pronunciamento futuro.

Os objetivos da realização da revisão são apresentados no capítulo 1 do pronunciamento, como:

> (a) posicionamento mais claro de que as informações contidas nos relatórios contábil-financeiros se destinam primariamente aos seguintes usuários externos: investidores, financiadores e outros credores, sem hierarquia de prioridade; (b) não foram aceitas as sugestões enviadas durante a audiência pública, feita por aqueles órgãos, no sentido de que caberia, na Estrutura Conceitual, com o objetivo da denominada 'manutenção da estabilidade econômica', a possibilidade de postergação de informações sobre certas alterações nos ativos ou nos passivos. Pelo contrário, ficou firmada a posição de que prover prontamente informação fidedigna e relevante pode melhorar a confiança do usuário e assim contribuir para a promoção da estabilidade econômica.

Foram também promovidas mudanças nas bases para conclusões, que são a divisão das características qualitativas da informação contábil-financeira em duas categorias: as características qualitativas fundamentais – relevância e representação fidedigna –, as mais críticas, e as características qualitativas de melhoria – comparabilidade, verificabilidade, tempestividade e compreensibilidade – menos críticas, mas altamente desejáveis.

Em relação à característica da confiabilidade, apresentada na estrutura anterior, esta recebeu nova denominação, Representação fidedigna.

A Essência sobre a forma não é mais um componente separado da representação fidedigna, pois isso era considerado uma redundância. Desse modo, a representação pela forma legal que for diferente da substância econômica não resultará em representação fidedigna. Lembrando que a essência sobre a forma é bandeira essencial nas normas do IASB.

Outro ponto de alteração foi a retirada da característica de prudência ou conservadorismo, porque esta era incompatível com a neutralidade, componente essencial da representação fidedigna.

O alcance da Estrutura Conceitual é definido como o tratamento dos seguintes itens, de acordo com o CPC 00 (R1), introdução:

> (a) o objetivo da elaboração e divulgação de relatório contábil-financeiro;
>
> (b) as características qualitativas da informação contábil-financeira útil;
>
> (c) a definição, o reconhecimento e a mensuração dos elementos a partir dos quais as demonstrações contábeis são elaboradas; e
>
> (d) os conceitos de capital e de manutenção de capital.

3.2 Estrutura conceitual para a elaboração e apresentação das demonstrações contábeis no Brasil (Deliberação CVM nº 539, de 14 de março de 2008)

Em 14 de março de 2008, a CVM aprovou o Pronunciamento Conceitual Básico do CPC, que dispõe sobre a Estrutura Conceitual para a Elaboração e Apresentação das Demonstrações Contábeis.

Antes de tudo, é importante lembrar que a Estrutura consagrada na Deliberação CVM nº 29, de 1986, foi revogada. No entanto, o CFC, por ato próprio, também aprovou a estrutura do CPC.

A nova Estrutura, que deve ser observada por todos os contadores no Brasil, foi derivante de uma adaptação do IASB.

Ela dá muita ênfase aos usuários e suas necessidades (veja Capítulo 1 deste livro) e aos objetivos das demonstrações contábeis (também tratados no Capítulo 1 deste livro).

Diferentemente da Estrutura por nós apresentada nos Capítulos 3, 4 e 5, cria os chamados Pressupostos Básicos, que se desdobram em apenas dois: Regime de Competência e Continuidade. Nada mais fala sobre postulados ou princípios.

Em seguida, dá muita ênfase às características qualitativas das demonstrações contábeis, entre elas, com destaque, a Primazia da Essência sobre a Forma.

Também aborda os elementos das demonstrações contábeis, definindo ativo, passivo, patrimônio líquido, desempenho, receitas e despesas e ajustes para manutenção do capital.

Aprofunda tal tratamento no que se refere ao reconhecimento e à mensuração dos elementos acima citados, para terminar com conceitos de capital e de sua manutenção.

Trata-se de um documento bastante diferente de todos com os quais estamos acostumados, de conteúdo denso e de difícil entendimento e absorção por parte de nossos contadores, acostumados a formas mais codificadas de apresentação.

É interessante notar que, de todos os postulados, princípios e convenções que conhecemos, só cita Regime de Competência e Continuidade, como Pressupostos Básicos. Nada fala sobre Entidade (Postulado, na nossa estrutura teórica).

Materialidade, Relevância, Prudência, que no nosso livro-texto são tratados como Convenções (Restrições aos Princípios) são considerados, na nova Estrutura, como Qualidades da Informação.

O documento completo tem mais de 100 páginas e não será aqui reproduzido integralmente.

Entretanto, é (com alterações posteriores), a partir de sua publicação, praticamente a Bíblia do contador no Brasil. Os próprios pronunciamentos posteriores, do CPC e da CVM, não poderão ir contra a Estrutura Conceitual ora analisada (e com suas revisões e atualizações eventuais).

Conceitualmente, tem muitas semelhanças, no íntimo, com a Estrutura anterior da CVM (Deliberação nº 29, de 1986), apesar de alguns elementos que constavam naquele documento não constarem nesse (por exemplo, Entidade, Denominador Comum Monetário, Custo como Base de Valor etc.) e outros não constarem na Deliberação nº 29 (por exemplo, definições de ativo, passivo etc.).

Muito importante, na nova estrutura, o tratamento dos conceitos de manutenção de capital. Desdobra em manutenção física e financeira. É nesta altura que o documento trata dos benefícios futuros e do custo histórico como base de valor (entretanto, esse último não é um Princípio; aliás, a Estrutura não trata de Princípios e Convenções).

Reproduzem-se, a seguir, algumas das páginas iniciais da Estrutura Conceitual da Contabilidade, em vigor no Brasil à época.

Apêndices aos Capítulos 3, 4 e 5

COMITÊ DE PRONUNCIAMENTOS CONTÁBEIS – CPC

PRONUNCIAMENTO CONCEITUAL BÁSICO

ESTRUTURA CONCEITUAL PARA A ELABORAÇÃO E APRESENTAÇÃO DAS DEMONSTRAÇÕES CONTÁBEIS

Correlação às Normas Internacionais de Contabilidade – "Estrutura para a Preparação e a Apresentação das Demonstrações Contábeis" (*Framework for the Preparation and Presentation of Financial Statements*) – (IASB)

PRONUNCIAMENTO	
Conteúdo	Item
PREFÁCIO	
INTRODUÇÃO	
FINALIDADE	1 – 4
ALCANCE	5 – 8
USUÁRIOS E SUAS NECESSIDADES DE INFORMAÇÃO	9 – 11
O OBJETIVO DAS DEMONSTRAÇÕES CONTÁBEIS	12 – 14
Posição patrimonial e financeira, desempenho e mutações na posição financeira	15 – 20
Notas explicativas e demonstrações suplementares	21
PRESSUPOSTOS BÁSICOS	
Regime de competência	22
Continuidade	23
CARACTERÍSTICAS QUALITATIVAS DAS DEMONSTRAÇÕES CONTÁBEIS	24
Compreensibilidade	25
Relevância	26 – 28
Materialidade	29 – 30
Confiabilidade	31 – 32
Representação adequada	33 – 34
Primazia da essência sobre a forma	35
Neutralidade	36
Prudência	37
Integridade	38
Comparabilidade	39 – 42
Limitações na relevância e na confiabilidade das informações	
Tempestividade	43
Equilíbrio entre custo e benefício	44
Equilíbrio entre características qualitativas	45
Visão verdadeira e apropriada	46
ELEMENTOS DAS DEMONSTRAÇÕES CONTÁBEIS	47 – 48
Posição patrimonial e financeira	49 – 52

PRONUNCIAMENTO	
Conteúdo	Item
Ativos	53 – 59
Passivos	60 – 64
Patrimônio Líquido	65 – 68
Desempenho	69 – 73
Receitas	74 – 77
Despesas	78 – 80
Ajustes para manutenção do capital	81
RECONHECIMENTO DOS ELEMENTOS DAS DEMONSTRAÇÕES CONTÁBEIS	82 – 84
Probabilidade de realização do benefício econômico futuro	85
Confiabilidade da mensuração	86 – 88
Reconhecimento de ativos	89 – 90
Reconhecimento de passivos	91
Reconhecimento de receitas	92 – 93
Reconhecimento de despesas	94 – 98
MENSURAÇÃO DOS ELEMENTOS DAS DEMONSTRAÇÕES CONTÁBEIS	99 – 101
CONCEITOS DE CAPITAL E MANUTENÇÃO DE CAPITAL	
Conceitos de capital	102 – 103
Conceitos de manutenção do capital e determinação do lucro	104 – 110

Prefácio

As demonstrações contábeis são preparadas e apresentadas para usuários externos em geral, tendo em vista suas finalidades distintas e necessidades diversas. Governos, órgãos reguladores ou autoridades fiscais, por exemplo, podem especificamente determinar exigências para atender a seus próprios fins. Essas exigências, no entanto, não devem afetar as demonstrações contábeis preparadas segundo esta Estrutura Conceitual.

Demonstrações contábeis preparadas sob a égide desta Estrutura Conceitual objetivam fornecer informações que sejam úteis na tomada de decisões e avaliações por parte dos usuários em geral, não tendo o propósito de atender finalidade ou necessidade específica de determinados grupos de usuários.

As demonstrações contábeis preparadas com tal finalidade satisfazem as necessidades comuns da maioria dos seus usuários, uma vez que quase todos eles utilizam essas demonstrações contábeis para a tomada de decisões econômicas, tais como:

(a) decidir quando comprar, manter ou vender um investimento em ações;

(b) avaliar a Administração quanto à responsabilidade que lhe tenha sido conferida, qualidade de seu desempenho e prestação de contas;

(c) avaliar a capacidade da entidade de pagar seus empregados e proporcionar-lhes outros benefícios;

(d) avaliar a segurança quanto à recuperação dos recursos financeiros emprestados à entidade;

(e) determinar políticas tributárias;

(f) determinar a distribuição de lucros e dividendos;

(g) preparar e usar estatísticas da renda nacional; ou

(h) regulamentar as atividades das entidades.

As demonstrações contábeis são mais comumente preparadas segundo modelo contábil baseado no custo histórico recuperável e no conceito da manutenção do capital financeiro nominal.

Outros modelos e conceitos podem ser considerados mais apropriados para atingir o objetivo de proporcionar informações que sejam úteis para tomada de decisões econômicas, embora não haja presentemente consenso nesse sentido.

Esta Estrutura Conceitual foi desenvolvida de forma a ser aplicável a uma gama de modelos contábeis e conceitos de capital e sua manutenção.

Pronunciamentos Conceituais Complementares serão emitidos.

Introdução

Finalidade

1. Esta Estrutura Conceitual estabelece os conceitos que fundamentam a preparação e a apresentação de demonstrações contábeis destinadas a usuários externos. A finalidade desta Estrutura Conceitual é:

    (a) dar suporte ao desenvolvimento de novos Pronunciamentos Técnicos e à revisão de Pronunciamentos existentes quando necessário;

    (b) dar suporte aos responsáveis pela elaboração das demonstrações contábeis na aplicação dos Pronunciamentos Técnicos e no tratamento de assuntos que ainda não tiverem sido objeto de Pronunciamentos Técnicos;

    (c) auxiliar os auditores independentes a formar sua opinião sobre a conformidade das demonstrações contábeis com os Pronunciamentos Técnicos;

    (d) apoiar os usuários das demonstrações contábeis na interpretação de informações nelas contidas, preparadas em conformidade com os Pronunciamentos Técnicos; e

    (e) proporcionar, àqueles interessados, informações sobre o enfoque adotado na formulação dos Pronunciamentos Técnicos.

2. Esta Estrutura Conceitual não define normas ou procedimentos para qualquer questão particular sobre aspectos de mensuração ou divulgação.

3. Não deverá haver conflito entre o estabelecido nesta Estrutura Conceitual e qualquer Pronunciamento Técnico.

4. Esta Estrutura Conceitual será revisada de tempos em tempos com base na experiência decorrente de sua utilização.

Alcance

5. Esta Estrutura Conceitual aborda:

    (a) o objetivo das demonstrações contábeis;

    (b) as características qualitativas que determinam a utilidade das informações contidas nas demonstrações contábeis;

    (c) a definição, o reconhecimento e a mensuração dos elementos que compõem as demonstrações contábeis; e

    (d) os conceitos de capital e de manutenção do capital.

6. Esta Estrutura Conceitual trata das demonstrações contábeis para fins gerais (daqui por diante designadas como "demonstrações contábeis"), inclusive das demonstrações contábeis consolidadas. Tais demonstrações contábeis são preparadas e apresentadas pelo menos anualmente e visam atender às necessidades comuns de informações de um grande número de usuários. Alguns desses usuários talvez necessitem de informações, e tenham o poder de obtê-las, além daquelas contidas nas demonstrações contábeis. Muitos usuários, todavia, têm de confiar nas demonstrações contábeis como a principal fonte de informações financeiras. Tais demonstrações, portanto, devem ser preparadas e apresentadas tendo em vista essas necessidades. Estão fora do alcance desta Estrutura Conceitual informações financeiras elaboradas para fins especiais, como, por exemplo, aquelas incluídas em prospectos para lançamentos de ações no mercado e ou elaboradas exclusivamente para fins fiscais. Não obstante, esta Estrutura Conceitual pode ser aplicada na preparação dessas demonstrações para fins especiais, quando as exigências de tais demonstrações o permitirem.

7. As demonstrações contábeis são parte integrante das informações financeiras divulgadas por uma entidade. O conjunto completo de demonstrações contábeis inclui, normalmente, o balanço patrimonial, a demonstração do resultado, a demonstração das mutações na posição financeira (demonstração dos fluxos de caixa, de origens e aplicações de recursos ou alternativa reconhecida e aceitável), a demonstração das mutações do patrimônio líquido, notas explicativas e outras demonstrações e material explicativo que são parte integrante dessas demonstrações contábeis. Podem também incluir quadros e informações suplementares baseados ou originados de demonstrações contábeis que se espera sejam lidos em conjunto com tais demonstrações. Tais quadros e informações suplementares podem conter, por exemplo, informações financeiras sobre segmentos ou divisões industriais ou divisões situadas em diferentes locais e divulgações sobre os efeitos das mudanças de preços. As demonstrações contábeis não incluem, entretanto, itens como relatórios da administração, relatórios do presidente da entidade, comentários e análises gerenciais e itens semelhantes que possam ser incluídos em um relatório anual ou financeiro.

8. Esta Estrutura Conceitual se aplica às demonstrações contábeis de todas as entidades comerciais, industriais e outras de negócios que reportam, sejam no setor público ou no setor privado. Entidade que reporta é aquela para a qual existem usuários que se apoiam em suas demonstrações contábeis como fonte principal de informações patrimoniais e financeiras sobre a entidade.

Usuários e suas necessidades de informação

9. Entre os usuários das demonstrações contábeis incluem-se investidores atuais e potenciais, empregados, credores por empréstimos, fornecedores e outros credores comerciais, clientes, governos e suas agências e o público. Eles usam as demonstrações contábeis para satisfazer algumas das suas diversas necessidades de informação. Essas necessidades incluem (em posterior trabalho conjunto FASB/IASB, de 2010, os usuários foram limitados aos provedores de recursos, ou seja, investidores e credores):

(a) *Investidores*. Os provedores de capital de risco e seus analistas que se preocupam com o risco inerente ao investimento e o retorno que ele produz. Eles necessitam de informações para ajudá-los a decidir se devem comprar, manter ou vender investimentos. Os acionistas também estão interessados em informações que os habilitem a avaliar se a entidade tem capacidade de pagar dividendos.

(b) *Empregados*. Os empregados e seus representantes estão interessados em informações sobre a estabilidade e a lucratividade de seus empregadores. Também se interessam por informações que lhes permitam avaliar a capacidade que tem a entidade de prover sua remuneração, seus benefícios de aposentadoria e suas oportunidades de emprego.

(c) *Credores por empréstimos*. Estes estão interessados em informações que lhes permitam determinar a capacidade da entidade em pagar seus empréstimos e os correspondentes juros no vencimento.

(d) *Fornecedores e outros credores comerciais*. Os fornecedores e outros credores estão interessados em informações que lhes permitam avaliar se as importâncias que lhes são devidas serão pagas nos respectivos vencimentos. Os credores comerciais provavelmente estarão interessados em uma entidade por um período menor do que os credores por empréstimos, a não ser que dependam da continuidade da entidade como um cliente importante.

(e) *Clientes*. Os clientes têm interesse em informações sobre a continuidade operacional da entidade, especialmente quando têm um relacionamento a longo prazo com ela, ou dela dependem como fornecedor importante.

(f) *Governo e suas agências*. Os governos e suas agências estão interessados na destinação de recursos e, portanto, nas atividades das entidades. Necessitam também de informações a fim de regulamentar as atividades das entidades, estabelecer políticas fiscais e servir de base para determinar a renda nacional e estatísticas semelhantes.

(g) *Público*. As entidades afetam o público de diversas maneiras. Elas podem, por exemplo, fazer contribuição substancial à economia local de vários modos, inclusive empregando pessoas e utilizando fornecedores locais. As demonstrações contábeis podem ajudar o público fornecendo informações sobre a evolução do desempenho da entidade e os desenvolvimentos recentes.

10. Embora nem todas as necessidades de informações desses usuários possam ser satisfeitas pelas demonstrações contábeis, há necessidades que são comuns a todos os usuários. Como os investidores contribuem com o capital de risco para a entidade, o fornecimento de demonstrações contábeis que atendam às suas necessidades também atenderá à maior parte das necessidades de informação de outros usuários.

11. A Administração da entidade tem a responsabilidade primária pela preparação e apresentação das suas demonstrações contábeis. A Administração também está interessada nas informações contidas nas demonstrações contábeis, embora tenha acesso a informações adicionais que contribuem para o desempenho das suas responsabilidades de planejamento, tomada de decisões e controle. A Administração tem o poder de estabelecer a forma e o conteúdo de tais informações adicionais a fim de atender às suas próprias necessidades. A forma de divulgação de tais informações, entretanto, está fora do alcance desta Estrutura Conceitual. Não obstante, as demonstrações contábeis divulgadas são baseadas em informações utilizadas pela Administração sobre a posição patrimonial e financeira, o desempenho e as mutações na posição financeira da entidade.

3.3 Resolução nº 750 do Conselho Federal de Contabilidade, de 1993, sobre princípios fundamentais

O Conselho Federal de Contabilidade, na tentativa de unificar os Princípios Fundamentais de Contabilidade em nível nacional, editou a Resolução nº 750, de dezembro de 1993, elencando os seguintes Princípios Fundamentais:

- da ENTIDADE;
- da CONTINUIDADE;
- da OPORTUNIDADE;
- do REGISTRO PELO VALOR ORIGINAL;

- da ATUALIZAÇÃO MONETÁRIA;
- da COMPETÊNCIA;
- da PRUDÊNCIA.

Consideramos que, por constituir-se este texto em uma Teoria da Contabilidade, o tratamento dado ao assunto dos Princípios, de forma hierarquizada, como fizemos nos Capítulos 3 e 4, é mais adequado e profundo. Entretanto, o conhecimento do que está sendo feito no Brasil pelos órgãos legais da profissão é importantíssimo, inclusive para comparação com a abordagem que considera-se mais completa.

Apresenta-se, a seguir, o texto da Resolução nº 750, bem como o Apêndice (Resolução nº 774).

3.4 Princípios fundamentais de Contabilidade

Resolução CFC nº 750, de 29 de dezembro de 1993*

Dispõe sobre os princípios fundamentais de contabilidade (PFC).

O CONSELHO FEDERAL DE CONTABILIDADE, no exercício de suas atribuições legais e regimentais.

CONSIDERANDO que a evolução da última década na área da Ciência Contábil reclama a atualização substantiva e adjetiva dos Princípios Fundamentais de Contabilidade a que se refere a Resolução CFC 530/81.

RESOLVE:

CAPÍTULO I
DOS PRINCÍPIOS E DE SUA OBSERVÂNCIA

Art. 1º Constituem PRINCÍPIOS FUNDAMENTAIS DE CONTABILIDADE (PFC) os enunciados por esta Resolução.

§ 1º A observância dos Princípios Fundamentais de Contabilidade é obrigatória no exercício da profissão e constitui condição de legitimidade das Normas Brasileiras de Contabilidade (NBC).

§ 2º Na aplicação dos Princípios Fundamentais de Contabilidade a situações concretas, a essência das transações deve prevalecer sobre seus aspectos formais.

CAPÍTULO II
DA CONCEITUAÇÃO, DA AMPLITUDE E DA ENUMERAÇÃO

Art. 2º Os Princípios Fundamentais de Contabilidade representam a essência das doutrinas e teorias relativas à Ciência da Contabilidade, consoante o entendimento predominante nos universos científico e profissional de nosso País. Concernem, pois, à Contabilidade no seu sentido mais amplo de ciência social, cujo objeto é o Patrimônio das Entidades.

Art. 3º São Princípios Fundamentais de Contabilidade:

I – o da ENTIDADE;

II – o da CONTINUIDADE;

III – o da OPORTUNIDADE;

IV – o do REGISTRO PELO VALOR ORIGINAL;

V – o da ATUALIZAÇÃO MONETÁRIA;

VI – o da COMPETÊNCIA; e

VII – o da PRUDÊNCIA.

Seção I
O PRINCÍPIO DA ENTIDADE

Art. 4º O Princípio da ENTIDADE reconhece o Patrimônio como objeto da Contabilidade e afirma a autonomia patrimonial, a necessidade da diferenciação de um Patrimônio particular no universo dos patrimônios existentes, independentemente de pertencer a uma pessoa, um conjunto de pessoas, uma sociedade ou instituição de qualquer natureza ou finalidade, com ou sem fins lucrativos. Por consequência, nesta acepção, o patrimônio não se confunde com aqueles dos seus sócios ou proprietários, no caso de sociedade ou instituição.

Parágrafo único. O PATRIMÔNIO pertence à ENTIDADE, mas a recíproca não é verdadeira. A soma ou agregação contábil de patrimônios autônomos não resulta em nova ENTIDADE, mas numa unidade de natureza econômico-contábil.

Seção II
O PRINCÍPIO DA CONTINUIDADE

Art. 5º A CONTINUIDADE ou não da ENTIDADE, bem como sua vida definida ou provável, deve ser

---

* Publicada no *DOU* em 31-12-93 e em 7-2-94.

considerada quando da classificação e avaliação das mutações patrimoniais, quantitativas e qualitativas.

§ 1º A CONTINUIDADE influencia o valor econômico dos ativos e, em muitos casos, o valor ou o vencimento dos passivos, especialmente quando a extinção da ENTIDADE tem prazo determinado, previsto ou previsível.

§ 2º A observância do Princípio da CONTINUIDADE é indispensável à correta aplicação do Princípio da COMPETÊNCIA, por efeito de se relacionar diretamente à quantificação dos componentes patrimoniais e à formação do resultado, e de constituir dado importante para aferir a capacidade futura de geração de resultado.

Seção III
O PRINCÍPIO DA OPORTUNIDADE

Art. 6º O Princípio da OPORTUNIDADE refere-se, simultaneamente, à tempestividade e à integridade do registro do patrimônio e das suas mutações, determinando que este seja feito de imediato e com a extensão correta, independentemente das causas que as originaram.

Parágrafo único. Como resultado da observância do Princípio da OPORTUNIDADE:

I – desde que tecnicamente estimável, o registro das variações patrimoniais deve ser feito mesmo na hipótese de somente existir razoável certeza de sua ocorrência;

II – o registro compreende os elementos quantitativos e qualitativos, contemplando os aspectos físicos e monetários;

III – o registro deve ensejar o reconhecimento universal das variações ocorridas no patrimônio da ENTIDADE, em um período de tempo determinado, base necessária para gerar informações úteis ao processo decisório da gestão.

Seção IV
O PRINCÍPIO DO REGISTRO PELO VALOR ORIGINAL

Art. 7º Os componentes do patrimônio devem ser registrados pelos valores originais das transações com o mundo exterior, expressos a valor presente na moeda do País, que serão mantidos na avaliação das variações patrimoniais posteriores, inclusive quando configurarem agregações ou decomposições no interior da ENTIDADE.

Parágrafo único. Do Princípio do REGISTRO PELO VALOR ORIGINAL resulta:

I – a avaliação dos componentes patrimoniais deve ser feita com base nos valores de entrada, considerando-se como tais os resultantes do consenso com os agentes externos ou da imposição destes;

II – uma vez integrado no patrimônio, o bem, direito ou obrigação não poderão ter alterados seus valores intrínsecos, admitindo-se, tão somente, sua decomposição em elementos e/ou sua agregação, parcial ou integral, a outros elementos patrimoniais;

III – o valor original será mantido enquanto o componente permanecer como parte do patrimônio, inclusive quando da saída deste;

IV – os Princípios da ATUALIZAÇÃO MONETÁRIA e do REGISTRO PELO VALOR ORIGINAL são compatíveis entre si e complementares, dado que o primeiro apenas atualiza e mantém atualizado o valor de entrada;

V – o uso da moeda do País na tradução do valor dos componentes patrimoniais constitui imperativo de homogeneização quantitativa dos mesmos.

Seção V
O PRINCÍPIO DA ATUALIZAÇÃO MONETÁRIA

Art. 8º Os efeitos da alteração do poder aquisitivo da moeda nacional devem ser reconhecidos nos registros contábeis através do ajustamento da expressão formal dos valores dos componentes patrimoniais.

Parágrafo único. São resultantes da adoção do Princípio da ATUALIZAÇÃO MONETÁRIA:

I – a moeda, embora aceita universalmente como medida de valor, não representa unidade constante em termos do poder aquisitivo;

II – para que a avaliação do patrimônio possa manter os valores das transações originais (art. 7º), é necessário atualizar sua expressão formal em moeda nacional, a fim de que permaneçam substantivamente corretos os valores dos componentes patrimoniais e, por consequência, o do patrimônio líquido;

III – a atualização monetária não representa nova avaliação, mas, tão somente, o ajustamento dos valores originais para determinada data, mediante a aplicação de indexadores, ou outros elementos aptos a traduzir a variação do poder aquisitivo da moeda nacional em um dado período.

Seção VI
O PRINCÍPIO DA COMPETÊNCIA

Art. 9º As receitas e as despesas devem ser incluídas na apuração do resultado do período em que ocorrerem, sempre simultaneamente quando se correlacionarem, independentemente de recebimento ou pagamento.

§ 1º O Princípio da COMPETÊNCIA determina quando as alterações no ativo ou no passivo resultam em aumento ou diminuição no patrimônio líquido, estabelecendo diretrizes para classificação das mutações patrimoniais, resultantes da observância do Princípio da OPORTUNIDADE.

§ 2º O reconhecimento simultâneo das receitas e despesas, quando correlatas, é consequência natural do respeito ao período em que ocorrer sua geração.

§ 3º As receitas consideram-se realizadas:

I – nas transações com terceiros, quando estes efetuarem o pagamento ou assumirem compromisso firme de efetivá-lo, quer pela investidura na propriedade de bens anteriormente pertencentes à ENTIDADE, quer pela fruição de serviços por esta prestados;

II – quando da extinção, parcial ou total, de um passivo, qualquer que seja o motivo, sem o desaparecimento concomitante de um ativo de valor igual ou maior;

III – pela geração natural de novos ativos independentemente da intervenção de terceiros;

IV – no recebimento efetivo de doações e subvenções.

§ 4º Consideram-se incorridas as despesas:

I – quando deixar de existir o correspondente valor ativo, por transferência de sua propriedade para terceiro;

II – pela diminuição ou extinção do valor econômico de um ativo;

III – pelo surgimento de um passivo, sem o correspondente ativo.

Seção VII
O PRINCÍPIO DA PRUDÊNCIA

Art. 10. O Princípio da PRUDÊNCIA determina a adoção do menor valor para os componentes do ATIVO e do maior para os do PASSIVO, sempre que se apresentem alternativas igualmente válidas para a quantificação das mutações patrimoniais que alterem o patrimônio líquido.

§ 1º O Princípio da PRUDÊNCIA impõe a escolha da hipótese de que resulte menor patrimônio líquido, quando se apresentarem opções igualmente aceitáveis diante dos demais Princípios Fundamentais de Contabilidade.

§ 2º Observado o disposto no art. 7º, o Princípio da PRUDÊNCIA somente se aplica às mutações posteriores, constituindo-se ordenamento indispensável à correta aplicação do Princípio da COMPETÊNCIA.

§ 3º A aplicação do Princípio da PRUDÊNCIA ganha ênfase quando, para definição dos valores relativos às variações patrimoniais, devem ser feitas estimativas que envolvem incertezas de grau variável.

Art. 11. A inobservância dos Princípios Fundamentais de Contabilidade constitui infração às alíneas c, d e e do art. 27 do Decreto-lei nº 9.295, de 27 de maio de 1946 e, quando aplicável, ao Código de Ética Profissional do Contabilista.

Art. 12. Revogada a Resolução CFC nº 530/81, esta Resolução entra em vigor a partir de 1º de janeiro de 1994.

Brasília, 29 de dezembro de 1993.

Contador Ivan Carlos Gatti
Presidente

Resolução CFC nº 774, de 16 de dezembro de 1994*

Aprova o apêndice à resolução sobre os princípios fundamentais de contabilidade.

O CONSELHO FEDERAL DE CONTABILIDADE no exercício de suas atribuições legais e regimentais,

Considerando a conveniência de maior esclarecimento sobre o conteúdo e abrangência dos Princípios Fundamentais de Contabilidade,

RESOLVE:

Art. 1º Aprovar o Apêndice à Resolução sobre os Princípios Fundamentais de Contabilidade (anexo).

Art. 2º Esta Resolução entra em vigor na data de sua assinatura.

Brasília, 16 de dezembro de 1994.

Contador José Maria Martins Mendes
Presidente

Anexo
APÊNDICE À RESOLUÇÃO SOBRE OS PRINCÍPIOS FUNDAMENTAIS DE CONTABILIDADE

SUMÁRIO

Introdução ao Apêndice

1 A Contabilidade como Conhecimento

1.1 A Contabilidade como ciência social

1.2 O Patrimônio objeto da Contabilidade

1.3 Os Princípios Fundamentais de Contabilidade

1.4 Dos objetivos da Contabilidade

---

* *DOU* em 18-1-95.

1.5 Das informações geradas pela Contabilidade

1.6 Dos usuários da Contabilidade

2 Comentários aos Princípios Fundamentais de Contabilidade

2.1 O Princípio da Entidade

2.1.1 A autonomia patrimonial

2.1.2 Da soma ou da agregação de Patrimônios

2.2 O Princípio da Continuidade

2.2.1 Aspectos conceituais

2.2.2 O Princípio da Continuidade e a "entidade em marcha"

2.3 O Princípio da Oportunidade

2.3.1 Aspectos conceituais

2.3.2 A integridade das variações

2.3.3 A tempestividade do registro

2.4 O Princípio do Registro pelo Valor Original

2.4.1 Aspectos conceituais

2.4.2 A expressão em moeda nacional

2.4.3 A manutenção dos valores originais nas variações internas

2.5 O Princípio da Atualização Monetária

2.5.1 Aspectos conceituais

2.5.2 Dos indexadores da atualização

2.6 O Princípio da Competência

2.6.1 As variações patrimoniais e o Princípio da Competência

2.6.2 Alguns comentários sobre as despesas

2.6.3 Alguns detalhes sobre as receitas e seu reconhecimento

2.7 O Princípio da Prudência

2.7.1 Aspectos conceituais

2.7.2 Dos limites da aplicação do Princípio

INTRODUÇÃO AO APÊNDICE

Os Princípios Fundamentais de Contabilidade, aprovados pela Resolução CFC nº 750/93, de 29 de dezembro de 1993, requerem, para o seu amplo entendimento pelos usuários da informação contábil e para a perfeita compreensão pelos profissionais da contabilidade, um grau de detalhamento que não é possível abranger nos próprios enunciados.

O Apêndice aos Princípios Fundamentais de Contabilidade, contendo comentários sobre o conteúdo dos enunciados, é uma forma adequada de melhor compreensão sobre tão importante assunto.

O objetivo, portanto, é explicitar e toda explicitação é simples esclarecimento.

1 A CONTABILIDADE COMO CONHECIMENTO

1.1 A Contabilidade como ciência social

A Contabilidade possui objeto próprio – o Patrimônio das Entidades – e consiste em conhecimentos obtidos por metodologia racional, com as condições de generalidade, certeza e busca das causas, em nível qualitativo semelhante às demais ciências sociais. A Resolução alicerça-se na premissa de que a Contabilidade é uma ciência social com plena fundamentação epistemológica. Por consequência, todas as demais classificações – método, conjunto de procedimentos, técnica, sistema, arte, para citarmos as mais correntes – referem-se a simples facetas ou aspectos da Contabilidade, usualmente concernentes à sua aplicação prática, na solução de questões concretas.

1.2 O Patrimônio objeto da Contabilidade

O objeto delimita o campo de abrangência de uma ciência, tanto nas ciências formais quanto nas factuais, das quais fazem parte as ciências sociais. Na Contabilidade, o objeto é sempre o Patrimônio de uma Entidade, definido como um conjunto de bens, direitos e de obrigações para com terceiros, pertencente a uma pessoa física, a um conjunto de pessoas, como ocorre nas sociedades informais, ou a uma sociedade ou instituição de qualquer natureza, independentemente da sua finalidade, que pode, ou não, incluir o lucro.

O essencial é que o patrimônio disponha de autonomia em relação aos demais patrimônios existentes, o que significa que a Entidade dele pode dispor livremente, claro que nos limites estabelecidos pela ordem jurídica e, sob certo aspecto, da racionalidade econômica e administrativa.

O Patrimônio também é objeto de outras ciências sociais – por exemplo, da Economia, da Administração e do Direito – que, entretanto, o estudam sob ângulos diversos daquele da Contabilidade, que o estuda nos seus aspectos quantitativos e qualitativos. A Contabilidade busca, primordialmente, apreender, no sentido mais amplo possível, e entender as mutações sofridas pelo Patrimônio, tendo em mira, muitas vezes, uma visão prospectiva de possíveis variações. As mutações tanto podem decorrer da ação do homem, quanto, embora quase sempre secundariamente, dos efeitos da natureza sobre o Patrimônio.

Por aspecto qualitativo do patrimônio entende-se a natureza dos elementos que o compõem, como dinheiro, valores a receber ou a pagar expressos em moeda, máquinas, estoques de materiais ou de mercadorias etc.

A delimitação qualitativa desce, em verdade, até o grau de particularização que permita a perfeita compreensão do componente patrimonial. Assim, quando falamos em "máquinas", ainda estamos a empregar um substantivo coletivo, cuja expressão poderá ser de muita utilidade, em determinadas análises.

Mas a Contabilidade, quando aplicada a um patrimônio particular, não se limitará às "máquinas" como categoria, mas se ocupará de cada máquina em particular, na sua condição de componente patrimonial, de forma que não possa ser confundida com qualquer outra máquina, mesmo de tipo idêntico.

O atributo quantitativo refere-se à expressão dos componentes patrimoniais em valores, o que demanda que a Contabilidade assuma posição sobre o que seja "Valor", porquanto os conceitos sobre a matéria são extremamente variados.

Do Patrimônio deriva o conceito de Patrimônio Líquido, mediante a equação considerada como básica na Contabilidade.

(Bens + Direitos) − (Obrigações) = Patrimônio Líquido

Quando o resultado da equação é negativo, convenciona-se denominá-lo de "Passivo a Descoberto".

O Patrimônio Líquido não é uma dívida da Entidade para com seus sócios ou acionistas, pois estes não emprestam recursos para que ela possa ter vida própria, mas, sim, os entregam, para que com eles forme o Patrimônio da Entidade.

O conhecimento que a Contabilidade tem do seu objeto está em constante desenvolvimento, como, aliás, ocorre nas demais ciências em relação aos respectivos objetos. Por esta razão, deve-se aceitar como natural o fato da existência de possíveis componentes do patrimônio cuja apreensão ou avaliação se apresenta difícil ou inviável em determinado momento.

1.3 Os Princípios Fundamentais de Contabilidade

Os Princípios Fundamentais de Contabilidade representam o núcleo da própria Contabilidade, na sua condição de ciência social, sendo a ela inerentes. Os princípios constituem sempre as vigas-mestras de uma ciência, revestindo-se dos atributos de universalidade e veracidade, conservando validade em qualquer circunstância. No caso da Contabilidade, presente seu objeto, seus Princípios Fundamentais valem para todos os patrimônios, independentemente das Entidades a que pertencem, as finalidades para as quais são usados, a forma jurídica da qual estão revestidos, sua localização, expressividade e quaisquer outros qualificativos, desde que gozem da condição de autonomia em relação aos demais patrimônios existentes.

Nos princípios científicos jamais pode haver hierarquização formal, dado que eles são os elementos predominantes na constituição de um corpo orgânico, proposições que se colocam no início de uma dedução, e são deduzidos de outras dentro do sistema. Nas ciências sociais, os princípios se colocam como axiomas, premissas universais e verdadeiras, assim admitidas sem necessidade de demonstração, ultrapassando pois a condição de simples conceitos.

O atributo da universalidade permite concluir que os princípios não exigiriam adjetivação, pois sempre, por definição, se referem à Ciência da Contabilidade no seu todo. Dessa forma, o qualificativo "fundamentais" visa, tão somente, a enfatizar sua magna condição. Esta igualmente elimina a possibilidade de existência de princípios identificados, nos seus enunciados, com técnicas ou procedimentos específicos, com o resultado obtido na aplicação dos princípios propriamente ditos a um patrimônio particularizado. Assim, não podem existir princípios relativos aos registros, às demonstrações ou à terminologia contábeis, mas somente ao objeto desta, o Patrimônio. Os princípios, na condição de verdades primeiras de uma ciência, jamais serão diretivas de natureza operacional, característica essencial das normas − expressões de direito positivo, que a partir dos princípios estabelecem ordenamentos sobre o "como fazer", isto é, técnicas, procedimentos, métodos, critérios etc., tanto nos aspectos substantivos, quanto nos formais. Dessa maneira, alcança-se um todo organicamente integrado, em que, com base nas verdades gerais, se chega ao detalhe aplicado, mantidas a harmonia e a coerência do conjunto.

Os princípios simplesmente são e, portanto, preexistem às normas, fundamentando e justificando a ação, enquanto aquelas a dirigem na prática. No caso brasileiro, os princípios estão obrigatoriamente presentes na formulação das Normas Brasileiras de Contabilidade, verdadeiros pilares do sistema de normas, que estabelecerá regras sobre a apreensão, o registro, relato, demonstração e análise das variações sofridas pelo patrimônio, buscando descobrir suas causas, de forma a possibilitar a feitura de prospecções sobre a Entidade, e não podem sofrer qualquer restrição na sua observância.

Os princípios refletem o estágio em que se encontra a Ciência da Contabilidade, isto é, a essência dos conhecimentos, doutrina e teorias que contam com o respaldo da maioria dos estudiosos da Contabilidade.

É evidente que, em muitos aspectos, não há como se falar em unanimidade de entendimento, mas até em desacordo sobre muitos temas teórico-doutrinários. Temos uma única ciência, mas diversas doutrinas. Entretanto, cumpre ressaltar que tal situação também ocorre nas demais ciências sociais e, muitas vezes, até mesmo nas ciências ditas exatas.

Em termos de conteúdo, os princípios dizem respeito à caracterização da Entidade e do Patrimônio, à avaliação dos componentes deste e ao reconhecimento das mutações e dos seus efeitos diante do Patrimônio Líquido. Como os Princípios alcançam o patrimônio na sua globalidade, sua observância nos procedimentos aplicados resultará automaticamente em informações de utilidade para decisões sobre situações concretas. Esta é a razão pela qual os objetivos pragmáticos da Contabilidade são caracterizados pela palavra *informação*.

1.4 Dos objetivos da Contabilidade

A existência de objetivos específicos não é essencial à caracterização de uma ciência, pois, caso o fosse, inexistiria a ciência "pura", aquela que se concentra, tão somente, no seu objeto. Aliás, na própria área contábil, encontramos muitos pesquisadores cuja obra não apresenta nenhum escopo pragmático, concentrando-se na Contabilidade como ciência. De qualquer forma, como já vimos, não há nenhuma dificuldade na delimitação dos objetivos da Contabilidade no terreno científico, a partir do seu objeto, que é o Patrimônio, por estarem concentrados na correta representação deste e nas causas das suas mutações.

O objetivo científico da Contabilidade manifesta-se na correta apresentação do Patrimônio e na apreensão e análise das causas das suas mutações. Já sob ótica pragmática, a aplicação da Contabilidade a uma Entidade particularizada busca prover os usuários com informações sobre aspectos de natureza econômica, financeira e física do Patrimônio da Entidade e suas mutações, o que compreende registros, demonstrações, análises, diagnósticos e prognósticos expressos sob a forma de relatos, pareceres, tabelas, planilhas e outros meios.

O tema, tão claro no quadrante científico, comporta comentários mais minuciosos quando direcionado aos objetivos concretos perseguidos na aplicação da Contabilidade a uma Entidade em particular. Adentramos, no caso, o terreno operacional, regulado pelas normas. Assim, ouve-se com frequência dizer que um dos objetivos da Contabilidade é o acompanhamento da evolução econômica e financeira de uma Entidade. No caso, o adjetivo "econômico" é empregado para designar o processo de formação de resultado, isto é, as mutações quantitativo-qualitativas do patrimônio, as que alteram o valor do Patrimônio Líquido, para mais ou para menos, correntemente conhecidas como "receitas" e "despesas". Já os aspectos qualificados como "financeiros" concernem, em última instância, aos fluxos de caixa.

Cumpre também ressaltar que, na realização do objetivo central da Contabilidade, defrontamo-nos, muitas vezes, com situações nas quais os aspectos jurídico-formais das transações ainda não estão completa ou suficientemente dilucidados. Nesses casos, deve-se considerar o efeito mais provável das mutações sobre o patrimônio, quantitativa e qualitativamente, concedendo-se prevalência à substância das transações.

1.5 Das informações geradas pela Contabilidade

De forma geral, no âmbito dos profissionais e usuários da Contabilidade, os objetivos desta, quando aplicada a uma Entidade particularizada, são identificados com a geração de informações a serem utilizadas por determinados usuários em decisões que buscam a realização de interesses e objetivos próprios. A precisão das informações demandadas pelos usuários e o próprio desenvolvimento de aplicações práticas da Contabilidade dependerão, sempre, da observância dos seus Princípios, cuja aplicação à solução de situações concretas deverá considerar o contexto econômico, tecnológico, institucional e social em que os procedimentos serão aplicados. Isso significa, com grande frequência, o uso de projeções sobre os contextos em causa, o que muitos denominam de visão prospectiva nas aplicações contábeis.

As informações quantitativas que a Contabilidade produz, quando aplicada a uma Entidade, devem possibilitar ao usuário avaliar a situação e as tendências desta, com o menor grau de dificuldade possível.

Devem, pois, permitir ao usuário, como partícipe do mundo econômico:

- observar e avaliar o seu comportamento;
- comparar seus resultados com os de outros períodos ou Entidades;
- avaliar seus resultados à luz dos objetivos estabelecidos;
- projetar seu futuro nos marcos políticos, sociais e econômicos em que se insere.

E tudo isso para que o usuário possa planejar suas próprias operações.

Os requisitos referidos levam à conclusão de que deve haver consistência nos procedimentos que a Entidade utiliza em diferentes períodos e, tanto quanto possível, também entre Entidades distintas que pertençam a um mesmo mercado, de forma que o usuário possa extrair tendências quanto à vida de uma Entidade e à sua posição em face das demais Entidades ou mesmo do mercado em sua totalidade. Tal desiderato é extremamente incentivado pelo sistema formal de normas, cuja coerência estrutural é garantida pela observância dos Princípios Fundamentais de Contabilidade, estabelecendo-se, pois, o necessário elo entre a Ciência da Contabilidade e seus ordenamentos aplicados. Evidentemente o preceito em análise, conhecido por "consistência", não constitui Princípio da Contabilidade, mas regra técnico-comportamental. Tanto isso é verdade que procedimentos aplicados, mesmo fixados como norma, podem ser alterados em função das necessidades dos usuários ou mesmo da qualidade dos resultados da sua aplicação, enquanto os princípios que os fundamentam permanecem inalterados.

1.6 Dos usuários da Contabilidade

Os usuários tanto podem ser internos como externos e, mais ainda, com interesses diversificados, razão pela qual as informações geradas pela Entidade devem ser amplas e fidedignas e, pelo menos, suficientes para a avaliação da sua situação patrimonial e das mutações sofridas pelo seu patrimônio, permitindo a realização de inferências sobre o seu futuro.

Os usuários internos incluem os administradores de todos os níveis, que usualmente se valem de informações mais aprofundadas e específicas acerca da Entidade, notadamente aquelas relativas ao seu ciclo operacional. Já os usuários externos concentram suas atenções, de forma geral, em aspectos mais genéricos, expressos nas demonstrações contábeis.

Em países com um ativo mercado de capitais, assume importância ímpar a existência de informações corretas, oportunas, suficientes e inteligíveis sobre o patrimônio das Entidades e suas mutações, com vista à adequada avaliação de riscos e oportunidades por parte dos investidores, sempre interessados na segurança dos seus investimentos e em retornos compensadores em relação às demais aplicações. A qualidade dessas informações deve ser assegurada pelo sistema de normas alicerçado nos Princípios Fundamentais, o que torna a Contabilidade um verdadeiro catalisador do mercado de ações.

O tema é vital e, por consequência, deve-se manter vigilância sobre o grau em que os objetivos gerais da Contabilidade aplicada a uma atividade particularizada estão sendo alcançados. O entendimento das informações pelos próprios usuários pode levá-los à conclusão da necessidade de valer-se dos trabalhos de profissionais da Contabilidade.

2 COMENTÁRIOS AOS PRINCÍPIOS FUNDAMENTAIS DE CONTABILIDADE

A Resolução CFC nº 750/93 dispõe sobre os Princípios Fundamentais de Contabilidade, elencando-os em seu art. 3º e conceituando-os nos seus artigos 4º ao 10º.

2.1 O Princípio da Entidade

"Art. 4º O Princípio da Entidade reconhece o Patrimônio como objeto da Contabilidade e afirma a autonomia patrimonial, a necessidade da diferenciação de um Patrimônio particular no universo dos patrimônios existentes, independentemente de pertencer a uma pessoa, um conjunto de pessoas, uma sociedade ou instituição de qualquer natureza ou finalidade, com ou sem fins lucrativos. Por consequência, nesta acepção, o patrimônio não se confunde com aqueles dos seus sócios ou proprietários, no caso de sociedade ou instituição.

Parágrafo único. O Patrimônio pertence à Entidade, mas a recíproca não é verdadeira. A soma ou agregação contábil de patrimônios autônomos não resulta em nova Entidade, mas numa unidade de natureza econômico-contábil."

2.1.1 A autonomia patrimonial

O cerne do Princípio da Entidade está na autonomia do patrimônio a ela pertencente. O Princípio em exame afirma que o patrimônio deve revestir-se do atributo de autonomia em relação a todos os outros patrimônios existentes, pertencendo a uma Entidade, no sentido de sujeito suscetível à aquisição de direitos e obrigações. A autonomia tem por corolário o fato de que o patrimônio de uma Entidade jamais pode confundir-se com os dos seus sócios ou proprietários. Por consequência, a Entidade poderá ser desde uma pessoa física, ou qualquer tipo de sociedade, instituição ou mesmo conjuntos de pessoas, tais como:

- famílias;
- empresas;
- governos, nas diferentes esferas do poder;
- sociedades beneficentes, religiosas, culturais, esportivas, de lazer, técnicas;
- sociedades cooperativas;
- fundos de investimento e outras modalidades afins.

No caso de sociedades, não importa que sejam sociedades de fato ou que estejam revestidas de forma jurídica, embora esta última circunstância seja a mais usual.

O Patrimônio, na sua condição de objeto da Contabilidade, é, no mínimo, o juridicamente formalizado como pertencente à Entidade, com ajustes quantitativos e qualitativos realizados em consonância com os Princípios da própria Contabilidade. A garantia jurídica de propriedade, embora por vezes suscite interrogações de parte daqueles que não situam a autonomia patrimonial no cerne do Princípio da Entidade, é indissociável desse princípio, pois é a única forma de caracterização do direito ao exercício de poder sobre o mesmo Patrimônio, válida perante terceiros. Cumpre ressaltar que, sem autonomia patrimonial fundada na propriedade, os demais Princípios Fundamentais perdem o seu sentido, pois passariam a referir-se a um universo de limites imprecisos.

A autonomia patrimonial apresenta sentido unívoco. Por consequência, o patrimônio pode ser decomposto em partes segundo os mais variados critérios, tanto em termos quantitativos como qualitativos. Mas nenhuma classificação, mesmo dirigida sob ótica setorial, resultará em novas Entidades. Carece, pois, de sentido a ideia de que as divisões ou departamentos de uma Entidade possam constituir novas Entidades, ou "microentidades", precisamente porque sempre lhes faltará o atributo da autonomia. A única circunstância em que poderá surgir nova Entidade será aquela em que a propriedade de parte do patrimônio de uma Entidade for transferida para outra unidade, eventualmente até criada naquele momento. Mas, no caso, teremos um novo patrimônio autônomo, pertencente a outra Entidade. Na Contabilidade aplicada, especialmente nas áreas de custos e de orçamento, trabalha-se, muitas vezes, com controles divisionais, que podem ser extraordinariamente úteis, porém não significam a criação de novas Entidades, precisamente pela ausência de autonomia patrimonial.

2.1.2 Da soma ou da agregação de patrimônios

O Princípio da Entidade apresenta corolário de notável importância, notadamente pelas suas repercussões de natureza prática: as somas e agregações de patrimônios de diferentes Entidades não resultam em nova Entidade. Tal fato assume especial relevo por abranger as demonstrações contábeis consolidadas de Entidades pertencentes a um mesmo grupo econômico, isto é, de um conjunto de Entidades sob controle único.

A razão básica é a de que as Entidades cujas demonstrações contábeis são consolidadas mantêm sua autonomia patrimonial, pois seus patrimônios permanecem de sua propriedade. Como não há transferência de propriedade, não pode haver formação de novo patrimônio, condição primeira da existência jurídica de uma Entidade. O segundo ponto a ser considerado é o de que a consolidação se refere às demonstrações contábeis, mantendo-se a observância dos Princípios Fundamentais de Contabilidade no âmbito das Entidades consolidadas, resultando em uma unidade de natureza econômico-contábil, em que os qualificativos ressaltam os dois aspectos de maior relevo: o atributo de controle econômico e a fundamentação contábil da sua estruturação.

As demonstrações contábeis consolidadas, apresentando a posição patrimonial e financeira, resultado das operações, as origens e aplicações de recursos ou os fluxos financeiros de um conjunto de Entidades sob controle único, são peças contábeis de grande valor informativo para determinados usuários, embora isso não elimine o fato de que outras informações possam ser obtidas nas demonstrações que foram consolidadas.

2.2 O Princípio da Continuidade

"Art. 5º A Continuidade ou não da Entidade, bem como sua vida definida ou provável, devem ser consideradas quando da classificação e avaliação das mutações patrimoniais, quantitativas e qualitativas.

§ 1º A Continuidade influencia o valor econômico dos ativos e, em muitos casos, o valor ou o vencimento dos passivos, especialmente quando a extinção da Entidade tem prazo determinado, previsto ou previsível.

§ 2º A observância do Princípio da Continuidade é indispensável à correta aplicação do Princípio da Competência por efeito de se relacionar diretamente à quantificação dos componentes patrimoniais e à formação do resultado, e de se constituir dado importante para aferir a capacidade futura de geração de resultado."

2.2.1 Aspectos conceituais

O Princípio da Continuidade afirma que o patrimônio da Entidade, na sua composição qualitativa e quantitativa, depende das condições em que provavelmente se desenvolverão as operações da Entidade. A suspensão das suas atividades pode provocar efeitos na utilidade de determinados ativos, com a perda, até mesmo integral, de seu valor. A queda do nível de ocupação pode também provocar efeitos semelhantes.

A modificação no estado de coisas citado pode ocorrer por diversas causas, entre as quais ressaltam-se as seguintes:

a) modificações na conjuntura econômica que provoquem alterações na amplitude do mercado em que atua a Entidade. Exemplo neste sentido é a queda de poder aquisitivo da população, que provoca redução no consumo de bens, o que, a sua vez, resulta na redução do grau de ocupação de muitas Entidades;

b) mudanças de política governamental, como, por exemplo, na área cambial, influenciando diretamente o volume das exportações de determinados ramos econômicos, com efeito direto nos níveis de produção de determinadas Entidades;

c) problemas internos das próprias Entidades, consubstanciados em envelhecimento tecnológico dos seus processos ou produtos, superação mercadológica destes, exigência de proteção ambiental, falta de capital, falta de liquidez, incapacidade administrativa, dissensões entre os controladores da Entidade e outras causas quaisquer que levem a Entidade a perder suas condições de competitividade, sendo gradativamente alijada do mercado;

d) causas naturais ou fortuitas que afetem a manutenção da Entidade no mercado, tais como inundações, incêndios, ausência de materiais primários por quebras de safras.

A situação-limite na aplicação do Princípio da Continuidade é aquela em que há a completa cessação das atividades da Entidade. Nessa situação, determinados ativos, como, por exemplo, os valores diferidos, deixarão de ostentar tal condição, passando à condição de despesas, em face da impossibilidade de sua recuperação mediante as atividades operacionais usualmente dirigidas à geração de receitas. Mas até mesmo ativos materiais, como estoques, ferramentas ou máquinas, podem ter seu valor modificado substancialmente. As causas da limitação da vida da Entidade não influenciam o conceito da Continuidade; entretanto, como constituem informação de interesse para muitos usuários, quase sempre são de divulgação obrigatória, segundo norma específica. No caso de provável cessação da vida da Entidade, também o passivo é afetado, pois, além do registro das exigibilidades, com fundamentação jurídica, também devem ser contemplados os prováveis desembolsos futuros, advindos da extinção em si.

Na condição de Princípio, em que avulta o atributo da universalidade, a Continuidade aplica-se não somente à situação de cessação integral das atividades da Entidade, classificada como situação-limite no parágrafo anterior, mas também aos casos em que há modificação no volume de operações, de forma a afetar o valor de alguns componentes patrimoniais, obrigando ao ajuste destes, de maneira a ficarem registrados por valores líquidos de realização.

O Princípio da Continuidade, à semelhança do da Prudência, está intimamente ligado com o da Competência, formando-se uma espécie de trilogia. A razão é simples: a continuidade, como já vimos, diz respeito diretamente ao valor econômico dos bens, ou seja, ao fato de um ativo manter-se nesta condição ou transformar-se, total ou parcialmente, em despesa. Mas a Continuidade também alcança a reapresentação quantitativa e qualitativa do patrimônio de outras maneiras, especialmente quando há previsão de encerramento das atividades da Entidade com o vencimento antecipado ou o surgimento de exigibilidade. Nesta última circunstância, sua ligação será com o Princípio da Oportunidade.

2.2.2 O Princípio da Continuidade e a "entidade em marcha"

A denominação "Princípio da Continuidade", como também a de "entidade em marcha", ou *going concern*, é encontrada em muitos sistemas de normas no exterior e também na literatura contábil estrangeira. Embora o Princípio da Continuidade também parta do pressuposto de que a Entidade deva concretizar seus objetivos continuamente – o que nem sempre significa a geração de riqueza no sentido material –, não se fundamenta na ideia de Entidade em movimento.

O motivo é extremamente singelo, pois uma Entidade com suas atividades reduzidas ou suspensas temporariamente continuará a ser objeto da Contabilidade enquanto dispuser de patrimônio. Isso permanece verdade no caso de a Entidade suspender definitivamente suas atividades. O que haverá, tão somente, é a reapreciação dos componentes patrimoniais, quantitativa e qualitativamente, precisamente em razão dos ditames do Princípio da Continuidade. A normalidade ou não das operações, bem como a vida limitada ou indeterminada, não alcança o objeto da Contabilidade, o patrimônio, mas, tão somente, sua composição e valor, isto é, a delimitação quantitativa e qualitativa dos bens, direitos e obrigações.

O próprio uso da receita como parâmetro na formação do juízo sobre a situação de normalidade da Entidade, embora válido na maioria das Entidades, não pode ser universal, pois, em muitas delas, a razão de ser não é a receita, tampouco o resultado.

2.3 O Princípio da Oportunidade

"Art. 6º O Princípio da Oportunidade refere-se, simultaneamente, à tempestividade e à integridade do registro do patrimônio e das suas mutações, determinando que este seja feito de imediato e com a extensão correta, independentemente das causas que as originaram.

Parágrafo único. Como resultado da observância do Princípio da Oportunidade:

I – desde que devidamente estimável, o registro das variações patrimoniais deve ser feito mesmo na hipótese de somente existir razoável certeza de sua ocorrência;

II – o registro compreende os elementos quantitativos e qualitativos, contemplando os aspectos físicos e monetários;

III – o registro deve ensejar o reconhecimento universal das variações ocorridas no patrimônio da Entidade em um período de tempo determinado, base necessária para gerar informações úteis ao processo decisório da gestão."

2.3.1 Aspectos conceituais

O Princípio da Oportunidade exige a apreensão, o registro e o relato de todas as variações sofridas pelo patrimônio de uma Entidade, no momento em que elas ocorrerem. Cumprido tal preceito, chega-se ao acervo máximo de dados primários sobre o patrimônio, fonte de todos os relatos, demonstrações e análises posteriores, ou seja, o Princípio da Oportunidade é a base indispensável à fidedignidade das informações sobre o patrimônio da Entidade, relativas a um determinado período e com o emprego de quaisquer procedimentos técnicos. É o fundamento daquilo que muitos sistemas de normas denominam de "representação fiel" pela informação, ou seja, que esta espelhe com precisão e objetividade as transações e eventos a que concerne. Tal atributo é, outrossim, exigível em qualquer circunstância, a começar sempre nos registros contábeis, embora as normas tendam a enfatizá-lo nas demonstrações contábeis.

O Princípio da Oportunidade deve ser observado, como já foi dito, sempre que haja variação patrimonial, cujas origens principais são, de forma geral, as seguintes:

a) transações realizadas com outras Entidades, formalizadas mediante acordo de vontades, independentemente da forma ou da documentação de suporte, como compra ou venda de bens e serviços;

b) eventos de origem externa, de ocorrência alheia à vontade da administração, mas com efeitos sobre o Patrimônio, como modificações nas taxas de câmbio, quebras de clientes, efeitos de catástrofes naturais etc.;

c) movimentos internos que modificam predominantemente a estrutura qualitativa do Patrimônio, como a transformação de materiais em produtos semifabricados ou destes em produtos prontos, mas também a estrutura quantitativo-qualitativa, como no sucateamento de bens inservíveis.

O Princípio da Oportunidade abarca dois aspectos distintos, mas complementares: a integridade e a tempestividade, razão pela qual muitos autores preferem denominá-lo de Princípio da Universalidade.

O Princípio da Oportunidade tem sido confundido, algumas vezes, com o da Competência, embora os dois apresentem conteúdos manifestamente diversos. Na oportunidade, o objetivo está na completeza da apreensão das variações, do seu oportuno recolhimento, enquanto, na competência, o fulcro está na qualificação das variações diante do Patrimônio Líquido, isto é, na decisão sobre se estas o alteram ou não. Em síntese, no primeiro caso, temos o conhecimento da variação, e, na competência, a determinação de sua natureza.

2.3.2 A integridade das variações

A integridade diz respeito à necessidade de as variações serem reconhecidas na sua totalidade, isto é, sem qualquer falta ou excesso. Concerne, pois, à completeza da apreensão, que não admite a exclusão de quaisquer variações monetariamente quantificáveis. Como as variações incluem elementos quantitativos e qualitativos, bem como os aspectos físicos pertinentes, e ainda que a avaliação seja regida por princípios próprios, a integridade diz respeito fundamentalmente às variações entre si. Tal fato não elimina a necessidade do reconhecimento destas, mesmo nos casos em que não haja certeza definitiva da sua ocorrência, mas somente alto grau de possibilidade. Bons exemplos neste sentido fornecem as depreciações, pois a vida útil de um bem será sempre uma hipótese, mais ou menos fundada tecnicamente, porquanto dependente de diversos fatores de ocorrência aleatória. Naturalmente, pressupõe-se que, na hipótese do uso de estimativas, estas tenham fundamentação estatística e econômica suficientes.

2.3.3 A tempestividade do registro

A tempestividade obriga a que as variações sejam registradas no momento em que ocorrem, mesmo na hipótese de alguma incerteza, na forma relatada no item anterior. Sem o registro no momento da ocorrência, ficarão incompletos os registros sobre o patrimônio até aquele momento, e, em decorrência, insuficientes quaisquer demonstrações ou relatos, e falseadas as conclusões, diagnósticos e prognósticos.

2.4 O Princípio do Registro pelo Valor Original

"Art. 7º Os componentes do patrimônio devem ser registrados pelos valores originais das transações com o mundo exterior, expressos a valor presente na moeda do País, que serão mantidos na avaliação das variações patrimoniais posteriores, inclusive quando configurarem agregações ou decomposições no interior da Entidade.

Parágrafo único. Do Princípio do Registro pelo Valor Original resulta:

I – a avaliação dos componentes patrimoniais deve ser feita com base nos valores de entrada, considerando-se como tais os resultantes do consenso com os agentes externos ou da imposição destes;

II – uma vez integrados no patrimônio, o bem, direito ou obrigação não poderão ter alterados seus valores intrínsecos, admitindo-se, tão somente, sua decomposição em elementos e/ou sua agregação, parcial ou integral, a outros elementos patrimoniais;

III – o valor original será mantido enquanto o componente permanecer como parte do patrimônio, inclusive quando da saída deste;

IV – os Princípios da Atualização Monetária e do Registro pelo Valor Original são compatíveis entre si e complementares, dado que o primeiro apenas atualiza e mantém atualizado o valor de entrada;

V – o uso da moeda do País na tradução do valor dos componentes patrimoniais constitui imperativo de homogeneização quantitativa dos mesmos."

2.4.1 Os elementos essenciais do princípio

O Princípio do Registro pelo Valor Original ordena que os componentes do patrimônio tenham seu registro inicial efetuado pelos valores ocorridos na data das transações havidas com o mundo exterior à Entidade, estabelecendo, pois, a viga-mestra da avaliação patrimonial: a determinação do valor monetário de um componente do patrimônio.

Ao adotar a ideia de que a avaliação deve ser realizada com fundamento no valor de entrada, o Princípio consagra o uso dos valores monetários decorrentes do consenso entre os agentes econômicos externos e a Entidade – contabilmente, outras Entidades – ou da imposição destes. Não importa, pois, se o preço resultou de livre negociação em condições de razoável igualdade entre as partes, ou de imposição de uma delas, em vista da sua posição de superioridade. Generalizando, o nível dos preços pode derivar de quaisquer das situações estudadas na análise microeconômica.

Pressupõe-se que o valor de troca, aquele decorrente da transação, configure o valor econômico dos ativos no momento da sua ocorrência. Naturalmente, se, com o passar do tempo, houver a modificação do valor em causa, seja por que razão for, os ajustes serão realizados, mas ao abrigo do Princípio da Competência. Os ajustes somente serão para menos, em razão da essência do próprio Princípio.

A rigorosa observância do Princípio em comentário é do mais alto interesse da sociedade em sua totalidade, e, especificamente, do mercado de capitais, por resultar na unificação da metodologia de avaliação, fator essencial na comparabilidade dos dados, relatos e demonstrações contábeis e, consequentemente, na qualidade da informação gerada, impossibilitando critérios alternativos de avaliação.

No caso de doações recebidas pela Entidade, também existe a transação com o mundo exterior e, mais ainda, com efeito quantitativo e qualitativo sobre o patrimônio. Como a doação resulta em inegável aumento do Patrimônio Líquido, cabe o registro pelo valor efetivo da coisa recebida, no momento do recebimento, segundo o valor de mercado. Mantém-se, no caso, intocado o princípio em exame, com a única diferença em relação às situações usuais: uma das partes envolvidas – caso daquela representativa do mundo externo – abre mão da contraprestação, que se transforma em aumento do Patrimônio Líquido da Entidade recebedora da doação. Acessoriamente, pode-se lembrar que o fato de o ativo ter-se originado de doação não repercute na sua capacidade futura de contribuir à realização dos objetivos da Entidade.

2.4.2 A expressão em moeda nacional

A expressão do valor dos componentes patrimoniais em moeda nacional decorre da necessidade de homogeneização quantitativa do registro do patrimônio e das suas mutações, a fim de se obter a necessária comparabilidade e se possibilitarem agrupamentos de valores. Ademais, este aspecto particular, no âmbito do Princípio do Registro pelo Valor Original, visa a afirmar a prevalência da moeda do País e, consequentemente, o registro somente nela. O corolário é o de que quaisquer transações em moeda estrangeira devem ser transformadas em moeda nacional no momento do seu registro.

2.4.3 A manutenção dos valores originais nas variações internas

O Princípio em análise, como não poderia ser diferente, em termos lógicos, mantém-se plenamente nas variações patrimoniais que ocorrem no interior da Entidade, quando acontece a agregação ou a decomposição de valores. Os agregados de valores – cuja expressão mais usual são os estoques de produtos semifabricados e prontos, os serviços em andamento ou terminados, as culturas em formação etc. – representam, quantitativamente, o somatório de inúmeras variações patrimoniais qualitativas, formando conjuntos de valores constituídos com base em valores atinentes a insumos de materiais, depreciações, mão de obra, encargos sociais, energia, serviços de terceiros, tributos, e outros, classes de insumos que, em verdade, configuram a consumpção de ativos, como estoques, equipamentos ou, diretamente, recursos pecuniários. Os agregados são, pois, ativos resultantes da transformação de outros ativos, e, em alguns casos, deixam logo tal condição, como aqueles referentes a funções como as de administração geral, comercialização no país, exportação e outras.

A formação dos agregados implica o uso de decomposições, como acontece no caso das depreciações geradas por uma máquina em particular: a transação com o mundo exterior resultou na ativação da máquina, mas a consumpção deste dar-se-á gradativamente, ao longo do tempo, mediante as depreciações.

Todavia, estas, mesmo quando relativas a um espaço curto de tempo – um mês, por hipótese –, normalmente são alocadas a diversos componentes do patrimônio, como, por exemplo, aos diferentes produtos em elaboração.

Os fatos mencionados comprovam a importância do Princípio em exame na Contabilidade aplicada à área de custos, por constituir-se na diretiva principal de avaliação das variações que ocorrem no ciclo operacional interno das Entidades, em que não existe a criação de valores, mas a simples redistribuição daqueles originais.

Finalmente, cabe ressaltar que os valores originais devem ser ajustados segundo a sua perda de valor econômico. Porém, mesmo tal ajuste não implica, em essência, modificação do valor original.

2.5 O Princípio da Atualização Monetária

"Art. 8º Os efeitos da alteração do poder aquisitivo da moeda nacional devem ser reconhecidos nos registros contábeis através do ajustamento da expressão formal dos valores dos componentes patrimoniais.

Parágrafo único. São resultantes da adoção do Princípio da Atualização Monetária:

I – a moeda, embora aceita universalmente como medida de valor, não representa unidade constante em termos do poder aquisitivo;

II – para que a avaliação do patrimônio possa manter os valores das transações originais (art. 7º), é necessário atualizar sua expressão formal em moeda nacional, a fim de que permaneçam substantivamente corretos os valores dos componentes patrimoniais e, por consequência, o do Patrimônio Líquido;

III – a atualização monetária não representa nova avaliação, mas, tão somente, o ajustamento dos valores originais para determinada data, mediante a aplicação de indexadores, ou outros elementos aptos a traduzir a variação do poder aquisitivo da moeda nacional em um dado período."

2.5.1 Aspectos conceituais

O Princípio da Atualização Monetária existe em função do fato de que a moeda – embora universalmente aceita como medida de valor – não representa unidade constante de poder aquisitivo. Por consequência, sua expressão formal deve ser ajustada, a fim de que permaneçam substantivamente corretos – isto é, segundo as transações originais – os valores dos componentes patrimoniais e, via de decorrência, o Patrimônio Líquido. Como se observa, o Princípio em causa constitui seguimento lógico daquele do Registro pelo Valor Original, pois preceitua o ajuste formal dos valores fixados segundo este, buscando a manutenção da substância original, sem que isso implique qualquer modalidade de reavaliação.

Em diversas oportunidades no passado, o princípio foi denominado de "correção monetária", expressão inadequada, pois ele não estabelece nenhuma "correção" de valor, mas apenas atualiza o que, em tese, não deveria ter variado: o poder aquisitivo da moeda. Esta é, aliás, a razão pela qual o princípio, quando aplicado à prática, se manifesta por meio de índice que expressa a modificação da capacidade geral de compra da moeda, e não da variação particular do preço de um bem determinado.

O princípio diz respeito, dada sua condição de universalidade, a todos os componentes patrimoniais e suas mutações, e não somente às demonstrações contábeis, que representam apenas uma das modalidades de expressão concreta da Contabilidade, aplicada a uma Entidade em particular. Mas, como as demonstrações contábeis são, em geral, a forma mais usual de comunicação entre a Entidade e o usuário, as normas contábeis alicerçadas no princípio em exame contêm sempre ordenamentos sobre como deve ser realizado o ajuste, o indexador utilizado e a periodicidade de aplicação.

2.5.2 Dos indexadores da atualização

A atualização monetária deve ser realizada mediante o emprego de meios – indexadores, moedas referenciais, reais ou não – que reflitam a variação apontada por índice geral de preços da economia brasileira. A utilização de um único parâmetro de caráter geral e de forma uniforme por todas as Entidades é indispensável, a fim de que sejam possíveis comparações válidas entre elas.

O uso de indexador único, embora indispensável, não resolve inteiramente o problema da atualização monetária, pois não alcança a questão da fidedignidade de que se reveste o dito indexador, na expressão do poder aquisitivo da moeda. Todavia, no caso, não se trata de questão atinente aos Princípios Contábeis, mas de problema pertencente à Ciência Econômica, no campo teórico-doutrinário, e à política, em termos aplicados.

2.6 O Princípio da Competência

"Art. 9º As receitas e as despesas devem ser incluídas na apuração do resultado do período em que ocorrerem, sempre simultaneamente quando se correlacionarem, independentemente de recebimento ou pagamento.

§ 1º O Princípio da Competência determina quando as alterações no ativo ou no passivo resultam em aumento ou diminuição no Patrimônio Líquido, estabelecendo diretrizes para classificação das mutações patrimoniais, resultantes da observância do Princípio da Oportunidade.

§ 2º O reconhecimento simultâneo das receitas e despesas, quando correlatas, é consequência natural do respeito ao período em que ocorrer sua geração.

§ 3º As receitas consideram-se realizadas:

I – nas transações com terceiros, quando estes efetuarem o pagamento ou assumirem compromisso firme de efetivá-lo, quer pela investidura na propriedade de bens anteriormente pertencentes à Entidade, quer pela fruição de serviços por esta prestados;

II – quando da extinção, parcial ou total, de um passivo, qualquer que seja o motivo, sem o desaparecimento concomitante de um ativo de valor igual ou maior;

III – pela geração natural de novos ativos independentemente da intervenção de terceiros;

IV – no recebimento efetivo de doações e subvenções.

§ 4º Consideram-se incorridas as despesas:

I – quando deixar de existir o correspondente valor ativo, por transferência de sua propriedade para terceiro;

II – pela diminuição ou extinção do valor econômico de um ativo;

III – pelo surgimento de um passivo, sem o correspondente ativo."

2.6.1 As variações patrimoniais e o Princípio da Competência

A compreensão do cerne do Princípio da Competência está diretamente ligada ao entendimento das variações patrimoniais e sua natureza. Nestas encontramos duas grandes classes: a das que somente modificam a qualidade ou a natureza dos componentes patrimoniais, sem repercutirem no montante do Patrimônio Líquido, e a das que o modificam. As primeiras são denominadas de "qualitativas", ou "permutativas", enquanto as segundas são chamadas de "quantitativas", ou "modificativas". Cumpre salientar que estas últimas sempre implicam a existência de alterações qualitativas no patrimônio, a fim de que permaneça inalterado o equilíbrio patrimonial.

A Competência é o Princípio que estabelece quando um determinado componente deixa de integrar o patrimônio, para transformar-se em elemento modificador do Patrimônio Líquido. Da confrontação entre o valor final dos aumentos do Patrimônio Líquido – usualmente denominados "receitas" – e das suas diminuições – normalmente chamadas de "despesas" –, emerge o conceito de "resultado do período": positivo, se as receitas forem maiores do que as despesas; ou negativo, quando ocorrer o contrário.

Observa-se que o Princípio da Competência não está relacionado com recebimentos ou pagamentos, mas com o reconhecimento das receitas geradas e das despesas incorridas no período. Mesmo com desvinculação temporal das receitas e despesas, respectivamente do recebimento e do desembolso, a longo prazo ocorre a equalização entre os valores do resultado contábil e o fluxo de caixa derivado das receitas e despesas, em razão dos princípios referentes à avaliação dos componentes patrimoniais.

Quando existem receitas e despesas pertencentes a um exercício anterior, que nele deixarem de ser consideradas por qualquer razão, os competentes ajustes devem ser realizados no exercício em que se evidenciou a omissão.

O Princípio da Competência é aplicado a situações concretas altamente variadas, pois são muito diferenciadas as transações que ocorrem nas Entidades, em função dos objetivos destas. Por esta razão é a Competência o Princípio que tende a suscitar o maior número de dúvidas na atividade profissional dos contabilistas. Cabe, entretanto, sublinhar que tal fato não resulta em posição de supremacia hierárquica em relação aos demais Princípios, pois o *status* de todos é o mesmo, precisamente pela sua condição científica.

2.6.2 Alguns comentários sobre as despesas

As despesas, na maioria das vezes, representam consumpção de ativos, que tanto podem ter sido pagos em períodos passados, no próprio período, ou ainda virem a ser pagos no futuro. De outra parte, não é necessário que o desaparecimento do ativo seja integral, pois muitas vezes a consumpção é somente parcial, como no caso das depreciações ou nas perdas de parte do valor de um componente patrimonial do ativo, por aplicação do Princípio da Prudência à prática, de que nenhum ativo pode permanecer avaliado por valor superior ao de sua recuperação por alienação ou utilização nas operações em caráter corrente. Mas a despesa também pode decorrer do surgimento de uma exigibilidade sem a concomitante geração de um bem ou de um direito, como acontece, por exemplo, nos juros moratórios e nas multas de qualquer natureza.

Entre as despesas do tipo em referência localizam-se também as que se contrapõem a determinada receita, como é o caso dos custos diretos com vendas, nos quais se incluem comissões, impostos e taxas e até *royalties*. A aplicação correta da competência exige mesmo que se provisionem, com base em fundamentação estatística, certas despesas por ocorrer, mas indiscutivelmente ligadas à venda em análise, como as despesas futuras com garantias assumidas em relação a produtos.

Nos casos de Entidades em períodos pré-operacionais, em seu todo ou em algum setor, os custos incorridos são ativados, para se transformarem posteriormente em despesas, quando da geração das receitas, mediante depreciação ou amortização. Tal circunstância está igualmente presente em projetos de pesquisa e desenvolvimento de produtos – muito frequentes nas indústrias químicas e farmacêuticas, bem como naquelas que empregam alta tecnologia – quando a amortização dos custos ativados é feita segundo a vida mercadológica estimada dos produtos ligados às citadas pesquisas e projetos.

2.6.3 Alguns detalhes sobre as receitas e seu reconhecimento

A receita é considerada realizada no momento em que há a venda de bens e direitos da Entidade –

entendida a palavra *bem* em sentido amplo, incluindo toda sorte de mercadorias, produtos, serviços, inclusive equipamentos e imóveis –, com a transferência da sua propriedade para terceiros, efetuando estes o pagamento em dinheiro ou assumindo compromisso firme de fazê-lo num prazo qualquer. Normalmente, a transação é formalizada mediante a emissão de nota fiscal ou documento equivalente, em que consta a quantificação e a formalização do valor de venda, pressupostamente o valor de mercado da coisa ou do serviço. Embora esta seja a forma mais usual de geração de receita, também há uma segunda possibilidade, materializada na extinção parcial ou total de uma exigibilidade, como no caso do perdão de multa fiscal, da anistia total ou parcial de uma dívida, da eliminação de passivo pelo desaparecimento do credor, pelo ganho de causa em ação em que se discutia uma dívida ou o seu montante, já devidamente provisionado, ou outras circunstâncias semelhantes. Finalmente, há ainda uma terceira possibilidade: a de geração de novos ativos sem a interveniência de terceiros, como ocorre correntemente no setor pecuário, quando do nascimento de novos animais. A última possibilidade está também representada pela geração de receitas por doações recebidas, já comentada anteriormente.

Mas as diversas fontes de receitas citadas no parágrafo anterior representam a negativa do reconhecimento da formação destas por valorização dos ativos, porque, na sua essência, o conceito de receita está indissoluvelmente ligado à existência de transação com terceiros, exceção feita à situação referida no final do parágrafo anterior, na qual ela existe, mas de forma indireta. Ademais, aceitar-se, por exemplo, a valorização de estoques significaria o reconhecimento de aumento do Patrimônio Líquido, quando sequer há certeza de que a venda será realizada e, mais ainda, por valor consentâneo àquele da reavaliação, configurando-se manifesta afronta ao Princípio da Prudência. Aliás, as valorizações internas trariam no seu bojo sempre um convite à especulação e, consequentemente, ao desrespeito a esse Princípio.

A receita de serviços deve ser reconhecida de forma proporcional aos serviços efetivamente prestados. Em alguns casos, os princípios contratados prevêem cláusulas normativas sobre o reconhecimento oficial dos serviços prestados e da receita correspondente. Exemplo neste sentido oferecem as empresas de consultoria, nas quais a cobrança dos serviços é feita segundo as hora-homens de serviços prestados, durante, por exemplo, um mês, embora os trabalhos possam prolongar-se por muitos meses ou até ser por prazo indeterminado. O importante, nestes casos, é a existência de unidade homogênea de medição formalizada contratualmente, além, evidentemente, da medição propriamente dita. As unidades fiscais mais comuns estão relacionadas com tempo – principalmente tempo-homem e tempo-máquina –, embora possa ser qualquer outra, como metros cúbicos por tipo de material escavado, metros lineares de avanço na perfuração de poços artesianos, e outras.

Nas Entidades em que a produção demanda largo espaço de tempo, deve ocorrer o reconhecimento gradativo da receita, proporcionalmente ao avanço da obra, quando ocorre a satisfação concomitante dos seguintes requisitos:

- o preço do produto é estabelecido mediante contrato, inclusive quanto à correção dos preços, quando houver;
- não há riscos maiores de descumprimento do contrato, tanto de parte do vendedor, quanto do comprador;
- existe estimativa, tecnicamente sutentada, dos custos a serem incorridos.

Assim, no caso de obras de engenharia, em que usualmente estão presentes os três requisitos nos contratos de fornecimento, o reconhecimento da receita não deve ser postergado até o momento da entrega da obra, pois o procedimento redundaria num quadro irreal da formação do resultado, em termos cronológicos. O caminho correto está na proporcionalização da receita aos esforços despendidos, usualmente expressos por custos – reais ou estimados – ou etapas vencidas.

2.7 O Princípio da Prudência

"Art. 10. O Princípio da Prudência determina a adoção do menor valor para os componentes do Ativo e do maior para os do Passivo, sempre que se apresentem alternativas igualmente válidas para a quantificação das mutações patrimoniais que alterem o Patrimônio Líquido.

§ 1º O Princípio da Prudência impõe a escolha da hipótese de que resulte menor patrimônio líquido, quando se apresentarem opções igualmente aceitáveis diante dos demais Princípios Fundamentais de Contabilidade.

§ 2º Observado o disposto no art. 7º, o Princípio da Prudência somente se aplica às mutações posteriores, constituindo-se ordenamento indispensável à correta aplicação do Princípio da Competência.

§ 3º A aplicação do Princípio da Prudência ganha ênfase quando, para definição dos valores relativos às variações patrimoniais, devem ser feitas estimativas que envolvem incertezas de grau variável."

2.7.1 *Aspectos conceituais*

A aplicação do Princípio da Prudência – de forma a obter-se o menor Patrimônio Líquido, dentre aqueles possíveis diante de procedimentos alternativos de avaliação – está restrita às variações patrimoniais posteriores às transações originais com o mundo exterior, uma vez que estas deverão decorrer de consenso com os agentes econômicos externos ou da imposição destes. Esta é a razão pela qual a aplicação do Princípio da Prudência ocorrerá concomitantemente com a do Princípio da Competência, conforme assinalado no § 2º, quando resultará, sempre, variação patrimonial quantitativa negativa, isto é, redutora do Patrimônio Líquido.

A Prudência deve ser observada quando, existindo um ativo ou um passivo já escriturados por determinados valores, segundo os Princípios do Registro pelo Valor Original e da Atualização Monetária surge dúvida sobre a ainda correção deles. Havendo formas alternativas de se calcularem os novos valores, deve-se optar sempre pelo que for menor do que o inicial, no caso de ativos, e maior, no caso de componentes patrimoniais do passivo. Naturalmente, é necessário que as alternativas mencionadas configurem, pelo menos à primeira vista, hipóteses igualmente razoáveis. A provisão para créditos de liquidação duvidosa constitui exemplo da aplicação do Princípio da Prudência, pois sua constituição determina o ajuste, para menos, de valor decorrente de transações com o mundo exterior, das duplicatas ou de contas a receber. A escolha não está no reconhecimento ou não da provisão, indispensável sempre que houver risco de não recebimento de alguma parcela, mas, sim, no cálculo do seu montante.

Cabe observar que o atributo da incerteza, à vista no exemplo referido no parágrafo anterior, está presente, com grande frequência, nas situações concretas que demandam a observância do Princípio da Prudência. Em procedimentos institucionalizados, por exemplo, em relação aos "métodos" de avaliação de estoques, o Princípio da Prudência, raramente, encontra aplicação.

No reconhecimento de exigibilidades, o Princípio da Prudência envolve sempre o elemento incerteza em algum grau, pois, havendo certeza, cabe, simplesmente, o reconhecimento delas, segundo o Princípio da Oportunidade.

Para melhor entendimento da aplicação do Princípio da Prudência cumpre lembrar que:

- os custos ativados devem ser considerados como despesa no período em que ficar caracterizada a impossibilidade de eles contribuírem para a realização dos objetivos operacionais da Entidade;
- todos os custos relacionados à venda, inclusive aqueles de publicidade, mesmo que institucional, devem ser classificados como despesas;
- os encargos financeiros decorrentes do financiamento de ativos de longa maturação devem ser ativados no período pré-operacional, com amortização a partir do momento em que o ativo entrar em operação.

2.7.2 Dos limites da aplicação do Princípio

A aplicação do Princípio da Prudência não deve levar a excessos, a situações classificáveis como manipulações do resultado, com a consequente criação de reservas ocultas. Pelo contrário, deve constituir garantia de inexistência de valores artificiais, de interesse de determinadas pessoas, especialmente administradores e controladores, aspecto muito importante nas Entidades integrantes do mercado de capitais.

O comentário inserido no parágrafo anterior ressalta a grande importância das normas concernentes à aplicação da Prudência, com vista a impedir-se a prevalência de juízos puramente pessoais ou de outros interesses.

3.5 Princípios fundamentais segundo a CVM e o Ibracon

Com a Deliberação nº 29/86, a CVM aprovou e referendou o pronunciamento do Ibracon intitulado "Estrutura Conceitual Básica da Contabilidade", constituindo-se na única manifestação desse órgão sobre objetivos e princípios da Contabilidade.

O documento da CVM/Ibracon preparado pelo Instituto Brasileiro de Pesquisas Contábeis, Atuariais e Financeiras da USP (Ipecafi), cuja primeira minuta fora apresentada pelo Prof. Sérgio de Iudícibus, é um documento abrangente no qual:

- delimitam-se os objetivos da Contabilidade;
- delineiam-se os cenários contábeis;
- separam-se os princípios fundamentais em três subcategorias (hierarquias): Postulados Ambientais da Contabilidade, Princípios contábeis propriamente ditos e Restrições (Convenções) contábeis.

- separam-se os princípios fundamentais em três subcategorias (hierarquias): Postulados Ambientais da Contabilidade, Princípios contábeis propriamente ditos e Restrições (Convenções) contábeis.

Os primeiros seriam os *axiomas*, os segundos os *teoremas* e as convenções os *corolários*.

Apresentam-se, a seguir, apenas o enunciado de Postulados, Princípios e Restrições (Convenções):

A. Os Postulados

A1. **Da Entidade**: "A Contabilidade é mantida para as entidades: os sócios ou quotistas não se confundem, para efeito contábil, com as entidades."

A2. **Da Continuidade**: "Para a Contabilidade, a entidade é um organismo vivo que irá viver (operar) por um longo período de tempo (indeterminado) até que surjam fortes evidências em contrário."

B. Os Princípios Propriamente Ditos

B1. **Do Custo como Base de Valor**: "O custo de aquisição de um ativo ou dos insumos necessários para fabricá-lo e colocá-lo em condições de gerar benefícios para a entidade representa a base de valor para Contabilidade, expresso em termos de moeda de poder aquisitivo constante."

B2. **Do Denominador Comum Monetário**: "As demonstrações contábeis, sem prejuízo dos registros detalhados de natureza qualitativa e física, serão expressas em termos de moeda nacional de poder aquisitivo da data do último Balanço Patrimonial."

B3. **Da Realização da Receita**: "A receita é considerada realizada e, portanto, passível de registro pela Contabilidade, quando produtos ou serviços produzidos ou prestados pela entidade são transferidos para outra entidade ou pessoa física com a anuência destas e mediante pagamento ou compromisso de pagamento especificado perante a entidade produtora."

B4. **Do Confronto das Despesas com as Receitas e com os Períodos Contábeis**: "Toda despesa diretamente delineável com as receitas reconhecidas em determinado período com as mesmas deverá ser confrontada; os consumos ou sacrifícios de ativos (atuais ou futuros), realizados em determinado período e que não puderem ser associados à receita do período nem às dos períodos futuros, deverão ser descarregados como despesa do período em que ocorrerem."

C. As Convenções (Restrições)

C1. **Da Objetividade**: "Para procedimentos igualmente relevantes, resultantes da aplicação dos princípios, preferir-se-ão, em ordem decrescente: A) Os que puderem ser comprovados por documentos e critérios objetivos; B) Os que puderem ser corroborados por consenso de pessoas qualificadas da profissão, reunidas em comitês de pesquisa, ou em entidades que têm autoridade sobre princípios contábeis."

C2. **Da Materialidade (Relevância)**: "O contador deverá, sempre, avaliar a influência e materialidade da informação evidenciada ou negada para o usuário à luz da relação custo-benefício, levando em conta aspectos internos do sistema contábil."

C3. **Do Conservadorismo (Prudência)**: "Entre conjuntos alternativos de avaliação para o patrimônio, igualmente válidos, segundo os princípios fundamentais, a Contabilidade escolherá o que apresentar o menor valor atual para o ativo e o maior para as obrigações."

C4. **Da Consistência (Uniformidade)**: "A Contabilidade de uma entidade deverá ser mantida de forma tal que os usuários das demonstrações contábeis tenham a possibilidade de delinear a tendência da mesma com o menor grau de dificuldade possível."

Considerações finais

É preciso considerar que os estudos sobre Princípios Contábeis no Brasil, além dos citados, legais, são raros, destacando-se o trabalho de Hilário Franco, editado pela Editora Atlas, intitulado *A evolução dos princípios contábeis no Brasil* (1988), e artigos do mesmo Hilário Franco, Sérgio de Iudícibus (esse autor escreveu bastante sobre o assunto em seus livros), Almada Rodrigues e poucos outros.

O documento da CVM/Ibracon, conquanto, eventualmente, apresente algumas impropriedades redacionais, principalmente no que se refere ao emprego de termos como *Conservadorismo* e *Materialidade* (há expressões melhores em português, talvez *Prudência* e *Relevância*), tem o mérito incontestável de não limitar-se ao simples enunciado dos princípios, mas enquadrá-los numa justificativa técnica detalhada e, até certo ponto, didática.

Talvez, em lugar dos *Objetivos da Contabilidade*, devesse ter sido seu capítulo inicial *Objetivos das Demonstrações Contábeis*, como quase todos os documentos modernos, em nível internacional, hoje propugnam (como o do IASB).

Existem vários outros pronunciamentos de outros órgãos, inclusive do Ibracon, que enobrecem a profissão contábil no Brasil, portarias do Bacen etc., mas, em termos deste trabalho de Teoria da Contabilidade, não se pode deixar de destacar a Instrução CVM nº 64, de 19-5-87, instituindo a *Correção Integral* para as companhias abertas (substituída, posteriormente, pela Instrução CVM nº 191/92). A 247, também da CVM, já está atualizada pelas Instruções 269, 285, 464 e 469.

Hoje, até a ONU reconhece a importância do sistema finalizado pelo Prof. Eliseu Martins e pela equipe da CVM, seguindo e aperfeiçoando uma linha de pesquisa inaugurada há alguns anos, no Departamento de Contabilidade e Atuária da FEA-USP, pelos Profs. Sérgio de Iudícibus, Alkindar de Toledo Ramos e com a participação mais recente de Natan Szuster, Ariovaldo dos Santos, Geraldo Barbieri e outros. Infelizmente, a Correção Monetária Integral foi extinta pelo Governo Federal em 1995.

Acredita-se, assim, que a estruturação básica conceitual legal da profissão contábil no Brasil (inclusive a Lei das Sociedades por Ações) seja de excelente qualidade, comparável à dos países mais adiantados e que seguem o modelo de mercado para suas normas contábeis. Mas, é dever do pesquisador e do teórico desconfiar sempre e procurar com denodo o aperfeiçoamento dos conceitos e normas. A Teoria Positiva da Contabilidade e outras abordagens poderão ser de grande auxílio neste caso, bem como em outros mais.

6

A Evidenciação (*Disclosure*)

Objetivos de Aprendizagem

Neste capítulo, você aprenderá:
- A Evidenciação (*Disclosure*) como objetivo da Contabilidade.
- As várias formas de evidenciação.
- O tratamento de notas explicativas de acordo com a Lei das Sociedades por Ações.

6.1 Generalidades

Não trataremos a Evidenciação como um princípio, postulado ou convenção mas como capítulo especial da teoria da Contabilidade. Na verdade, o *disclosure* está ligado aos objetivos da Contabilidade, ao garantir informações diferenciadas para os vários tipos de usuários. Trataremos nesta parte do livro do problema da evidenciação porque se liga muito bem ao entendimento geral dos princípios e das convenções contábeis, complementando-os e dando-lhes potencialidade plena.

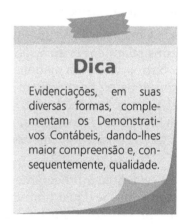

Dica
Evidenciações, em suas diversas formas, complementam os Demonstrativos Contábeis, dando-lhes maior compreensão e, consequentemente, qualidade.

O *Accounting Research Study* nº 1, editado pelo AICPA, em 1961, estabelece, na página 50: "Os demonstrativos contábeis deveriam evidenciar o que for necessário, a fim de não torná-los enganosos." É importante focalizar que esta e outras opiniões sobre o assunto quase sempre insistem no problema de não tornar as demonstrações enganosas para o usuário. Nota-se que o objetivo da evidenciação e seus limites não são esclarecidos positivamente, mas expressos através da vaga frase: "não tornar os demonstrativos enganosos". Hendriksen[1] destaca as seguintes situações que poderiam tornar enganosos os demonstrativos, se não reveladas:

1. uso de procedimentos que afetam materialmente as apresentações de resultados ou de balanço comparados com métodos alternativos que poderiam ser supostos pelo leitor, na ausência da evidenciação;
2. mudança importante nos procedimentos de um período a outro;

---

[1] HENDRIKSEN, Eldon S. *Accounting theory*. Homewood: Richard D. Irwin, 1971.

3. eventos significativos ou relações que não derivam das atividades normais;
4. contratos especiais ou arranjos que afetam as relações de contratantes envolvidos;
5. mudanças relevantes ou eventos que afetariam normalmente as expectativas; e
6. mudanças sensíveis nas atividades ou operações que afetariam as decisões relativas à empresa.

O tipo e a quantidade de evidenciação, como muito bem insiste o autor citado, "dependem, em parte, de quão sofisticado o leitor possa ser ao interpretar dados contábeis".

Em outras palavras, é preciso traçar um perfil do investidor médio e verificar, em cada circunstância de espaço e tempo, a qualidade e a quantidade de informação que pode "digerir". De pouco ou quase nada poderá adiantar uma grande empresa industrial, que opera, admitamos, na área de uma grande tribo do interior da África, editar suas demonstrações contábeis com a inclusão de uma dose de evidenciação que vá ao ponto de incluir valores estimados, com várias distribuições de probabilidades, análises de regressão de dados passados etc., pois, possivelmente, o nível médio do leitor (supondo que os membros da tribo estivessem interessados em investir em uma multinacional) não teria *background* educacional suficiente para "digerir" tal forma de evidenciação. Provavelmente, muitos investidores do Ocidente também não teriam...

Nosso ponto de vista a esse respeito é firme: não se pode esperar e seria tolice pensar que boas decisões de investimento pudessem emanar de um leitor com vagas noções de Contabilidade e de negócios. A interpretação das demonstrações contábeis é tarefa única e exclusivamente reservada aos *experts* em Contabilidade e Finanças, que deveriam ser os intermediários entre as empresas e os donos de recursos, assessorando estes últimos nas análises. Isto não significa que devam ser truncados os esforços para que o *leitor médio* se torne possuidor de melhores conhecimentos na área contábil e financeira. Entretanto, pelo menos nas interpretações mais profundas, a entrada em ação dos verdadeiros *experts* é indispensável. Os relatórios contábeis não são capítulos de novelas empresariais que qualquer pessoa mobralizada possa entender, mas o resumo de um processo, de "uma forma de pensar" da Contabilidade que, como vimos anteriormente, é muito mais complexa do que possa parecer à primeira vista.

Com relação à "quantidade" de evidenciação, muitas expressões e conceitos têm sido utilizados; alguns falam em evidenciação adequada (*adequate disclosure*), outros em evidenciação justa (*fair disclosure*) e outros ainda em evidenciação plena (*full disclosure*). Na verdade, não existe diferença efetiva entre tais conceitos, embora tenham sido utilizados com significados distintos; toda informação para o usuário precisa ser, ao mesmo tempo, adequada, justa e plena, pelo menos no que se refere ao detalhe que está sendo evidenciado. Afinal, o sentido da evidenciação é que a informação que não for relevante deve ser omitida a fim de tornar as demonstrações contábeis significativas e possíveis de serem entendidas plenamente.

Os conceitos de materialidade e relevância, vistos em item anterior, invadem a área da evidenciação e a esta estão intimamente ligados. Os limites e a extensão do que deve ser evidenciado podem referir-se a informações quantitativas e qualitativas. No primeiro caso, vários critérios têm sido utilizados, como a representatividade percentual de um item sobre o lucro líquido (a famosa regra dos X%), sobre a receita bruta ou sobre outro item qualquer da demonstração de resultados (mais frequentemente do que do balanço, dada a maior ênfase atribuída a esse último demonstrativo (a DR) por muitos contadores, a nosso ver, erradamente, pois ambos têm a mesma importância). Na verdade, o problema que pode ocorrer com esta abordagem é que, se houver flutuação acentuada do item tomado como base, de um ano para outro, um valor será relevante em um período e não em outro. Isto poderia levar a uma perda de consistência de um período para outro. Alguns autores recomendam o uso do *lucro médio de vários anos*, mas este *approach* em países com altas taxas de inflação não é utilizável, a não ser que as cifras sejam revistas. Assim, o verdadeiro sentido do julgamento da materialidade de determinado item deve ser realizado em cada período, embora certos relacionamentos preestabelecidos possam ser utilizados como teste complementar da avaliação da materialidade de um item. No futuro, é provável que o esforço dos contadores se concentre em descobrir métodos de mensuração em termos probabilísticos e não apenas determinísticos.

A informação qualitativa (não quantitativa) é muito mais difícil de ser avaliada, pois envolve vários julgamentos extremamente subjetivos. É muito difícil estabelecer o "ponto de corte" em que uma consideração não quantificável deixa de ser importante no processo decisório de forma que justifique a omissão da evidenciação. Normalmente, a relevância de alguns itens qualitativos emerge de seu relacionamento direto com os quantitativos. Se uma parte da propriedade do imobilizado, por exemplo, foi penhorada em garantia de empréstimos, este penhor (ou hipoteca) deve ser evidenciado se o valor do imobilizado ao qual se refere for relevante; caso contrário, não deveria ser evidenciado. Entretanto, note o perigo de confundirmos, novamente, relevância com desprezo pelo detalhe: a penhora anual, progressiva, de uma pequena parte do imobilizado pode levar a uma situação não favorável para a entidade.

Assim, antes de evidenciarmos certo evento não quantificável, é preciso avaliarmos, embora seja difícil, se esta informação aumentará a relevância a ponto de justificar o aumento da complexidade de sua análise. Aqui, mais uma vez, é importante sabermos quem está interpretando as demonstrações. Se for um analista experimentado, provavelmente um excesso de informação poderá ser bem recebido, pois saberá separar o joio do trigo, ficando com a informação realmente importante para uma avaliação de tendência. Se estiver, por outro lado, sendo interpretado por um leitor com incipientes e vetustas noções de Contabilidade e Finanças, possivelmente um grande número de informações e de detalhes irá mais confundir do que auxiliar. Acreditamos que os relatórios contábeis devam ser preparados tendo em vista ser analisados por indivíduos com conhecimento bastante avantajado dos procedimentos e das normas contábeis, os quais interpretarão e traduzirão em termos mais simples o que dizem os relatórios para seus clientes. Mesmo admitindo esta última interpretação, todavia, não devemos pensar que, por isto, poderemos impingir quantidade e qualidade enormes de dados e informações. Mesmo que não consigamos confundir nosso intérprete, ainda assim estaremos incorrendo em custos e impropriedades normalmente proporcionais ao grau de evidenciação, além de certos limites. É importante lembrar a máxima: "Forneça a informação relevante para o usuário, mas não pretenda invadir o campo do investidor, substituindo-o em todas as avaliações subjetivas do modelo decisório e do risco."

6.2 As várias formas de evidenciação

Embora a evidenciação se refira a todo o conjunto das demonstrações contábeis, várias formas de realizar a evidenciação estão disponíveis:

1. forma e apresentação das demonstrações contábeis;
2. informação entre parênteses;
3. notas explicativas;
4. quadros e demonstrativos suplementares;
5. comentários do auditor; e
6. relatório da administração.

Já que no Brasil prevalece a ideia de que evidenciação é quase sinônimo de notas explicativas, quando, na verdade, a evidenciação principal está contida nos próprios relatórios formais, é necessário definir brevemente o conteúdo de tais formas de evidenciação.

Na primeira, *forma e apresentação das demonstrações contábeis*, estas devem conter, como vimos, a maior quantidade de evidenciação. A colocação de tais demonstrações em uma forma ou ordem que melhore sua interpretabilidade ajuda a melhorar a evidência. Por exemplo, no balanço patrimonial, poderíamos subtrair do ativo corrente o passivo corrente, para chegarmos ao capital de giro líquido, ao passo que na demonstração de resultados poderíamos realizar um esforço para classificar as despesas em fixas e variáveis, que é a classificação mais importante para o usuário da informação contábil, pois lhe permite prever de que forma mudarão as despesas (e os resultados) se houver flutuação na demanda (Receita de Vendas). Por outro lado, informações de muita relevância podem ser apresentadas nas demonstrações de fontes e usos de recursos e, também, em uma demonstração de fluxos de caixa, nas quais os vários grupamentos deveriam ser evidenciados de maneira inteligente e global, de forma que se permitisse avaliar a importância relativa de cada item em seu grupo ou no total de fontes ou usos. Também é importante utilizar, nas demonstrações, uma terminologia clara e relativamente simplificada. Termos (e grupos) obscuros como *resultado pendente, pendente* ou mesmo *resultado de exercícios futuros* devem ser evitados, por não serem precisos.

Na segunda, *informação entre parênteses*, ainda dentro do corpo dos demonstrativos tradicionais, maiores esclarecimentos sobre um título de um grupo ou um critério de avaliação utilizado podem ser feitos entre parênteses. Todavia, estas explicações também deveriam ser curtas. Exemplos são constituídos por uma explicação sobre um título de um item na demonstração de resultados ou no balanço, uma indicação de particular procedimento de avaliação na mesma linha do valor atribuído aos inventários. Poderíamos colocar, por exemplo, entre parênteses, "avaliados pelo método PEPS" ou por outro porventura utilizado. Outras formas de evidenciação parentéticas referem-se à informação de que este ou aquele item está penhorado ou que certa exigibilidade tem direitos de prioridade sobre outras. Outro tipo de evidenciação refere-se aos detalhes relativos a um ou mais itens incluídos em uma classificação genérica, avaliações alternativas, tais como a custos de reposição ou a valores de realização etc.

Na terceira, mais conhecida e comentada, *notas explicativas*, o objetivo é evidenciar informação que não pode ser apresentada no corpo dos demonstrativos contábeis e/ou, se o fizéssemos, diminuiríamos sua clareza. Segundo Hendriksen, as vantagens principais das notas explicativas são as seguintes: (1) apresentação de informação não quantitativa como parte integral dos relatórios contábeis; (2) evidenciação das qualificações e restrições para certos itens nos demonstrativos; (3) evidenciação de maior volume de detalhes do que poderíamos apresentar nos demonstrativos; e (4) apresentação da informação quantitativa ou descritiva de importância secundária. As principais desvantagens seriam: (1) tendência de dificuldade de leitura e, assim, poderem passar despercebidas; (2) dificuldade maior na utilização das descrições textuais, nas tomadas de decisões, do que nas sumarizações de dados quantitativos, nos demonstrativos; e (3) devido à crescente complexidade das empresas, perigo do abuso das notas explicativas em vez do desenvolvimento adequado dos princípios, que incorporariam novas relações e eventos nos próprios demonstrativos.

Os tipos mais comuns de notas explicativas são os seguintes: (1) *explanações de técnicas ou mudanças nos métodos*; (2) *explanações sobre direitos de credores a ativos específicos ou direitos de prioridade*; (3) *evidenciação de ativos ou passivos contingentes*; (4) *evidenciação de restrições para o pagamento de dividendos*; (5) *descrições de transações que afetam o capital e os direitos dos acionistas*; e (6) *descrição de contratos*. Às vezes as notas explicativas são utilizadas para apresentar dados quantitativos detalhados, mas os quadros suplementares seriam o lugar mais adequado para isso. No Brasil ainda se nota um excesso de notas explicativas.

A quarta forma de evidenciação, *demonstrações e quadros suplementares* é bastante interessante. Nos quadros suplementares podemos apresentar detalhes de itens que constam das demonstrações tradicionais e que não seriam cabíveis no corpo dessas. Já as demonstrações suplementares podem ser de utilização mais ambiciosa, servindo para apresentar os quadros completos, contábeis, digamos, sob outra perspectiva de avaliação, corrigidos pelo nível geral de preços ou a custos de reposição etc. A demonstração de fontes e usos de recursos, que poderia ser um desses quadros suplementares, é exigida como principal pela Lei das Sociedades por Ações, devendo ser substituído pelo *de caixa*, numa próxima revisão da lei (o que já ocorreu, Lei nº 11.638, de 2007).

Algumas vezes, como dissemos, quadros suplementares estão contidos nas próprias notas explicativas, como é o caso, no Brasil, dos detalhes sobre empréstimos estrangeiros.

A quinta forma de evidenciação, *comentários do auditor* (no Parecer), serve apenas como fonte adicional de *disclosure* para a informação de: (1) efeito relevante por ter utilizado métodos contábeis diversos dos geralmente praticados; (2) efeito relevante por termos mudado de um princípio para outro; (3) diferença de opinião entre o auditor e o cliente, com relação à aceitabilidade de um ou mais de um dos métodos contábeis utilizados nos relatórios. É claro que os dois primeiros estão contidos nos próprios relatórios. Trata-se de dupla evidenciação para maior segurança do usuário. Quanto à última, se o auditor não conseguir persuadir o cliente a utilizar o critério preconizado e desde que a mudança de critério não esteja declarada em notas explicativas, deverá apontar o fato na opinião.

A última forma de evidenciação, *Relatório da Administração*, engloba, normalmente, informações de caráter não financeiro que afetam a operação da empresa: expectativas com relação ao futuro no que se refere à empresa e ao setor, planos de crescimento da companhia e valor de gastos efetuados ou a efetuar no orçamento de capital ou em pesquisa e desenvolvimento. Essas evidenciações são de relativa importância, desde que não sejam auditadas ou não estejam sujeitas à revisão do auditor, pois normalmente são enviesadas pelo lado do otimismo inconsequente, sendo comuns frases como esta: "Confiamos que continuaremos a apresentar um desenvolvimento favorável de nossas operações no futuro", e outras do gênero. Embora deva ser encarado com cautela, este tipo de evidenciação não deixa de ser interessante por apresentar indícios de políticas da empresa que podem auxiliar o usuário a formar uma tendência.

No Brasil, a Lei das Sociedades por Ações, ao tratar das notas explicativas, forma talvez principal de evidenciação (além da informação contida nas demonstrações), estabelece que estas deverão indicar pelo menos:

1. os principais critérios de avaliação dos elementos patrimoniais, especialmente os estoques, dos cálculos de depreciação, amortização e exaustão, de constituição de provisões para encargos ou riscos e dos ajustes para atender às perdas prováveis na realização de elementos do ativo;
2. os investimentos em outras sociedades, quando estes forem relevantes;
3. o aumento de valor de elementos do ativo resultantes de novas avaliações;
4. os ônus reais constituídos sobre elementos do ativo, as garantias prestadas a terceiros e outras responsabilidades eventuais ou contingentes;
5. a taxa de juros, as datas de vencimento e as garantias das obrigações de longo prazo;
6. as opções de compra de ações outorgadas e exercidas no exercício;
7. o número, as espécies e as classes das ações de capital social;
8. os ajustes de exercícios anteriores; e
9. os eventos subsequentes à data de encerramento do exercício que tenham, ou possam vir a ter, efeito relevante sobre a situação financeira e sobre os resultados futuros da companhia.

Em todos os pronunciamentos do CPC, já aprovados pelos órgãos reguladores, há seções específicas para tratar sobre a evidenciação.

Assim, verificamos que a evidenciação é um compromisso inalienável da Contabilidade com seus usuários e com os próprios objetivos. As formas de evidenciação podem variar, mas a essência é sempre a mesma: apresentar informação quantitativa e qualitativa de maneira ordenada, deixando o menos possível para ficar de fora das demonstrações formais, a fim de propiciar uma base adequada de informação para o usuário. Ocultar ou fornecer informação demasiadamente resumida é tão prejudicial quanto fornecer informação em excesso. É preciso limitar a quantidade e a qualidade das informações suplementares (por meio de notas explicativas, quadros suplementares etc.) a um conjunto digerível e objetivo (o quanto possível) de informações. É importante que a profissão exerça um esforço profundo de pesquisa na delimitação da quantidade e da qualidade de informação adicional que deve ser apresentada. Deveria haver certa uniformidade a este respeito, pelo menos no que se refere a grandes setores de entidades. Pode haver ênfases diferenciadas neste caso. Por exemplo, a política de obras e de contratação de obras, bem como concorrências de obras, pode ser informação de maior interesse para uma empresa pública, ao passo que de relativo interesse para uma sociedade anônima privada, embora existam áreas comuns que possam e devam ser uniformizadas. Modernamente, adiciona-se outra forma de evidenciação, além das já apresentadas, que poderíamos denominar de "Terminologia Adequada", que consiste em descrever de forma apropriada e clara os itens contidos nas demonstrações. Por exemplo, utilizar ao máximo termos conforme geralmente entendidos por analistas financeiros, em lugar de termos exageradamente técnicos, obscuros, e que apenas contadores possam entender. Finalmente, é preciso lembrar que, no Brasil, o Parecer do Conselho Fiscal também poderia ser considerado como uma forma adicional de evidenciação.

Resumo

Sumário sobre os Capítulos 4, 5 e 6 (princípios, convenções e evidenciação)

Como vimos, os princípios contábeis expressam o estágio atual do entendimento da Contabilidade por parte dos membros influentes da profissão. Embora haja muitas nuanças de caráter nacional e mesmo regional, existe um corpo básico de princípios, criticáveis, é verdade, sob alguns aspectos, que tem mantido a disciplina até o momento. Boa parte dos princípios é decorrência da aceitação dos postulados da continuidade e da entidade, vistos no Capítulo 3. Principalmente a aceitação da Continuidade traz consequências notáveis no campo da avaliação, preferindo-se normalmente valores de entrada (custo) para avaliação do ativo a valores de saída. A Contabilidade reconhece que a empresa é um instrumento apto a adicionar valor aos fatores manipulados, embora este valor seja reconhecido, usualmente, no ponto de venda ou de prestação do serviço. A melhor forma de entendermos certos desvios desta prática usual é termos em mente os três parâmetros fundamentais para reconhecimento da receita, isto é: (1) existência de um valor objetivo de mercado; (2) desenvolvimento de grande parte do esforço relativo ao ganho da receita (este parâmetro pode ser detalhado no sentido de reconhecer cumprimento de etapas dentro de períodos menores do que o ciclo operacional completo – veja contratos de longo prazo); e (3) finalmente, possibilidade de estimar as despesas associadas com a produção daquela receita. Por outro lado, é necessário notar que as despesas podem ter-se originado de gastos realizados no passado, durante o período em que é reconhecida a receita, ou mesmo após. O custo dos produtos vendidos é, em parte, um exemplo de gastos realizados antes do período em que estamos reconhecendo a despesa (por exemplo, matéria-prima incluída no produto vendido e que foi adquirida no exercício anterior ou no período de avaliação anterior) e, de outro lado, de gastos efetuados no mesmo período em que a receita é reconhecida. Outras despesas, indiretamente relacionadas à receita, mas que beneficiam o período, são exemplos de gastos que são despesas do mesmo período. Por outro lado, uma comissão de venda pode muito bem ser paga (gasto) após o período de registro da venda que deu origem à receita, mas, mesmo assim, é reconhecida como despesa (ou como dedução de receita) no mesmo período em que a receita é reconhecida. O gasto, portanto, pode ser anterior, concomitante ou posterior ao período em que a receita que deu origem à despesa foi reconhecida. A distinção entre gasto, custo e despesa é importante em Contabilidade.

Vimos também que o princípio do denominador comum monetário é uma característica básica do método contábil. Todavia, ao mesmo tempo que é uma vantagem, no sentido de que nos permite agregar coisas distintas, representa uma limitação à nossa liberdade de arbitrariamente corrigir relações de débito e crédito pelas variações do poder aquisitivo da moeda ocorridas em determinado período. As convenções ou restrições contábeis estão intimamente ligadas aos princípios, no sentido de delimitar e qualificar o campo de escolha do contador em circunstâncias variadas. Consistência, materialidade e objetividade, encaradas na devida perspectiva, como vimos anteriormente, são características básicas do procedimento contábil.

A consistência tem desempenhado um papel fundamental no desenvolvimento da profissão. Por outro lado, uma adequada dose vocacional de conservadorismo é essencial para a profissão, a fim de fornecer, entre vários critérios igualmente válidos à luz de princípios contábeis, a alternativa mais conservadora do ponto de vista de seu impacto no resultado. Frequentemente, todavia, tem sido feito um mau uso do conservadorismo em Contabilidade, servindo para tendência manipuladora ou "normalizante" de resultados, que escapam ao âmbito desta disciplina. A evidenciação, por outro lado, não é uma convenção, mas, na verdade, um capítulo de teoria da Contabilidade. Uma boa evidenciação pode auxiliar a traçar tendências de maneira mais adequada. Entretanto, deve-se tomar cuidado para não substituir as demonstrações contábeis por notas explicativas ou quadros suplementares, pois, acima de tudo, é nas demonstrações tradicionais que deve ser feita a maior parte de evidenciação dos fatos relevantes. Uma clara delimitação dos eventos, principalmente os contingentes e os fatos que ocorreram após a data dos relatórios contábeis é necessária, pois um acúmulo desnecessário de informação pode até confundir o usuário, mais do que elucidar. Resumindo, o corpo dos princípios contábeis tradicionais pode ser alvo de críticas, e muitas delas serão elaboradas em capítulos posteriores, mas o fato é que tem suprido uma adequada base de sustentação da disciplina até o momento. Pode ser que os usuários da informação contábil ganhassem mais realce e mais esclarecimento se certas normas de avaliação mudassem, mas isso somente será comprovado verificando-se a reação efetiva à mudança. Por outro lado, devemos distinguir bem os graus de liberdade dos quais podemos dispor para os relatórios da Contabilidade Financeira (para a qual este livro é basicamente destinado), dos graus de liberdade concedidos ao contador gerencial. Nesta última especialidade, temos muito maior flexibilidade para utilizar e mudar critérios mais avançados, mas, na Contabilidade Financeira, se quisermos aumentar a relevância, deveremos prever claramente *como obter*, de forma praticável e objetiva, esta relevância. A evidenciação, por outro lado, é uma condição que está acima dos próprios princípios e que está intimamente ligada às necessidades informativas dos usuários, variáveis no tempo e no espaço. Certamente, o investidor de hoje é muito mais exigente e sofisticado em termos de informação do que o de cinquenta anos atrás. O de amanhã será muito mais do que o de hoje. À medida que se aguçam os instrumentos de análise de investimentos e financeira em geral, o investidor toma suas decisões baseado na maior e melhor quantidade possível de informação. Daí o desafio da Contabilidade. Hoje, muitos investidores estão mais interessados no fluxo de caixa que a empresa poderá gerar do que no fluxo de rendas do período encerrado. Isto coloca uma série de novas questões na Contabilidade e, se quisermos permanecer competitivos como profissão, alarguemos consideravelmente o campo de nossas informações, sempre de forma disciplinada, todavia, sem pretender substituir o julgamento do tomador de risco, mas assessorando-o. Que fique claro que a estrutura vista nos capítulos de 3 a 6 (incluindo Postulados) é uma concepção teórico-conceitual e pouco tem a ver com as estruturas conceituais regulatórias, que formam a base das normas emanadas de órgãos como o CPC.

1. Como você diferencia postulados de princípios? Por quê?

2. Faça uma análise crítica dos conceitos envolvidos no postulado da continuidade. Quais as consequências admitidas pela aceitação desse postulado na Contabilidade?

3. Poderiam os inventários ser avaliados a valores de realização? Em quais circunstâncias?

4. Se, economicamente, o processo produtivo adiciona valor continuamente aos fatores de produção, por que a Contabilidade não reconhece a utilidade agregada em cada instante?

5. Descreva, sumariamente, como seria mantida uma Contabilidade baseada exclusivamente em valores de saída (de realização).

6. Quais os eventos relevantes que deveriam ser evidenciados adicionalmente aos demonstrativos contábeis clássicos?

7. Discuta a afirmação: "O corpo da teoria contábil deveria ser expresso em postulados, teoremas e corolários, como no caso das ciências físicas ou Matemática."
8. Consistência e uniformidade são sinônimos em Contabilidade? Por quê?
9. Faça um resumo do que entende sobre postulados, princípios e convenções.
10. Faça uma análise sobre evidenciação. Por que as normas atuais dão tanta ênfase às divulgações?

Exercícios

Problemas

1. A empresa Delta apresenta os valores abaixo (pelo custo) para as mercadorias específicas, em 31-12-X:

	Para uma unidade
Mercadoria A	$ 15,00
Mercadoria B	$ 10,00
Mercadoria C	$ 7,00

    O *custo de reposição*, para as mesmas mercadorias, na mesma data, era: A – $ 13,00; B – $ 12,00; e C – $ 7,00. Os valores líquidos de realização (valor de venda menos despesas para vender) eram, respectivamente, A – $ 16,00; B – $ 13,00; e C – $ 7,00. Os valores líquidos de realização menos a taxa de lucro eram, ainda, A – $ 13,00; B – $ 10,00; e C – $ 6,00. Discuta, pelo princípio do custo histórico como base de valor e pela restrição do conservadorismo, quais seriam os valores a serem apreciados para a avaliação do estoque em 31-12-X e por quê.

2. Certa empresa especializada em supermercados iria iniciar suas operações em 2 de janeiro de 20X9. Durante o período de 20X8 efetuou uma série de gastos relativos a propaganda institucional para o supermercado; gastos com juros relativos à construção do supermercado, financiada; e gastos com contratação de equipe de empregados especializados para o supermercado. A empresa não pôde iniciar suas operações em 02-01-X9, em virtude de *problemas legais absolutamente independentes de sua vontade*. Somente pôde iniciá-las seis meses mais tarde. Neste período, teve gastos com a equipe contratada, com juros (parte) e outros gastos administrativos. Além do mais, teve de repetir, em maio de 20X9, a propaganda institucional. Segue um quadro-resumo dos gastos:

	20x8	1º Semestre 20x9
Propaganda	$ 50.000,00	$ 50.000,00
Juros	$ 25.000,00	$ 12.500,00
Equipe	$ 35.000,00	$ 17.500,00
Administrativos	–	$ 12.000,00

    O período de contabilização foi declarado semestral, a partir do dia em que se supunha o início das operações, isto é, em 02-01-X9. Em 1º de julho de 20X9, as operações tiveram realmente início. Pelo princípio da realização da receita e da confrontação da despesa, como trataria os gastos ocorridos em 20X8 e no primeiro semestre de 20X9?[2]

---

[2] HENDRIKSEN. *Op. cit.* Capítulo 7, AICPA.

3. A empresa de auditoria J. Shumpeter & Associados realizava a auditoria anual da empresa Conservas Cereja S.A. Verificaram, pela análise atenta dos registros e transações, que tinha ocorrido uma notável subavaliação dos estoques, os quais estavam avaliados, em todos os casos, pelo valor de realização líquido, subtraindo-se ainda a margem de lucro. A empresa alegava estar utilizando corretamente a convenção do conservadorismo. Também certas receitas de serviços já realizados não haviam sido reconhecidas sob a premissa de que não haviam sido ainda faturadas. A empresa, por outro lado, provisionara como despesa, em 20X9, os honorários dos consultores Cirilo e Cia. para os próximos três meses, sob a alegação de que se tratava de uma despesa facilmente previsível e que, sendo o contrato trimestral, nada de mal haveria em se reconhecer a despesa de antemão. Discuta os critérios utilizados pela empresa e interprete corretamente o verdadeiro sentido do conservadorismo. Tem a empresa razão em seus procedimentos? Por quê?

4. A empresa Capatosta S.A. vinha utilizando, para avaliação de seus estoques, o método PEPS. Na verdade, para o fluxo físico real de suas operações com mercadorias, o método da média ponderada seria o mais adequado. Entretanto, a empresa não mudava seu procedimento por receio da inconsistência; esse temor era sempre (não intencionalmente) reforçado pelos próprios auditores independentes, que sempre se referiam ao problema da consistência. Em 20X3, se tivéssemos mudado para o método da média ponderada, haveria uma diferença no resultado de $ 150.000,00, que representa 20% das vendas. A representatividade da distorção é motivo suficiente para mudar de critério? Como se interpretariam adequadamente a consistência, a evidenciação e a materialidade nesse caso?

Unidade II

O Núcleo Fundamental da Teoria Contábil

7

O Ativo e sua Mensuração

Objetivos de Aprendizagem

Neste capítulo, você aprenderá:
- Algumas definições de ativo.
- Mensuração e avaliação de ativos.
- Avaliação de ativos a valor de saída.
- Avaliação de ativos a valor de entrada.

7.1 Generalidades

É tão importante o estudo do ativo que poderíamos dizer que é o capítulo fundamental da Contabilidade, porque à sua definição e mensuração está ligada a multiplicidade de relacionamentos contábeis que envolvem receitas e despesas. É crítico o entendimento da verdadeira natureza do ativo, em suas caraterísticas gerais, a fim de que possamos entender bem as subclassificações que aparecem em vários tipos de padronização, em vários países. Ativo é ativo, independentemente de pertencer, por uma ou por outra classificação, a este ou àquele grupo.

7.2 Algumas definições de ativo

Dica

É importante entendermos bem o conceito de ativo como recurso que é controlado pela entidade. Dessa forma, ao controlarmos, podemos ter ou não a propriedade.

Segundo Francisco D'Auria, o ativo é, finalmente, "o conjunto de meios ou a matéria posta à disposição do administrador para que esse possa operar de modo a conseguir os fins que a entidade entregue à sua direção tem em vista".

Esta definição é, de certa forma, restrita, pois fala em conjunto de meios ou da *matéria posta à disposição*. Pode dar a entender que se trata apenas de meios materiais ou tangíveis, deixando de lado elementos tão importantes como *goodwill*. Além do mais, não projeta exatamente o que esses meios devem realizar para que possam ser considerados como ativo. Que tipo de serviço está implícito em tais meios? Tem, todavia, o mérito de pôr em realce, implicitamente, a distinção entre donos do capital e gerência.

Eliseu Martins (1972) apresenta uma definição interessante que, livremente interpretada, define Ativo como os benefícios futuros provocados por um agente. Esta definição tem a vantagem de deixar bem claro que é o valor dos benefícios que determinará o valor do ativo e não, propriamente, o agente, de per si. Entretanto, é muito difícil separar o agente dos benefícios que gera.

Segundo Sprouse e Moonitz, no ARS nº 3, do AICPA, de 1962, "ativos representam benefícios futuros esperados, direitos que foram adquiridos pela entidade como resultado de alguma transação corrente ou passada".

A ênfase, nesta definição, está na potencialidade de serviços por parte dos ativos para a empresa. Aproxima-se de uma definição bastante precisa para nossas finalidades, embora dê, talvez, excessiva ênfase às transações presentes ou passadas. *Ativos podem ser constituídos como resultado do esforço de pesquisa da empresa, de natureza contínua, pela organização excelente e por fatores intangíveis não necessariamente ligados a transações com o mundo exterior.*

Walter B. Meigs e Charles E. Johnson[1] definem ativo como "recursos econômicos possuídos por uma empresa".

Esta definição caracteriza-se pela concisão e apresenta muitas dimensões de acerto, pois revela claramente que o ativo é constituído por recursos econômicos (esses têm uma definição bem abrangente em teoria), especificando a qualidade da posse por parte das entidades. Parece-nos que a propriedade é também elemento importante para definição dos ativos. De fato, mercadorias, por exemplo, podem ter sido adquiridas e encontrarem-se em trânsito no ato do levantamento do balanço; nem por isso deveriam ser deixadas de fora do mesmo. Outras vezes, como no caso de *leasing* (alguns tipos), a posse e o controle são elementos-chaves.

Paton[2] considera que "ativo é qualquer contraprestação, material ou não, *possuída* por uma empresa específica e que tem valor para aquela empresa".

Considerando-se que esta definição data de 1924, tem ela grande mérito, porque realça os aspectos materiais ou não dos ativos, e porque salienta que o ativo precisa ter *valor para a empresa, não sendo suficiente que tenha apenas um valor de troca*. Está implícita a noção de utilidade do ativo para a empresa...

O Comitê de Terminologia do AICPA, em 1941 e em 1953, no *Accounting Terminology Bulletin nº 1*, apresenta uma definição casuística de ativo da seguinte forma: "algo representado por um saldo devedor que é mantido após o encerramento dos livros contábeis de acordo com as normas ou os princípios de Contabilidade, na premissa de que representa ou um direito de propriedade ou um valor adquirido, ou um gasto realizado que criou um direito".

Uma definição interessante a que se chegou, juntamente com várias turmas de alunos de Teoria, tanto na USP quanto na PUCSP, é a seguinte: Ativos são recursos controlados por uma entidade capazes de gerar, mediata ou imediatamente, fluxos de caixa.

O termo *recursos* é amplo, incluindo tangíveis e intangíveis. O fato de serem controlados por uma entidade é uma dimensão mais moderna de ativo. Ao controlarmos, podemos ter ou não a propriedade. Por outro lado, a posse nem sempre é indispensável para caracterizar um ativo. Podemos ter adquirido um ativo e ele estar ainda em trânsito, não chegou, fisicamente, em nossa entidade, mas, nem por isso, deixa de ser ativo.

Finalmente, o teste de um ativo é que, ao trazer benefícios imediatos ou futuros, transformará esses benefícios em entradas líquidas de caixa ou em economia de saídas líquidas de caixa.

Esta definição e a do Prof. Martins nos parecem as mais adequadas.

Do exposto, depreende-se que:

1. o ativo deve ser considerado modernamente, em primeiro lugar, quanto à sua controlabilidade por parte da entidade, subsidiariamente quanto à sua propriedade e posse;

---

[1] MEIGS, Walter B.; JOHNSON, Charles E. *Accounting*: the basis for business decisions. New York: McGraw-Hill, 1962. p. 9.
[2] PATON. *Accounting*, 1924.

2. precisa estar incluído no ativo, em seu bojo, algum direito específico a benefícios futuros (por exemplo, a proteção à cobertura de sinistro, como direito em contraprestação ao prêmio de seguro pago pela empresa) ou, em sentido mais amplo, o elemento precisa apresentar uma potencialidade de serviços futuros (fluxos de caixa futuros) para a entidade;

3. o direito precisa ser exclusivo da entidade; por exemplo, o direito de transportar a mercadoria da entidade por uma via expressa, embora benéfico, não é ativo, pois é geral, não sendo exclusivo da entidade.

Em relação às normas do IASB, na última revisão do CPC 00 (R2), ocorrida em 2019, houve uma redefinição do conceito de ativo, definindo-o como: "recursos econômicos presentes controlados pela entidade como resultado de eventos passados". No apêndice aos capítulos 3, 4 e 5 deste livro, comentamos essa alteração na seção que trata da Estrutura Conceitual para Relatório Financeiro.

7.3 Características adicionais

Bens incorporados por doação são ativos, da mesma forma que os adquiridos ou construídos, desde que confiram à entidade expectativas de benefícios futuros. Se as doações se revestirem de características recorrentes, como, por exemplo, no caso de entidades não lucrativas que têm como fonte parcial de suas receitas (de seus orçamentos) doações, a contrapartida deverá ser a crédito de receita, eventualmente não operacional. Se se tratar de doação de ativos permanentes, para servirem a mais de um ciclo operacional, a contrapartida *poderá* ser a crédito de uma conta de patrimônio líquido.[3] As depreciações ou amortizações de tal ativo poderão ser encerradas, no fim dos períodos, contra esta conta de patrimônio líquido.

Os direitos, por outro lado, precisam ter um benefício líquido positivo. Hendriksen apresenta o exemplo de um edifício que perdeu seu *valor de serviço* para a entidade. Se o custo de remoção deste edifício for exatamente igual ao valor de liquidação de seus materiais, não pode ser considerado um ativo.

7.4 Mensuração e avaliação dos ativos

Pelo fato de os ativos serem recursos econômicos alocados às finalidades do negócio, dentro de um período específico de tempo, e sendo agregados de potenciais de serviços disponíveis ou benéficos para as operações da entidade, o significado de alguns ativos somente pode ser relacionado aos objetivos da entidade e dependerá da continuidade desta. (Comitê de Conceitos Contábeis e Padrões da AAA – American Accounting Association, 1957, p. 3.)

Assim, o problema consiste em "traduzir" os potenciais de serviços em valor monetário. O mesmo Comitê da AAA aduz o seguinte:

> *"Conceitualmente, a medida de valor de um ativo é a soma dos preços futuros de mercado dos fluxos de serviços a serem obtidos, descontados pela probabilidade de ocorrência e pelo fator juro, a seus valores presentes."*

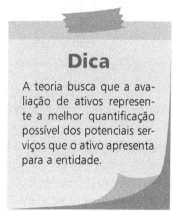

Dica
A teoria busca que a avaliação de ativos represente a melhor quantificação possível dos potenciais serviços que o ativo apresenta para a entidade.

Entretanto, este conceito de avaliação é um ideal que tem bases práticas limitadas para a quantificação. Consequentemente, a mensuração (a rigor, mensuração dá uma ideia mais física do que monetária – em certos casos, seria uma etapa anterior à avaliação monetária propriamente dita) dos ativos é normalmente realizada por outros métodos que servem

---

[3] O tratamento diretamente a crédito do patrimônio (sem passar por resultados) ou passando por estes depende também do tipo de "filosofia de demonstração de resultados" utilizada. Veja o Capítulo 9, para mais detalhes.

como estimadores daquele método ideal. Todavia, como afirmam Griffin, Williams e Larson, em seu trabalho *Advanced Accounting*, "*apesar dos impedimentos práticos a este tipo de avaliação descontada, pelo menos para todos os ativos, é preciso apresentá-la, devido à evidenciação da verdadeira natureza dos ativos que auxilia a consolidar*".

A esse respeito, o investimento em debêntures de uma sociedade pode fornecer um interessante exemplo. Neste caso, dois fluxos distintos podem ser individualizados conceitualmente: (1) o juro em dinheiro a ser recebido em intervalos específicos de tempo; e (2) o principal, ou o valor nominal do título, a ser resgatado no vencimento. Ambos devem ser descontados a uma taxa apropriada de juros, para os períodos relevantes de tempo. Outro exemplo, que detalharemos, é o de um investimento em equipamentos. Presuma que uma empresa possui uma máquina da qual se espera a produção, durante um período de três anos, de uma receita anual de $ 165.000,00, com custos "de desembolso" anuais de $ 15.000,00. A máquina tem um valor residual esperado de $ 30.000,00 no fim de sua vida útil. Se presumirmos uma taxa de retorno desejada de 15% a.a., o valor presente deste ativo pode ser assim calculado:

Valor Presente das Receitas Líquidas Futuras

$$\text{VARLF} = \frac{\$ 150.000,00}{1,15} + \frac{\$ 150.000,00}{(1,15)^2} + \frac{\$ 150.000,00}{(1,15)^3}$$

$$\text{VARLF} \cong \$ 342.483,77$$

Valor Presente do Valor Residual

$$\text{VAVR} \cong \frac{\$ 30.000,00}{(1,15)^3} = 19.725,49$$

Valor Presente do Equipamento

$$\text{VAE} = \text{VARLF} + \text{VAVR} = \$ 342.483,77 + \$ 19.725,49 = \$ 362.209,26$$

É claro que deveríamos comparar este valor atual com o custo necessário para adquirir o equipamento, para decidir se vale a pena o investimento. *Note que as receitas a serem descontadas são de caráter puramente financeiro, não devendo ser descontada de tais receitas a depreciação do equipamento.* Conforme salientam esses autores, este tipo de avaliação evidencia os seguintes fatores:

1. a seleção de uma taxa apropriada de desconto é importante. Esta taxa deveria ser de risco equivalente ao do investimento considerado. Na prática, esta não é tarefa fácil;
2. como afirmamos, é importante não subtrair das receitas a depreciação. Embora a base caixa efetiva seja ideal, uma aproximação frequentemente utilizada para a receita líquida de caixa é: *lucro líquido contábil + depreciação e outras despesas "não caixa"*.

Uma das críticas mais frequentes ao método de avaliação individual é que vários ativos contribuem, conjuntamente, para a produção de fluxos de receitas líquidas, sendo difícil determinar a contribuição individual de cada ativo e, mesmo que possível, a soma dessas contribuições individuais não seria igual ao valor dos ativos como um todo, em virtude dos fatores intangíveis não individualizáveis (organização etc.) que provocam uma receita líquida maior (ou menor) que a soma das contribuições individuais. Uma fórmula interessante de reconciliar as duas posições foi a idealizada por Eliseu Martins,[4] que consiste basicamente em avaliar a empresa como um todo pelo processo descontado e, em seguida, avaliar cada ativo por sua contribuição individual. A diferença seria o *goodwill*, positivo ou negativo.

---

[4] MARTINS, Eliseu. *Contribuição à avaliação do ativo intangível*. 1972. Tese (Doutoramento) – Universidade de São Paulo, São Paulo.

Como vimos, essas mensurações baseadas em fluxos descontados têm, entretanto, algumas limitações derivantes da dificuldade da escolha de uma taxa adequada de juros e outros fatores subjetivos.

Em sentido mais tradicional, o problema da avaliação do ativo tem sido dividido em duas partes fundamentais: (1) ativos monetários – disponibilidades – e ativos assemelhados, que deveriam ser expressos em termos de entradas esperadas de caixa, ajustadas pelo prazo de espera de recebimento, sempre que relevante; (2) os itens não monetários – inventários, instalações e equipamentos, investimentos de longo prazo e intangíveis – não são tão amenos, quanto à sua avaliação, como os monetários. Tais ativos seriam tipicamente determinados ou avaliados pelo custo de aquisição ou algum conceito derivado (de entrada).

Em certos casos especiais, até pelo Valor Justo (também aplicável a alguns ativos financeiros monetários). De fato, presumindo um mercado livre, espera-se que o custo de aquisição expresso pelo preço de barganha de um ativo seja uma quantificação satisfatória das expectativas de serviços futuros, no momento da aquisição. Modificações no custo de aquisição podem ser ocasionadas pelo reconhecimento de fatores, tais como a depreciação, a depleção, a amortização ou a obsolescência.

Verifica-se que, no âmago de todas as teorias para a mensuração dos ativos, se encontra a vontade de que a avaliação represente a melhor quantificação possível dos potenciais de serviços que o ativo apresenta para a entidade.

Analisaremos os seguintes conceitos alternativos:

1. custo histórico;
2. custo histórico corrigido pela variação do poder aquisitivo da moeda;
3. custo corrente (ou de reposição);
4. valores de saída ("realizáveis");

Antes de passar em revista tais conceitos alternativos é importante lançar uma *ponte* entre valores subjetivos (descontados), valores de realização e custos de reposição. A discussão a seguir está baseada no Capítulo III de nossa tese de doutoramento na USP, de 1966, *Contribuição à Teoria dos Ajustamentos Contábeis*, inspirado no notável trabalho de Edwards e Bell.[5]

Após ter analisado várias alternativas, o empresário opta pela compra de uma máquina. Assim, escolheu determinada estrutura patrimonial entre as várias possíveis. Vamos supor que as receitas líquidas esperadas no fim de cada ano obedeçam à seguinte ordem:

- Primeiro ano – $ 500.000,00
- Segundo ano – $ 800.000,00
- Terceiro ano – $ 350.000,00
- Quarto ano – $ 220.000,00

O valor de aquisição é de $ 1.500.000,00 e espera-se vender a máquina no fim de sua vida útil (no fim do quarto ano) por $ 300.000,00. O plano não prevê reposição de fatores e extingue-se no fim do quarto ano. A taxa adequada de desconto escolhida foi de 12% a.a.

O *valor subjetivo* da máquina, dado pelo valor atual das receitas líquidas futuras, é:

$$VS = \frac{\$\,500.000,00}{1,12} + \frac{\$\,800.000,00}{(1,12)^2} + \frac{\$\,350.000,00}{(1,12)^3} + \frac{\$\,520.000,00}{(1,12)^4}$$

$VS \cong \$\,446.428,57 + \$637.755,10 + \$249.123,08 + \$\,330.469,41$

$VS \cong \$\,1.663.776,00$

---

[5] EDWARDS, Edgard O.; BELL, Philip W. *The theory and measurement of business income*. Berkeley/Los Angeles: University of California Press, 1961. Esta parte do capítulo é de leitura facultativa para os volumes dos cursos de graduação.

Nota-se que o valor subjetivo no momento *zero* é superior ao valor de aquisição do equipamento, o qual, em caso contrário, não seria adquirido, dada a taxa de retorno desejada de 12% a.a. Essa taxa, como vimos, é a taxa de retorno desejada sobre o investimento e não a taxa interna de retorno. A última seria a taxa que igualaria o valor atual dos fluxos futuros ao custo do investimento e, obviamente, no caso, seria maior do que 12%.

Estamos em condições de definir o *goodwill* ou, mais precisamente, o "*goodwill* subjetivo" (GS) no momento zero, que será a diferença entre VS e o custo do investimento ou o valor atual líquido.

Assim,

$$GS = \$ 1.663.776,00 - \$ 1.500.000,00 = \$ 163.776,00$$

Todavia, ainda não cogitamos expressar o lucro subjetivo (ou econômico, segundo alguns autores). Em uma primeira aproximação, diremos que esse lucro é igual à taxa de desconto multiplicada pelo valor atual das receitas líquidas. Assim, lucro econômico (subjetivo), Le = i . VS = 0,12 × $ 1.663.776,00 = $ 199.653,12.

Lucro econômico é o que pode ser consumido sem enfraquecer o valor subjetivo da empresa. Assim, no fim do primeiro ano de atividade, ao calcularmos o valor subjetivo da máquina, logo após termos recebido e distribuído a receita líquida de $ 500.000,00, deveríamos proceder da seguinte forma:

$$V_1 = \frac{\$ 800.000,00}{1,12} + \frac{\$ 350.000,00}{(1,12)^2} + \frac{\$ 520.000,00}{(1,12)^3}$$

$$V_1 = \$ 714.286,00 + \$ 279.018,00 + 370.126,00$$

$$V_1 = \$ 1.363.430,00$$

Entretanto, se tivéssemos distribuído apenas o lucro econômico, sobrariam, dos $ 500.000,00, $ 500.000,00 − $ 199.653,12 = $ 300.346,88. Este último valor deveria ser adicionado, a fim de sabermos o valor subjetivo no fim do período. Assim, o novo valor subjetivo seria igual a $ 300.346,88 + $ 1.363.430,00 ≅ $ 1.663.776,00! Note que este valor é idêntico ao valor subjetivo no início do período.

Assim, verifica-se que, distribuindo apenas o lucro subjetivo, não se alteraria o valor subjetivo. Isto seria verdadeiro para todos os períodos.

É necessário realçar, entretanto, que, no exemplo apresentado, a previsão quanto às receitas líquidas do primeiro período foi supostamente realizada, isto é, obtivemo-las efetivamente. Suponhamos, em uma segunda hipótese, que a receita líquida de caixa efetivamente recebida seja de $ 490.000,00 e não de $ 500.000,00. Por outro lado, supõe-se que as previsões de futuras receitas tendam a ser diferentes das efetuadas com as perspectivas de início de período, em virtude de alterações nas condições econômicas. Poderia, assim, ser efetuada nova previsão das receitas para o segundo, terceiro e quarto anos, e ainda seria realizada nova estimativa do valor residual. Suponhamos que os valores previstos sejam:

para o segundo ano:	$ 788.000,00
para o terceiro ano:	$ 420.000,00
para o quarto ano:	$ 365.000,00
para o valor residual:	$ 120.000,00

O valor subjetivo da máquina alterar-se-ia para $ 1.873.605,00, assim calculado (no fim do período 1):

$$VS \cong \$ 490.000,00 + \frac{\$ 788.000,00}{(1,12)} + \frac{\$ 420.000,00}{(1,12)^2} + \frac{\$ 485.000,00}{(1,12)^3}$$

$$VS = \$ 1.873.605,00$$

Dispomos, agora, de dois valores subjetivos: o primeiro, calculado no início das operações, quando as expectativas estavam influenciadas pela conjuntura econômica do momento; e o segundo, calculado no fim do período, levando em consideração o primeiro desvio entre previsões e realizações e partindo de novas condições econômicas.

Podemos, assim, calcular um conceito de lucro ligeiramente diferenciado do simbolizado por Le. Seria uma espécie de lucro econômico, que, apesar de subjetivo, seria *ex-post*, isto é, equivaleria a mensurar o lucro de período. Desta forma, teremos:

$$Le = \$\ 1.873.605,00 - \$\ 1.663.776,00 = \$\ 209.829,00$$

Assim, resumindo, teríamos os seguintes conceitos e valores:

1. valor subjetivo calculado no início de 1: $ 1.663.776,00;
2. valor subjetivo calculado no fim de 1 com os valores estimados no início de 1: $ 1.863.430,00 ($ 1.363.430,00 + $ 500.000,00);
3. lucro econômico baseado nas expectativas do início de 1: $ 199.653,12;
4. valor subjetivo calculado no fim de 1 com as expectativas do fim de 1: $ 1.873.605,00; e
5. lucro econômico do período *ex-post*: $ 209.829,00.

O conceito nº 5 seria talvez o mais importante, tornando-se um ideal para a Contabilidade. Entretanto, preferimos apresentar tais conceitos aqui como meros subsídios à explicação da avaliação dos ativos. O mais importante será comparar tais conceitos subjetivos com um plano de investimento baseado em valores de mercado (de realização).

7.4.1 O plano baseado em valores de mercado (de realização)

Suponhamos agora que, com os mesmos fundos disponíveis do exemplo anterior, elaboremos um plano em função de valores esperados de mercado (valores de realização, isto é, de venda). As receitas líquidas de caixa esperadas para os vários períodos e o valor residual esperado são os mesmos do primeiro exemplo, do valor subjetivo. *A única diferença desse plano consiste em se estimarem os prováveis valores de realização, não apenas para o fim da vida útil, mas também para o fim de cada período de avaliação.* Assim, os valores residuais são: em 0, $ 1.500.000,00; em 1, $ 1.300.000,00; em 2, $ 420.000,00; em 3, $ 400.000,00 e, no fim da vida útil, $ 300.000,00.

Podemos, então, elaborar o quadro a seguir:

	Ano 0	Ano 1	Ano 2	Ano 3	Ano 4
Valor de realização do ativo antes da distribuição de dividendos	$ 1.500.000,00	$ 1.800.000,00	$ 1.220.000,00	$ 750.000,00	$ 520.000,00
Receitas líquidas	–	$ 500.000,00	$ 800.000,00	$ 350.000,00	$ 220.000,00
Valores residuais da máquina	$ 1.500.000,00	$ 1.300.000,00	$ 420.000,00	$ 400.000,00	$ 300.000,00

O lucro esperado, em termos de valores de realização para o primeiro período, seria igual a $ 1.800.000,00 – $ 1.500.000,00 = $ 300.000,00; para o segundo período, seria $ 1.220.000,00 – $ 1.300.000,00, portanto, um prejuízo de $ 80.000,00. Para o terceiro ano teríamos um lucro de $ 750.000,00 – $ 420.000,00 = $ 330.000,00; para o último ano, um resultado de $ 520.000,00 – $ 400.000,00, um lucro de $ 120.000,00.

Como vimos, o lucro esperado no primeiro ano é de $ 300.000,00. Se subtrairmos deste valor seu custo de oportunidade, isto é, o resultado da multiplicação da taxa de 12% pelo investimento inicial de $ 1.500.000,00, teremos $ 300.000,00 – 0,12 × 1.500.000,00 = $ 120.000,00. *Este é o lucro em termos de valores de realização em excesso a seu custo de oportunidade.*

Trazido ao momento inicial pelo processo de desconto, fica igual a $ 107.143,00, ou seja, $ 120.000,00/1,12.

Analogamente, para o segundo período, teríamos:

$$\frac{-\$\,80.000,00 - \$\,156.000,00}{(1,12)^2} = -\$\,188.138,00, \text{ prejuízo}$$

Lembremos que o resultado nominal do segundo ano era um prejuízo de $ 80.000,00. Adicionando o custo de oportunidade e descontando pelo tempo, chegamos a um prejuízo total de $ 188.138,00. O custo de oportunidade, $ 156.000,00, foi obtido multiplicando-se 0,12 por $ 1.300.000,00, que é o valor do investimento no fim do período 1.

Para o terceiro e o quarto períodos temos, utilizando a mesma metodologia, $ 199.013,00 e $ 45.757,00 de lucro, em valores atuais. Somando-se algebricamente todos os resultados, obtemos: *lucro total realizável em excesso a seu custo de oportunidade descontado para o momento 0 ≅ $ 163.776,00, o mesmo valor para o goodwill subjetivo calculado no exemplo inicial. É realmente importante este fato, pois indica-nos um caminho de conciliação entre valores subjetivos e de mercado, embora estes sejam de realização.* Assim, o *goodwill* subjetivo pode ser definido como a diferença entre o valor subjetivo em determinado momento e o valor de aquisição dos ativos. *Entretanto, também pode ser conceituado como a capacidade de a empresa gerar lucros acima da taxa normal, isto é, lucros que superem o custo de oportunidade baseado no investimento inicial avaliado a valores de realização.* O conceito de valor de realização é adequado para um investimento que se extingue, como o do exemplo. Valores de entrada são mais significativos para as entidades em continuidade. Todavia, verificamos que existe uma conciliação entre valores subjetivos (fluxos descontados) e valores de mercado. As taxas utilizadas são apenas exemplos.

Vamos agora fazer uma apreciação dos principais conceitos de avaliação para o ativo, dividindo-os em valores de saída e valores de entrada.

7.4.2 Valores de saída

Valores descontados das entradas líquidas de caixa futuras

Este conceito ideal foi analisado inicialmente. É preciso adicionar que este método envolve não apenas o estabelecimento da taxa adequada de juros, como também uma estimativa da probabilidade de receber os valores previstos. Na prática atual tem sido utilizado, às vezes, apenas no que se refere aos itens monetários.

Preços correntes de venda

Quando o produto da empresa for vendido em um mercado organizado, o preço corrente de venda pode ser uma razoável aproximação do futuro preço de venda. Assim, este método pode ser uma aproximação para as entradas previstas de caixa para ativos, *tais como inventários de produtos para venda, produtos ou coprodutos próximos do estágio final de acabamento.* Se, todavia, não se espera vender os produtos em curto lapso de tempo, seu preço atual deveria ser adequadamente descontado ao valor presente. Se se esperam custos e despesas adicionais de venda, tais itens deveriam ser deduzidos do valor de venda a fim de obtermos uma avaliação correta. Este método é conhecido também como *valor realizável líquido.* Tem limitações, pois não pode ser utilizado como conceito geral de avaliação do ativo e, assim, avaliamos, na prática, o ativo por meio de vários conceitos, de acordo com o ativo avaliado. Além do mais, o preço corrente de venda é o valor que está sendo pago pelo comprador marginal agora e não representa, necessariamente, o valor que será pago no futuro, exceto se todas as condições permanecerem constantes.

Equivalentes correntes de caixa

Este conceito, proposto por Chambers para todos os ativos, representa o total de dinheiro que poderia ser obtido vendendo cada ativo sob condições de *liquidação ordenada*. *É um conceito de difícil aplicação, pois excluiria do ativo todos os itens que não tivessem um valor presente de mercado*. Por exemplo, segundo Hendriksen,[6] equipamentos especializados não vendáveis, como a maior parte dos ativos intangíveis, deveriam ser descarregados do ativo no ato da compra, pois não teriam um preço corrente de mercado.

Valores de liquidação

Esta é a hipótese extremada de valores de saída, porque presume uma *venda forçada*, tanto para clientes normais a preços extremamente reduzidos, como para outras firmas, bem abaixo do custo. Deveriam ser utilizados apenas quando mercadorias ou outros ativos se tornarem obsoletos e quando a empresa não espera continuar o empreendimento em futuro próximo; é, portanto, uma hipótese de descontinuidade.

NOTA SOBRE VALOR JUSTO: As IFRS trouxeram, para certos ativos (e passivos) a avaliação a Valor Justo, que não deixa de ser um valor de mercado, porém definido por FASB e IASB, em 2010, como valor de saída. Considera-se que não deixa de ser um salto de qualidade esta introdução. Somente que se continua a preferir valores de entrada e para a generalidade dos ativos, não apenas para alguns.

7.4.3 Valores de entrada

Considera-se que os valores de entrada são mais adequados, em geral, do que os valores de saída como base geral de avaliação do ativo, pois podem representar o valor máximo para a empresa ou porque muitas vezes não existe um mercado para valores de venda. Considera-se também que os valores de entrada são mais "objetivos" e não permitiriam, em tese, o reconhecimento de receita antes que seja "realizada". Na verdade, as abordagens reais à avaliação são muitas vezes ecléticas, misturando valores de entrada e de saída, embora predominem, de fato, os de entrada, na prática atual.

Trataremos apenas das principais alternativas baseadas em valores de entrada: custo histórico, custo histórico corrigido pelas variações do poder aquisitivo da moeda, custo corrente e custo corrente corrigido pelas variações do poder aquisitivo da moeda. Lembramos apenas que os valores de saída também poderiam ser corrigidos pelas variações do poder aquisitivo da moeda.

Custo histórico

Tem sido tão tradicional a adoção desta base de valor na Contabilidade, que esta tem sido frequentemente associada com aquela. Assim, o Comitê de Terminologia do Aicpa, em 1953, afirmava: "Desde que a Contabilidade é predominantemente baseada no custo, as utilizações adequadas da palavra *valor*, em Contabilidade, estão basicamente restritas à evidenciação de itens ao custo ou às modificações *do custo*."

O Aicpa enfatizou a avaliação baseada no custo em diversas oportunidades e, em 1957, afirmava:

> "Ativos não monetários, isto é, inventários, instalações, investimentos de longo prazo e ativos diferidos não são adequados para uma mensuração monetária acurada. Tais ativos são

---

[6] HENDRIKSEN, Eldon S. *Accounting theory*. Homewood: Richard D. Irwin, 1971. p. 265.

tipicamente evidenciados pelo custo ou algum conceito derivado. Presumindo um mercado livre, o custo de aquisição expresso no preço de barganha de um ativo é uma quantificação satisfatória das expectativas de serviços futuros no momento da compra."

Verifica-se, portanto, que uma das razões mais fortes para a adoção do custo histórico é sua possível aderência, no momento da aquisição, para expressar os potenciais de serviços futuros, para a empresa, do ativo que está sendo adquirido. Por outro lado, na avaliação dos ativos não monetários, é sua objetividade e verificabilidade o motivo de sua adoção. *Quando o que se dá em troca pela aquisição de um ativo consiste em um ativo não monetário, o valor de troca é determinado por seu preço corrente.* Hendriksen reconhece que uma das mais fortes razões da adoção generalizada do custo histórico tem sido sua estreita relação com o conceito de realização da receita na mensuração do lucro. De fato, um lucro baseado em valores históricos é totalmente realizado, tanto na parte operacional quanto na dos ganhos. Mas, apesar de todas as vantagens, há muitas desvantagens, que se referem, normalmente, ao fato de que o valor dos ativos muda com o tempo, não somente em virtude das variações de preços, obsolescência etc., *mas também em virtude da mudança no estoque de potenciais de serviços de cada ativo.* Não permite, ainda, reconhecer perdas e ganhos quando real e economicamente acontecem, mas somente quando são "realizados".

Custos correntes (valor de mercado, de compra)

Custos históricos e correntes são iguais na data de incorporação de um ativo. Porém, à medida que os preços mudam e a tecnologia fica mais sofisticada, pode haver variações. *Em sentido mais rigoroso, custo corrente de um ativo, hoje, no estado em que se encontra, seria o somatório dos custos correntes dos insumos contidos em um bem de serviços equivalentes aos do originariamente adquirido menos sua depreciação.* O custo corrente de um ativo procura, assim, representar a avaliação, a preços correntes, do mesmo ativo adquirido há mais tempo. Em casos – limite – poderia aproximar-se do custo de reprodução. Só que este último se aplica mais a um bem em estado de novo, exatamente, fisicamente, igual ao que está sendo avaliado. Na prática, quando há taxa de mudança tecnológica em determinado ramo, fica difícil reproduzir os valores correntes dos ativos assim definidos, pois estes já se diferenciam sensivelmente dos antigos quanto às características técnicas e de produtividade. Todavia, desde que os novos ativos prestam "serviços equivalentes" aos antigos, podem-se obter aproximações. *Mas, frequentemente, o valor dos benefícios a serem obtidos com o novo ativo não é igual ao custo corrente do ativo antigo.* Por isso, fala-se em serviços equivalentes. Provavelmente nunca serão iguais. Idealmente, desta forma, deveríamos procurar no mercado um bem exatamente no estado em que se encontra o que está sendo avaliado e verificar seu valor de mercado, de compra para a entidade que está realizando a avaliação.

Apesar de tais problemas de definição, o custo corrente apresenta, na data da avaliação, uma série de vantagens sobre o custo histórico e sobre outros conceitos: (1) Para o usuário e investidor externo pode aproximar-se razoavelmente, com ajustes, do valor que deveria pagar para montar uma fábrica igual (em estado de novo) àquela que está avaliando (se os ativos estiverem avaliados a custos correntes). (2) Por outro lado, como o custo corrente representa, hoje, uma medida do valor de compra dos ativos, quando amortizamos esses ativos para despesa, teremos uma comparação mais adequada entre valores correntes de receita e despesa. É claro que o poder aditivo dos ativos avaliados a custos históricos é muito menos significativo do que se utilizarmos custos correntes. A não ser que se saiba que não iremos substituir nossos ativos (devido, digamos, a uma queda na demanda dos produtos produzidos por determinada máquina, ou em caso mais geral, se tivermos mudado toda nossa orientação técnica de produção e, por isso, os ativos atuais não mais continuarem no futuro), o custo corrente apresenta-se como uma das mais promissoras formas de avaliação geral para o ativo. Conceitualmente, ele é tão bom quanto o valor de saída (trata-se afinal de um preço de mercado); para a empresa que o está avaliando é talvez de mais prática determinação. Se não existir um preço de mercado, a empresa tem um histórico de insumos de custos muitas vezes suficiente para calcular o custo corrente dos insumos contidos no ativo, ao passo que talvez não possuísse o histórico dos preços de saída. Para o usuário externo é uma medida que aumenta o poder preditivo do balanço, que melhor compara receita com despesa e representa uma aproximação de quanto deveria desembolsar para obter uma empresa parecida com a que está sendo avaliada. *Considerando todos os pontos fracos e fortes e, inclusive, levando-se em conta a gerência, que tem reconhecida preferência por valores correntes (de reposição), pode-se concluir que o custo corrente de reposição, na data,[7] como base de avaliação de ativo, seja, provavelmente, o mais completo. Em certos casos, para efeitos gerenciais, até o custo de reposição futura pode ser interessante. Obviamente, se tivermos inflação ou deflação no período entre dois balanços correntes deveremos aplicar o custo corrente corrigido.* Os custos correntes podem ser obtidos, também, embora menos preferencialmente, com a aplicação de coeficientes calculados com a utilização de índices específicos de preços, além da investigação direta no mercado e da utilização do custo dos insumos contidos no ativo.

Custos históricos corrigidos pelas variações do poder aquisitivo médio geral da moeda

Tem sido um critério utilizado por muitos que, desejando aumentar o poder preditivo dos demonstrativos, não querem, ainda assim, se afastar em demasia dos conceitos "geralmente aceitos". Note-se que a avaliação a custos corrigidos nada mais é do que uma restauração dos próprios custos históricos. Não se pretende chegar a custos de reposição, mas apenas restabelecer os custos incorridos em transações passadas em termos de poder aquisitivo da moeda de uma data-base. O custo histórico corrigido apresenta a vantagem de ser de fácil utilização e, além do mais, leva a uma avaliação do patrimônio líquido que facilita as tomadas de decisões para manter o patrimônio pelo menos com a mesma potencialidade, apesar das distribuições. *Todavia, a principal limitação consiste em a empresa, devido à estrutura de seus ativos e a seu posicionamento no setor, com os concorrentes etc., experimentar, às vezes, uma taxa de perda de poder aquisitivo de sua moeda diferente da média geral da economia.* Assim, deveríamos calcular uma "inflação da própria empresa", o que também nos propõe outros problemas. Apesar das limitações, a aplicação do conceito é muito importante, pois tem-nos propiciado uma fonte de experiência muito grande com correções. Não há dúvida de que os valores resultantes têm um potencial informativo maior do que os custos históricos. Por outro lado, o conceito favorece a comparação de ativos avaliados em datas distintas, pois, frequentemente, escolhe-se uma data-base comum para restauração dos custos históricos. Em certas circunstâncias, quando sabemos, por exemplo, que determinado ativo não vai mesmo ser reposto, o conceito do custo histórico corrigido é melhor do que o próprio conceito de custo corrente. Um problema é que não reconhece a existência de outros lucros ou ganhos que não os estritamente "realizados". O conceito tem sido o preferido em muitos países que têm adotado afastamentos parciais, em suas legislações, do princípio do custo histórico puro.

Custo corrente corrigido pelas variações do poder aquisitivo da moeda

É talvez o mais completo conceito de avaliação de ativos a valores de entrada, pois combina as vantagens do custo corrente com as do custo histórico corrigido. Os ativos são basicamente avaliados em determinada data a valores correntes (de reposição). Em uma data posterior, os ativos da mesma entidade são também avaliados a custos correntes de reposição, naquela data. Embora em cada data os ativos representem a mais razoável aproximação (levando-se em conta também a praticabilidade e a objetividade) dos valores econômicos dos ativos (desde que tenhamos renunciado aos fluxos descontados), estes podem não ser comparáveis nas duas datas, se houver ocorrido no período variação do poder aquisitivo médio geral da moeda (inflação ou deflação). Assim, para compararmos os ativos da data t_0 com os da data t_1 (em termos de soma de valores) podemos tomar o valor corrente em t_0 e multiplicá-lo pelo coeficiente de variação geral de preços dado por: $IGPT_1 / IGPT_0$.[8] O resultado será comparável, em poder aquisitivo, com o ativo avaliado a custos correntes em t_1. Com receitas e despesas, exceto as amortizações e outras poucas, utilizaríamos coeficientes médios, pois as receitas e despesas de desembolso já são expressas em termos nominais correntes.

---

[7] Na data para dados do Balanço e *médio* para a Demonstração de Resultados. Veja Cap. 16.

[8] Índice geral de preços (IGP).

7.5 O custeamento variável e seus reflexos na avaliação do ativo (considerações especiais)

A utilização do custeio variável para uma série de tomadas de decisões apresenta muitas vantagens, principalmente as que se enquadram naquelas que consistem em alocar, da melhor forma possível, um fator escasso de produção aos vários produtos, de maneira que obtenhamos a combinação mais lucrativa. Todavia, no que se refere à avaliação dos ativos no balanço e ao poder preditivo deste último, devemos afirmar que o custeio variável diminui a representatividade do valor apropriado aos estoques (somente se atribuem os custos variáveis) como expressando a potencialidade daqueles ativos na geração de fluxos futuros de caixa. O grau de perda de "preditibilidade" somente poderá ser amenizado se o investidor puder derivar relacionamentos mais ou menos constantes entre o valor dos estoques (subavaliados) e os fluxos de renda que gerarão. Este *handicap* negativo do custeio variável não deveria ser motivo para não utilizá-lo, mas para reconhecer as vantagens do custeio por absorção. Na verdade, precisamos utilizar os dois conceitos. *O custeio variável é mais relevante para finalidades gerenciais, dentro de prazos mais curtos. O custeio por absorção apresenta, usualmente, mais vantagens totais para os usuários externos e representa melhor a definição do que seja um ativo.*

Resumo

Na verdade, o ativo, sua conceituação mensuração configuram-se, talvez, como o capítulo mais importante da teoria contábil, ao lado do capítulo de receitas, despesas, perdas e ganhos. É extremamente relevante conceituar bem o ativo, em suas características básicas, para evitarmos problemas futuros com a apreciação desse ou daquele elemento específico do ativo, desse ou daquele grupo. Muitos problemas na prática contábil brasileira derivam de aceitarmos sem discussão classificações legais, sem termos atentado para o significado intrínseco de cada ativo. As interpretações atribuídas ao grupo pendente, fruto de nossa antiga Lei das Sociedades por Ações, eram as mais desencontradas. Na verdade, todo ativo, seja um imobilizado, seja um direito a receber determinada proteção por certo tempo, decorrente de um pagamento já realizado, ou um gasto ativado para amortização futura para despesa, tem características gerais comuns, independentemente de seu tipo específico. A característica fundamental é sua capacidade de prestar serviços futuros à entidade que os controla individual ou conjuntamente com outros ativos e fatores de produção, capazes de se transformar, direta ou indiretamente, em fluxos líquidos de entradas de caixa. Todo ativo representa, mediata ou imediatamente, direta ou indiretamente, uma promessa futura de caixa. Quando falamos indiretamente, queremos referir-nos aos ativos que não são vendidos como tais para realizarmos dinheiro, mas que contribuem para o esforço de geração de produtos que mais tarde se transformam em disponível. Alguns ativos, como despesas pagas antecipadamente e gastos ativados em pesquisa e desenvolvimento, nem sempre são capazes de gerar fluxos futuros de caixa, diretamente, mas propiciam melhores condições para que a entidade, em sua totalidade, os gere ou poupe saídas de caixa. Na mesma categoria enquadram-se as despesas pré-operacionais a amortizar. Tais desembolsos criaram condições para toda a entidade, ao entrar em seu período operacional, poder receber receitas. Portanto, vários períodos serão beneficiados pelo gasto realizado em determinado período, e não somente um. Assim, é muito importante entendermos a conceituação íntima de ativo, para melhor podermos avaliá-lo.

No que se refere à mensuração e avaliação, a forma que conceitualmente mais se aproxima da natureza dos ativos seria sua mensuração a valores presentes de fluxos descontados futuros de caixa. Entretanto, esta metodologia, apesar de seus méritos conceituais e das luzes que insere na questão do ativo, apresenta algumas dificuldades de ordem prática para poder ser geralmente utilizada, na prática, no estágio atual.

Outros conceitos alternativos, de maior praticabilidade, devem ser pesquisados, embora o de fluxo descontado possa ser utilizado na prática em itens monetários. Assim, verificamos que existe uma ponte de ligação entre os conceitos de fluxos descontados e os valores de mercado, mormente de realização. Entretanto, os valores de realização não são considerados os mais relevantes, para todo o ativo, em uma hipótese de continuidade. Assim, uma aproximação deveria ser realizada com um dos conceitos de entrada dos quais analisamos os principais. É de se perguntar se a Contabilidade deveria utilizar uma única conceituação de valor para avaliação dos ativos ou se poderia utilizar várias conceituações para cada grupo de ativos. A resposta é difícil de ser dada. A decisão deve residir em um trade-off entre os métodos que melhor aproximam a avaliação da predição de fluxos futuros de caixa à praticabilidade de tais mensurações, sua objetividade e, também, ao pensamento firme de não transformar a avaliação de ativo em uma colcha de retalhos de utilização de n conceitos diferentes. Em geral, como abordagem à teoria contábil, somos favoráveis a posição de termos coragem de adotar certa filosofia de valor que, reconhecida e comprovadamente, seja a melhor no maior número possível de situações e de casos, aceitando aqueles em que não seria a melhor como exceções ou casos a serem estudados. Para nós e para muitos outros estudiosos, levando-se em conta todos os fatores como: relevância, praticabilidade, objetividade, poder preditivo etc., o conceito de custo corrente (de reposição) corrigido é o mais completo, na maior parte das circunstâncias, e deveria ser adotado para a avaliação geral do ativo. Obviamente, poder-se-ia admitir uma exceção no caso dos produtos destinados à venda, que poderiam ser avaliados pelo valor realizável líquido e para os itens monetários, que são valores numerários ou assemelhados, por sua própria natureza. Poderia haver dificuldades na avaliação a custos correntes de ativos como goodwill, certos ativos intangíveis etc. Nesse caso, o conceito mais próximo seria o custo histórico corrigido. Nosso ideal deveria ser o custo corrente corrigido, adotando, entretanto, outra abordagem como atalho ou aproximação a este ideal, com exceção de produtos e itens monetários. A representação de produtos a seu custo de reposição (para fabricá-los), todavia, poderá até ser aceitável como aproximação e para uniformidade, na premissa de que a receita (e os valores de saída) seriam mais adequadamente reconhecidos no ato da venda. Além do mais, o custo de reposição dos produtos pode aproximar-se, às vezes, do valor realizável líquido.

Mesmo que a prática venha aconselhar uma conceituação mista para a avaliação dos ativos, levaremos muitas vantagens, como contadores e investidores, se tivermos entendido bem o sentido profundo do que vem a ser ativo e de suas formas principais de mensuração e avaliação.

Questionário

1. Conceitue o sentido geral de ativo.
2. Quais as características gerais de qualquer elemento do ativo?
3. É mais importante a noção de posse ou a de propriedade na caracterização do ativo?
4. Como poderiam ser avaliados os estoques de produtos destinados à venda?
5. No que consiste o conceito de fluxo descontado de caixa na avaliação do ativo?
6. O que é custo corrente corrigido?
7. Quais os casos em que o custo corrente não é uma boa base para a avaliação de um ativo (ou de controle)?
8. Explique a avaliação a valores de liquidação. Em que momento ela deve ser utilizada?
9. Explique o custo corrente corrigido pelas variações do poder aquisitivo da moeda.
10. Explique o custo corrente corrigido pela variação do poder aquisitivo médio geral da moeda.

Exercícios

1. Certa empresa possuía um equipamento, adquirido por $ 500.000,00 e que proporcionara os fluxos de caixa de: $ 100.000,00 no primeiro ano, $ 180.000,00, no segundo, $ 300.000,00, no terceiro, $ 50.000,00, no quarto, e $ 200.000,00, no quinto. Espera-se poder vendê-lo por $ 20.000,00 no fim do quinto ano. A taxa de juros adequada é de 30% ao ano. Terá valido a pena adquirir o equipamento?

2. O ativo da empresa XYZ era composto pelos seguintes elementos, avaliados conforme segue: disponibilidade, $ 100.000,00; contas a receber, $ 350.000,00 ($ 300.000,00 vencíveis em trinta dias e $ 50.000,00 em sessenta dias); mercadorias, $ 500.000,00, avaliadas pelo custo médio ponderado das compras; instalações, $ 1.000.000,00 (corrigidas monetariamente pelos coeficientes oficiais); depreciação acumulada, $ 700.000,00 (corrigida pelos coeficientes oficiais). Que comentários faria sobre cada conta, tendo em vista os vários critérios de avaliação utilizados, e os que estão disponíveis?

3. Certa empresa tinha um ativo composto por Itens Monetários, $ 100, e não monetários, de $ 200. Dos itens não monetários, alguns foram adquiridos em datas anteriores, quando o índice geral de preços era de 100. Hoje é de 130. A parte adquirida anteriormente correspondia à metade, ou seja, $ 100. Seu custo corrente, hoje, é de $ 120. A outra metade já está avaliada a valores correntes. Como faria a correção dos itens, primeiro a custos históricos corrigidos, depois a custos correntes e, finalmente, a custos correntes corrigidos?

8

O Passivo e sua Mensuração

Objetivos de Aprendizagem

Neste capítulo, você aprenderá:
- A definição de passivo.
- A mensuração das exigibilidades.
- A composição das exigibilidades e o momento de seu reconhecimento.
- Contingências e sua diferença de passivo.

8.1 Generalidades

Trataremos de Passivo, neste capítulo, como sinônimo de Exigibilidades. Fazemos esta ressalva, pois poder-se-ia entender o termo *Passivo* em sentido mais amplo, o de todas as contas com saldo credor inseridas no lado direito do Balanço Patrimonial.

O problema principal do passivo não reside tanto em sua mensuração, mas em *quando* reconhecê-lo e *registrá-lo*. A natureza e o *timing* de reconhecimento do passivo são tratados com maior ênfase neste capítulo. A avaliação recai, usualmente, na natureza de itens monetários fixos; às vezes, existe cláusula de correção monetária ou variação cambial; de qualquer forma, são sempre expressos em moeda corrente na data dos balanços. Uma diferenciação poderia ser constituída pelas receitas recebidas antecipadamente, as quais não se caracterizam como item monetário.

8.2 Definições de passivo

Hatfield assim definiu exigibilidades:

> "Num sentido restrito, exigibilidades... são subtraendos dos ativos, ou ativos negativos. Seria lógico, portanto, preparar um balanço no qual as exigibilidades totais fossem subtraídas dos ativos totais, deixando no lado direito do balanço meramente os itens que representam a propriedade." (*Accounting, its principles and problems*, 1927.)

Esta é uma visão nítida de *teoria da propriedade*, como podemos notar. Já a *teoria dos fundos* poderia interpretar os passivos de forma diferente, como reservas ou restrições aos ativos, derivantes de considerações legais, equitativas, econômicas ou gerenciais.

Por outro lado, a visão da *teoria da entidade* é outra, isto é, considera as exigibilidades como reclamos contra a *entidade* ou, mais especificamente, contra os ativos da entidade. Entretanto, a entidade continua sendo vista como organismo com vida própria. Nem mesmo o patrimônio líquido pertence aos proprietários, na continuidade, mas à entidade.

Em alteração realizada em 2019 na Estrutura Conceitual, o conceito de passivo foi redefinido e agora é: "Obrigações presentes da entidade de transferir um recurso econômico como resultado de eventos passados". No apêndice aos capítulos 3, 4 e 5 deste livro, comentamos essa alteração na seção que trata da Estrutura Conceitual para Relatório Financeiro.

8.3 Composição das exigibilidades

O que deveria ser incluído (ou excluído) das exigibilidades é uma importante questão. Tem havido desde interpretações bastante restritivas até as muito amplas. Segundo a interpretação mais restrita, apenas as dívidas efetivas (legais) deveriam ser incluídas... Assim, apenas os valores a pagar decorrentes de algumas transações passadas (já realizadas), com vencimento em um momento específico de tempo no futuro, deveriam ser contemplados.

Outros autores incluiriam nas exigibilidades valores que possam vir a ser devidos se falharmos no cumprimento de algum ato futuro (lucros diferidos ou passivos contingentes).

O Comitê de Princípios da American Accounting Association considerava que as exigibilidades deveriam ser obrigações legais, mas nem todas as obrigações legais são exigibilidades, na data do balanço. Assim, em 1957, definia que "os interesses dos credores (exigibilidades) são reclamos contra a entidade e derivam de *atividades passadas* ou eventos, que, usualmente, requerem, para sua satisfação, o gasto de recursos corporativos".

Canning (*The economics of accountancy*, 1929) utilizou uma frase muito rebuscada para expressar o que deveria ficar de fora ou ser incluído nas exigibilidades:

> "Uma exigibilidade é um serviço, avaliável em dinheiro, que um proprietário é obrigado a prestar por uma norma legal ou equitativa para uma segunda pessoa ou conjunto de pessoas, desde que não seja uma compensação incondicional por serviços específicos de igual ou maior valor monetário devidos por esta segunda pessoa ao proprietário."

Embora não tivesse esclarecido os tipos de passivos, além dos legais, que deveriam ser incluídos, Hendriksen avança a ideia de que totais a serem pagos por danos a serem suportados ou por serviços a serem prestados seriam incluídos no passivo, mesmo que não houvesse obrigação legal quanto a tais pagamentos... Assim, provavelmente, segundo ainda Hendriksen, incluiríamos no passivo estimativas relativas a abatimentos por mercadorias parcialmente defeituosas ou devolvidas, mesmo quando não existisse uma obrigação legal para realizá-los. Não incluiríamos, entretanto, obrigações que são uma compensação por serviços de igual ou maior valor devidos por terceiros à entidade.

A definição é complexa e preferimos agora expressar nosso ponto de vista:

1. As exigibilidades deveriam referir-se a fatos já ocorridos (transações ou eventos), normalmente a serem pagas em um momento específico futuro de tempo, podendo-se, todavia, reconhecer certas exigibilidades em situações que, pelo vulto do cometimento que podem acarretar para a entidade (mesmo que os eventos caracterizem a exigibilidade legal apenas no futuro), não podem deixar de ser contempladas. Poderiam estar incluídos nesta última categoria, digamos, o valor presente das indenizações futuras ou provisionamentos para pensão, no caso de a entidade ter obrigação por tais pagamentos futuros.

2. Note-se, todavia, que, embora os fatos que provocam a exigibilidade legal se configurem às vezes no futuro, de *alguma forma* o fato gerador da exigibilidade está relacionado a eventos

passados ou presentes, não se podendo, apenas, prever exatamente *quanto* e *quando*, senão recorrendo a cálculos previsionais e atuariais.

3. Por outro lado, se é prática comercial comum indenizar, total ou parcialmente, terceiros por eventos que, mesmo não sendo considerados obrigações legais, de certa forma foram devidos a falhas de cumprimento de condições usuais de comércio (devoluções etc.), seria viável o provisionamento de tais encargos. Não podemos esquecer de que boa parte das exigibilidades está associada ao reconhecimento de despesas. Para reconhecer receita é necessário ter condições para estimar as despesas associadas, mesmo que o desembolso ocorra apenas no futuro, em um ponto indeterminado.

8.4 O momento de reconhecimento das exigibilidades

Como muito bem afirma Hendriksen,[1] o reconhecimento de uma exigibilidade depende do reconhecimento do outro lado da transação – a incorrência de uma despesa, o reconhecimento de uma perda ou o recebimento por parte da empresa de um ativo específico (ou uma troca de exigibilidades). Não há dúvida de que o reconhecimento de uma despesa é o elemento mais importante para o reconhecimento de um passivo, pois irá afetar o cálculo do lucro do período. Por outro lado, se ocorrer uma perda extraordinária, é preciso levá-la em consideração a fim de reportar o resultado não operacional. Se um ativo específico é recebido pela empresa, e não pago a vista, é necessário reportar a exigibilidade relacionada a fim de evidenciar claramente sua posição financeira no balanço.

O reconhecimento das despesas afeta profundamente o registro de exigibilidades. Por exemplo, se não houvesse o desejo (a necessidade e a possibilidade) de registrar como despesa o Imposto de Renda gerado pelo lucro do período (embora somente no próximo exercício tal imposto seja recolhido), muito provavelmente não registraríamos a provisão ou a exigibilidade decorrente.

Assim, exigibilidades decorrentes de venda de produtos e serviços com garantia (exigibilidades equitativas) não seriam registradas se não existisse interesse em reconhecer a despesa no mesmo período em que a receita foi reconhecida.

É preciso tomarmos cuidado, mais uma vez, com os itens a serem incluídos nas exigibilidades. Por exemplo, não é correto incluir o salário a pagar dos funcionários por seu serviço a ser ainda prestado no futuro, embora seja quase certo que o farão. Da mesma forma, colocar como passivo obrigações pelo pagamento de bens e serviços a serem adquiridos no futuro também não é adequado, ainda que derivantes de contratos já assinados, pois comprador e vendedor ainda não desempenharam os serviços, havendo, portanto, um direito incondicional de compensação, conforme citado em item anterior.

Entretanto, é preciso levar em consideração que, em algumas circunstâncias, os contadores registrarão exigibilidades se acharem necessário ou conveniente fazê-lo, por vários motivos, inclusive de natureza de benefício fiscal, escapando a rigorosas considerações teóricas. É preciso não confundir compromisso com passivo. Todo passivo representa um compromisso, mas nem todo compromisso é passivo, pelo menos no mesmo momento. Assim, uma empresa tem compromissos de executar adequadamente seus orçamentos, mas isto não é passivo. Também, um Banco Central, por exemplo, tem compromissos de tudo fazer para salvaguardar o valor da moeda nacional, mas isto não é passivo. Passivo, numa interpretação livre da definição do FASB, implica comprometimento da entidade em consumir ativos, numa data determinada ou determinável, para satisfazê-lo, ou para extingui-lo e provêm, sempre, de eventos ou transações que já ocorreram, embora o desembolso vá ocorrer somente no futuro.

Dica

O passivo é uma obrigação presente!

---

[1] HENDRIKSEN, Eldon S. *Accounting theory*. Homewood: Richard D. Irwin, 1971. p. 447.

8.5 Nota sobre contingências

Dica
Contingência ainda não é uma obrigação!

Na definição clássica, uma exigibilidade contingente é uma obrigação que pode surgir, dependendo da ocorrência de um evento futuro. Segundo o SFAS5, uma contingência é definida como "uma condição ou situação existente, um conjunto de circunstâncias envolvendo incerteza quanto a ganhos ou perdas possí- veis... que será finalmente dirimida quando um ou mais eventos futuros ocorrerem ou deixarem de ocorrer".

Entretanto, é preciso observar que muitos passivos estimados dependem da ocorrência de eventos futuros como, por exemplo: provisões com garantias, provisões para abatimentos etc. Hendriksen considera que, se existir um valor provável para uma exigibilidade, mesmo que derivante da aplicação de probabilidade aos eventos, o passivo (provisão) deverá ser estimado e registrado. Na edição traduzida, de 1999, Hendriksen e Van Breda, *Teoria da contabilidade*, Atlas, afirmam que as perdas contingentes não devem ser reconhecidas em demonstrações financeiras, mas divulgadas em notas explicativas, caso a probabilidade de ocorrência do evento futuro seja apenas razoável. Nenhuma referência precisará ser feita à contingência se for julgado que a probabilidade de sua ocorrência é remota. Resumindo, se a ocorrência for provável, deverá seu valor ser provisionado, se for apenas razoável, deverá ser evidenciada em nota explicativa e se sua ocorrência for remota (probabilidade zero ou quase), carecerá de qualquer evidenciação.

Um exemplo clássico é o constituído por ações judiciais contra a empresa. Se for provável que a empresa perca a causa, haverá um passivo que deveria, a rigor, ser provisionado. Entretanto, se o contador não for capaz de efetuar uma estimativa razoável do valor a ser pago, talvez seja melhor efetuar uma descrição completa da contingência em nota explicativa. Somente se a probabilidade de a empresa perder fosse zero é que se dispensaria qualquer descrição.

O IASB utiliza a definição de passivo contingente e o conceitua da seguinte maneira na IAS 37 (CPC 25 – Brasil):

"Passivo contingente é:

(a) uma obrigação possível que resulta de eventos passados e cuja existência será confirmada apenas pela ocorrência ou não de um ou mais eventos futuros incertos não totalmente sob controle da entidade; ou

(b) uma obrigação presente que resulta de eventos passados, mas que não é reconhecida porque:

  (i) não é provável que uma saída de recursos que incorporam benefícios econômicos seja exigida para liquidar a obrigação; ou

  (ii) o valor da obrigação não pode ser mensurado com suficiente confiabilidade."

A norma define que o passivo contingente não deve ser reconhecido, apenas divulgado em notas explicativas, a menos que seja remota a possibilidade de saída de recursos que incorporam benefícios econômicos.

8.6 Mensuração das exigibilidades

Para as exigibilidades monetárias, o *valor de balanço deveria ser determinado pelo valor presente dos montantes a serem pagos no futuro*. Entretanto, no que se refere às exigibilidades de curto prazo, se o montante do desconto não for relevante, poderiam ser deixadas pelo valor nominal. É preciso notar, todavia, que, se pudermos pagar as exigibilidades antecipadamente ou na data do vencimento, com desconto, o valor presente da alternativa de menor valor deverá ser o valor corrente das exigibilidades. No caso de exigibilidades de longo prazo, o valor do desconto é normalmente relevante e, a rigor, o valor *presente* de tais vencimentos futuros deveria ser calculado. A Lei nº 11.638, de 2007, sancionou esse tipo de mensuração e avaliação.

Resumo sobre exigibilidade

Apresentamos agora as características básicas das exigibilidades seguindo o raciocínio de Hendriksen.

A obrigação precisa existir no momento presente, isto é, deve surgir de alguma transação ou evento passado. Pode derivar da aquisição de bens ou serviços, de perdas e despesas incorridas pelas quais a empresa assume obrigações ou de expectativas de perdas e despesas pelas quais a empresa se obrigou. Obrigações contingentes dependentes de eventos futuros deveriam ser consideradas apenas à medida que existir uma boa probabilidade de que tais eventos ocorrerão e desde que o fato gerador esteja relacionado, de alguma forma, com o passado e com o presente. Se estiver relacionado apenas com o futuro, poderemos constituir uma reserva para contingências e não uma provisão.

Obrigações equitativas ou derivantes de usos e costumes inerentes a determinado ramo de atividade podem ser incluídas se forem baseadas na necessidade de efetuar pagamentos futuros para manter boas relações comerciais ou se estiverem de acordo com as práticas comerciais usuais.

Usualmente, deveria existir uma data conhecida de vencimento da exigibilidade ou a expectativa de que o pagamento será requerido em algum momento específico de tempo, embora o exato momento não seja conhecido no presente.

Normalmente, o destinatário do pagamento (credor) deveria ser conhecido com certeza e identificável, especificamente ou como um grupo. Entretanto, não é necessário que o credor declare seu direito ou que dele tenha conhecimento no exato momento da inscrição da exigibilidade.

Assim, temos, basicamente, três tipos de passivos, ou exigibilidades. As legais, aquelas derivantes de obrigações a serem pagas em data determinada e para uma pessoa especificamente identificada e com valor estabelecido, as equitativas, ou seja, os provisionamentos derivantes de compromissos com garantias oferecidas a clientes e outras do gênero, e as contingentes, as que dependem da ocorrência de fatos futuros, no que se refere ao desembolso de recursos. Note-se que alguns autores consideram como contingentes as obrigações que denominamos de equitativas, pois dependem da ocorrência de eventos futuros. Entretanto, pensamos que a natureza seja algo diferente, pois, no caso das equitativas, normalmente existem dados estatísticos com relação à incidência no passado que permitem estabelecer previsões de ocorrência baseadas em experiência. Já no caso das exigibilidades propriamente contingentes, o grau de incerteza com relação aos parâmetros das distribuições de ocorrência futura é maior.

Exercícios

1. Defina passivo.
2. Qual a diferença entre uma exigibilidade *normal* e uma exigibilidade *contingente*?
3. Defina as principais características de uma exigibilidade.
4. É necessário que o credor seja individualizado para se caracterizar uma exigibilidade?
5. Qual o momento de reconhecer uma exigibilidade?

6. Por que o reconhecimento de despesas afeta profundamente o registro de exigibilidades?

7. Por que não devemos confundir compromisso com passivo? Explique a diferença.

8. Certa empresa assinou um contrato de fornecimento a longo prazo, pelo qual se compromete a entregar, a partir do próximo mês, após a data de assinatura do contrato, mercadorias durante seis meses, no valor de venda de $ 500.000,00 mensais. De modo geral, como trataria contabilmente o assunto? Por quê?

9. A empresa Alfa tem exigibilidades de curto prazo, em 31-12-77, no valor de $ 1.500.000,00. Os vencimentos serão: 30% a 30 dias e 70% a 60 dias. A taxa de desconto é de 3% ao mês. Como trataria no balanço tal exigibilidade? Pelo valor nominal ou pelo valor presente? Por quê?

10. Em 1º de janeiro de 1976, a empresa Deb lançou debêntures de dez anos por um valor nominal de $ 15.000.000,00. O juro é pagável semestralmente, em 30 de junho e 31 de dezembro. A entrada líquida de caixa para a empresa foi de $ 14.625.000,00 (isto é, no dia em que foram lançadas, as debêntures tinham um valor de mercado de $ 14.625.000,00). A taxa de juros é de 4%.

    Em 30 de junho de 1976, no fechamento do balanço fiscal da empresa, as debêntures estavam sendo negociadas a 98 1/2, e cada um dos montantes a seguir estava sendo sugerido como base possível de avaliação para o reporte da exigibilidade no balanço:

    a) $ 14.643.750,00 (entradas de caixa mais seis meses de amortização em linha reta);

    b) $ 15.000.000,00 (valor nominal);

    c) $ 27.000.000,00 (valor nominal mais juros futuros totais embutidos).

    Pede-se:

    a) distinguir taxa nominal de taxa efetiva de juros;

    b) explicar a natureza da diferença de $ 375.000,00 entre o valor nominal e o valor de mercado das debêntures em 1º de janeiro;

    c) explicar o fato de que entre 1º de janeiro e 30 de junho o valor de mercado de debêntures cresceu de $ 14.625.000,00 para $ 14.775.000,00, e discutir o significado do acréscimo para a empresa;

    d) apresentar argumentos a favor e contra cada alternativa sugerida para reportar a exigibilidade pela debênture, no balanço. (Exame do AICPA, 1964.)

9

Receitas, Despesas, Perdas e Ganhos

Objetivos de Aprendizagem

Neste capítulo, você aprenderá:
- A definição de receitas e algumas bases para sua mensuração.
- A definição de despesas e sua associação com as receitas.
- O conceito de ganhos e perdas.
- Ajustes de períodos anteriores.

9.1 Generalidades

Este é um dos capítulos mais importantes da Contabilidade, juntamente com Princípios Contábeis e Ativo, sem prejuízo dos demais. O capítulo de receitas, despesas, perdas e ganhos, principalmente no que se refere a receitas, nem sempre tem recebido a atenção necessária, principalmente na literatura nacional. É nossa intenção efetuar uma revisão do assunto, na qual voltaremos a ventilar alguns problemas tratados também no capítulo de princípios contábeis, *mormente do princípio de realização da receita e confrontação com as despesas.*

9.2 Natureza e definições de receita

É complexa a apreciação deste assunto, pois as definições de receita têm-se fixado, via de regra, mais nos aspectos de *quando* reconhecer a receita e em que montante do que *na caracterização de sua natureza*.

Assim, algumas definições usualmente encontradas de receita referem-se a seu efeito sobre o patrimônio ou ativo líquido, e outras fazem referências expressas à entrega de bens e serviços ao cliente.

Definimos receita, em outro trabalho nosso, da seguinte forma:[1]

> "Entende-se por receita a entrada de elementos para o ativo, sob forma de dinheiro ou direitos a receber, correspondentes, normalmente, à venda de mercadorias, de produtos ou à

---

[1] EQUIPE DE PROFESSORES DA USP. *Contabilidade introdutória*. 4. ed. São Paulo: Atlas, 1979. p. 73.

prestação de serviços. Uma receita também pode derivar de juros sobre depósitos bancários ou títulos e de outros ganhos eventuais."

Verifica-se o intuito didático da definição, talvez perfeitamente compreensível dado o caráter introdutório e elementar do trabalho. É uma definição mista e abrangente; revela o aspecto do acréscimo do ativo e as principais operações que podem dar origem à receita. Não se fixa, todavia, apenas à parte operacional, contemplando também receitas não operacionais e ganhos eventuais. Este último elemento entra de forma geral, não se esclarecendo se tais ganhos são o resultado de uma comparação entre entradas e custos ou não. A definição é bastante descritiva e, de certa forma, abrangente, servindo para as finalidades para as quais foi destinada.

O Comitê de Conceitos Contábeis e Standards da AAA, em 1957, assim definia receita: "É a expressão monetária do agregado de produtos ou serviços transferidos por uma entidade para seus clientes durante um período de tempo."

Verificamos que a qualidade desta definição reside em sua concisão. Caracteriza monetariamente um agregado de bens e serviços e adiciona a condicionante de que devem ter sido transferidos ao cliente durante certo período de tempo. Esta última condicionante parece-nos muito restritiva e não abarca boa parte das alternativas de reconhecimento da receita. Não há dúvida de que o ponto de transferência é, usualmente, o melhor para a Contabilidade, para definir e caracterizar a receita, mas não é o único, como vimos no capítulo de Princípios Contábeis.

Outra definição é de Sprouse e Moonitz:[2] "Receita de uma empresa durante um período de tempo representa uma mensuração do valor de troca dos produtos (bens ou serviços) durante aquele período."

Esta definição é uma das melhores, pois caracteriza o que é essencialmente a receita e dá margem a uma ampla gama de formas pelas quais pode ser reconhecida, colocando bem o fato de que o mercado deverá validar o esforço desenvolvido pela empresa, atribuindo um valor de troca à produção de bens e serviços. Em outras palavras, uma empresa pode ter manipulado fatores, incorrido em custos, mas, se o mercado não conferir um valor de troca a esse esforço, não existirá receita para ela. Os momentos em que o mercado atribui um valor ao produto são os mais variados. Vimos que a receita, desde que exista um valor de mercado perfeitamente definido e verificável e desde que possamos estimar as despesas associadas à sua produção, pode ser reconhecida, não sendo indispensável que os bens ou serviços tenham sido transferidos ao cliente, embora em um maior número de circunstâncias o ponto em que é mais fácil, efetivamente, satisfazer às condições de reconhecimento da receita seja o da transferência. Uma entidade, entretanto, não deveria sentir-se demasiadamente atada a este ponto, em sua prática empresarial.

Uma questão controvertida é *o que incluir na definição de receita*. As várias autoridades em matéria de definições contábeis nem sempre têm sido muito claras a esse respeito.

Por exemplo, o AICPA, em 1961, estabelecia que

> "os ganhos derivantes da venda ou troca de ativos (excluindo ações), juros e dividendos ganhos em investimentos e outros acréscimos de patrimônio líquido, exceto os derivantes de contribuições de capital e de ajustes de capital deveriam ser incluídos na receita".

Na Opinião nº 9, do mesmo AICPA, sugere-se que os itens extraordinários não recorrentes não deveriam ser incluídos na receita; entretanto, não define explicitamente o que é receita.

Em 1957, a AAA adotou uma definição mais restrita quanto ao que deveria ser incluído na receita, exclusive ganhos ou perdas derivantes da venda, da troca ou de outras conversões de ativos. Entretanto, embora reconheçamos que tais ganhos e outros itens extraordinários não deveriam estar incluídos na receita (de acordo com a definição anterior), devemos tomar cuidado para não excluir acréscimos de

---

[2] SPROUSE, Robert T.; Moonitz, Maurice. A tentative set of broad accounting principles for business enterprises. *Accounting Research*, New York: AICPA, n. 3, p. 46, 1962.

patrimônio que se refiram a outros tipos de serviços prestados pela empresa, como receitas de juros. Assim, quer seja operacional, quer não operacional, recorrente ou não recorrente, permanece como receita. Excluiríamos da mesma definição apenas os ganhos ou as perdas, os itens extraordinários e os ajustes de exercícios anteriores. Na verdade, a melhor forma de clarificar os vários eventos que provocaram efeitos positivos é tomando o cuidado, na demonstração de resultados, de caracterizá-los bem, por meio de denominações esclarecedoras, mesmo que longas. Voltaremos ao assunto dos ganhos e perdas e dos itens extraordinários posteriormente.

Assim, uma demonstração de resultados *poderia ter* a sequência básica abaixo:

	Receita operacional	$
(−)	Deduções da receita	$
=	Receita operacional líquida	$
(−)	Despesas operacionais	$
=	Resultado operacional	$
(±)	Receitas e despesas não operacionais	$
=	Resultado líquido antes das perdas, ganhos, itens extraordinários e ajustes de exercícios anteriores	$
(±)	Ganhos, perdas, itens extraordinários e ajustes de exercícios anteriores e outros não alocáveis para lucros acumulados	$
=	Lucro antes do Imposto de Renda	$
(−)	Imposto de Renda	$
=	Lucro líquido (após Imposto de Renda)	$

Vamos analisar mais detalhadamente os grupos de receitas, por enquanto.

Receita operacional somente deveria englobar a parcela proveniente do produto principal ou dos coprodutos da empresa (ou serviços), não a receita extraordinária derivante da venda de sucatas ou a derivante da venda de subprodutos, considerada como redução de custo dos produtos vendidos. Somente os produtos e serviços que constituem a finalidade fundamental da empresa deveriam ser incluídos nesta categoria de receita operacional.

No item *deduções da receita*, deveríamos incluir todas as diminuições de patrimônio líquido que na verdade são ajustes da própria receita operacional bruta. Impostos faturados diretamente proporcionais, descontos comerciais (desde que contabilizados separadamente), devoluções e abatimentos de vendas e despesas de transporte de vendas (desde que usualmente o vendedor incorra nesses gastos) deveriam ser incluídos como dedução de receita e não como despesa. Alguns autores consideram que comissões sobre vendas (desde que estabelecidas como porcentagem fixa sobre o volume de faturamento) e a provisão para devedores duvidosos (sua contrapartida debitada) deveriam ser deduzidas de receita operacional bruta e não constituir despesas. Quanto a devedores duvidosos, é muito difícil afirmar se é uma despesa com vendas ou administrativa, pois, se o fato gerador são as vendas, um desempenho melhor do setor de cobranças e de concessão de crédito poderia, dentro de certos prazos, alterar parcialmente o comportamento de tal item de diminuição de patrimônio líquido.

A receita não operacional (nesta concepção) deveria incluir todos os acréscimos de ativo e de patrimônio líquido derivantes de rendimentos de aplicações financeiras (na prática internacional), rendas patrimoniais etc., exceto ganhos na venda de ativos não sujeitos à negociação normal. As despesas financeiras também entrariam nesta altura da demonstração.

Quanto aos ganhos, aos itens extraordinários, às perdas, trataremos mais adiante, neste capítulo.

9.3 Algumas bases para a mensuração da receita

Uma boa mensuração da receita exige que se determine o valor de troca do produto ou serviço prestado pela empresa. Em outros termos, este valor de troca nada mais é do que o valor atual dos fluxos de dinheiro que serão recebidos, derivantes de uma transação que produza receita. É claro que uma boa aproximação deste valor é o preço acordado entre comprador e vendedor; entretanto, deveríamos deduzir uma provisão pelo período de espera, se existir. Frequentemente, isto não é feito para períodos curtos de espera de recebíveis.

Os autores de Teoria da Contabilidade focalizam bem o fato de que, em um mundo de certeza, o valor a ser recebido em dinheiro, descontado pelo período de espera, deveria ser o registro para a receita de uma transação. Entretanto, no mundo real de incerteza, embora respeitando o mesmo princípio geral, os descontos que esperamos que o cliente possa aproveitar e o montante de provisão para devedores insolventes precisariam ser estimados. Assim, Hendriksen considera que tais itens são, na verdade, mais caracterizados como deduções da receita do que como verdadeiras despesas, no sentido que se dará a estas últimas neste capítulo, embora um ou outro tratamento vá resultar, na prática, no mesmo lucro líquido para o período.

9.4 Uma definição geral de receita

De todas as noções analisadas e do que foi visto no capítulo sobre princípios contábeis, no qual o problema do *momento* da realização da receita foi amplamente tratado, depreende-se que podemos tentar uma conceituação ampla de receita que, sem deixar de caracterizar seus efeitos sobre o patrimônio, enfatize suas características essenciais *quanto à natureza*. Assim, receita é o valor monetário, em determinado período, da produção de bens e serviços da entidade, em sentido lato, validado, mediata ou imediatamente, pelo mercado, provocando acréscimo de patrimônio líquido e simultâneo acréscimo de ativo, sem necessariamente provocar, ao mesmo tempo, um decréscimo do ativo e do patrimônio líquido, caracterizado pela despesa.

Esta definição, embora envolva quase todos os aspectos da receita (inclusive o fato de que não provoca, necessariamente, ao mesmo tempo, uma despesa, mas deixa margem para que isto, de fato, ocorra), peca pela falta de concisão, de forma que deveremos analisar as características fundamentais e desprezar as acessórias.

Em uma segunda tentativa, poderíamos afirmar que receita é a expressão monetária do agregado de produtos e serviços, em sentido amplo, colocado à disposição do mercado, em determinado período, cujo valor é validado, mediata ou imediatamente, pelo próprio mercado.

Entretanto, a expressão *colocado à disposição* pode ser confundida com um sentido restrito de realização da receita. Assim, podemos elaborar um pouco mais a definição afirmando que receita *é a expressão monetária conferida pelo mercado à produção de bens e serviços da entidade, em sentido amplo, em determinado período*.

Esta parece-nos uma conceituação adequada, porque caracteriza, por natureza, a produção de bens e serviços como elemento fundamental, porém considera que tais bens e serviços têm abrangência ampla, para incluir receitas não operacionais. Por outro lado, confere ao mercado, por meio de seus mecanismos de preços, o poder de atribuir um valor de troca à produção da entidade. À definição falta apenas caracterizar mais nitidamente o efeito da receita no patrimônio. Assim, completando, poderíamos dizer: *Receita é a expressão monetária, validada pelo mercado, do agregado de bens e serviços da entidade, em sentido amplo (em determinado período de tempo), e que provoca um acréscimo concomitante no ativo e no patrimônio líquido, considerado separadamente da diminuição do ativo (ou do acréscimo do passivo) e do patrimônio líquido provocados pelo esforço em produzir tal receita.*

Ficam perfeitamente caracterizadas as dimensões básicas da receita, embora a definição seja excessivamente longa:

1. está ligada à produção de bens e serviços *em sentido amplo*;
2. embora possa ser estimada pela entidade, seu valor final deverá ser validado pelo mercado;

3. está ligada a certo período de tempo;
4. embora se reconheça que o esforço para produzir receita provoca, direta ou indiretamente, despesas (diminuição do ativo e do patrimônio líquido), não subordina, no tempo, o reconhecimento da receita ao lançamento da despesa. *Esta última condição poderia ser silenciada, numa definição mais concisa*, bem como a do item 3.

No Brasil, as normas que tratam sobre receita foram consolidadas em 2016 com o CPC 47 – Receita de Contrato com Cliente, oriundo da IFRS 15 – *Revenue from Contracts with Customers*. Contudo, sua vigência foi obrigatória a partir de 2018. As normas anteriores, advindas do conjunto de normas de 2008, apresentavam modelos diferentes para cada tipo de receita e que estavam contidos em vários pronunciamentos do CPC.

O novo CPC apresenta um modelo único para as obrigações de desempenho. Neste modelo, as obrigações são atendidas ou ao longo do tempo ou em um ponto determinado do tempo. O controle passa a ser o foco para o reconhecimento, ou seja, na transferência de um produto ou de um serviço ao cliente.

O modelo apresentado cria um sistema de etapas para o tratamento de um contrato com cliente. A primeira etapa é a identificação do contrato. A norma elenca vários pontos que podem caracterizar ou não um contrato com cliente.

A segunda etapa, já identificada a existência de um contrato, é a identificação das obrigações de desempenho. Essa etapa precisa ser analisada com muita atenção, porque o contrato pode conter obrigação de *performance* e aqui deve-se analisar o momento de cumprimento da obrigação. Podem existir várias obrigações de *performance* em um mesmo contrato e, portanto, cada uma delas pode ter um tratamento distinto de reconhecimento, uma em momento específico, outra ao longo do tempo etc.

A terceira etapa consiste em determinar o preço da transação. Aqui também pode haver certo trabalho quando o contrato tiver preço variável; nesse caso, dois métodos são apresentados: o método do valor esperado – consiste na soma de montantes possíveis de serem recebidos, ponderados pelas probabilidades de recebimento –; e o método do valor mais provável – que consiste no único mais provável em uma gama de possíveis valores considerados –; é preciso ainda considerar passivos de restituição como, por exemplo, devoluções, garantias etc.

A quarta etapa é a alocação do preço da transação para cada obrigação de *performance*. No caso de contratos com uma única obrigação fica fácil, porém, em contratos com mais de uma, a alocação pode ficar mais complicada, porque ela deverá corresponder ao preço de venda individual que, caso não seja diretamente praticado, terá que ser estimado. A norma apresenta vários modelos de estimativa, como abordagem de avaliação de mercado ajustada, abordagem do custo esperado mais margem e abordagem residual. Lembre-se, também, que os descontos – caso existam – devem ser alocados de forma proporcional a todas as obrigações de *performance* do contrato.

A quinta e última etapa é o reconhecimento da receita, que dependerá do momento de cumprimento da(s) obrigação(ões) de desempenho. Como mencionado, esse momento pode situar-se em um ponto específico do tempo ou ocorrer ao longo do tempo.

9.5 As despesas

Despesa, em sentido restrito, representa a utilização ou o consumo de bens e serviços no processo de produzir receitas. Note que a despesa pode referir-se a gastos efetuados no passado, no presente ou que serão realizados no futuro. De forma geral, podemos dizer que o grande fato gerador de despesa é o esforço continuado para produzir receita, já que tanto despesa é consequência de receita, como receita pode derivar de despesa, ou, melhor dizendo, a receita futura pode ser facilitada por gastos passados ou correntes (ou futuros). Ressalte-se, todavia, que, quando bens ou serviços são consumidos na produção de bens que ainda não deixaram a empresa, incorporam-se ao *custo do produto*, não se caracterizando, ainda, a despesa ou o *custo de período*.

Assim, o que caracteriza a despesa é o fato de ela tratar de expirações de fatores de serviços, direta ou indiretamente relacionados com a produção e a venda do produto (ou serviço) da entidade.

É importante notar também que a avaliação das despesas deveria ser considerada como um problema à parte da definição de despesa, principalmente por ser esta uma atividade ou um processo.

Dica
Despesa é o esforço para gerar receita.

Adicione-se que a adoção de um tipo particular de demonstração de resultados (uma filosofia de demonstração de resultados) irá influenciar o que deverá ser incluído no resultado líquido para o período. Em acepção globalizante (*all inclusive*) da demonstração de resultados, todas as despesas e perdas reconhecidas no período corrente serão atribuídas ao período, ao passo que uma filosofia "limpa" (*current operating concept*) excluiria tanto as despesas incorridas em períodos anteriores, mas não reconhecidas até o período presente, como todas as perdas. Com os ganhos ocorreria algo semelhante.

Alguns autores consideram na demonstração de resultados apenas as despesas incorridas no período e as perdas caracterizadas no mesmo período (conceito "limpo"). Se uma despesa não foi reconhecida no período em que deveria sê-lo, não cabe ao período corrente ser penalizado pelo fato. Deveríamos realizar o ajuste contra lucros acumulados e não em resultados. Outros autores, contudo, divergem bastante em suas opiniões sobre esse assunto. O mais importante, segundo eles, é que as denominações das diminuições de patrimônio líquido consideradas em cada período na demonstração de resultados sejam esclarecedoras sobre sua natureza, quer sejam despesas, perdas e itens extraordinários, quer sejam ajustes de exercícios anteriores.

Mais uma vez, vamos nos reportar à diferença entre despesas e deduções de receita. Os descontos financeiros e devedores duvidosos têm sido normalmente tratados como despesa. Concordamos com a opinião de Hendriksen, todavia, de que deveriam, mais rigorosamente, ser considerados como deduções de receita. Os descontos, segundo ele, não representam o uso de bens e serviços. Uma pequena parcela de tais descontos pode representar o desconto monetário ou juro igual ao custo de espera, na ausência de incerteza. Entretanto, se o desconto é aproveitado, o preço líquido representa o preço dos bens; o desconto é uma redução de receita e não um custo de empréstimo. Da mesma forma, devedores duvidosos não representam expirações de bens ou serviços, mas reduções do total a ser recebido em troca pelo produto.

Chamamos a atenção, ainda, para as diferenças entre despesas e ajustes de patrimônio líquido. Hendriksen apresenta o exemplo de gastos incorridos na venda de ações. Tais deduções não são despesas mas apenas reduções do valor do capital. Outro exemplo seria o da amortização de deságios na colocação de ações, a qual não teria, segundo esse autor, lugar na demonstração de resultados. Assim, o fato de definirmos despesa como o consumo ou a expiração de bens ou serviços não é suficiente. É importante e fundamental que esse consumo seja realizado no esforço de produzir receita, embora o próprio Hendriksen reconheça que a relação entre despesa e receita de um período possa ser bastante indireta, como no caso das despesas com serviço da dívida.

Outro aspecto importante é que a classificação das despesas em "de venda", "administrativas" etc., embora importante para certas finalidades de análise, não é a mais importante para o administrador, que desejaria uma classificação que raramente lhe é fornecida, ou seja, classificação das despesas em *fixas* e *variáveis* ou em *fixas, variáveis* e *mistas*. Essa classificação é, gerencialmente e para o usuário externo, a mais importante, pois é a que permite averiguar melhor a tendência do empreendimento no que tange aos resultados, caso haja mudanças nas vendas ou na demanda dos produtos e dos serviços da empresa.

Chamamos a atenção, por outro lado, para o fato de que não existe uma ordem de preferência nas despesas, apesar de podermos escolher essa ou aquela ordem de dedução da receita nas demonstrações de resultados. Todas são da mesma hierarquia na determinação do resultado. Somente quando todas as despesas tiverem sido diminuídas da receita, poderemos dizer que chegamos a um valor significativo para o resultado.

9.6 O grau de associação das despesas com as receitas

O grau de relacionamento da despesa com a receita reconhecida em um período pode ser estreito, como no caso do material consumido na prestação de um serviço de conserto de rádio e televisão que provocou uma receita. Pode, ainda, ser afastado como o é no caso hipotético de uma entidade que assina revistas de vanguarda a fim de ilustrar seus principais executivos. Ambos os gastos são considerados despesas porque se considera que contribuíram, direta ou indiretamente, conhecida ou presumivelmente, para o esforço de produção de receitas.

Portanto, algumas despesas estão diretamente relacionadas à receita. O caso mais patente é o do custo dos produtos vendidos. Como vimos, custo dos produtos vendidos é um *custo de período*; logo, é uma verdadeira *despesa*, na acepção do termo. Entretanto, o que pode estar incluído no custo dos produtos vendidos está sujeito a grandes variações, conforme o método de custeamento utilizado.

Assim, se utilizarmos o custeamento por absorção, mais tradicional para finalidades de registro, verificaremos que estarão incluídos os seguintes itens:

1. custos de matéria-prima e de mão de obra direta;
2. desperdício normal de matéria-prima e custo da ociosidade de mão de obra, provocados para colocar as máquinas em condições de produção, também deveriam ser considerados nos custos da matéria-prima e da mão de obra direta;
3. custos indiretos de fabricação, ou seja, produtos e serviços utilizados no processo de produção que não podem ser identificados com produtos específicos. São atribuídos aos produtos de acordo com algum critério de rateio considerado lógico ou adequado. Além do mais, é preciso considerar que alguns desses custos indiretos de fabricação já são reconhecidos diretamente nos departamentos produtivos e, portanto, trata-se apenas de alocá-los aos produtos que passam pelos mesmos departamentos de alguma forma razoável que não a alocação direta. Entretanto, muito mais complexo é o caso de custos indiretos incorridos em outros departamentos que não os produtivos e que precisam ser rateados em primeiro lugar, antes de alocá-los aos produtos.

Este é um procedimento usualmente utilizado no custeamento por absorção. Entretanto, a avaliação e o que está contido no custo dos produtos vendidos mudam completamente se utilizarmos o conceito de custeamento direto (melhor denominado de variável), que somente carrega os produtos pelos seus custos variáveis. Em outros sistemas de custeamento, que poderíamos denominar "intermediários" entre o variável puro e o por absorção puro, os custos indiretos fixos gerados nas divisões produtivas e diretamente identificáveis com elas podem ser alocados aos produtos por critérios. Por exemplo, as depreciações de maquinismos instalados em determinado departamento produtivo são custos diretos do departamento e indiretos para o produto. Entretanto, em um sistema de custeamento variável puro, somente a parcela variável dos custos indiretos divisionais seria alocada aos produtos, nunca a fixa, mesmo que identificável diretamente com a divisão.

Além desses problemas, outros, provocados por critérios diferenciados para os mesmos itens, podem surgir. Por exemplo, se os custos de matéria-prima e de mão de obra direta forem irrelevantes com relação ao custo total, a empresa pode deixar de considerá-los como custos diretos de produto. Por outro lado, desperdícios anormais e custos de capacidade ociosa são tratados por alguns como perdas e não como custos de produto, por não resultarem em produto vendável.

É importante não confundir despesas diretamente associadas com a receita (como custo dos produtos vendidos) com custos diretos, pois, como vimos, alguns custos indiretos podem estar incluídos no custo dos produtos vendidos.

Outras despesas estão menos diretamente relacionadas com a receita ou, pelo menos, é mais difícil avaliar em quanto a incorrência de tais despesas provoca receita, dentro do mesmo período. Sabe-se que as despesas de que estamos discorrendo tendem a provocar o aparecimento de receitas, mas não se sabe muito bem quanto, quando, e, às vezes, por quê.

Por exemplo, certas despesas de venda propiciam, mais cedo ou mais tarde, a melhoria das vendas. Entretanto, somente poderemos ativar tais gastos em certo período se soubermos com razoável precisão quais as futuras receitas com as quais poderão ser associados. Se não tivermos base adequada para estimativa, deveremos considerar o gasto como despesa do período em que ocorreu. Como muito bem advertem os bons autores, pelo menos teoricamente, a possibilidade de registrar um prejuízo em um período não deve ser motivo suficientemente forte para ativar os gastos para os quais não conseguimos identificar as futuras receitas.

Os contadores, todavia, tendem a ativar indevidamente gastos quando antes deles o resultado da empresa já era negativo ou no caso de ficar negativo ao serem considerados como despesa certos gastos. Diríamos que, na prática, às vezes se ativam gastos ou se reconhece a incorrência da despesa mais seguindo a tendência de "normalizar" os resultados de períodos do que a de tentar reconhecer o resultado mais próximo do real. Esta tendência é reconhecida como gerenciamento de lucros.

Na demonstração de resultados simbólica, apresentada anteriormente, incluímos no item *despesa operacional* o custo dos produtos vendidos e as despesas operacionais propriamente ditas. Falamos sobre o custo dos produtos vendidos e estamos agora discorrendo sobre o grupo de despesas operacionais ligadas mais indiretamente à receita. Isto não significa que o custo dos produtos não seja operacional, mas o grupo usualmente conhecido como despesas operacionais vem após o lucro bruto.

Envolve todas as despesas, praticamente, menos as não operacionais, que estão teoricamente confinadas, quase exclusivamente, às financeiras.

Entretanto, alguns autores consideram as despesas financeiras como operacionais. A classificação internacional, mais correta, é de não operacionais, apesar de tudo, pois tais despesas estão mais associadas à avaliação do risco que nossa entidade oferece para os emprestadores de dinheiro do que a decisões de consumo de ativos individuais no esforço para produzir receita. Poder-se-ia alegar, porém, que as despesas financeiras eram, antes, ativos que a empresa pretende sacrificar preconcebidamente a fim de obter fundos que facilitem a obtenção de receita. Por outro lado, a ligação desse tipo de despesa à receita é talvez mais visível do que a de alguns impostos que, ainda assim, são considerados operacionais. As duas abordagens possuem apelos. O mais comum, no Brasil, é considerá-las todas na categoria operacionais, apenas diferenciando em despesas administrativas, de venda, financeiras e, eventualmente, tributárias. Entretanto, este tipo de classificação pode apresentar problemas. Por exemplo, como classificar as despesas em pesquisa e desenvolvimento? Seria uma despesa de venda, administrativa ou um pouco de cada? Na verdade, tem características mistas ou até distintas.

Assim, poderíamos refazer nosso demonstrativo da seguinte forma, mais completa (com a *concessão* de considerar receitas e despesas financeiras como operacionais):

	Receitas operacionais	$
(–)	Deduções de receita	$
=	Receita operacional líquida	$

(–)	Custo dos produtos vendidos	$
=	Resultado em vendas	$
(–)	Despesas operacionais	$
	– de vendas e administrativas	
	– juros e despesas financeiras (líquidas de receitas financeiras)	
	– impostos e taxas	
	– de pesquisa e desenvolvimento (a parcela apropriável como despesa)	
	– outras	
=	Resultado operacional	$

Paramos no resultado operacional, porque trataremos de outros itens que afetam o resultado do período, especificamente.

Hendriksen diferencia despesas de confrontação direta de receitas e despesas de confrontação indireta ou de confrontação com o período. Na primeira categoria refletem-se os custos de produtos, as despesas associadas diretamente com receita futura, mas não incluídas no custo do produto, e despesas diretas incorridas subsequentemente ao reconhecimento da receita.

Já falamos dos custos de produto e das despesas de confrontação com o período e demos os critérios gerais para reconhecer as outras duas subcategorias de despesas de confrontação direta.

Um exemplo importante de despesa associada diretamente com receita futura, mas não incluída no custo do produto, seriam *os custos iniciais de organização*, que são ativados porque, quando ocorrem, normalmente não podem ser associados com um produto que não existe. Assim, ao serem relacionados com receita de alguns períodos futuros, são ativados e, em seguida, amortizados contra tais períodos.

Outro exemplo é o constituído por comissão de venda quando for paga no ato da assinatura do contrato para entrega futura. Se a receita somente puder ser reconhecida quando da entrega ou em algum ponto após a venda, a despesa de comissão não poderá ser reconhecida no ato do pagamento, mas deverá ser este último uma despesa paga antecipadamente a ser alocada para despesa quando a venda ocorrer.

Um caso de despesas incorridas subsequentemente ao reconhecimento da receita respectiva é o do fornecimento de uma garantia no tempo da venda da mercadoria. Poderá ocorrer uma despesa futura com esta garantia. Note que o autor fez certa confusão entre despesa e gasto. Na verdade, o gasto é incorrido após a receita respectiva, mas a despesa *deve ser* reconhecida no mesmo período da receita.

No que se refere ao reconhecimento de despesas nos períodos em que os bens e serviços são utilizados, Hendriksen afirma que é uma forma de confrontação no período em que os bens e serviços são usados e não quando adquiridos. Existem várias justificativas para assim proceder: (1) Muitas despesas de período estão indiretamente associadas à receita do período corrente. Por exemplo, o aluguel pago por uma loja a varejo pode ser associado à venda do período durante o qual a loja é alugada. (2) Em outros casos, não existe associação direta com as receitas, mas o gasto é necessário para manter a organização em sua totalidade. Hendriksen apresenta o exemplo dos gastos que uma entidade pode ter para manter um estacionamento para seus empregados. Pode não existir associação direta com nenhuma receita, mas liga-se a todas as atividades do período da empresa, se o loteamento não for mantido apenas para o pessoal de venda, mas para todos os empregados. (3) Existem gastos que são recorrentes e regulares. Por exemplo, se tivermos gastos com pesquisa e desenvolvimento repetitivos e de valor mais ou menos constante, o efeito de capitalizá-los para, em seguida, amortizá-los, ou de considerá-los diretamente como despesa, no ano em que o gasto é realizado, é praticamente o mesmo.

As despesas ou os gastos com propaganda e publicidade são outro exemplo. Muitos gastos deste tipo têm efeito residual ou cumulativo com relação às receitas, e uma promoção repetida de um produto, nome de firma ou marca de comércio é mais efetiva do que uma mera inserção. Porém, é muito difícil, mesmo em uma análise histórica, retratar ou detectar qual parcela da despesa que provocou certa receita ou acréscimo de receita. Assim, é melhor, na maior parte das vezes, a não ser que se consiga prever os períodos ou os projetos no caso de que irão beneficiar, considerar tais gastos como despesa de cada período.

9.7 Ganhos e perdas extraordinários (itens extraordinários)

A Opinião APB nº 9[3] estabelecia-os como

"eventos e transações de um caráter significativamente diferente das atividades típicas ou usuais da entidade... os quais não deveriam correr frequentemente e que não deveriam ser considerados como fatores recorrentes em qualquer avaliação do processo operacional da empresa".

Estavam excluídos desta definição de itens extraordinários ajustes de estimativas e de avaliações, como baixas de estoques, contratos em andamento, ou recebíveis. Tais ajustes são considerados como de natureza normal do empreendimento e uma responsabilidade recorrente da administração. Também estão excluídos ajustes de períodos anteriores que serão refletidos em lucros retidos. Note que a Opinião referida não considerava todos os ajustes como debitáveis ou creditáveis contra lucros retidos, mas apenas os que: (1) pudessem ser especificamente identificados com as atividades empresariais de períodos anteriores, específicos; (2) não fossem atribuíveis a eventos econômicos ocorridos subsequentemente; (3) dependessem primariamente de avaliações de outras pessoas que não a administração; e (4) não fossem suscetíveis de razoável estimativa, antes de tal determinação. Na verdade, Hendriksen considera que as correções de períodos anteriores permitidas como ajuste para Lucros retidos são semelhantes aos itens extraordinários, não havendo razão lógica para não incluí-las nas demonstrações de resultados.

Entretanto, outras modificações foram feitas à Opinião nº 9. Mais recentemente, temos o seguinte sobre itens extraordinários: a Opinião APB nº 30 (Section 2012). Nesta última Opinião, a definição de item extraordinário foi bastante estreitada. Presume-se uma transação normal, a não ser que *"a evidência claramente suporte sua classificação como item extraordinário"*. A fim de serem consideradas como itens extraordinários, as transações, além de serem materiais, precisam ser, ao mesmo tempo, não usuais por natureza e infrequentes em sua ocorrência, à luz "do ambiente em que a entidade opera". Muitos autores discordam alegando que *não usual* e *infrequente* são termos subjetivos, da mesma forma que o é a frase "à luz do ambiente em que a entidade opera". Podem ser teoricamente corretas, mas bastante difíceis de serem operacionalizadas.

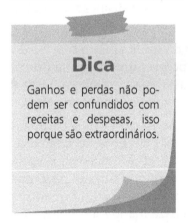

Dica
Ganhos e perdas não podem ser confundidos com receitas e despesas, isso porque são extraordinários.

Já em 1940, Paton e Littleton afirmavam que, para justificar segregação como itens extraordinários, os ganhos (ou as perdas) deveriam ser nitidamente extraordinários e conectados com a finalidade declarada da empresa apenas de forma acidental. *Assim, a venda de equipamentos pode ser uma atividade normal para muitas empresas.*[4] Por outro lado, ganhos e perdas derivantes de venda de propriedades operacionais podem refletir alocações incorretas feitas em períodos anteriores, da mesma forma que ganhos ou perdas inesperados.

Especificamente, um ganho representa um resultado líquido favorável resultante de transações ou eventos não relacionados às operações normais do empreendimento. Um caso interessante é o das doações recebidas pela empresa, que se podem caracterizar como patrimônio ou como ganho, dependendo da intenção do doador e das circunstâncias da doação. Algumas doações podem ser feitas para fortalecer o patrimônio da empresa; na verdade, na maior parte das vezes, isto acontece. Outras vezes, todavia, como

---

[3] APB OPINION nº 9. New York: AICPA, 1967. p. 114.

[4] Neste caso, a rigor, teríamos um ganho (perda), mas não um *item extraordinário*!

no recebimento de pagamentos extras ou "pagamentos de consciência" para demonstrar reconhecimento por serviços recebidos, a doação pode reforçar o rendimento da entidade. De qualquer forma, o valor das doações deveria ser registrado ou mensurado da mesma forma como fazemos com a receita, isto é, pelo valor corrente dos ativos recebidos na transação de doação. Todavia, grande parte dos ganhos resulta de um confronto entre aspectos favoráveis, semelhantes à mensuração da receita, e desfavoráveis, parecidos com o reconhecimento das despesas, isto é, pelo valor dos bens e serviços utilizados na operação.

No que se refere ao momento de seu reconhecimento, é semelhante ao da receita; entretanto, os contadores são mais rigorosos na aplicação do critério da realização no caso de ganhos do que no caso de receitas. Note-se que *ganhos* não podem assemelhar-se a receita, e perda não pode assemelhar-se a despesa. Embora quase todos os ganhos e perdas sejam "não operacionais", não é rigorosamente correto denominá-los como receitas não operacionais ou extraordinárias, mas como ganhos extraordinários (ou perdas), tendo em vista a definição aceita de receita.

Entretanto, uma doação para reforçar o rendimento corrente de um empreendimento poderia ser considerada como receita extraordinária e não ganho, pois, nesse caso, não existe confronto entre aspectos favoráveis e desfavoráveis. O mesmo ocorreria no caso da venda de sucatas, embora nesse caso não exista o confronto entre aspectos positivos e negativos apenas por problemas de apropriação, isto é, não é relevante custear a sucata (na verdade, o custo já estará incluído no custo do produto, no caso de derivar de desperdício normal, ou como perda, em caso de perda anormal).

Algumas vezes, na prática, como tais distinções são muito trabalhosas, considera-se ou tudo como ganhos (o que já confere o caráter de "não usualidade", "não recorrência" ou "não operacionalidade") ou denomina-se tudo de receita extraordinária ou não operacional (ou eventual). Atualmente, a tendência é considerar ambas como itens extraordinários.

No caso específico das perdas, pode ser utilizada esta expressão como oposto de ganho. Trata-se do efeito líquido desfavorável que não surge das operações normais do empreendimento. É importante, agora, fazer uma distinção, válida também para os ganhos. Uma operação pode ser não operacional, não ligada às atividades principais do empreendimento e, mesmo assim, ser recorrente. É o caso das vendas de ativos não destinados à venda. O Comitê de Terminologia do AICPA definiu perdas como "o excesso de toda ou de uma parte do custo dos ativos sobre as receitas respectivas, se existir, quando os itens forem vendidos, abandonados ou parcial ou totalmente destruídos em consequência de sinistros ou de alguma outra forma baixados". A American Accounting Association definiu-as como "custos expirados que não são benéficos para as atividades produtoras de receita da empresa". Insiste-se no fato de que as perdas são expirações de valor não relacionadas com as operações normais de qualquer período. *A rigor, uma perda (ou ganho) não deveria ser confundida com ajustes de períodos anteriores, mas nem sempre é fácil fazer esta distinção, na prática.* Perdas de valor de ativos, não previstas, são, sem dúvida, perdas, mas, se tivessem sido previstas, talvez tivessem sido alocadas como despesas. O reconhecimento das perdas é semelhante ao reconhecimento das despesas, embora não possam ser confrontadas com a receita. *Desta forma, deveríamos registrá-las no período em que se torna claro que determinado ativo proverá menor soma de benefícios futuros para a empresa do que sua avaliação possa indicar.* A boa teoria manda que não devemos atrasar o reconhecimento das perdas. Por exemplo, quando um equipamento não totalmente depreciado for substituído, o custo não depreciado não deverá ser adicionado ao custo do novo equipamento, mas baixado como perda.

9.8 Ajustes de períodos anteriores

O conceito *all inclusive* da demonstração de resultados manda reconhecer no período as diminuições e acréscimos de patrimônio líquido que não são *derivantes de transações de capital nem distribuições de dividendos*. Esta inclusão ocorre desde que tais diminuições ou acréscimos de patrimônio líquido estejam de acordo com os critérios gerais para reconhecer receitas, despesas, perdas e ganhos, que sejam descobertos no respectivo exercício e mensuráveis. É claro que, se tivessem tido a oportunidade de serem reconhecidos em períodos anteriores, desde que soubéssemos de sua existência e que fossem mensuráveis, tais itens não seriam admitidos no demonstrativo corrente pelo conceito *current-operational* de lucro. Não representariam inclusões, pois não poderiam ser confrontados com receitas do período corrente, nem se trataria de ganhos ou perdas do período corrente. A Opinião nº 9, já citada, adotou uma hipótese mista, tendendo, porém, para a *all inclusive*, pois apenas algumas correções de períodos anteriores poderão ser debitadas contra lucros retidos, sendo as demais incluídas no demonstrativo corrente de lucros e perdas (de resultados). As opiniões sobre as correções que não deveriam constar do demonstrativo corrente não primam pela clareza, e tudo leva a crer que não existem motivos para considerar tais correções significativamente diferentes de itens extraordinários. *Hendriksen alega que o lucro líquido reportado em certo período é o resultado de atividades e eventos de vários períodos, de forma que não existe muito mérito em tentar segregar as correções de períodos passados do demonstrativo do período corrente.*

Como havíamos visto, a Opinião APB nº 30, relativa a itens extraordinários, restringiu bastante o que pode ser considerado "não usual" e "não recorrente". A mesma Opinião APB, porém referente a operações descontinuadas, trouxe algumas novidades. Acontece que, após as numerosas fusões e incorporações da década de 60, existia uma tendência em não continuar ou desfazer-se de operações que tinham sido mal-sucedidas ou que, por alguma outra razão, não mais contribuíam para os objetivos da empresa. À primeira vista, pareceria que tais transações poderiam enquadrar-se dentro de itens extraordinários, mas, em seguida, verificou-se que havia dificuldades para mensurar o valor e o tempo de reconhecimento das despesas, receitas e perdas que faziam parte de certa operação descontinuada. A Opinião nº 30 exige que os resultados de operações continuadas sejam reportados separadamente daqueles de operações descontinuadas. Assim, um demonstrativo de resultados de uma empresa em que ocorrem operações descontinuadas poderia aparecer da seguinte forma:

	Lucro de operação continuada (AIR)		$
(–)	Imposto de Renda		$
=	Lucro de operações continuadas		$
	Lucro (ou prejuízo) de operações descontinuadas (menos provisão de Imposto de Renda)	$	
(–)	Perda na baixa ou abandono de operações descontinuadas	$	$
	Lucro líquido		$

Com relação às correções de períodos anteriores, a Opinião APB nº 20 (Section 1051), de 1971, limita as correções de relatórios de períodos já encerrados a um mínimo, por considerar que frequentes reajustamentos de relatórios contábeis de períodos encerrados diminuem a confiança dos investidores nos relatórios. Assim, somente se pode mexer em relatórios já encerrados em alguns casos de erros cometidos em períodos anteriores, quando muda a entidade de relatório (por exemplo, quando os princípios de consolidação são mudados ou subsidiárias previamente não consolidadas o são pela primeira vez), e com relação a certos tipos limitados de mudanças contábeis em que as vantagens de tratamento retroativo superam as desvantagens:

1. mudança do método Ueps (Lifo) de avaliação de inventário para outro método;
2. mudança no método de contabilização para contratos de construção de longo prazo;
3. qualquer mudança realizada simultaneamente quando uma empresa, pela primeira vez, publica relatórios contábeis para as seguintes finalidades: (a) obter capital adicional de investidores; (b) efetuar uma combinação empresarial; e (c) registrar ações ou títulos.

Todas as demais mudanças devem ser retratadas no demonstrativo corrente, de forma cumulativa. Entretanto, a Opinião requer que sejam levantados relatórios contábeis *pro forma* para os últimos cinco anos, demonstrando qual o efeito da mudança, se tivesse sido feita, nos períodos anteriores.

Verificamos, assim, ser bastante complexa a questão dos itens extraordinários, dos ajustes de exercícios anteriores, das mudanças de princípios e procedimentos contábeis e das operações descontinuadas. Isto ocorre quando não utilizamos um conceito puro e integral *all inclusive* da demonstração de resultados.

Consideramos necessário analisar a situação brasileira, com relação às disposições da Lei das Sociedades por Ações, embora pretendendo tratar das disposições contábeis da Lei das Sociedades por Ações em capítulo especial da unidade final do trabalho, e consideramos também necessário realizar um resumo de todo o problema abordado, que é extremamente complexo.

Resumo

Poderia parecer, à primeira vista, que o ideal para a representação do conjunto de receitas e despesas do período seria utilizar uma classificação operating income, isto é, apenas reconhecer receitas e despesas originadas no período contábil que estamos considerando. Isto, entretanto, além de ser discutível, segundo alguns autores, do ponto de vista teórico, acarreta dificuldades sensíveis para separar, na prática, o que são perdas ou ganhos extraordinários de correções de exercícios anteriores. Pensamos que os efeitos derivantes de mudanças relevantes na aplicação de princípios contábeis devam ser realmente segregados das operações do período, e nisto a Lei das Sociedades por Ações andou acertadamente. Todos os demais eventos desfavoráveis que afetam o patrimônio líquido, exceto os ajustes de capital e distribuição de dividendos, deveriam ser classificados no demonstrativo corrente como dedução de receita, como despesa ou como perda. O mais importante, na questão do reconhecimento da receita e da despesa, é atribuir denominações, claras, principalmente, às despesas e perdas (ou ganhos), lembrando que não existe uma ordem hierárquica de recuperação das despesas, todas importantes para a apuração do resultado do exercício. No que se refere aos demonstrativos contábeis publicados, o que mais interessa é o investidor extrair uma tendência do empreendimento. Muitas vezes, denominações bem esclarecedoras dos itens do demonstrativo e consistência na utilização dos critérios são mais úteis para a correta interpretação de resultados do que utilizações de critérios exageradamente sofisticados. Somos propensos, assim, a uma abordagem "globalizante" da demonstração de resultados, com raríssimas exceções.

Questionário

1. Considera o problema da mensuração e de reconhecimento da receita um dos mais importantes dentro da Contabilidade? Por quê?
2. Conceitue os elementos básicos que entram nas definições tradicionais de receita.
3. Qual a diferença entre dedução de receita e despesa? Poderia a contrapartida devedora da conta Provisão para Devedores Duvidosos ser considerada como dedução de receita? Por quê?
4. O que deveria incluir a receita operacional?
5. Enumere e conceitue as características básicas da receita.
6. Qual o grande fato gerador de todas as despesas?
7. Que significa demonstração de resultados *all inclusive* ou *operating income*? Quais as diferenças de abordagem ao incluir ou excluir certos itens de despesas, perda ou ganho?
8. Analise a seguinte sentença: "O lucro de um período é exclusivamente consequência das operações ocorridas no mesmo período."
9. Para o gerente, qual a classificação das despesas que apresenta maior utilidade? Por quê?

10. Todas as despesas apresentam o mesmo grau de associação com a receita? Dê três exemplos de despesas que apresentam associação direta com a receita.

11. "Despesas diretamente associadas com a receita são equivalentes a custos diretos." Analise esta sentença, do ponto de vista contábil.

12. Tiveram os contadores, no passado, certa tendência exagerada para ativar gastos ou lançar em despesa gastos de forma indevida à luz dos conceitos básicos de Contabilidade? Quais os motivos que levariam a tal comportamento?

13. Que são *ganhos* em Contabilidade? Trata-se de itens extraordinários? Qual a diferença fundamental entre ganho e receita e entre perda e despesa?

14. Conceitue "correção (ajustes) de períodos anteriores". Como se distinguiriam, se existir diferença, dos itens extraordinários? Deveriam tais correções ser debitadas (ou creditadas) na Conta Lucros e Prejuízos Acumulados (Lucros Retidos) ou deveriam entrar no demonstrativo de resultados do período? Justifique sua opinião. Qual a abordagem da Lei das Sociedades por Ações a esse respeito?

Exercícios

1. Em 5 de maio de 2020, a Sterling Corporation assinou um contrato com a Stony Associates pelo qual a Stony concordava em:

- construir um edifício de escritório em terreno de propriedade da Sterling;
- aceitar a responsabilidade para arranjar financiamento para o projeto e conseguir arrendatários;
- administrar a propriedade por cinquenta anos.

O lucro anual derivante do projeto, após o serviço da dívida, deveria ser dividido igualmente entre a Sterling Corporation e a Stony Associates. A Stony deveria aceitar sua parcela nos lucros futuros como pagamento total por seus serviços prestados na construção, em obter financiamento e arrendatários e na administração do projeto.

Em 30 de abril de 2021, o projeto estava quase completo e vários arrendatários tinham assinado contratos de arrendamento para ocupação de 90% de espaço disponível. O valor anual das receitas de arrendamento igualava $ 2.600.000,00.

Estimava-se que, após as despesas operacionais e o serviço da dívida, o lucro anual totalizaria $ 850.000,00. A administração da Stony Associates acreditava que os benefícios econômicos derivados do contrato com a Sterling deveriam ser refletidos em seus demonstrativos financeiros, cujo ano fiscal se encerrava em 30 de abril de 2021, e deu ordens para que a receita fosse acrescida em um valor igual ao valor comercial dos serviços que a Stony tinha executado durante o ano, e que esse valor fosse debitado em contratos a receber e que todos os gastos relacionados fossem debitados contra a receita.

Pede-se:

a) Explique a grande diferença entre o conceito econômico de lucro empresarial da forma como foi refletido pela administração da Stony e a mensuração do lucro sob os princípios geralmente aceitos de Contabilidade.

b) Discuta os fatores que devem ser considerados ao determinar quando a receita é realizada, para a finalidade de mensurar o lucro contábil periódico.

c) A administração da Stony acredita que, de acordo com os princípios de Contabilidade para a mensuração da receita (e de despesa), para o exercício encerrado em 30 de abril de 2021, seu procedimento fora correto. Que acha da opinião da Stony? Apóie sua opinião discutindo a aplicação a este caso dos fatores que devem ser considerados para a mensuração dos ativos e para o reconhecimento da receita e da despesa. (Adaptado de exame de seleção da AICPA, de maio de 1968.)

2. A empresa de utilidade pública Xesar havia ficado por um longo período, de 2018 a 2021, em fase de construção, sem auferir receitas. Todos os gastos com a administração, com o funcionamento da empresa etc. eram ativados na conta Gastos Pré-operacionais a Amortizar. A partir de janeiro de 2022, a empresa começou a gerar receita, porém apenas um terço de seus ativos geradores de receita estava produzindo receita. Dos restantes dois terços, a metade estava em condições de gerar receita, não tendo sido acionada apenas por problemas de mercado. A metade restante estava incompleta ainda, faltando alguns investimentos diretos de obra. A receita operacional para 2022 foi de $ 55.000.000,00. As despesas diretas, exceto salários, com a parcela do ativo que gerara receita foram de $ 15.000.000,00. Os salários e demais desembolsos administrativos, financeiros etc. ligados ao pessoal que esteve à disposição de toda a empresa para a produção foram de $ 5.000.000,00 (inclusive dos que manipularam a produção). Os gastos administrativos totalizaram (com a administração em geral) $ 1.500.000,00. Considerando os dados apresentados, discuta uma forma adequada de tratamento dos gastos ocorridos. Qual o montante a ser ativado (se existir) e qual o montante a ser considerado como despesa de 2022? Por quê? Se a falta de produção de receita de metade do terço restante tivesse ocorrido por outros motivos que não condições de mercado, isto alteraria suas alocações? Por quê?

10

O Patrimônio Líquido

Objetivos de Aprendizagem

Neste capítulo, você aprenderá:

- A definição de patrimônio líquido e sua distinção em relação às exigibilidades.
- As várias abordagens do patrimônio líquido.
- As fontes do patrimônio líquido.
- Dividendos em ações e lucros por ação.
- A apresentação do patrimônio líquido nas consolidações das demonstrações contábeis.

10.1 Generalidades

Estaticamente considerado, o patrimônio líquido pode ser simplesmente definido como a diferença, em determinado momento, entre o valor do ativo e do passivo, atribuindo-se a este último a conotação restritiva de dívidas e obrigações. Devido ao fato de atribuir-se tanta ênfase à mensuração e à avaliação individuais do ativo e do passivo, frequentemente o patrimônio líquido, definido como simples diferença entre aqueles elementos, não tem merecido tratamento adequado. Entretanto, o patrimônio líquido, embora em uma avaliação global possa ser mensurado por diferença entre ativo e passivo, contém elementos que caracterizam: interesses residuais em casos de liquidação; interesses em participar em distribuições de dividendos; e direitos de participação no patrimônio líquido de uma entidade em continuidade, no sentido de possível alienação de sua participação ou de aumento de tal participação. À medida que uma boa evidenciação dos elementos constitutivos do patrimônio líquido possa auxiliar no discernimento de tais interesses, estaremos cumprindo a finalidade principal das demonstrações contábeis, ou seja, a de ajudarem o investidor a avaliar a tendência do empreendimento.

10.2 Patrimônio líquido e exigibilidades

Como vimos em capítulos anteriores, ativos e passivos (em sentido restrito) podem ser definidos e mensurados de forma independente, sendo o valor da diferença entre ambos o montante atribuído ao patrimônio líquido, que não representa o valor de mercado do patrimônio líquido nem o valor subjetivo da empresa para os proprietários de ações ou quotas, mas apenas o somatório dos resultados dos métodos empregados na mensuração dos ativos e passivos. De fato, mesmo em Contabilidade elementar, ao caracterizar uma operação qualquer, preocupamo-nos, primeiro, em verificar se altera o ativo ou o passivo. Se alterar apenas um dos dois elementos citados ou, de forma desigual, os dois, estaremos alterando o patrimônio líquido. Assim, os proprietários de ações e quotas não consideram, usualmente, o patrimônio como ativos (direitos específicos a benefícios futuros) ou como passivos (obrigações específicas da entidade), mas como um *montante agregado de recursos*. Quanto à distinção entre exigibilidades e patrimônio líquido, são apresentados três elementos que distinguem:

(1) os graus de prioridade atribuídos aos vários participantes no fornecimento de recursos à empresa (próprios e de terceiros); (2) o grau de certeza na determinação dos montantes a serem recebidos pelo participante; e (3) as datas de vencimento dos pagamentos dos direitos finais. Por participante entendemos tanto o acionista ordinário quanto o preferencial (fixo ou com participação mínima) e o emprestador de dinheiro ou debenturista.

Com relação ao item 1, normalmente os credores têm prioridade sobre os acionistas para o recebimento de juros e amortizações do principal. Os acionistas preferenciais podem ter preferência sobre os ordinários, mas ambos serão residuais com relação aos credores. No que se refere ao 2, normalmente os valores a serem pagos a credores são determináveis objetiva e antecipadamente, sendo usualmente expressos em quantidades fixas de reais, com exceção dos empréstimos em moeda estrangeira sujeitos à variação cambial (previsível, até certo ponto) e dos sujeitos à correção monetária. Os pagamentos de dividendos aos acionistas, por sua vez, geralmente dependem da existência de lucro, das possibilidades financeiras e de uma declaração formal quanto à distribuição. Com referência ao 3, a data de vencimento de obrigações é geralmente fixa ou determinável, enquanto o patrimônio líquido não é uma obrigação legal para a *entidade na continuidade*. Os dividendos tornam-se exigibilidades apenas após serem declarados como devidos e, usualmente, os acionistas não podem esperar receber de volta o capital investido no patrimônio líquido de uma entidade em datas que eles estabeleçam livremente, mas apenas sob certas condições.

10.3 Outras considerações

Kenneth Most[1] considera que o fato de olharmos para o patrimônio líquido como uma diferença entre ativo e passivo é consequência da abordagem prevalecente do balanço, que seria a da *teoria do proprietário*.

De fato, a consideração do patrimônio como diferença entre ativo e passivo não pode dinamicamente ter muita eficácia, pois, quando os ativos são introduzidos dentro da empresa, o valor do capital é determinado em relação a tais bens ou direitos. Neste caso, tanto faz considerarmos a teoria do proprietário como a teoria da entidade. Entretanto, logo em seguida, esta relação se desfaz, de forma que um passivo (no sentido geral de recursos) pode continuar a existir muito após o ativo que ele representava ter sido utilizado, vendido ou, como afirma Most, baixado por perda. Mais especificamente, os direitos legais que se ligam ao patrimônio líquido continuam existindo até que a firma seja extinta por algum procedimento de lei.

---

[1] MOST, Kenneth. *Accounting theory*. Columbus: Grid, 1977.

10.4 Um resumo sobre as várias abordagens do patrimônio líquido

A mais antiga abordagem do patrimônio líquido é, sem dúvida, a da *teoria do proprietário*, que foi a maneira imaginada para revestir as partidas dobradas de sua lógica formal. Nela:

Dica
Das várias abordagens existentes, a que mais prevalece é a teoria da entidade.

$$\text{Ativo} - \text{Passivo} = \text{Proprietário}$$

Esta forma de entender o patrimônio líquido facilita a aplicação e a explicação do funcionamento das contas e tem estado em grande evidência, principalmente devido àquele fato. De acordo com esta teoria, o proprietário é o centro de atenção da Contabilidade. As receitas são consideradas como acréscimos de propriedade e as despesas, como decréscimos. Assim, o lucro líquido, diferença entre receitas e despesas, é adicionado diretamente ao patrimônio do proprietário. Os dividendos representariam retiradas de capital, e os lucros acumulados são parte da propriedade. Os dividendos em ações representam tão-somente uma transferência de uma parte da propriedade para outra; não representam, como afirma Hendriksen, lucro para os acionistas. Claramente, esta teoria adapta-se melhor às formas organizacionais mais simples, como firma individual e outras, que às formas de sociedades por ações, embora, mesmo nestas, a teoria do proprietário continue a influenciar os autores.

De acordo com a *teoria da entidade*, ao contrário, é preciso, antes de mais nada, esclarecer que a entidade tem uma vida distinta das atividades e dos interesses pessoais dos proprietários de parcelas de seu capital. A entidade tem personalidade própria. A teoria da entidade é baseada na equação:

$$\text{Ativo} = \text{Exigibilidades} + \text{Patrimônio líquido}$$

ou, simplesmente:

$$\text{Ativo} = \text{Passivo}$$

se atribuirmos ao Passivo um sentido de *recursos globais*. *Exigibilidades* da primeira fórmula seria um entendimento restrito de passivo, adotado por nós, sempre que não seja expressamente declarado em contrário. A grande diferença, segundo Hendriksen, entre obrigações e patrimônio líquido é que a avaliação dos direitos dos credores pode ser determinada separada ou independentemente de outras avaliações, se a empresa estiver com bom grau de solvência, enquanto os direitos dos acionistas são mensurados pela avaliação dos ativos, originariamente investidos, mais a avaliação dos lucros reinvestidos e as reavaliações subsequentes dos ativos. Entretanto, é preciso deixar bem patente que os direitos dos acionistas em receber dividendos e uma parcela dos ativos líquidos por ocasião da liquidação são os direitos *de supridores especiais de recursos* e não os mesmos direitos *de possuidores de ativos específicos*. O lucro do período apenas será lucro pessoal para os acionistas se o valor de mercado da ação reconhecê-lo ou incorporá-lo, mas isto está sujeito a muitas variáveis e incertezas. Paton e Littleton,[2] citados por Hen-

---

[2] PATON, LITTLETON. An introduction to corporate accounting standards. *American Accounting Association Monograph*, n. 3, p. 8, 1940.

driksen, afirmam e explicitam bem as características básicas da teoria da entidade: "A ênfase no ponto de vista da entidade... requer o tratamento dos ganhos e lucros de negócio como lucro da entidade em si até que a transferência para os participantes individuais tenha sido feita por uma declaração de dividendos."

De acordo com a *teoria do acionista ordinário*, caracterizamos uma variante da teoria da entidade. Desse ponto de vista, Staubus (*Accounting Review*, 1959) considera que ficamos no meio do caminho entre a teoria da entidade e a teoria da propriedade (proprietário). Segundo essa teoria, todos os investimentos em uma sociedade por ações, exceto os acionistas ordinários, são considerados como *outsiders*, ao passo que do ponto de vista da teoria da entidade pura todos os investidores são *outsiders*. Assim, a equação patrimonial altera-se para:

> Ativos – Passivos específicos = Interesse residual (dos acionistas ordinários)

O objetivo principal desta abordagem seria fornecer melhor informação para o acionista ordinário. De certa forma, esta teoria é de utilidade para a área de administração financeira. Apresenta definidas vantagens de representação e conceituação, considerando os acionistas preferenciais como "de fora". Na verdade, os pagamentos a tais acionistas seriam equivalentes a despesas. Embora seja viável, para efeitos de evidenciação de cálculo de alavancagem e para as alternativas financeiras, não pode ser totalmente aceita pela Contabilidade, pois é bastante forte afirmar que o acionista preferencial é, em tudo e por tudo, semelhante a um emprestador de dinheiro. Seus direitos e obrigações são semelhantes, é verdade, mas ainda assim o acionista preferencial é possuidor de um título de propriedade, mais que de crédito. Especialmente na realidade brasileira, na qual os preferencialistas têm uma característica mista de participação nos lucros, a Teoria do Interesse Residual do Acionista Ordinário tem que ser analisada com algum cuidado. Esta teoria dá ênfase à diferença entre Fluxo de Caixa Gerado para a Entidade, em contraposição ao Fluxo de Caixa Gerado para os Acionistas. Esse último, a rigor, somente seria o que sobra para os acionistas ordinários.

De acordo com a *teoria do fundo*, são abandonadas as relações pessoais que consubstanciam a teoria do proprietário e a personalização da firma como entidade legal e econômica artificial implícitas na teoria da entidade. O *fundo* é o núcleo de interesse. A equação patrimonial fica assim expressa:

> Ativos = Restrições sobre os ativos (fundos)

O fundo inclui um grupo de ativos e obrigações relacionadas. Os ativos representam serviços para o fundo ou unidade operacional constituída por ele. Conforme citado por Hendriksen e outros autores (principalmente por W. J. Vatter,[3] seu idealizador), o capital investido representa uma restrição financeira ou legal para o uso dos ativos, isto é, o capital investido precisa ser mantido intacto, a não ser que uma autorização específica tenha sido obtida para uma liquidação completa ou mesmo parcial. Os passivos (no sentido restrito) representam restrições contra ativos específicos ou gerais do fundo. Esta teoria tem obtido, nos Estados Unidos, bastante êxito na Contabilidade de entidades governamentais e não lucrativas. Entre nós, sua aplicação poderia ser notada em universidades e em outras entidades do gênero, em que os fundos são ligados a ativos específicos, e vice-versa. Por outro lado, nossa Contabilidade governamental adota uma sistemática completamente diferente da norte-americana. De certo ponto de vista, é muito mais ambiciosa, embora a forma usualmente colocada em prática (principalmente quanto às avaliações) deixe muito a desejar.

Hendriksen, todavia, confere utilidade à teoria do fundo também em áreas tradicionais da Contabilidade de entidades lucrativas. Cita especificamente o *sinking fund*, casos de Contabilidade divisional e Contabilidade para sociedades imobiliárias. Considera também que a preparação de relatórios con-

---

[3] VATTER, W. J. *The fund theory of accounting and its implications for financial reports*. Chicago, 1947.

solidados possa ser uma aplicação da teoria do fundo, da mesma forma que uma extensão da teoria da entidade econômica. É necessário considerar que, de acordo com esta teoria, o lucro não é o ponto central da Contabilidade. A descrição das operações do fundo é realizada com muito detalhe e clareza. Uma demonstração de resultados, se é que deverá aparecer, será um detalhe da demonstração de movimentação de fundos, uma descrição dos fundos providos pelas operações.

De acordo com a *teoria do comando*, alternativa sugerida por Goldberg,[4] a atenção principal da Contabilidade deveria ser centralizada no controle econômico efetivo dos recursos pelos gerentes ou "comandantes" de uma empresa. De acordo com ela, as demonstrações financeiras são feitas sob a forma de relatório de progresso. O balanço patrimonial representa um relatório de desempenho sobre os recursos afiançados aos gerentes. A demonstração de resultados expressa os resultados das atividades do "comandante" e as formas utilizadas na mobilização de recursos para atingi-los. Segundo Hendriksen, embora seja de interesse para entender melhor a natureza da Contabilidade, a teoria do comando falha, da mesma forma que as teorias do proprietário e da entidade, em desenvolver um conceito geral que possa ser utilizado para descrever e avaliar toda a teoria contábil. A teoria do comando preocupa-se mais com o que o "comandante" fez do que para quem os relatórios contábeis são dirigidos. Isto contraria, em parte, a essência informativa e os objetivos da Contabilidade vistos nos capítulos iniciais. É interessante no sentido de que, por meio dela, conseguimos discernir melhor os setores, as áreas de interesse ou atividade, os grupos de pessoas que *comandam recursos*, que assumem responsabilidades e que são capazes de adicionar utilidade aos fatores manipulados. De certa forma, esta teoria é um reforço à teoria da entidade econômica, em contraposição à entidade jurídica.

Existe, ainda, a *teoria social do empreendimento*, que, entretanto, é uma extensão do conceito da teoria da entidade, no sentido de que a entidade é uma instituição social mantida para benefício de muitos grupos interessados. É uma extensão "social" da teoria da entidade que, portanto, magnifica os defeitos (e as virtudes) que esta possa ter. Na verdade, se analisarmos detalhadamente as teorias abordadas, verificaremos que todas elas apresentam vantagens, mas nenhuma pode constituir-se na base única das avaliações contábeis. No fundo, a teoria do proprietário ainda apresenta importância, mas é claro que a teoria da entidade parece ser a capaz de atender melhor às necessidades do modelo contábil. A equação, completada em seus detalhes, poderia ser expressa, pela Teoria da Entidade:

> Ativo + Despesas + Perdas = Passivo + Receitas + Ganhos + Patrimônio líquido, se positivo

A *teoria da entidade* para o patrimônio líquido está mais de acordo com as limitações de direitos dos proprietários de quotas de capital sobre o ativo ou o lucro. Na teoria do proprietário, os direitos são totais, o que é irrealista em uma grande sociedade por ações.

As demais teorias, entretanto, apresentam atrativos específicos em pontos e para assuntos especiais. A *teoria do fundo* é, sem dúvida, a que apresenta maior atração, pelas aplicações financeiras que pode ter. Seria altamente louvável que nossas instituições não lucrativas e as entidades governamentais de administração direta estudassem mais seriamente tal modelo. Nosso modelo de Contabilidade Pública é altamente complexo e, consequentemente, moroso. Para que lançamentos, em partida dobrada, do orçamento? Para chegarmos ao balanço patrimonial, por outro lado, as etapas a serem vencidas são inúmeras. Alega-se que tais etapas têm a finalidade de controle, porém este deve ser exercido pela cuidadosa análise entre metas e realizações, no que se refere aos desvios, e não pela burocratização inconsequente das etapas contábeis. A *teoria do acionista ordinário* (do Interesse Residual) tem grande aplicabilidade nas decisões de caráter financeiro, principalmente nas decisões sobre otimização de mistura de recursos no passivo (parcela de capitais próprios × parcela de capitais de terceiros). A *teoria do comando* permite isolar melhor os agentes capazes de comandar recursos econômicos e de gerar utilidade em sentido amplo. É de muita utilidade nas aplicações de Contabilidade Divisional. Quanto à *teoria social do empreendedor*,

---

[4] GOLDBERG, Louis. An inquiry into the nature of accounting. *AAA Monograph*, n. 7.

conquanto se possam visualizar certas vantagens de "evidenciação social", permanece muito vago seu contorno para ser levada, no estágio atual, a suas últimas consequências, a não ser que se atribua a ela a dimensão social e ambiental. Nesse caso, seria melhor denominá-la de Teoria Social do Patrimônio.

10.5 Classificações principais no patrimônio líquido

Basicamente, as fontes principais de patrimônio líquido são derivantes de:

1. valores líquidos pagos por acionistas;
2. excesso de lucro líquido sobre dividendos pagos (lucros retidos ou acumulados na empresa);
3. valores resultantes de correções (ajustes patrimoniais) de ativos;
4. vários tipos de reservas de capital.

Essas são as grandes fontes por natureza ou conforme a origem. É claro que as reservas de lucro, em última análise, estão enquadradas dentro do item 2.

10.6 A questão dos dividendos em ações

Primeiramente, é preciso investigar a verdadeira natureza dos dividendos em ações. A tendência dominante, em teoria, é a de que tais dividendos não representam lucro (receita) para a entidade ou pessoa que os recebe até que sejam realizados, como resultado de uma divisão ou distribuição dos ativos da sociedade que os distribuiu. Assim, dividendos pagos em dinheiro representam receita para quem recebe, mas dividendos pagos em ações não representariam. Entretanto, nem todos concordam com esta abordagem, e alguns críticos da opinião dominante consideram que os lucros acumulados representam o *patrimônio da empresa em si*. O patrimônio dos acionistas incluiria apenas o *capital investido e o capital em excesso (paid in surplus)*. Neste tipo de interpretação, tanto o dividendo em dinheiro quanto o dividendo em ações deveriam ser considerados receitas (lucros) para os acionistas (sejam pessoas jurídicas, sejam físicas), pois acabam recebendo algo que não possuíam anteriormente. Neste sentido, um dividendo em ações acresce a parcela do patrimônio dos acionistas pela transferência de uma parcela de patrimônio líquido não distribuído da empresa (entidade).

Para esclarecer o controvertido assunto apresentemos um pequeno exemplo:

A empresa Delta, com capital realizado de $ 100.000,00, tem 100.000 ações ordinárias no valor de $ 1,00 cada uma.

No exercício de 20X9, obtém um lucro líquido de $ 30.000,00. Desse, distribui $ 7.500,00 em dinheiro. Dos $ 22.500,00 restantes, $ 2.500,00 são distribuídos na forma de ações (2.500 ações no valor nominal de $ 1,00 cada uma). Os acionistas, é claro, recebem ações proporcionalmente à sua participação no capital da sociedade, que é aumentado em $ 2.500,00.

Analisemos a situação do ponto de vista, digamos, de um acionista individual em face das duas situações do patrimônio, antes e após a distribuição:

	Antes da distribuição	Após a distribuição
• Capital social 100.000 ações a $ 1,00	$ 100.000,00	
• Capital social 102.500 ações a $ 1,00		$ 102.500,00
• Lucros acumulados	$ 30.000,00	$ 20.000,00
	$ 130.000,00	$ 122.500,00

Digamos que o acionista seja possuidor de 50% das ações. Seu valor patrimonial, antes da distribuição, é de $\dfrac{\$\,130.000,00}{100.000} = \$\,1,30$ por ação. Após a distribuição, o valor patrimonial passa a:

$$\dfrac{\$\,122.500}{102.500} = \$\,1,1951.$$

O acionista em questão recebeu $ 3.750,00 de dividendos em dinheiro e $ 1.250,00 de dividendos (bonificações) em ações (1.250 ações de $ 1,00 cada uma). (Note que outra alternativa seria incorporar os $ 2.500,00 ao capital sem alterar o número de ações. Neste caso, aumentaríamos o valor de cada uma, passando, portanto, de $ 1,00 para $ 1,025.)

Voltando ao exemplo, nosso acionista possui, após a distribuição, 51.250 ações no valor nominal de $ 1,00 mais $ 3.750,00 em dinheiro. Note, todavia, que as 51.250 ações continuam representando 50% do número de ações após a distribuição, a mesma porcentagem que possuía antes. Por outro lado, sua parcela máxima teórica no capital e nos lucros retidos era de 0,50 × $ 130.000,00 = $ 65.000,00 (antes da distribuição).

Após tal distribuição, possui:

ações	$ 51.250,00
dinheiro	$ 3.750,00
"direitos" de 50% sobre lucros acumulados	$ 10.000,00
	$ 65.000,00

Na verdade, a "participação patrimonial" antes e após a distribuição é a mesma, se somarmos a parcela recebida em dinheiro.

Alguns autores consideram que o recebimento de dividendos em ações é lucro (receita) para quem recebe, pois aumenta a potencialidade do valor de mercado da ação. Se isto é verdadeiro, também é verdade que há uma diminuição desta potencialidade, pela diminuição do valor patrimonial.

No caso de a bonificação ser em ações preferenciais, com direito a dividendo mínimo ou fixo, efetivamente a expectativa de benefícios futuros para quem recebe é mais palpável. Todavia, é preciso considerar que muito ainda irá depender da obtenção de lucros futuros ou da existência de saldos anteriores de contas de reservas de lucros (e, excepcionalmente, de capital).

Na verdade, a situação admite várias interpretações. *Se a consideramos do ponto de vista de que o acionista tinha direitos líquidos e certos sobre o capital e sobre os lucros retidos, a qualquer momento, veremos que, nem o dividendo recebido em dinheiro nem em ações representam lucro adicional no momento em que são recebidos.* De fato, antes da distribuição, a "parte" do acionista majoritário no patrimônio líquido já era $ 65.000,00. Após a distribuição, fica $ 61.250,00; como realizou financeiramente $ 3.750,00, totaliza também $ 65.000,00.

Entretanto, os lucros retidos e o capital são da entidade, na continuidade. Assim, o assunto pode ser examinado à luz da decisão de distribuir $ 7.500,00 em dinheiro. O que sai ou *flui da entidade para o recipiente* são apenas os $ 7.500,00. De fato, a diferença entre $ 130.000,00 e $ 122.500,00 = $ 7.500,00 (diferença entre o valor do patrimônio líquido total antes e após a distribuição).

Na continuidade, a diferença entre os dois patrimônios é de $ 7.500,00, e apenas esse valor poderá ser considerado como lucro para os recipientes e não uma simples movimentação interna.

Hendriksen considera que apenas em uma interpretação extremada da teoria da entidade o dividendo em ações poderia ser considerado lucro para os acionistas. Entretanto, neste caso, o valor do dividendo é considerado o preço corrente do mercado de ações. Note, todavia, que o valor a ser capitalizado pode ser de três naturezas: 1. nominal ou estabelecido (como no exemplo numérico); 2. corrente, de mercado, das ações emitidas; e 3. nominal mais o *paid in surplus* por ação emitida.

10.7 Lucro por ação

Deveria o lucro por ação ser calculado apenas com valores históricos ou deveria incorporar também informação de caráter preditivo? Esta é a questão fundamental que se coloca no cálculo de um relacionamento aparentemente tão simples. Talvez a indicação dos objetivos de se calcularem tais cifras ajude-nos a interpretar melhor a forma pela qual devem ser calculadas. O lucro por ação é usado como um dos indicadores mais importantes da avaliação da entidade e também como uma indicação (estimador) dos lucros por ação e dos dividendos por ação futuros. Em muitos casos, a substituição do lucro por dividendo em dinheiro é meritória para decisões de longo prazo. Nos Estados Unidos, vários trabalhos realizados no âmbito do AICPA têm tratado do assunto, destacando-se a Opinião APB nº 9, a Opinião APB nº 15 e o ARS nº 49.

Um dos aspectos mais importantes do cálculo do lucro por ação refere-se ao estabelecimento do número de ações, isto é, do denominador. O lucro por ação refere-se e foi construído primariamente para os acionistas ordinários. Assim, se não houve mudanças significativas no patrimônio líquido, derivantes de processos de capitalização, durante o exercício, não havendo necessidade de emitir novas ações, o número de ações em circulação no fim do exercício pode ser o denominador adequado. Entretanto, quando se verificaram movimentações de ações durante o ano, deveria ser calculada uma média ponderada das ações em circulação durante o ano.

Por outro lado, se outros títulos que possuem algumas das características das ações ordinárias estão em circulação, deve-se ter cuidado ao expressar o denominador. Por exemplo, se as ações preferenciais são totalmente participativas com relação ao dividendo (além de terem assegurado um dividendo mínimo ou fixo), os acionistas preferenciais têm o mesmo direito de participar na distribuição dos dividendos em excesso das taxas fixas ou mínimas. Assim, se tais ações tiveram o direito de participar de futuros dividendos na mesma base que as ações ordinárias, deveriam ser incluídas no denominador. Outros exemplos poderiam ser dados por debêntures conversíveis, ações preferenciais conversíveis e outras opções. Tais títulos, é claro, não participam nos dividendos da mesma forma que as ações ordinárias, *até tornarem-se ações comuns*. Entretanto, existe um direito potencial para se transformarem em ações comuns.[5] Deveríamos ou não considerar tais títulos no denominador e em que bases? A Opinião APB nº 15 recomenda dois cálculos distintos: *lucro por ação primário* e *lucro por ação totalmente diluído*. O cálculo é bastante complexo, pois o lucro por ação primário colocaria no denominador as ações em circulação durante o exercício, mais o número de ações representadas por títulos considerados como *equivalentes a ações comuns* e que tenham um *efeito diluição*. Considera-se que há um *efeito diluição* se os números para o lucro por ação sofrerem uma redução de 5% ou mais, incluindo os equivalentes. Os títulos considerados como equivalentes a ações comuns são os mais variados, *incluindo todas as opções de ações e garantias, títulos de participação, títulos conversíveis que se aproximem de determinada fórmula do tempo de sua emissão*. As debêntures conversíveis são consideradas como equivalentes a ações comuns se o rendimento ao tempo de sua emissão for menor que dois terços da taxa de juros bancária prevalecente naquele momento. Por outro lado, o "cálculo totalmente diluído" deveria ser feito adicionando-se os títulos conversíveis que não foram classificados como equivalentes a ações ordinárias no cálculo primário.

Como se vê, é bastante complexo o cálculo e não isento de críticas. Em nossa opinião, deveríamos ser bastante cuidadosos ao escolher o número a ser colocado como denominador. Poderíamos ter adicionado estes ou aqueles "equivalentes" na base da estimativa de uma probabilidade de ocorrência das conversões, baseada em experiência do passado. *Deveríamos apresentar uma cifra básica, conservadora,*

---

[5] Usamos a expressão *ações comuns* como equivalente a *ações ordinárias*.

baseada em ações em circulação, e outras baseadas em várias premissas, deixando bem claro, todavia, que são mais ou menos subjetivas. O número a ser considerado no numerador deve ser calculado com cuidado. Por exemplo, se tivermos adicionado ao denominador certo número de debêntures conversíveis, a despesa de juros proporcional, ajustada pelo efeito no imposto sobre a renda, deveria ser adicionada ao lucro no numerador. Se incluirmos, entretanto, ações preferenciais, não será necessário ajustamento, pois este valor líquido do lucro refere-se tanto a ações comuns quanto a preferenciais. Se opções e garantias tiverem sido incluídas no denominador, deveríamos adicionar ao numerador um valor correspondente ao lucro que seria gerado pela utilização das quantias em dinheiro recebidas a partir da data de exercício das opções e garantias.

Uma forma interessante de proceder no caso de títulos conversíveis é a recomendada por Jaedicke e Sprouse.[6] Admitem esses autores que

> "sempre que o valor de cotação das ações ordinárias é igual ou superior ao preço de conversão, é razoável supor que haverá a conversão. Enquanto for vantajoso converter, é razoável supor que o privilégio de conversão não se extinguirá. *De fato, o mercado tratará as conversíveis como ações comuns sempre que o valor de cotação por ação for igual ou maior que o preço de conversão*; o analista deve proceder de igual modo e supor presente a conversão na computação do lucro por ação".

Verifica-se, assim, que, sob um cálculo de aparente simplicidade, como parece indicar a expressão "lucro por ação", esconde-se uma complexidade que pode atingir as raias do *transcendental* em Contabilidade. Na verdade, se considerarmos o lucro por ação como um dos principais estimadores de tendências futuras, poderemos entender a complexidade e sua construção. Pensamos que, pelo fato de não haver uma forma universalmente considerada como aceitável de reportar o problema de diluições, cada premissa utilizada deve ser claramente evidenciada pelos contadores e administradores responsáveis pelos cálculos. Assim, a não ser quando evidenciado em contrário, o "lucro por ação" deveria expressar o resultado da divisão entre o lucro líquido remanescente para ações ordinárias dividido pelo número médio ponderado de tais ações durante o exercício.

10.8 Apresentação do patrimônio líquido nas consolidações

A forma de apresentação do patrimônio líquido nas consolidações é de grande importância para o entendimento das finalidades para as quais se consolidou. Por exemplo, do ponto de vista da proteção aos credores, não existem dúvidas de que esta é evidenciada mais claramente nas demonstrações individuais de cada empresa do que nas demonstrações consolidadas. Como muito bem afirmam vários autores e práticos, sintetizados por Hendriksen, os credores de uma subsidiária precisam analisar as demonstrações individuais da subsidiária para determinar seu capital de proteção (ou legal) e seus direitos relativamente a outros credores, na ordem de preferência. É claro que eles não têm direitos sobre os ativos da empresa-mãe. Entretanto, é necessário realçar que os credores desta última precisam analisar as demonstrações da empresa-mãe, pois eles têm apenas direitos residuais sobre os ativos das subsidiárias, e primários sobre os da empresa-mãe.

Usualmente, em balanços consolidados, o capital conferido pelos acionistas majoritários é representado pelo capital e pelas reservas de capital da empresa-mãe. *Todavia, o interesse ou participação minoritária é incluído como exigibilidade ou como um grupo separado entre as exigibilidades e o patrimônio líquido.* Este grupo geralmente representa o interesse dos acionistas minoritários no patrimônio total das subsidiárias. Note, todavia, que se trata de uma fonte de capital para a entidade consolidada, da mesma forma que o capital contribuído pelos acionistas da empresa-mãe.

---

[6] JAEDICKE, Robert K.; SPROUSE, Robert T. *Fluxos contábeis*. São Paulo: Atlas, 1972. p. 216.

Não há dúvida de que a representação usual dos interesses dos acionistas minoritários como exigibilidade ou como item intermediário entre o patrimônio líquido e a exigibilidade não satisfaz a nenhuma consideração de evidenciação, de forma completa. O problema é que não é fácil arranjar uma forma de apresentação alternativa que satisfaça a todas as condições.

Se apresentarmos a cifra do interesse dos minoritários como subitem do patrimônio líquido da entidade que faz a consolidação, o leitor poderia pensar que os minoritários têm participação no patrimônio líquido da entidade-mãe, o que não é o caso. Talvez valesse a pena investir na pesquisa de uma forma alternativa, ou seja, apresentar dois patrimônios líquidos, um da entidade-mãe (entidade que está procedendo à consolidação) e outro, que seria dos minoritários nas subsidiárias ou controladas. Entretanto, sobre a qualidade aditiva das cifras finais dos dois patrimônios pesariam as mesmas indagações vistas anteriormente. Deveriam ser dois subgrupos considerados separadamente.

Resumo

O patrimônio líquido e suas variações apresentam muitos problemas e facetas, dos quais apenas alguns foram tratados neste capítulo.

O entendimento profundo da natureza do patrimônio líquido significa muito mais do que meramente defini-lo como ativo *menos* obrigações. Conquanto esta fórmula seja suficiente para muitas operações algébricas (ou para sua explicação) do patrimônio, sua validade está bastante limitada à *teoria do proprietário*. Vimos, por outro lado, que várias teorias explicativas do patrimônio líquido (ou de sua natureza) são disponíveis, cada uma com seus méritos e limitações e nenhuma podendo fornecer base completa de explicação. A teoria da entidade, todavia, é a prevalecente, em um grande número de aplicações.

Analisamos, também, problemas especiais ligados ao patrimônio líquido, como do cálculo do lucro por ação e da representação do patrimônio líquido nas consolidações de demonstrações financeiras. Trataremos de alguns problemas ligados à consolidação na próxima unidade, ao passo que consideramos relevante que a aparente simplicidade das fórmulas de lucro por ação seja desmistificada. Na verdade, como vimos, sob essa aparente simplicidade esconde-se, muitas vezes, uma realidade potencial bastante complexa. O que se requer, em cada caso, é a clara evidenciação das premissas utilizadas e das limitações de cada método de cálculo.

Questionário

1. Defina patrimônio líquido.
2. Explique a diferença entre patrimônio líquido e exigibilidade.
3. Explique a teoria do proprietário.
4. Explique a teoria da entidade.
5. Explique a teoria do acionista ordinário.
6. Explique a teoria do fundo.
7. Explique a teoria social do empreendimento.
8. Elabore um quadro com as teorias e aponte semelhanças e diferenças entre elas.
9. Cite as principais fontes do patrimônio líquido.
10. Faça uma análise crítica do cálculo do lucro por ação.

Cap. 10 • O Patrimônio Líquido 151

Exercícios

1. Três teorias com relação ao patrimônio líquido são: 1. a teoria do proprietário; 2. a teoria da entidade; e 3. a teoria dos fundos.

a) Descreva brevemente cada uma delas.

b) Descreva as razões pelas quais sugere a aplicação de uma das teorias para cada um dos tipos de instituições e demonstrações abaixo:

1. firma individual;

2. sociedade coletiva;

3. instituições financeiras (bancos comerciais);

4. demonstrações consolidadas;

5. contabilidade de imobiliárias. (AICPA, 1959.)

2. Por causa de irreconciliáveis diferenças de opinião, um grupo dissidente da administração e do conselho de administração da Companhia Algo demitiu-se e formou a Companhia Bevo, com a finalidade de adquirir uma divisão fabril da Algo. Após as negociações e antes de acertar a transferência real da propriedade, um acionista minoritário da Algo notificou a Bevo de que um contrato anterior de acionistas com a Algo lhe dava forças para prevenir a venda. Os direitos dos minoritários foram reconhecidos pela Bevo, cujo conselho de administração, então, organizou a Casco S.A., com a finalidade de adquirir o interesse minoritário na Algo por $ 1.500.000,00. A Bevo adiantou o dinheiro à Casco e exerce o controle sobre ela como uma sociedade subsidiária com diretores e administração comuns. A Casco pagou aos acionistas minoritários o valor de $ 1.500.000,00 (cerca do dobro do valor de mercado das ações da Algo) por sua participação, e a Bevo adquiriu a divisão fabril da Algo.

Pede-se:

a) Que gastos são usualmente incluídos no custo da propriedade, das instalações e dos equipamentos adquiridos em uma compra?

b) 1. Quais são os critérios para determinar se devemos ou não consolidar as demonstrações financeiras da Bevo e da Casco?

2. Deveríamos consolidar as demonstrações da Bevo e da Casco? Discuta.

c) Considere a preparação de demonstrações financeiras não consolidadas. Discuta se é adequado tratar os $ 1.500.000,00 nas demonstrações da Bevo como:

1. uma conta a receber da Casco;

2. um investimento na Casco;

3. parte do custo da propriedade, das instalações e dos equipamentos; ou

4. uma perda. (AICPA, 1968.)

3. No exercício encerrado em 31 de dezembro de 2020, a International Business Corporation (IBC) apresentou um Relatório Comparativo de Operações de Dez Anos. Neste relatório, alguns itens importantes são comparados para os anos de 2011 a 2020. Nessas comparações estão compreendidos os lucros por ação, apurados de duas formas distintas:

a) lucros por ação calculados sobre o número de ações sem valor nominal, existentes no final de cada exercício, conforme relatórios anuais;

b) lucros por ação ajustados pelos dividendos em ações e pelas bonificações em ações.

O histórico *b* verificou-se sensivelmente diferenciado de *a*.

Discuta, pormenorizadamente, os problemas de interpretação que poderiam advir para o analista de investimentos, para o usuário externo em geral, se o histórico *b* não tivesse sido fornecido. Qual a linha mais importante e completa para avaliar o crescimento e a tendência da IBC e o que é melhor para projetar os futuros rendimentos por ação: a linha *a* ou a linha *b*? Justifique.

4. Certa empresa adquiriu o ativo e o passivo de outra em X + 4 em troca de 100.000 ações ordinárias. As operações da entidade adquirida para o exercício X + 4 estão incluídas no resultado líquido da empresa investidora para o exercício X + 4. Ao apresentar um relatório de evolução de lucros por ação dos últimos cinco anos, terminando com o exercício X + 4, a empresa compradora dividiu os resultados de cada ano pelo número de ações existentes no fim de cada ano e adicionando as 100.000 ações adquiridas apenas em X + 4. Procedeu corretamente? Por quê? (Adaptado de Jaedicke e Sprouse, *op. cit.*)

11

Imobilizado Tangível Depreciável

Objetivos de Aprendizagem

Neste capítulo, você aprenderá:
- A conceituação de imobilizado.
- O que pode ser incluído no custo inicial de um ativo imobilizado.
- O que são imobilizados construídos internamente.
- Algumas considerações sobre depreciação.

11.1 Generalidades

Já que a finalidade da Unidade é apresentar certos traços fundamentais de alguns grupos principais do ativo e do passivo, sem a pretensão de tratar de todos os grupos, nem mesmo na ordem usual de apresentação dos balanços, a discussão deste capítulo ficará restrita aos imobilizados tangíveis sujeitos, especificamente, à depreciação. É importante frisar que seu conteúdo se refere à quase totalidade do que seria incluído no grupo Imobilizado pertencente ao grupo maior Ativo Não Circulante, dentro da classificação da Lei das Sociedades por Ações. Pelo fato de não seguirmos a nomenclatura nem a ordem de apresentação dos grupos da Lei, faremos sempre referência ao grupo ou ao subgrupo da Lei a que se refere o capítulo, para maior análise dos leitores. Por que escolhemos, para iniciar, o imobilizado tangível? Devido à sua importância fundamental dentro da expressão da *capacidade* da empresa de produzir rendimentos e fluxos futuros, talvez mais do que outro grupo qualquer. Por outro lado, quase todas as complexidades de mensuração, com exceção dos intangíveis em geral, estão compreendidas no imobilizado tangível. O entendimento profundo do fenômeno da depreciação, em seus aspectos econômicos, financeiros e contábeis, talvez seja um dos pontos principais para quem pretenda ser um *scholar*, um estudioso em alto nível da disciplina.

11.2 Conceituação de imobilizado tangível

O imobilizado tangível inclui terrenos, edifícios, equipamentos, instrumentos e ferramentas, móveis e utensílios, moldes, veículos etc.; sua característica principal é a de ser utilizado nas operações normais da empresa e sua vida estender-se, usualmente, além de qualquer período menor que o do *ciclo de capacidade*. Como muito bem exemplifica Kenneth S. Most, um forno de uma padaria representa capacidade para, digamos, produzir pão durante uns 25 anos e *qualquer contabilização para um período menor necessita de um processo alocativo*.

Dica
Ativo imobilizado é utilizado para operação da empresa.

Assim, duas condições são necessárias para caracterizar um imobilizado tangível: possibilidade de ser utilizado nas operações normais da empresa (tem "utilidade" para a entidade) e possuir um ciclo de capacidade normalmente superior a um ciclo operacional ou, mais simplesmente, de longa duração. Entretanto, outros ativos talvez pudessem enquadrar-se, com algum esforço de generalização, nesta conceituação ampla se não afirmarmos que uma característica distintiva dos imobilizados tangíveis é o fato de não ser possível, usualmente, adquiri-los paulatinamente, à medida que o processo produtivo o requer. São adquiridos em grandes "lotes de serviços e propriedade", que serão utilizados nas produções futuras.

É preciso esclarecer que estamos excluindo desta definição qualquer tipo de ativo intangível, valores a receber de longo prazo, investimentos de longo prazo. Além disso, como estamos tratando de imobilizados tangíveis sujeitos à depreciação, não trataremos especificamente de terrenos e não nos referiremos, salvo menção expressa, ao problema dos bens sujeitos à exaustão (reservas florestais, minas etc.).

Hendriksen, além das citadas, apresenta as seguintes características fundamentais para delinear um imobilizado tangível sujeito à depreciação:

1. os ativos representam bens tangíveis mantidos para facilitar a produção de outros bens ou para prover serviços para a empresa ou para seus clientes no curso normal das operações;

2. todos têm vida limitada, no final da qual precisam ser abandonados ou substituídos. Esta vida pode consistir em um número previsto de anos, determinado pelo desgaste causado pelos elementos, ou pode ser variável, dependendo da utilização e da manutenção;

3. o valor dos ativos considerados deriva da habilidade de obrigar a exclusão de outras entidades ou pessoas para a obtenção dos direitos legais de propriedade a seu uso, mais do que da força ou disposições de contratos;

4. são não monetários, por natureza; os benefícios são recebidos por meio do uso ou venda de seus serviços e não da sua conversão em quantidades conhecidas de dinheiro;

5. em geral, os serviços devem ser recebidos durante um período mais longo do que um ano, embora possa haver algumas exceções.

O imobilizado tangível talvez seja a melhor representação da capacidade instalada (ou da capacidade produtiva), principalmente em uma entidade manufatureira, podendo ter significação bem mais modesta em uma entidade bancária em outras atividades.

Most também enfatiza a qualidade, que denomina *fator de exclusão*, isto é, a habilidade de a empresa excluir terceiros, não apenas do usufruto ou do gozo dos recursos em questão (benefício), mas também da possibilidade de serem requisitados por poderes superiores, sem direito a ressarcimento pelo justo valor.

Os problemas principais ligados ao imobilizado tangível sujeito à depreciação podem ser assim resumidos:

1. o problema da vida útil;
2. o problema da avaliação (do ativo e da depreciação);
3. o problema do método de depreciação.

11.3 O que incluir no custo de incorporação inicial

Devemos, neste assunto, separar ativos adquiridos de ativos construídos ou fabricados. Nos primeiros, o custo inicial precisa incluir:

1. fretes;
2. taxas alfandegárias, se for o caso;
3. outras taxas e impostos;
4. custos de manuseio e estocagem, prévios à incorporação;
5. custos de instalação na base física de operação;
6. todos os demais gastos necessários para colocar o ativo em condições de utilização.

É preciso definir, também, se deveríamos avaliar pelo preço de compra menos desconto comercial ou pelo preço-caixa, após deduzir também os descontos de caixa (financeiros). Em teoria seria preferível a última forma de avaliação; entretanto, no Brasil esse assunto tem sido tratado pela forma inicial.

Hendriksen e Most reportam o problema que surge quando adquirimos terreno e edifício nele contido para construção de um novo edifício. A rigor, o custo de um novo ativo deveria incluir o custo da demolição e remoção dos escombros do antigo edifício.

Um problema que pode surgir frequentemente é a compra de vários ativos, ao mesmo tempo, por um preço total, sem referência específica ao valor de cada ativo isoladamente. Assim, o preço total é conhecido, mas precisamos utilizar alocações para avaliar os ativos específicos. As duas soluções normalmente utilizadas na prática consistem em: 1. alocação do custo total aos ativos individuais na proporção dos valores estimativos de cada um; ou 2. proporção dos valores contábeis do dono anterior.

Outra área de problemas surge com relação aos juros incorridos (pagos ou não) na fase de construção de equipamentos e instalações, portanto, antes que iniciem a geração de receitas. Existem grandes discussões sobre o melhor tratamento dos juros, nesse caso. São três as principais colocações:

1. não ativar os juros;
2. ativar somente a parcela relativa aos recursos efetivamente tomados por empréstimo *para aquela finalidade específica*;
3. ativar uma taxa normal de juros sobre todos os recursos utilizados até o momento em que os ativos estejam em condições de utilização.

Não discutiremos a segunda alternativa, por não ter justificativa teórica rigorosa, embora algumas empresas a utilizem, na prática, e seja a alternativa sugerida, até, por alguns estudos.

A primeira hipótese é mais ortodoxa do ponto de vista de uma interpretação conservadora e correta dos princípios contábeis. De fato, como norma geral, os encargos de natureza financeira são debitados para resultado no período em que são incorridos, seguindo mais sua natureza financeira do que em que são aplicados os recursos. Outros defensores desta abordagem ainda argumentam que os juros e encargos poderiam ter sido evitados se a construção tivesse sido financiada com recursos de capitais próprios em lugar de capitais de terceiros. Isto, todavia, não é aceitável como argumento muito sólido de um ponto de vista mais amplo, pois não responde à pergunta sobre o custo de utilizar dinheiro ou custo sobre capital próprio.

A terceira alternativa apresenta a característica de considerar o *juro normal* como um *custo econômico*. Todos os recursos utilizados na construção antes que seja possível utilizar o ativo nas operações da empresa têm um custo de juro normal que deveria ser ativado. Os que defendem este ponto de vista argumentam que o custo final de um ativo é, na linguagem de Hendriksen, "o valor dos bens e serviços dados em troca para adquiri-lo". Ora, o juro representa o custo do dinheiro (ou valor de serviço) empregado na compra ou na construção do ativo, antes de sua utilização.

É claro que a maior área de aplicação da terceira alternativa reside na área de empresas de utilidade pública. Como o sistema tarifário de tais entidades está baseado em sua capitalização total, se permitíssemos uma taxa normal de retorno apenas sobre os ativos capazes de gerar receitas, não haveria condições de obter remuneração sobre os investimentos necessários durante o período de construção.

De qualquer forma, quando se capitalizam juros sobre ativos que, depois, se tornam operacionais, surge um problema: um ativo de uma empresa que ativou juros de financiamentos específicos estará avaliado por $x + z$; outra empresa que construiu com capital próprio ativará, usualmente, zero, para a parcela z. Entretanto, os dois ativos das duas empresas gerarão o mesmo montante de benefícios futuros! (hipótese 2). A capitalização de juros, só de financiamentos específicos, ou desses mais o custo do capital próprio justifica-se sob a hipótese de que um ativo é representado por quanto custou; mas a teoria mais moderna baseia-se no quanto o ativo é capaz de produzir em benefícios futuros! No aspecto mais moderno, então, não deveria se capitalizar juros, de forma alguma.

Se juros derivados de financiamentos forem ativados, o mesmo deveríamos fazer com uma taxa imputada de juros relativa aos recursos próprios, de qualquer forma!

11.4 Imobilizados construídos pela entidade

Nesse caso surge o problema dos custos indiretos comuns ao ativo que está sendo fabricado e à produção normal. Mão de obra e custos de materiais não representam problemas e podem ser alocados diretamente. No que se refere aos custos indiretos (usualmente de fabricação, porém após os rateios de custos de centros de custos comuns), existem várias formas de tratá-los:

1. alguns contadores não alocam custos indiretos;
2. outros alocam apenas os variáveis (incrementais);
3. atribuímos uma parcela dos custos indiretos equivalente ao valor que teria sido alocado à produção que foi cortada por causa da construção;
4. alocamos uma parcela proporcional dos custos indiretos, utilizando o mesmo procedimento da produção normal.

Apesar de os argumentos dos procedimentos 2 e 3 serem muito atrativos, o melhor, no sentido dos benefícios futuros gerados para a empresa e dentro da definição geral de ativo, é o último. É verdade que o fato de existir ou não capacidade em excesso enfraquece ou não o procedimento. Por exemplo, se utilizarmos facilidades e instalações na construção do equipamento (do imobilizado tangível em geral) que teriam ficado ociosas, caso não tivéssemos empreendido a construção, fica prejudicado o processo de ativação. Entretanto, devemos considerar que o valor ativado representa o valor de insumo de futuros benefícios de serviço, na linguagem de Hendriksen. O procedimento de atribuição somente dos custos incrementais é aceitável do ponto de vista de um valor mínimo. Para os que estão de acordo, em todas as circunstâncias, com o custeamento variável, este tratamento é consistente. Consideramos, todavia, que uma melhor representação de um elemento patrimonial dentro do ativo exige que o avaliemos pela expressão valorativa de sua capacidade de gerar fluxos futuros positivos para a entidade, mesmo que o processo seja apenas aproximativo. O custeamento direto é apreciável para certas decisões sobre otimização de aproveitamento de fatores e produtos, a curto prazo, mas a absorção plena deve ser o procedimento para avaliação de ativos para finalidades informativas, principalmente externas.

11.5 Considerações sobre a depreciação

Most expressa seu ponto de vista de que *"a definition of depreciation has always been studiously avoided"*, isto é, tem sido cuidadosamente evitada uma definição de depreciação, porque, se frequentemente é difícil definir qualquer fenômeno em Contabilidade (pelos múltiplos entalhes que a Contabilidade dissimula em uma única fachada), muito mais complexa é a definição deste fenômeno.

Por exemplo, o Comitê de Terminologia da AICPA definiu, em 1953, depreciação:

> *"Depreciation accounting is a system of accounting which aims to distribute the cost or other basic value of tangible assets, less salvage (if any), over the estimated useful life of the asset (which may be a group of assets) in a systematic and rational manner. It is a process of allocation, not of valuation."*

Apesar de parecer tão respeitável e lógica, esta definição deixa vagas as palavras *systematic and rational manner*, dentro do contexto contábil, é claro. A afirmação de que se trata de um processo alocativo e não valorativo pode até ser um detalhe *do que* a Contabilidade em geral é, mas não se explicam os *porquês* e os *como* da depreciação contábil.

A American Accounting Association forneceu, em 1957, uma definição mais esclarecedora quanto aos fatores aos quais é devida a depreciação.

Assim se expressou a referida entidade:

> "Qualquer declínio no potencial de serviços e outros ativos não correntes deveria ser reconhecido nas contas no período em que tal declínio ocorre... O potencial de serviços dos ativos pode declinar por causa de... deterioração física gradual ou abrupta, consumo dos potenciais de serviços através do uso, mesmo que nenhuma mudança física seja aparente, ou deterioração econômica por causa da obsolescência ou de mudança na demanda dos consumidores."

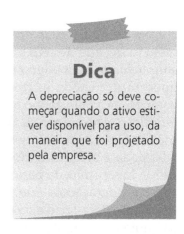

Dica
A depreciação só deve começar quando o ativo estiver disponível para uso, da maneira que foi projetado pela empresa.

Esta definição, melhorada em 1963, é superior à do AICPA, pois pelo menos reconhece que a perda dos potenciais de serviços de um ativo (e dos imobilizados tangíveis) não pode ser prevista com exatidão quando adquirimos o ativo (que é a hipótese subjacente à primeira definição), e esta perda pode ser irregular, em virtude de vários fatores.

Na verdade, poderíamos expressar a depreciação simplesmente como a diferença entre o valor de mercado do equipamento no fim e no início do período. Entretanto, neste caso, estaríamos provavelmente consagrando a avaliação a valores de mercado para a Contabilidade, o que não seria fora de propósito. Restaria verificar se utilizaríamos um valor de entrada ou de realização. Este método nada teria que ver, portanto, com o valor original. Poderiam surgir problemas se o bem tivesse, em determinado ano, um valor de troca, mas não mais apresentasse utilidade à empresa. Deveríamos, em princípio, baixar o ativo, de qualquer forma, pois sua conceituação não é possuir somente valor de troca, mas também de uso. Verifica-se, assim, mais uma vez, a complexidade da disciplina contábil. Estamos ligados a conceitos gerais válidos (como o dos potenciais de serviços) mas, ao mesmo tempo, envolvidos por problemas de objetividade, acorrentados ao valor de troca, ou monetário. Cremos que devemos arranjar formas mais sofisticadas de mensuração dos conceitos ou, o que nos parece mais provável, abandoná-los, de uma vez por todas, à tirania do mercado. É por isso que Chambers tem grande importância na evolução da disciplina. Teve a coragem de propor uma filosofia de avaliação baseada em valores de realização, conhecendo os riscos que estaria correndo. Todo e qualquer processo de avaliação que não seja valores de realização implica maiores alocações e dificuldades para avaliar insumos. Podemos, perfeitamente, como a maioria dos autores e práticos efetivamente faz, aceitar as dificuldades ligadas aos valores de entrada como pretexto de uma ligação presumida à continuidade, mas não podemos deixar de reconhecer a admirável simplicidade de um modelo de avaliação baseado em valores de saída.

Na prática e, mais ainda, dentro dos princípios atuais, conquanto se possa discutir a depreciação à luz de várias abordagens (inclusive linearmente à metodologia de fluxos descontados), é a amortização do custo o "racional" utilizado. Não se trata, assim, de um processo valorativo, mas meramente alocativo de custos passados para despesa dos períodos futuros... de forma sistemática e racional... Entretanto, podemos talvez assegurar muito mais a sistematicidade do que a racionalidade.

Assim, podemos ressaltar os seguintes grupos de métodos:

1. método de quotas constantes;
2. métodos de quotas variáveis;
3. métodos de quotas crescentes;
4. métodos de quotas decrescentes.

O *método de quotas constantes*, mais conhecido como alocação em linha reta, repousa nas seguintes premissas principais:

1. depreciação é função do tempo, e não do uso;
2. não se leva em conta o fator *custo de capital*;
3. a eficiência do equipamento é constante durante os anos.

Na verdade, estas premissas são mais o resultado de se conhecer ou erigir uma racionalidade ao método do que de refletirem os casos ou motivos pelos quais é utilizado o método em linha reta. A simplicidade é o motivo principal de sua adoção, principalmente porque os contadores sabem que qualquer outro método é criticável, sob um ou outro aspecto, e que o custo de sua complexidade não é compensado pelo ganho efetivo de relevância. É um raciocínio talvez simplista, mas contém elementos verídicos. Antes de mais nada, é preciso reconhecer que, tudo considerado, a depreciação talvez seja mesmo, pelo menos em grande parte, mais função do tempo do que do uso (admitindo-se manutenção adequada e até crescente). O erro do método é supor que esta perda de potencialidade se realiza de forma igual em cada período. Segundo Hendriksen, a maior falha do método de linha reta consiste na não consideração do fator desconto; mesmo que as outras premissas estejam corretas, o lucro líquido resultante dá a aparência de uma taxa crescente de retorno sobre o capital total investido. De fato, se as quotas de manutenção se mantiverem constantes, ao dividirmos o lucro líquido pelo valor contábil dos equipamentos (valor menos a depreciação acumulada), teremos uma impressão de retorno crescente, o que não corresponde à realidade. É preciso considerar que cada investimento (valor contábil do equipamento) no início do período tem um custo de oportunidade. Suponha um ativo no valor de $ 100.000,00 depreciável em cinco anos. As receitas menos despesas, antes de deduzirmos a depreciação, somam $ 50.000,00. O custo de capital é de 30% a.a.

Teríamos, então, a seguinte tabela:

Ano	Valor contábil no início do período	Custo de oportunidade	Receita líquida
1	$ 100.000,00	$ 30.000,00	$ 50.000,00
2	$ 80.000,00	$ 24.000,00	$ 50.000,00
3	$ 60.000,00	$ 18.000,00	$ 50.000,00
4	$ 40.000,00	$ 12.000,00	$ 50.000,00
5	$ 20.000,00	$ 6.000,00	$ 50.000,00

A diferença entre a *receita líquida* e o *custo de oportunidade* somente se iguala ao valor da depreciação, calculado pelo método da linha reta, no primeiro período.

Verifica-se, assim, que a hipótese de depreciação em linha reta não é harmônica com uma hipótese de contribuição constante à receita. Se a contribuição à receita decrescer na mesma razão do custo de oportunidade, teremos:

Ano	Valor contábil	Custo de oportunidade	Receita líquida	Depreciação (Linha Reta)	Lucro
1	$ 100.000,00	$ 30.000,00	$ 50.000,00	$ 20.000,00	$ 30.000,00
2	$ 80.000,00	$ 24.000,00	$ 44.000,00	$ 20.000,00	$ 24.000,00
3	$ 60.000,00	$ 18.000,00	$ 38.000,00	$ 20.000,00	$ 18.000,00
4	$ 40.000,00	$ 12.000,00	$ 32.000,00	$ 20.000,00	$ 12.000,00
5	$ 20.000,00	$ 6.000,00	$ 26.000,00	$ 20.000,00	$ 6.000,00

Se dividirmos o lucro pelo valor do investimento no início de cada período obteremos uma taxa constante de retorno de 30%. Mas isso somente acontece se as receitas líquidas geradas pela venda da produção do equipamento decrescerem a uma razão constante tal que o lucro (após deduzir a depreciação) seja igual ao custo de oportunidade. (Ou se o método de depreciação for a quotas crescentes.)

Podemos resumir da seguinte forma:

1. *eficiência estável* corresponde a *quotas crescentes*;
2. *eficiência decrescente* corresponde a *quotas constantes* ou *quotas decrescentes*.

Os *métodos de quotas variáveis* são baseados na premissa de que a depreciação é um custo variável e não fixo. Isto significa que ocorre a diminuição do valor do ativo como consequência de sua utilização e não do decurso do tempo. É justificável nos casos em que o desgaste é mais importante que a obsolescência econômica ou quando os serviços esperados podem ser obtidos antes que a obsolescência irrompa. Um dos principais problemas de tais métodos (em todas as suas variantes, das quais uma é atribuir a depreciação proporcionalmente à receita) é a desconsideração pela manutenção, sendo muito difícil incorporar a obsolescência se for verificada nos primeiros períodos de utilização. De fato, como o método é baseado em produção, se adquiríssemos um equipamento e não o utilizássemos durante o primeiro período, não seria depreciado nesse período.

Os *métodos de quotas crescentes* (de que os métodos de *sinking fund* e de anuidade são formas) são aconselháveis ou adequados quando os ativos tiverem uma eficiência constante ou até crescente.

O *método do sinking fund* supõe que as quantias colocadas de lado todo ano rendam juros, de modo que a depreciação acumulada se converta em um *fundo de amortização*. Na verdade, a quota periódica de depreciação, por este método, é uma quota de substituição. O valor da quota anual é constante. Porém, é o que deveríamos depositar no fim de cada período, para, no final da vida útil do bem, poder substituí-lo, tendo recursos para tal. É claro que a soma das depreciações assim calculadas será igual ao valor a ser depreciado.

A fórmula geral é:

$$D = (C - J) \times \frac{1}{S_{n\mid i}}$$

em que

D = quota de depósito;

C = custo;

J = valor residual estimado; e $\dfrac{1}{S_{n\,i}} = \dfrac{i}{(1+i)^n - 1}$

Assim, suponha um ativo imobilizado tangível depreciável, cujo valor de compra é $ 150.000,00, vida útil estimada de cinco anos, valor residual nulo, custo de oportunidade de 30%.

Aplicando a fórmula, teríamos:

$$D = \$\ 150.000,00 \times \dfrac{0,30}{(1,30)^5 - 1}$$

$$D = \$\ 150.000,00 \times \dfrac{0,30}{2,71293} =$$

$$D = \$\ 150.000,00 \times 0,1105815 = \$\ 16.587,225$$

Os $ 16.587,225 seriam o valor a ser depositado, anualmente, no fundo, que, rendendo juros compostos de 30% a.a., totalizaria um montante de $ 150.000,00, no final de cinco anos, suficiente para substituir o equipamento, se os preços permanecerem constantes. O valor a ser lançado como depreciação, se utilizarmos o método para finalidades contábeis, seria crescente, como vemos na tabela que segue:

Ano	Valor contábil no início do período	Quota de depósito no fundo	Juro	Quota de depreciação
1	$ 150.000,00	$ 16.587,225	—	$ 16.587,225
2	$ 133.412,78	$ 16.587,225	$ 4.976,17	$ 21.563,395
3	$ 111.849,39	$ 16.587,225	$ 11.445,185	$ 28.032,410
4	$ 83.816,98	$ 16.587,225	$ 19.854,908	$ 36.442,133
5	$ 47.374,843	$ 16.587,225	$ 30.787,618	$ 47.374,843
				$ 150.000,00

Verifica-se que a última coluna representa a depreciação contábil que lançaríamos por esse método. Note que o juro é calculado de forma composta. Por exemplo, no final do segundo ano, temos: $(1,30)^2 = 1,69$. $0,69 \times 16.587,225 = \$\ 11.445,185$. Este valor é maior que o dobro de $ 4.976,17.

Portanto, trata-se de um método de quotas crescentes. Uma das críticas que lhe são feitas, inclusive por alguns tratadistas da Matemática Financeira, é que as quotas de depreciação não vão diminuindo à medida que aumentam as despesas de manutenção e reparos ordinários. De fato, esta é uma vantagem dos métodos de quotas decrescentes. A segunda é que não se incluem no depósito anual os juros sobre o capital investido no ativo. Para resolver este último problema, foi imaginado o *método de juro sobre a inversão*, que leva em conta o juro sobre o capital investido.

Certas empresas de utilidade pública têm utilizado o método *sinking fund* nos Estados Unidos, principalmente em situações em que as despesas com seguros e impostos sobre a propriedade declinam durante a vida do ativo, enquanto a eficiência operacional, as receitas e as despesas de manutenção se mantêm razoavelmente estáveis. Hendriksen, por outro lado, considera que, em outros casos, a expectativa de receitas crescentes pode ser comensurável a quotas crescentes de depreciação. Seria o caso de estradas e pontes com pedágio construídas para atender ao tráfego dos próximos dez ou quinze anos. A receita de pedágio aumentará à medida que aumentar o tráfego. Os argumentos principais contra os métodos de quotas crescentes são:

1. poucos ativos são capazes de gerar receitas crescentes ou constantes;
2. custos de reparos e manutenção usualmente aumentam com o passar dos períodos;
3. a eficiência operacional normalmente declina.

A única vantagem que levam tais métodos sobre o de linha reta é que consideram a taxa de retorno.

Os *métodos de quotas decrescentes* acabariam sendo, pelas próprias críticas apresentadas aos demais, os preferidos em um número maior de situações. Desses métodos, os mais utilizados são os da *soma dos dígitos dos algarismos dos anos* e o de *percentagem constante sobre o valor contábil*. Ambos são tratados no livro *Contabilidade introdutória*. Hendriksen aponta os seguintes motivos, entre outros, que levariam a uma preferência pelos métodos de quotas decrescentes:

1. contribuições anuais de serviços declinantes, sem consideração pelo juro ou custo de capital;
2. desempenho operacional declinante, resultando em acréscimos em outros custos operacionais;
3. valor do ativo (representado pelo valor descontado dos valores de serviço remanescentes), declinando mais nos primeiros anos e menos nos últimos anos de vida do ativo;
4. custos crescentes de reparos e manutenção;
5. receitas ou entradas de caixa declinantes;
6. incerteza das receitas dos últimos anos em virtude da possível obsolescência.

Resumo

Entre os vários elementos componentes do ativo, o *imobilizado tangível sujeito à depreciação* representa uma área de estudo e de problemas sensivelmente importante. Desde que todos os ativos têm características básicas comuns, diferenciá-los quanto a um tipo específico ou outro fator torna-se sutil e difícil, às vezes. Essas distinções teóricas são muito importantes para podermos adotar um procedimento correto em situações práticas. Por exemplo, como distinguir, pela classificação da Lei das Sociedades por Ações, um ativo em sua classificação como imobilizado, intangíveis ou investimentos? Existem casos-limite em que a descrição dada pela Lei não é suficientemente clara para isso. Se conhecermos Teoria da Contabilidade, todavia, teremos mais condições de adotar a solução correta. Quanto às bases de avaliação do imobilizado tangível, reportamo-nos ao capítulo sobre o ativo.

Questionário

1. Conceitue imobilizado.
2. O que é possível incluir na incorporação inicial de um imobilizado?
3. O que é vida útil de um imobilizado?
4. Como determinar a vida útil de um imobilizado?
5. Qual o momento em que se inicia a depreciação de um imobilizado?

6. Explique o que são imobilizados construídos pela entidade.
7. Como atribuir valor para os imobilizados construídos pela entidade?
8. Quais são os métodos de depreciação? Explique cada um deles.
9. Quais as premissas do método das quotas constantes?
10. A vida útil de um imobilizado pode ser revista? Se sim, quais as consequências?

Exercícios

(Adaptado do exame AICPA, novembro de 1965.)

A empresa Manufatureira foi organizada em 1º de janeiro de 2020. Durante 2020, utilizou em seus relatórios contábeis o método em linha reta para depreciar seus ativos imobilizados tangíveis. Em 8 de novembro você está reunido com os diretores da empresa para discutir o método de depreciação a ser utilizado para efeito de Imposto sobre a Renda e relatórios para os acionistas. O presidente da empresa sugere a utilização de um novo método, que considera melhor que o da linha reta, para as necessidades da empresa, durante o período de expansão rápida de capacidade de produção que preconiza. Apresentamos a seguir um exemplo em que o método proposto é aplicado a um ativo imobilizado tangível com um valor de $ 640.000,00, uma vida útil estimada de cinco anos e um valor residual previsto, no fim da vida útil, de aproximadamente $ 40.000,00.

Ano	Fração	Despesa de depreciação	Depreciação acumulada no fim do ano	Valor contábil no fim de cada ano
1	1/15	$ 40.000,00	$ 40.000,00	$ 600.000,00
2	2/15	$ 80.000,00	$ 120.000,00	$ 520.000,00
3	3/15	$ 120.000,00	$ 240.000,00	$ 400.000,00
4	4/15	$ 160.000,00	$ 400.000,00	$ 240.000,00
5	5/15	$ 200.000,00	$ 600.000,00	$ 40.000,00

O presidente considera o novo método melhor porque ouviu dizer que:

1. aumentará os fundos recuperados nos anos mais próximos do final da vida útil do ativo, quando a manutenção e os gastos de reposição serão altos; e
2. redundará em maiores baixas nos últimos anos e assim reduzirá os impostos.

Pede-se:

1. Qual a finalidade e a natureza da Contabilidade para a depreciação?
2. Está a proposta do presidente dentro do âmbito dos princípios geralmente aceitos de Contabilidade? Ao tomar sua decisão, discuta as circunstâncias, se existirem, pelas quais o método seria razoável e as que o tornariam inadequado.
3. O presidente deseja seu aconselhamento:

    a) As quotas de depreciação "recuperam" ou "criam" fundos? Explique.

    b) Suponha, apenas como hipótese, que o Imposto de Renda aceite o método proposto, neste caso particular. Se for utilizado para as duas finalidades, isto é, para os acionistas e para as finalidades fiscais, como afetaria a disponibilidade de fundos gerados pelas operações?

12

Estoques

Objetivos de Aprendizagem

Neste capítulo, você aprenderá:
- O que são estoques.
- As bases de avaliação de estoque (valores de entrada e valores de saída).
- Custos a serem atribuídos aos estoques.

12.1 Generalidades

Este assunto foi explorado com detalhes no livro *Contabilidade introdutória*, de modo que aquele tratamento será considerado básico e assimilado para as finalidades deste livro. Entretanto, analisaremos alguns aspectos complementares.

12.2 Que são estoques

O termo *estoque* é utilizado para designar o agregado de itens de propriedade tangível que: 1. são estocados para venda no curso dos negócios; 2. estão em processo de produção para tal venda; ou 3. estão para ser consumidos na produção dos bens ou serviços que se tornarão disponíveis para venda.[1]

É importante ressaltar a diferença entre *estoques*, ativos monetários e despesas pagas antecipadamente. Normalmente, os três têm grande participação no ativo circulante, embora parcelas possam ser não circulantes. Hendriksen esclarece que os ativos monetários representam montantes de poder aquisitivo que se tornarão disponíveis agora ou no futuro. Assim, o valor corrente dos ativos monetários pode ser computado por meio do desconto das entradas previstas de caixa. As despesas antecipadas, por outro lado, representam serviços a serem recebidos pela empresa no processo de obtenção de sua receita. Geralmente, não existe uma forma possível de determinar o valor de tais serviços em termos da receita adicional a ser gerada por eles. Podem ser avaliados apenas em termos de seu valor de aquisição--custo corrente ou passado. Os estoques estão entre os dois extremos. Não se trata de itens monetários, pois os recursos de caixa a serem recebidos por sua venda ainda dependem de eventos futuros, e o momento em que os receberemos também é incerto. Entretanto, o valor atual dos fluxos futuros a serem

---

[1] AICPA Bulletin, nº 43, 1968.

gerados pela venda dos estoques pode ser estimado mais rapidamente do que no caso das despesas pagas antecipadamente.

As finalidades ou os objetivos da mensuração e da avaliação dos estoques são de várias ordens, entre as quais a indicação do total de recursos que esperamos receber pela venda dos produtos. Entretanto, o objetivo mais comum refere-se ao esforço de correlacionar a receita com as despesas respectivas no processo de mensuração do lucro, o que poderia levar a uma preferência por um preço de entrada (ou uma avaliação a valores de entrada). Em certas situações, todavia, a avaliação a preços de saída é razoável.

No que se refere à determinação quantitativa dos estoques, temos três formas principais: 1. contagem do inventário final; 2. inventário perpétuo; 3. combinação de 1 e 2; e 4. determinação de valores totais por meio de métodos agregativos (método do lucro bruto e método varejista).

No método de contagem física, ou inventário periódico, a contagem e a avaliação do inventário final são fatores determinantes para a avaliação do custo dos produtos vendidos. No método de inventário permanente, pelo contrário, é a avaliação das saídas que determina o valor do inventário final. Apesar das vantagens de controle e avaliação do inventário perpétuo, existe o problema das perdas. Pelo próprio mecanismo de avaliação e registro na ficha de estoque, somos levados a aceitar de volta ao estoque, durante o período, lotes de produtos que podem ter perdido seu valor ou sua capacidade de gerar benefícios para a entidade. Uma contagem física no final do exercício, mesmo que apenas por amostragem, é altamente interessante por causa do problema das perdas, além de ser um instrumento de controle. O melhor sistema é o inventário perpétuo (permanente) auxiliado por contagem total ou por amostragem no final de cada período. A contagem total seria melhor, e, usualmente, é exigida para finalidades de auditoria externa.

12.3 Bases e métodos de avaliação de estoques (um resumo)

12.3.1 Avaliação a valores de saída (ou de output)

Os estoques aparecem no balanço patrimonial em vários estágios. Alguns deles, como materiais, encontram-se em um ponto em que todo o trabalho é necessário para transformá-los em produtos vendáveis. Mesmo para produtos semiacabados, pode ser necessário um esforço apreciável. No caso de produtos acabados, poucas atividades ou esforços adicionais são requeridos. No último caso, é perfeitamente justificado um valor de saída para todas as finalidades, ao passo que nos primeiros provavelmente um valor de entrada seja mais adequado.

Existem três tipos principais de avaliação a valores de saída para os estoques: *recebimentos descontados de caixa, preços correntes de venda* e *valores realizáveis líquidos*.

No primeiro, deveríamos conhecer os reais a serem recebidos no futuro por meio da venda. Além disso, os prazos de recebimento deveriam ser conhecidos ou determináveis. Como essas duas condições são raramente satisfeitas, essa forma de valor de saída não apresenta grande aplicabilidade.

A avaliação a *preços correntes de venda* é aplicável quando existir certa invariabilidade dos preços de venda dos estoques e se não existirem despesas de venda relevantes para vender o produto. Essas condições também são satisfeitas apenas em poucos casos.

A avaliação a *valores realizáveis líquidos* representa a mais utilizada forma de avaliação a valores de saída para os produtos destinados à venda. Sempre que um valor de saída for utilizado na avaliação de inventários, os custos adicionais de fabricação, de venda e de cobrança deveriam ser estimados e registrados no período em que a receita é reconhecida. O *valor realizável líquido* consiste em deduzir diretamente tais despesas do valor de venda. Para sermos mais precisos, portanto, *valor realizável líquido* é a entrada esperada pela venda menos todos os gastos incrementais previstos e despesas relativas ao acabamento, venda, entrega e cobrança do produto em questão.

O problema principal com esta forma de avaliação reside na dificuldade em estimar os gastos adicionais necessários para completar (o produto deveria estar praticamente completo), vender e entregar o produto. Poder-se-ia alegar, também, que estaríamos reconhecendo receita e lucro antes que todos os esforços para vender, entregar e cobrar o produto tenham sido realizados. Para tornar menor este inconveniente, alguns autores recomendam a retirada, do valor realizável líquido, da taxa normal de lucro relativa e proporcional às atividades a serem ainda desempenhadas. O problema aqui consiste em fazer uma efetiva alocação do lucro total para as várias atividades. Isto apresenta dificuldades práticas que tornam quase inexequível o refinamento preconizado. Uma alternativa excessivamente conservadora seria retirar *toda* a taxa normal de lucro.

Consideramos, todavia, que essa avaliação conservadora somente se justificaria em circunstâncias especiais. No fundo, esta última prática é uma forma indireta de estimar um valor de entrada conservador. Analisaremos mais detidamente o assunto quando tratarmos da regra do *custo ou mercado*.

12.3.2 Avaliação a valores de entrada

As principais formas desse tipo de avaliação, indicadas por Hendriksen, são:

1. custos históricos;
2. custos correntes de reposição;
3. custo ou mercado, o que for menor;
4. custo-padrão.

Comentaremos especificamente *o custo corrente de reposição* e o *custo ou mercado, o que for menor*, e, associado ao custo ou mercado, o *valor realizável líquido menos a taxa normal de lucro (markup)*, que, embora seja, teoricamente, um valor de saída, é uma forma de se aproximar de um valor conservador de entrada.

As vantagens e desvantagens do custo histórico são muito conhecidas, e devemos dizer que os métodos de *identificação específica, de médias ponderadas, PEPS* etc. são todos variantes do mesmo princípio do custo histórico. O custo-padrão não deixa de ser um *valor de entrada*, expresso em termos de metas ao nível de certa capacidade e em condições de eficiência normais ou ideais. Faremos uma análise mais pormenorizada do custo corrente de reposição, que poderia ser uma avaliação ideal principalmente para os estoques de matérias-primas e de produtos semimanufaturados e para as implicações da regra *custo ou mercado, o que for menor*.

Custo corrente de reposição. Salvo para produtos destinados à venda, em que alguma forma de valor de saída seria conceitualmente mais aceitável, é possível que o custo corrente de reposição seja uma forma alternativa ideal para os demais inventários. Mesmo para os produtos destinados à venda, pode, em algumas circunstâncias, aproximar-se do valor de saída.

Os custos de reposição têm sido recomendados, entre outros autores, por Edwards & Bells e Sprouse & Moonitz, nos Estados Unidos. No Brasil, desde 1966, recomendamos sua utilização, como base geral de avaliação de ativos, dos custos correntes de reposição, inclusive corrigidos pelas variações do poder aquisitivo da moeda.[2] É preciso ressaltar que a American Accounting Association, em 1966, recomendava a adoção de custos correntes. Mais recentemente, a SEC (Security Exchange Commission), dos Estados Unidos, exigia a apresentação, em notas de evidenciação, de vários itens do balanço e do demonstrativo de resultados a preços de reposição para as maiores sociedades que têm ações em Bolsa. Segundo depoimento de Stephen A. Zeff, na Austrália, Nova Zelândia e Reino Unido, foram adotadas mensurações suplementares, a custos correntes.

---

[2] Veja, particularmente no problema dos estoques, IUDÍCIBUS, Sérgio de. *Aspectos da avaliação de estoques a preços correntes*. São Paulo: FEA-USP, 1968.

Algumas das vantagens consideradas pelos autores que defendem o uso de custos correntes de reposição são:

1. permitem o confronto de receitas correntes com despesas correntes;
2. é possível identificar as perdas ou os ganhos pela manutenção de estoques;
3. estimam os valores correntes dos inventários no final do período se a firma estiver ainda adquirindo normalmente tais insumos e se não pudermos aplicar ou não forem aplicáveis os valores realizáveis líquidos;
4. superam as falhas dos custos históricos, que se tornam defasados com o decorrer do tempo;
5. permitem aplicar a propriedade aditiva aos inventários;
6. se os preços correntes tiverem sido obtidos de quotações correntes de compra, os valores são verificáveis e relativamente objetivos;
7. dispensam recorrer a alguma base presumida de *fluxo físico dos bens*, necessária nos métodos mais tradicionais, como PEPS, UEPS e Média Ponderada.

O aspecto que nos parece fundamental reside no confronto entre receitas correntes e despesas correntes e na apuração das *economias realizadas* pela venda. Esta separação é de muito interesse para avaliar o resultado da política de compras e estocagem de fatores ou, pelo menos, para identificar o efeito das variações de preços durante a estocagem, separando-as do lucro operacional em sentido restrito obtido na operação de venda.

Uma desvantagem inerente à aplicação dos custos correntes de reposição é que seriam inúteis nos casos em que a empresa deixasse de adquirir um item se tivesse de pagar seu custo corrente. Também ativos que não serão substituídos, em virtude da mudança de processo tecnológico ou de produção, não são passíveis, a rigor, de avaliação a custos de reposição.

Por outro lado, os custos correntes de reposição nem sempre estão disponíveis para artigos com características sazonais ou de moda e estilo. Outrossim, artigos fabricados no passado por métodos tecnicamente obsoletos não são facilmente encontrados no presente, em forma semelhante, muito menos igual.

O custo corrente de reposição, principalmente na apuração do resultado em vendas, fornece material informativo quase ideal para a gerência, porque se confrontam receitas e despesas definidas no mesmo lapso de tempo. de certa forma, o resultado corrente em vendas e o resultado operacional total refletem o valor agregado aos fatores de produção pela atividade de produção da entidade. Quanto à interpretação a ser dada à economia de custo realizada, às realizáveis (segundo a terminologia de Edwards e Bells) e aos ganhos não realizados, podem incorporar fatores em que a administração teve influência ou soube prever as futuras flutuações de preços e decidiu antecipar a compra dos insumos ou refletir variações exógenas de preços e condições econômicas não previsíveis. É provável que, na prática, incorpore as duas variáveis. Uma flutuação de preços específica, enquanto o fator ficou estocado, pode ter sido prevista. Neste aspecto, o gerente ou responsável pela aquisição merece que se considere uma parcela da *economia realizada* como *reward* por seu esforço e por sua previsão. Entretanto, na avaliação básica das divisões e setores produtivos, será sempre melhor partir de um conceito "limpo", avaliando desempenho na base da diferença entre receitas e custos correntes.

Custo ou mercado, o que for menor.

É preciso entender bem a origem desta regra. Advém de priscas eras, em que, devido às consequências da grande recessão de 1929, houve um despertar geral de conservadorismo. Na verdade, os preços caíam vertiginosamente. A avaliação dos estoques finais a preços originais de custo forçaria uma "superavaliação" do lucro do período. Assim, empresários, contadores e banqueiros preferiram armar-se de um mecanismo de apuração mais conservador, avaliando os estoques finais a preços de mercado, aumentando o custo dos produtos vendidos e reduzindo, consequentemente, o resultado em mercadorias.

É preciso lembrar que, em Contabilidade, *mercado* tem dois sentidos: 1. *custo de reposição*; e, na ausência deste, 2. *valor de realização*. É interessante notar que, apesar das violentas críticas que tem sofrido de teóricos e estudiosos, a regra e suas aplicações têm sido contempladas, implícita ou explicitamente, em vários países. Na verdade, teríamos de avaliar os estoques destinados à venda pelo *valor de realização líquido menos a taxa normal de lucro*. Isto parece excessivamente conservador. Para os estoques destinados à venda, o valor de realização líquido parece ser a avaliação mais correta ou, pelo menos, o limite superior de avaliação, ao passo que o valor de realização líquido menos a taxa normal de lucro deveria ser o *limite inferior* em circunstâncias especiais e *não regra*. Basta que a avaliação recaia entre os dois limites, e não necessariamente em um deles, para ser aceitável pelos princípios contábeis geralmente aceitos e pela convenção do conservadorismo (hoje Prudência). Suponha uma mercadoria cujo valor de aquisição (custo) foi de $ 10,00. Seu valor de reposição é de $ 9,00. O valor de realização líquido é $ 9,10, e o valor de realização líquido menos a taxa normal de lucro (calculada sobre o custo à razão de 15%) é $ 7,60.

O custo de reposição é menor que o de aquisição. Sabemos que o limite inferior de avaliação é $ 7,60. A situação, entretanto, não parece tão dramática para a mercadoria, em sua queda de preços, para justificar, no caso, os $ 7,60. Por outro lado, $ 9,10 é o valor máximo que poderemos atribuir, pois, em sã consciência, ninguém pode avaliar um item de estoque por um valor maior que seu preço de venda menos as despesas para vender e de desembaraço. Os $ 9,00 de custo de reposição são um valor adequado para ser atribuído, no caso, ao estoque, pois são menores que o custo (atendendo à regra custo ou mercado) e situam-se entre os limites inferior e superior. A avaliação a ser atribuída à mercadoria seria $ 9,00. Entretanto, se se tratar de mercadoria para venda, uma interpretação conservadora da Lei das Sociedades por Ações no Brasil mandaria avaliar por $ 7,60. Ora, desta forma, teríamos de reconhecer uma perda de $ 2,40 no período, se a mercadoria não for vendida. Vamos supor que, logo após o encerramento do período, a mesma seja vendida por um valor de $ 9,10 (igual ao de realização líquido). Reconheceríamos um lucro de $ 9,10 – $ 7,60 = $ 1,50, a *taxa normal de lucro*. No total, teríamos um efeito negativo líquido nos demonstrativos de resultado de $ 2,40 – $ 1,50 = $ 0,90, que é a diferença entre o valor de venda ($ 9,10) e o original de custo ($ 10,00). Ao avaliarmos, corretamente, pelos princípios contábeis geralmente aceitos, por $ 9,00, teríamos uma perda de $ 1,00 no primeiro período e um ganho de $ 0,10 no segundo, resultando na mesma perda líquida de $ 0,90. Se tivéssemos avaliado por $ 9,10, reconheceríamos a perda de $ 0,90 no primeiro período e não reconheceríamos lucro nem prejuízo quando da venda. É claro que esta última é uma hipótese a valores de saída, em que, quando da venda, há apenas uma troca de um ativo por outro (desde que o valor efetivo de venda coincida com o valor pelo qual avaliamos o estoque).

Nota-se que a primeira hipótese (avaliação conservadora por $ 7,60) é extremada, pois atribui uma grande perda ao período em que a mercadoria não é vendida para realizar a margem normal de lucro quando é vendida. Entretanto, se a economia está em continuada recessão, não se entende por que a margem de lucro deveria ser tranquilamente realizada no ato da venda. Suponha uma empresa que estocou bastante no primeiro período para vender mais no segundo. Todas as perdas que seriam reconhecíveis, pelo menos em parte, no segundo período, são antecipadas ao primeiro. A alternativa de $ 9,00 reconhece um pequeno lucro no ato da venda; afinal, a queda de preços parou entre o período da avaliação e o da venda.

Teríamos, então, o seguinte esquema para os dois períodos somados:

	Valor de venda	$ 9,10
(–)	Custo de reposição do estoque	$ 9,00
=	Lucro em vendas	$ 0,10
(–)	Deseconomia de custo realizada ($ 10,00 – $ 9,00) =	($ 1,00)
=	Resultado líquido	($ 0,90)

A forma de apresentação e de atribuição de resultados adequar-se-ia aos conceitos de custo de reposição (veja Unidade III, para uma exposição mais detalhada sobre ajustamentos contábeis).

Suponha agora outro exemplo: valor de aquisição, $ 10,00; custo de reposição, $ 5,50; valor de realização líquido, $ 6,00; valor de realização menos margem de lucro, $ 5,50.

O valor máximo que poderemos atribuir é $ 6,00, e o mínimo, $ 5,50. Neste caso, $ 5,50 seria a avaliação escolhida. Note, todavia, que o *custo de reposição*, menor que o valor de compra, é igual ao valor de realização líquido menos a margem normal de lucro. A queda de preços é tão violenta entre custo e reposição que tudo faz prever que, logo, o valor de venda diminuirá ainda mais. Suponha que acabemos vendendo, efetivamente, por $ 5,50.

O resultado seria:

	Venda	$ 5,50
(–)	Custo de reposição dos produtos vendidos	$ 5,50
=	Lucro em venda	$ 0,00
(–)	Deseconomia de Custo Realizada	
=	($ 10,00 – $ 5,50) =	($ 4,50)
	Resultado	($ 4,50)

Não haveria resultado em venda, neste caso. Todo o resultado é devido à movimentação de preços, enquanto a mercadoria permanece estocada.

Veja, assim, que, mesmo dentro da mecânica dos princípios e convenções geralmente aceitos, que são discutíveis de *per si*, a avaliação pelo valor de realização menos a margem de lucro somente se justificaria em casos-limites. Neste exemplo o custo de reposição caiu violentamente de $ 10,00 para $ 5,50, que é igual ao valor de realização líquido menos margem de lucro. Por isso, Hendriksen classificou na edição de 1970 a avaliação pelo valor de realização líquido menos taxa de lucro como uma avaliação a valores de entrada. Na verdade, é uma forma sumária de nos aproximarmos dos custos de reposição, em certos casos (especiais).

Nota-se que, de qualquer maneira, o grande confronto reside primariamente entre custo histórico e custo de reposição. Se este último for menor e desde que não exceda o valor de realização líquido e que não seja inferior ao valor de realização líquido menos a taxa normal de lucro, será o escolhido.

Se, em outro exemplo, o custo de aquisição for $ 10,00, o de reposição $ 13,00, o de realização $ 14,00 e o de realização menos lucro $ 12,00, teremos que avaliar por $ 12,00, que é o limite inferior de avaliação. Frequentemente, todavia, a maioria dos contadores deixaria o ativo avaliado por $ 10,00, o que seria uma avaliação muito conservadora. Entretanto, se aplicássemos o princípio do custo como base de valor sem a qualificação da regra *custo ou mercado*, avaliaríamos por $ 10,00. É claro que o resultado final total é sempre igual à diferença entre preços de venda e preço de custo, mas a distribuição dos resultados, se o bem não tiver sido adquirido e vendido no mesmo período, pode variar conforme a avaliação adotada.

Para nós a regra *custo ou mercado* é uma norma que leva quase fatalmente à perda de controle e à inconsistência. Como afirma Hendriksen, é uma regra cujos efeitos são *random* e de difícil acompanhamento, pois basta a tendência dos preços reverter-se ou apenas estabilizar-se para talvez não apresentar nem mesmo o resultado que a regra pretende obter, isto é, a antecipação dos prejuízos futuros ao exercício atual.

Cremos que deveríamos adotar o *custo de reposição*, mormente para os estoques não destinados à venda, ou o *valor de realização líquido* para os estoques destinados à venda. Se tivermos condição de efetuar uma apropriação do lucro a ser alocado ou gerado por cada uma das fases pelas quais passa um produto, digamos, produção, comercialização etc., poderíamos, ao utilizar o valor de realização líquido, descontar a parcela do lucro normal a ser atribuída à parte da atividade *ainda não desempenhada*. Isto não é o mesmo que subtrair *toda a margem de lucro*, mas apenas aquela atribuível à parcela da atividade ainda não desempenhada. Todavia, tais atribuições são sempre muito arbitrárias e de difícil alocação. Poder-se-ia, conservadoramente, raciocinar que, enquanto não vendido, o produto não "ganha" receita e lucro para a entidade. Em última análise, não adianta produzir, estocar, se não vendermos, se o mercado não imputar um valor objetivo ao produto como capaz de satisfazer a uma necessidade de seu agente. É claro que esta premissa é excessivamente "contábil". O processo de produção adiciona economicamente valor aos fatores manipulados, mas é preciso reconhecer que a mensuração do valor assim adicionado não é tarefa fácil. Por outro lado, reconhecer uma parcela do lucro proporcional ao custo de cada atividade tem o inconveniente de supor que cada real de custo gera a mesma utilidade.

Assim, deveríamos escolher o custo de reposição para os inventários não destinados à venda e o de realização líquido para os destinados à venda. Se existirem dificuldades para a determinação objetiva deste último, deveríamos, conforme exposto no capítulo sobre ativo e sua mensuração, escolher decididamente o custo corrente de reposição como base geral de avaliação de inventários.

12.4 Conteúdo dos custos a serem atribuídos aos estoques

Além dos custos específicos de compra ou de fabricação, os estoques deveriam incluir em sua avaliação:

1. custos de expedição;
2. custos de estocagem;
3. custos de manuseio e transporte para trazer os produtos para a loja, sala de exibição ou almoxarifado.

Dica

Podem incluir-se também nos estoques custos de impostos que não serão recuperados.

Entretanto, às vezes não é possível atribuir alguns desses custos. Por outro lado, se o período de *turnover* for curto e se tais custos não forem relevantes quando comparados com o custo de aquisição e fabricação, podem ser tratados como *despesas do período*. Normalmente, todavia, é importante saber que deveriam fazer parte do valor do ativo todos os custos necessários para colocar os produtos em condições adequadas de venda.

Resumo

Os estoques representam um elemento altamente relevante do ativo de muitas empresas e um ponto crítico para a determinação do resultado do período. Sua avaliação a valores de saída, mormente de realização líquida, é justificável nos estoques destinados à venda, embora possa estar destinada a dificuldades de estimativa dos custos e despesas adicionais. Para os estoques não destinados à venda, uma base de valor de entrada parece adequada. Entre elas, a que oferece as maiores vantagens é o custo corrente de reposição. É preciso entender, todavia, que o princípio geralmente aceito é o custo histórico com base de valor, modificado ainda pela convenção do conservadorismo, por meio da regra custo ou mercado. Esta interpretação conservadora, entretanto, não deve ser levada ao exagero de atribuir sempre o valor de realização líquido menos a margem normal de lucro ao estoque destinado à venda.

Questionário

1. O que são estoques?
2. Qual a diferença entre estoques, ativos monetários e despesas pagas antecipadamente?
3. Quais são os objetivos de mensuração e avaliação de estoques?
4. Explique a avaliação de estoques a valores de saída.
5. Dê exemplo de quando avaliar o estoque a valor de saída.
6. Quais os tipos de valores de entrada na avaliação de estoque?
7. Explique cada critério de avaliação de entrada para estoques. Faça um comparativo entre eles e aponte qual seria o mais recomendado.
8. Explique o "custo ou mercado, o que for menor". Quais suas implicações?
9. Para os inventários não destinados à venda, qual seria o melhor critério para avaliação? Por quê?
10. Quais outros custos, além dos específicos de compra e/ou de fabricação, devem ser incluídos na avaliação de estoques?

13

Ativo Intangível e Outros Itens

> **Objetivos de Aprendizagem**
>
>
>
> Neste capítulo, você aprenderá:
> - A definição de capital circulante líquido.
> - O conceito de ativo intangível e sua caracterização.
> - As classificações de ativos intangíveis.
> - Características essenciais do método de equivalência patrimonial e consolidação das demonstrações contábeis.
> - Algumas considerações sobre *leasing*.

13.1 Finalidade do capítulo

A finalidade do capítulo é abordar, de forma resumida, os aspectos essenciais de outros grupos ou itens, com destaque para o Ativo Intangível, sob o ponto de vista da Teoria da Contabilidade. Na verdade, cada assunto que iremos abordar poderia merecer um capítulo especial, se tratado em detalhe. Apresentaremos, todavia, apenas os tópicos fundamentais relacionados a cada um dos problemas abordados.

13.2 Capital circulante líquido

Uma definição adequada do capital circulante líquido exige que se definam seus componentes. De fato, o *Accounting Research Bulletin* nº 43 assim conceitua os elementos do capital circulante líquido:

1. *ativo circulante*: disponibilidade ou outros ativos normalmente identificados como os que se espera sejam transformados em dinheiro, vendidos ou consumidos durante o ciclo operacional normal da empresa;
2. *passivo circulante*: obrigações para cuja liquidação se espera seja requerido o uso de recursos existentes classificados como ativos circulantes ou a criação de outras exigibilidades circulantes.

Por outro lado, o ciclo operacional foi definido como "o tempo médio entre a aquisição de materiais ou serviços... e a realização final em dinheiro". Most critica esta definição, no sentido de que, na verdade, se trata de um ciclo de liquidez que somente se tornará um ciclo operacional em condições especiais. Por outro lado, existe bastante confusão entre a duração do *ciclo contábil*, normalmente um ano ou menos, e o *ciclo operacional*. Most apresenta uma conceituação interessante de capital circulante (ativo circulante – passivo circulante). Diz ele que é preciso fazer uma estimativa sobre o nível mínimo de atividade que caracterizará o futuro e os recursos de longo prazo que precisam ser levantados para cobrir este requerimento mínimo.

O requerimento mínimo seria o capital circulante. Em outras palavras, o capital circulante seria uma medida de investimento de longo prazo necessária para as atividades de produção.

Neste sentido, apenas poderíamos definir capital circulante líquido conectadamente ao ciclo operacional. Não seria aplicável a norma de 180 ou 360 dias para separar curto de longo prazo.

É importante notar que os ativos circulantes não devem incluir ativos monetários ou não monetários que não representam investimentos em nível de atividade, conforme explica Most.

É preciso considerar, entretanto, que muitas empresas que fabricam mais de um produto apresentam ciclos operacionais diferentes para cada produto, alguns muito curtos e outros muito longos. Qual ciclo escolher no caso de tais empresas, para efeito de classificação nos balanços? Uma aproximação grosseira seria utilizar o prazo médio de recebimento de duplicatas a receber oriundas de vendas a prazo. Porém, este prazo, além de teoricamente discutível como base (estaríamos, outra vez, confundindo o problema do ciclo com o problema de liquidez), pode variar como consequência de outras políticas que não o ciclo operacional. É por isso que, admitindo-se na categoria de ativos e passivos circulantes apenas itens que representam investimento *na atividade*, o estabelecimento de um *ciclo contábil* como substituto *de ciclo operacional* é razoável, em muitos casos, para diferenciar o circulante do não circulante. E, via de regra, o ciclo contábil mais tradicional é de um ano. Esta é a posição adotada por nossa lei, embora permita que a empresa utilize outro período, se o ciclo operacional exceder a um ano.

13.3 Intangíveis

13.3.1 Caracterização de intangíveis

O termo *tangível* significa, literalmente, "perceptível ao toque", ou seja, capaz de ser possuído ou realizado, real. Kohler definiu os intangíveis como "um ativo de capital que não tem existência física, cujo valor é limitado pelos direitos e benefícios que antecipadamente sua posse confere ao proprietário".

É claro que, como a Contabilidade trata de valores, mesmo os ativos que denominamos tangíveis possuem esta característica física, às vezes mais figurativamente do que realmente.

Alguns dos itens que caracteristicamente poderiam ser classificados como intangíveis são:

1. *goodwill* adquirido;
2. gastos de organização;
3. marcas e patentes;
4. certos investimentos de longo prazo;
5. certos ativos diferidos de longo prazo;
6. direitos de autor;
7. franquias;
8. custos de desenvolvimento de *softwares*;
9. outros.

Os gastos com pesquisa e desenvolvimento eram um exemplo importante de diferimento de longo prazo. Entretanto, desde a edição do FASB Statement nº 2, *Accounting for Research and Development Costs*, levando à política em que, geralmente, tais gastos são lançados para despesa à medida que vão sendo incorridos, esta categoria pode quase desaparecer nos balanços publicados (nos Estados Unidos). No Brasil, o IASB (CPC) adotou conduta semelhante. Os arrendamentos e os benefícios em propriedades arrendadas podem, em algumas circunstâncias, ser considerados como intangíveis. Porém, em um bom número de casos, ficam mais bem classificados no imobilizado. Quanto aos gastos com pesquisa e desenvolvimento, no Brasil práticas eram as mais variadas. Acontecia, geralmente, como acontecia nos Estados Unidos, uma tendência para jogá-los como despesa quando o resultado do período era muito positivo e ativá-los quando negativo. Todavia, faremos algumas referências adicionais a este tópico. Por exemplo, no que se refere aos arrendamentos (*leasing*), o *Accounting Trends and Techniques* não os cita, em nenhum caso, como fazendo parte dos ativos intangíveis, mas sob o título *propriedade, planta e equipamentos*, expressão americana para o nosso imobilizado tangível, quando for o caso. Também trataremos em outro tópico, resumidamente, do *leasing*, do ponto de vista do arrendatário e do arrendador. Como se viu, agora, pelo IASB (CPC), no Brasil, quase todos os gastos de Pesquisa devem ser despesados e apenas alguns de Desenvolvimento, em circunstâncias específicas, podem ser ativados para amortização ou alocação futura.

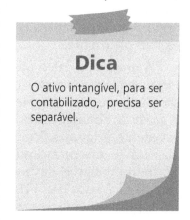

Dica

O ativo intangível, para ser contabilizado, precisa ser separável.

Uma classificação interessante, no que diz respeito aos intangíveis, é aquela que os classifica em Identificáveis e Não Identificáveis. Um exemplo típico da primeira espécie poderia ser constituído por uma Patente, ao passo que da segunda, o mais importante é o constituído pelo *goodwill*. Esse não possui usos alternativos e representa vantagens que não são especificamente identificáveis, conforme Hendriksen e Van Breda. Trataremos, a seguir, de alguns intangíveis importantes, com mais detalhes.

13.3.2 Gastos (custos) de organização

No Brasil, de acordo com a Lei das Sociedades por Ações, antes de sua alteração os gastos de organização seriam classificados no *ativo diferido*. Trata-se, de qualquer forma, de um intangível diferido, usualmente amortizado durante certo número de anos, de forma mais ou menos arbitrária e, de acordo com a nossa lei, deverá sê-lo, no máximo, em dez anos. Alguns autores consideram que deveriam ser amortizados proporcionalmente às vendas dos vários anos. De qualquer forma, parece razoável que, por se tratar de gastos que usualmente precedem as operações da empresa, sejam ativados e lançados para despesa para vários períodos e não de uma só vez para apenas um período.

Por outro lado, os gastos incorridos com a emissão de ações e mesmo alguns casos de reorganização de sociedades não deveriam, a rigor, ser incluídos nesta categoria, mas considerados como *gastos de capital* (ou, mais adequadamente, deduções das entradas de capital).

13.3.3 Goodwill

É um assunto dos mais complexos em Contabilidade. Tem sido considerado sob tripla perspectiva:

1. como o excesso de preço pago pela compra de um empreendimento ou patrimônio sobre o valor de mercado de seus ativos líquidos;

2. nas consolidações, como o excesso de valor pago pela companhia-mãe por sua participação sobre os ativos líquidos da subsidiária;

3. como o valor presente dos lucros futuros esperados, descontados de seus custos de oportunidade.

O *goodwill* dos tipos 1 e 2 é registrado na Contabilidade, enquanto o de tipo 3, também denominado "*goodwill* subjetivo", origina-se de expectativas subjetivas sobre a rentabilidade futura do empreendimento acima de seu custo de oportunidade. Na verdade, o *goodwill* de tipo 1 muitas vezes também se origina de expectativas do mesmo tipo na análise do comprador, embora concretizado em um preço efetivo pago a mais.

A prática prevalecente, conforme relata Most, é registrar o *goodwill* dos tipos 1 e 2 de forma idêntica. Por outro lado, os gastos destinados a propiciar as condições para a geração de "um lucro em excesso" são debitados usualmente para despesa. Algumas empresas, nos Estados Unidos, procuravam abater o *goodwill* de uma conta de patrimônio líquido, denominada *capital surplus*, uma espécie de capital excedente. Algumas firmas amortizavam o *goodwill* contra esta conta. Até 1970, as empresas americanas: 1. não amortizavam o *goodwill*; ou 2. amortizavam-no em poucos períodos. A partir de APBO nº 17, todo intangível deverá ser amortizado no período máximo de quarenta anos. Mais recentemente, com a edição dos FAS 141 e 142, mudou drasticamente o tratamento contábil do *goodwill* adquirido nos EUA, praticamente cessando sua amortização metódica durante vários períodos, sendo substituída pela provisão de "impairment", quando se chegar à conclusão de que o valor dos benefícios econômicos representados pelo *goodwill* tenha diminuído. Aproxima-se, esta nova forma de tratamento, bastante, da posição teórica assumida por Hendriksen e Van Breda e outros pesquisadores. No Brasil, também, através da normativa IASB/CPC não mais se amortiza o *goodwill* adquirido, mas é submetido ao mesmo processo de *impairment*.

As empresas não registram o *goodwill* de tipo 3, criado ou mantido, devido às dificuldades quanto a problemas de objetividade. Esse *goodwill* seria expresso pela diferença entre o lucro projetado para os períodos menos o valor do patrimônio líquido expresso a valores de realização no início de cada período multiplicado pela taxa de custo de oportunidade (investimento de risco zero); cada diferença é dividida pela taxa desejada de retorno (ou custo de capital). É importante frisar, todavia, que a que apresentaremos a seguir é apenas uma das várias metodologias para estimar o *goodwill* criado internamente, também denominado de *goodwill* subjetivo. Esta forma específica também pode levar a uma particular maneira de avaliar o valor da empresa como um todo. Existem, todavia, outras metodologias, como a dos fluxos descontados de caixa etc.

Simbolizando, teríamos:

PL_o = patrimônio líquido a valores de realização (tangíveis e intangíveis identificáveis), avaliando no momento zero;

r = taxa de retorno de um investimento de risco zero;

a taxa de custo de oportunidade, aplicável a um PL_i por apresentar o recebimento de PL_i um risco nulo (está avaliado a valor de realização);

L_i = lucro projetado para o período i;

j = taxa desejada de retorno, que deve ser superior à taxa r, pois o lucro L_i é gerado por elementos tangíveis e intangíveis; o risco é maior, logo teremos de adicionar a r um prêmio pelo risco.

A fórmula para expressar o "lucro em excesso" no período i é:

$$\text{Lucro em excesso (valor presente)} = \frac{L_i - rPL^{i-1}}{(1+j)_i}$$

Isto é válido para todos os períodos, de maneira que a expressão geral para o *goodwill* seria (em seu valor presente):

$$G = \frac{L_1 - rPL_0}{1+j} + \frac{L_2 - rPL_1}{(1+j)^2} + \ldots + \frac{L_n - rPL_{n-1}}{(1+j)^n}$$

O valor atual geral para o "empreendimento" (VAE) seria:

$$VAE = PL_0 + G*$$

Se o horizonte for indefinido, se pudermos projetar um lucro médio constante anual L (e um patrimônio líquido genérico PL) teremos

$$G = \frac{L - PLr}{j}$$

O valor do empreendimento será

$$VAE = PL + G$$

Se igualarmos a taxa r à taxa j e denominarmos J, teremos:

$$VAE = \frac{L - PLJ}{J} + PL;$$

Logo,

$$JVAE = L - PLJ + JPL;$$

Assim,

$$JVAE = L$$

e, finalmente,

$$\boxed{VAE = \frac{L}{J}}$$

Como se fosse uma renda perpétua, na simplificação máxima.

Outra forma alternativa de abordar o *goodwill* é fornecida pela técnica de orçamento de capital. Seria o conceito equivalente ao valor presente líquido. Neste aspecto, o *goodwill* seria a diferença entre o valor presente dos fluxos de caixa gerados pelo empreendimento e o valor de custo dos elementos que geraram tal fluxo.

---

* Alguns autores preferem: $VAE = G + \frac{PLn}{(1+J)^n}$

Seja qual for a maneira pela qual tentamos mensurar *goodwill*, percebemos as grandes dificuldades. Em primeiro lugar, existe o problema da projeção do lucro (ou do fluxo de caixa), não desprezível. Os problemas da taxa e do horizonte são talvez até mais complexos. Apesar de tais subjetivismos, o método da capitalização de lucro que racionaliza esta particular "visualização" do que venha a ser *goodwill* apresenta um arcabouço conceitual que nos permite delimitar ou sistematizar algo que, necessariamente, deve ser subjetivo, por ser o elemento mais intangível dos intangíveis.

Já que as empresas não acumulam em suas contas o valor estimado do *goodwill*, quando criado e mantido pela própria entidade, fica difícil para o analista externo antecipar a tendência futura de duas empresas, do mesmo setor, com resultados equivalentes. É necessário prestar muita atenção a informações esparsas sobre despesas com pesquisa e desenvolvimento, com programas de treinamento de executivos, com a própria "nutrição" de executivos, no sentido de determinar as políticas de substituição gradual de executivos idosos por outros mais jovens etc. Frequentemente, a percepção adequada dessas diferenças de comportamento entre duas empresas igualmente rentáveis, no momento, pode ser o limite entre um bom ou um medíocre investimento. É aceito universalmente que os elementos intangíveis de uma empresa agregam, no mais das vezes, mais valor econômico à mesma do que os tangíveis propriamente ditos.

13.3.4 Marcas e patentes, direitos autorais, licenças

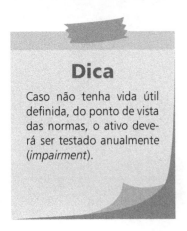

Dica
Caso não tenha vida útil definida, do ponto de vista das normas, o ativo deverá ser testado anualmente (*impairment*).

Todos esses ativos representam direitos específicos conferidos a alguém, normalmente durante determinado período. Claramente intangíveis, são amortizados, quando de duração limitada, durante a vida conferida pelo direito, contrato ou permissão governamental, ou por sua vida econômica.

13.3.5 Gastos com pesquisa e desenvolvimento

Na verdade, trata-se de um item bastante complexo, pois podemos ter procedimentos diferenciados conforme o tipo e a natureza de tais gastos. Nos Estados Unidos, grande gama de procedimentos era utilizada até o advento do FASB Statement nº 2, *Accounting for Research and Development Costs*, outubro de 1974. Este *Statement* prescrevia que, com algumas exceções, todos os gastos com pesquisa e desenvolvimento deveriam ser descarregados para despesa, quando incorridos. Algumas exceções eram:

1. gastos com pesquisa e desenvolvimento incorridos por conta de terceiros sob contrato; espera-se um reembolso;
2. gastos com pesquisa e desenvolvimento em indústrias extrativas;
3. casos especiais relativos a empresas de utilidade pública;
4. gastos de pesquisa e desenvolvimento representados por materiais, equipamentos ou intangíveis adquiridos que possuam usos alternativos futuros.

Dentro da definição geral de ativo, devemos analisar cada caso, em termos de gastos com pesquisa e desenvolvimento. Se não for possível antecipar o efeito de tais gastos na geração de receitas futuras do empreendimento, devemos descarregá-los diretamente para despesas. Se, todavia, pudermos identificar projetos bem-sucedidos capazes de gerar receitas futuras, então pode ser apropriado ativar pelo menos os *gastos de desenvolvimento* para amortização em períodos futuros. Já se tratou, em tópico anterior, sobre o tratamento atual, regulatório, desses itens no Brasil, pelo IASB/CPC.

13.3.6 Características adicionais dos intangíveis

Hendriksen enumera uma série de características para diferenciar os intangíveis. Tais conceituações são criticadas por Most (entre parênteses). Vejamos as características:

1. não são separáveis do valor da empresa como um todo (mas isto se aplica claramente apenas em alguns casos; o portador de contratos de alto valor e de direitos autorais teria pouca dificuldade para distingui-los do intangível geral do negócio);

2. há um alto grau de incerteza relativo ao valor dos benefícios futuros a serem recebidos (isto se aplicaria também a muitos itens do imobilizado tangível e mesmo para algumas propriedades imobiliárias e para grande parte dos inventários);

3. não se pode determinar o valor do ativo pela verificação da condição física, do custo de reposição ou de um valor corrente de mercado. (Ao comparar com ativos imobilizados tangíveis, a afirmativa é um truísmo; entretanto, alguns ativos fixos perdem valor independentemente de sua condição física. Se o *goodwill* ou um produto patenteável têm um custo de reposição ou um valor de mercado é uma questão de fato em cada caso);

4. quanto ao valor a ser derivado dos benefícios futuros esperados, é impossível determinar qual parte da receita deriva de um intangível, especificamente. (É o mesmo critério criticado em 1; além disso, a inabilidade em atribuir receitas a ativos específicos aplica-se igualmente à maioria dos ativos tangíveis);

5. surgem de condições de concorrência imperfeita. (Desde que a concorrência imperfeita é a norma e não a exceção em uma economia moderna, não tem muito sentido a afirmação).

Nota-se, assim, grande discordância entre os dois grandes autores de Teoria da Contabilidade.

Parece que, ao faltar uma conceituação que agrade totalmente a todos e que caracterize perfeitamente os intangíveis, a menos pior ainda permanece a de Kohler: "A capital asset having no physical existence, its value being limited by the rights and anticipative benefits that possession confers upon the owner".

13.4 Aspectos essenciais sobre consolidação e método *equity* de contabilização de investimentos em ações

13.4.1 Método equity (equivalência patrimonial) para a contabilização de investimentos em ações

O método tradicional para a contabilização dos investimentos em ações consistia em registrar o investimento *pelo custo* e creditar como receita os dividendos declarados ou recebidos sobre tal investimento. É importante notar que o valor assim registrado não era acrescido ou baixado de acordo com as variações nos preços de mercado das ações possuídas nem com o acréscimo ou decréscimo da participação patrimonial na empresa investida. Requeria-se, apenas, que o valor fosse amortizado gradualmente nos casos de *perdas permanentes de valor* ou mesmo fosse baixado, se perdesse totalmente o valor.

O método *equity* (equivalência patrimonial) de contabilização nos casos de investimento não consolidados em ações foi desenvolvido para refletir os acréscimos ou decréscimos do patrimônio líquido da investida, resultantes de seus lucros ou prejuízos. A forma de realizar isso consiste em registrar no investimento a parcela do investidor no lucro da investida, de acordo com as demonstrações contábeis da investida. Na verdade, trata-se de uma forma de consolidação parcial, restrita apenas ao patrimônio líquido e ao lucro líquido da subsidiária e, portanto, incompleta.

Este método requer que os lucros não realizados entre as empresas (assim como os prejuízos) sejam eliminados. Nos Estados Unidos, a condição que requer, hoje, a aplicação do método de equivalência patrimonial é a influência ampla na investida (antes da APB nº 18 era a participação majoritária). No que se refere à influência, considera-se que pode ser exercida sem possuir participação majoritária, isto é, com a posse de 20% ou mais das *ações com direito a voto* de uma investida. Presume-se que isso confira à investidora influência e até exercício do controle.

Para uma análise detalhada dos critérios utilizados no Brasil, para a Equivalência Patrimonial, reportamo-nos ao excelente trabalho da Fipecafi,[2] citado abaixo em nota de rodapé. Existiam diferenças, com relação aos moldes internacionais, principalmente no que se refere às porcentagens de participação a partir das quais se exige o MEP e quanto ao fato de que, no Brasil, somente os lucros não realizados são retirados do cálculo da EP, em consequência da aceitação da regra do Conservadorismo.

13.4.2 Consolidação (demonstrações contábeis consolidadas)

Kenneth Most[3] assim se expressa, inicialmente, sobre os objetivos da consolidação: "In the case of an existing group of companies under common ownership, consolidation permits the managers of the group to exercise their functions of planning, coordinating, controlling and so forth, in relation to the group as a whole." Note-se a ênfase da conceituação aos aspectos de planejamento, coordenação e controle, em relação ao grupo como um todo.

Quanto ao fato de nos referirmos ao grupo como um todo, a consolidação deve ser considerada como se se tratasse de uma só companhia, nos aspectos de registros contábeis. As normas básicas da consolidação de demonstrações contábeis, entre outras, são as seguintes:

> a) o capital da companhia-mãe é o capital do grupo; e
> b) o controle majoritário resulta em 100% de consolidação.

A finalidade é apresentar aos diretores da *holding* os ativos e os passivos (exigibilidades) sob seu controle, assim como a receita e a despesa pelas quais são responsáveis.

Most ressalta muito bem que a consolidação restringe a habilidade de diretores de um grupo em manipular resultados de forma a esconder dos investidores e de outros usuários interessados resultados desfavoráveis de companhias individuais. Porém, deixa bem evidente que, em sua opinião, o primeiro passo para obter este *disclosure* é mudar de uma contabilidade dos investimentos pelo *método de custo* para uma contabilidade pelo *método de equity* (participação ou equivalência patrimonial).

De fato, contabilizando investimentos em subsidiárias pelo custo e creditando dividendos para resultado, uma companhia investidora pode camuflar prejuízos operacionais correntes, continuando a declarar fluxo crescente de dividendos das companhias coligadas, se necessário adiando os pagamentos ou devolvendo-os para as companhias investidas na forma de empréstimo. Pela adição à sua participação do lucro líquido das companhias (*equity*), a empresa investidora acusa os lucros e os prejuízos das subsidiárias nos períodos em que são registrados por elas. O processo de consolidação vai mais além,

---

[2] IUDÍCIBUS, Sérgio de; MARTINS, Eliseu; GELBCKE, Ernesto Rubens. *Manual de contabilidade das sociedades por ações*. 7. ed. São Paulo: Atlas, 2008. Também, *Manual de contabilidade societária: aplicável a todas as sociedades: de acordo com as normas internacionais e do CPC*, dos mesmos autores, 2018.

[3] MOST, Kenneth. *Accounting theory*. Columbus: Grid, 1977. p. 296.

pois permite que o lucro líquido do grupo seja relacionado com seu ativo líquido ou com o ativo total. Estas observações do conhecido autor são precisas e fazem-nos lembrar que o caminho inicial para uma consolidação é, efetivamente, a adoção do *equity*, embora este não se confunda com consolidação.

No Brasil, a Lei nº 6.404, em seu artigo 249, estabelece que a companhia aberta que tiver mais de 30% do valor de seu patrimônio líquido representado por investimentos em sociedades controladas deverá elaborar e divulgar, juntamente com suas demonstrações financeiras, demonstrações consolidadas nos termos do artigo 250, em que estabelece algumas normas:

> "Art. 250. Das demonstrações financeiras consolidadas serão excluídas:
>
> I – as participações de uma sociedade em outra;
>
> II – os saldos de quaisquer contas entre as sociedades;
>
> III – as parcelas dos resultados do exercício, dos lucros ou prejuízos acumulados e do custo de estoques ou do ativo não circulante que corresponderem a resultados, ainda não realizados, de negócios entre as sociedades."

As normas estabelecem, ainda, que a participação dos acionistas controladores no patrimônio líquido e no lucro líquido do exercício será destacada, respectivamente, no balanço patrimonial e na demonstração consolidada do resultado do exercício.

Por outro lado, a parcela do custo de aquisição do investimento em controlada que não for absorvida na consolidação deverá ser mantida no ativo não circulante com dedução de provisão adequada para perdas já comprovadas e será objeto de nota explicativa.

Também estabelece a Lei nº 6.404 que o valor da participação que exceder o custo de aquisição constituirá parcela destacada dos resultados de exercícios futuros até que fique comprovada a existência de ganho efetivo (*goodwill* negativo).[4]

Ressalte-se a essência das demonstrações contábeis consolidadas, que é a de, segundo o APB Statement nº 4, "apresentar a posição financeira e os resultados das operações de uma companhia-mãe e de suas subsidiárias essencialmente como se o grupo fosse uma empresa individual composta de filiais ou divisões". Most enfatiza que, embora a consolidação não requeira esta premissa, o *conceito da companhia-mãe* domina as práticas e o sentido da consolidação.

13.4.3 Considerações adicionais sobre o goodwill

Analisemos mais profundamente esta questão e verifiquemos qual seria o tratamento mais adequado para ela. Antes de mais nada, é preciso observar que o verdadeiro *goodwill* somente surgirá se os ativos e os passivos das entidades adquiridas ou fundidas forem reavaliados por algum tipo de valor de mercado, de entrada ou de saída. Caso isso não tenha sido feito, o *goodwill* é uma mistura de "*goodwill* puro" e de outras diferenças de avaliação.

Portanto, o *goodwill* adquirido não deixa de ser aquele "algo a mais" pago sobre o valor de mercado do patrimônio líquido das entidades adquiridas a refletir uma expectativa (subjetiva) de lucros futuros em excesso de seus custos de oportunidade. O problema é se aceitamos ou não uma vida definida para este *goodwill* adquirido. Se fundirmos os conceitos de "*goodwill* adquirido" com o criado ou mantido (se este último fosse registrado), teríamos o problema adicional de verificar se a empresa está mantendo o *goodwill* anteriormente adquirido, diminuindo-o ou aumentando-o. De certa forma, teríamos, então, uma avaliação econômica subjetiva a cada período, no final do qual deduziríamos ou acresceríamos um valor ao saldo anterior da conta ou o deixaríamos invariado. Entretanto, é claro que as dificuldades práticas desse procedimento já foram apontadas, no que se refere ao *goodwill criado*. Admitamos que o

---

[4] Para detalhes referentes à efetivação das consolidações, consulte IUDÍCIBUS; MARTINS; GELBCKE; SANTOS.

goodwill criado não deva ser objeto de registro no ativo. O que fazer com o adquirido ou o que surgir na consolidação? (Note que, rigorosamente, o *goodwill* que surge na consolidação pode ser diferenciado do *goodwill* como excesso de pagamento sobre o valor de mercado dos ativos líquidos do empreendimento adquirido totalmente). O primeiro surge na consolidação das contas de grupo, como o excesso do total pago por uma companhia-mãe por seu controle acima de sua porção no patrimônio líquido da subsidiária. O problema, todavia, é mais de grau, e trataremos os dois semelhantemente do ponto de vista contábil. Tanto os argumentos de amortizar o *goodwill* em certo número de anos, quanto o de manter intacto seu valor ou mesmo diminuí-lo do patrimônio têm defesas bastante atrativas a seu favor. No primeiro caso (mantê-lo intacto), o *goodwill* é um ativo intangível de vida ilimitada ou não determinável com exatidão. Entretanto, isso somente poderia ser válido se registrássemos o *goodwill* criado e se houvesse uma evidência de que, apesar de terem deixado de existir as circunstâncias da época da aquisição, a empresa conseguiu manter uma política de gastos com fatores que criam *goodwill* suficiente, pelo menos, para manter o valor original.

Chambers, por outro lado, e, mais recentemente, os autores do trabalho ARS nº 10, *Accounting for Goodwill*, consideram que o *goodwill* deveria ser descarregado contra lucros acumulados. Chambers, citado por Most, afirma: "The goodwill of a going concern runs to constituents, not to the firm... That cash has been paid may be recognized in the records; but its effect is in no way to increase the adaptability of the firm, and the indicated treatment of it is to reduce the amount of the residual equity from the price paid to the current cash equivalent of the new firm's component assets and liabilities." (*Accounting, Evaluation and Economic Behavior*, 1966, p. 211.)

A afirmação de Chambers é atrativa, mas, talvez, muito drástica. A hipótese de que o *goodwill*, no fundo, não tem uma existência individualizada e mensurável, conquanto verdadeira, poderá também ser feita para outros ativos. Certamente, o problema é mais de falha de nossos instrumentos de mensuração. Se admitirmos o critério conservador de que pagamos pelos ativos líquidos o que eles valem contabilmente, e que este valor deve ser incorporado ao ativo e nada mais, talvez a proposição de jogar o excesso contra lucros acumulados fosse caracterizada. Entretanto, se pagamos acima do valor reavaliado dos ativos líquidos, dificilmente se poderá argumentar que o comprador não esteja visualizando alguma potencialidade de lucros futuros em excesso a seus custos de oportunidade. Neste caso, o *goodwill* deveria ser amortizado na mesma proporção dos lucros efetivamente realizados nos futuros exercícios. Como é muito difícil estabelecer o horizonte exato, deveríamos escolher um horizonte bastante amplo. Como muito bem afirmou Defliese, citado por Eliseu Martins, sobre os critérios utilizados pela APBO nº 17 para fixar em quarenta anos o número máximo: "Na falta de melhor critério, utilizamos a média de idades do grupo de estudo."

Todavia, o que fazer se tivermos *goodwill* negativo? A APBO manda, nesse caso, reduzir proporcionalmente o valor dos ativos fixos (exceto títulos negociáveis mantidos como investimentos). Entretanto, o valor residual do *goodwill* negativo deve (até a edição de normas mais recentes) ser gradualmente creditado para resultado no prazo máximo de quarenta anos. Acreditamos que, se aceitarmos a amortização, deveremos fazê-lo no caso de *goodwill* negativo e positivo. Deveria ser considerado como conta retificativa (ou um crédito diferido) e creditado para resultados no período que for considerado razoável. Todavia, como dificilmente alguém adquiriria um empreendimento que tem uma perspectiva desfavorável (e por isso um *goodwill* negativo, desde que definido como diferença entre preço pago e ativos líquidos reavaliados da adquirida), é possível que o *goodwill* negativo seja mais consequência de diferenças de avaliação do que de fatores "puros" de *goodwill*, embora esta última hipótese não seja impossível. No caso de diferenças de avaliação, não seria desprezível a forma adotada pela CVM de amortizar à medida que for realizado na coligada ou na controlada por depreciação, por amortização ou por exaustão dos bens, ou por baixa em decorrência de alienação ou de perecimento desses mesmos bens... Todavia, como o deságio nem sempre tem a causa econômica inversa à do ágio (*goodwill* positivo), deveremos, a rigor, considerar para os ativos incorporados o valor líquido de caixa efetivamente pago por eles. Neste caso, seria justificável, em parte, também o procedimento adotado pela APBO nº 17 ou mesmo o lançamento do *goodwill* negativo diretamente contra lucros acumulados. No caso mais comum de *goodwill* positivo ou simplesmente de *goodwill*, não deveriam existir regras muito rígidas. Cabe ressaltar, finalmente, que o *goodwill* era descarregado inteiramente (o saldo que restar) contra resultados no período em que ficava configurada a perda de substância econômica que aquele *goodwill* consignava. Mais recentemente, com a edição dos FAS 141 e 142, mudou totalmente a conceituação e a prática, pelos USGAAP. Não mais se amortiza o *goodwill*, mas sim se faz uma avaliação periódica de sua potencialidade. Como vimos, pelo IASB (CPC) também. Caso tenha diminuído, deverá ser feita uma provisão dedutiva de *Impairment*. Nossa opinião é a de que o *goodwill* não deveria ser amortizado arbitrariamente num certo número de anos. Ele existe ou não, se mantém ou não. Em se mantendo, ou até aumentando pelo *goodwill* criado internamente, não tem sentido amortizá-lo. Quanto ao *goodwill* negativo, a rigor, poderia ser aplicado o mesmo tipo de raciocínio, embora possa parecer algo artificioso, convenhamos. No fundo, no caso de *goodwill* negativo, é como se a provisão para *impairment* superasse o valor do *goodwill*, resultando num saldo negativo. O que foi visto nas linhas iniciais deste tópico reflete várias práticas e algumas teorias. Algumas prática regulatórias já foram superadas por outras normatizações. Estas últimas, as teorias, devem permanecer válidas. Para maiores aprofundamentos, no Brasil, devem ser lidos vários capítulos sobre Intangíveis, como o CPC04 (R1), básico, e outros pronunciamentos dirigidos a Combinação de Negócios.

13.5 Algumas considerações sobre *leasing*

Sumarizando bastante o assunto, que não é tão antigo no Brasil, inclusive quanto à operação em si, o procedimento tradicional tem sido, com relação a tais arrendamentos:

	Contabilidade do arrendador	Contabilidade do arrendatário
Aluguel	receita (base tempo)	despesa (base tempo)
Despesas de Utilização da Propriedade Arrendada (reparos, por exemplo)		despesa (não relacionada com o aluguel)

Nos Estados Unidos, a normatização contábil estabeleceu que os arrendamentos em que ocorre qualquer dos quatro critérios a seguir citados deveriam ser capitalizados pelo arrendatário (e tratados como venda pelo arrendador) e registrados como ativos e exigibilidades:

1. a propriedade é transferida ao arrendatário no fim do contrato de arrendamento;
2. o contrato contém uma opção de compra;
3. a duração do contrato de arrendamento é mais de 75% da vida econômica estimada da propriedade arrendada;
4. o valor atual dos pagamentos pelo contrato de arrendamento é 90% ou mais do valor justo da propriedade arrendada.

Mesmo nos Estados Unidos, estas soluções propostas têm merecido algumas críticas; entre elas Most destaca as seguintes:

1. não está claro se tais arrendamentos correspondem a uma definição geralmente aceita de ativo ou de exigibilidade;
2. as normas propostas são desnecessariamente complexas porque não partem, inicialmente, de uma clara definição da transação de *leasing*;

3. a aplicação irrestrita da norma resultará em fornecer à administração uma grande oportunidade de manipular os resultados;
4. as normas de evidenciação são muito complexas.

No Brasil, as operações de *leasing* que, na essência, se caracterizem como semelhantes aos itens 1 a 4 (normatização norte-americana) vistos acima, são ativadas, na entidade arrendatária (o valor do bem), depreciadas anualmente e também contabilizadas no Exigível, calculando-se uma taxa implícita de juros dentro do valor do pagamento da quota (que a arrendatária paga à arrendadora). A parte da quota relativa aos juros é despesa financeira, e o restante, amortização do exigível (da arrendatária).

Nosso ponto de vista com relação ao problema é o seguinte:

1. examinar cuidadosamente cada contrato de *leasing* para caracterizar perfeitamente a natureza, as extensões e as limitações, para ambas as partes;
2. procedida tal averiguação, escrutinar as obrigações e os direitos resultantes, os benefícios e as responsabilidades. Enquadram-se ou não dentro das definições aceitas *de ativo, exigibilidades, receitas e despesas*?
3. dentro desta visão, não se esquecer de que o conceito de ativo é, afinal de contas, *um conceito de benefício futuro*.

É preciso reconhecer que certas vendas de equipamentos a prestação têm sido feitas, na verdade, sob a forma de *leasing*, com uma opção de compra na expiração do contrato de *leasing*. Assim, esta e outras variantes apresentam um aspecto conjunto: características de venda e financeiras. Os americanos denominam-nas *capital leases*, e são estas que devem ser tratadas, se obedecerem a, pelo menos, uma das quatro condições vistas anteriormente, como ativo e passivo para o arrendatário e como venda de equipamento para o arrendador. As demais formas de *leasing* teriam uma contabilização mais simples (ou mais ortodoxa).

A aplicação do conceito da Prevalência da Essência sobre a Forma deve nortear, sempre, a escolha do critério de contabilização. Hodiernamente, tendo em vista a ampliação do conceito de Ativo que considera o controle mais importante que a propriedade, faria recair maior parte das operações de arrendamento ocorridas no Brasil na categoria de Capital Leases dos norte-americanos, devendo a operação ser registrada no ativo e no passivo.

Outra substancial alteração na norma de *leasing* ocorreu em 2017, com vigência a partir de 2019. Com base na IFRS 16, o CPC 06 sofreu sua segunda revisão, que foi aprovada pela Resolução CFC NBC TG 06 (R3) e pela Deliberação CVM nº 787/2017. A grande mudança foi, agora, para as operações de aluguel, o denominado *leasing* operacional. Antes da mudança, havia dois modelos para contabilização de arrendamentos mercantis: o financeiro, com característica de financiamento, visto acima, no qual devemos reconhecer um ativo (objeto do contrato) e um passivo (representando o valor do contrato, trazido a valor presente); e o operacional, com característica de aluguel, cuja contabilização deve ser feita diretamente no resultado do exercício.

Desde 2019, há um modelo único de contabilização para o arrendatário. Esse modelo consiste em efetuar um teste no contrato realizado. Se nesse teste o resultado for que se trata de uma operação de *leasing*, deverá ser reconhecido no balanço, não importando sua classificação como financeiro ou operacional.

O teste consiste em algumas verificações. A primeira a ser feita é se existe um ativo identificado – isso precisa ficar claro, porque, se não houver, o teste termina e a conclusão é de que não é um contrato de arrendamento. Havendo ativo, passa-se à segunda verificação, que é saber se com esse ativo o arrendatário obtém benefícios econômicos, da mesma forma. Se a resposta for não, o teste termina. Passa-se então adiante com outra questão: o arrendatário gerencia o uso desse ativo? Entende-se que gerenciar o uso significa que o arrendatário tem o controle total sobre este, não podendo, portanto, o arrendador ter nenhum direito substantivo de substituir o ativo por um alternativo durante o arrendamento. Se a resposta for não, não será considerado um contrato de arrendamento e, se a resposta for sim, então o teste termina identificando um contrato de arrendamento.

Resumindo, para se considerar um contrato de arrendamento deve haver um ativo identificado, o qual deve gerar benefícios econômicos, e o arrendatário deve gerenciar o seu uso de forma plena. Não se atendendo esses requisitos, o arrendatário deverá tratar o contrato como uma prestação de serviços e apropriar suas parcelas no resultado do exercício.

Sendo um contrato de arrendamento mercantil, o arrendatário deverá reconhecê-lo no balanço, como ativo e passivo. Há algumas mudanças aqui. O ativo deverá ser reconhecido como um direito de uso (*right of use*), que deve ser depreciado. Já no passivo, deverá ser reconhecida a dívida, trazida a valor presente. Os juros deverão ser calculados em cada período pela taxa, sobre o saldo da dívida. Aqui, outra mudança em relação ao modelo anterior onde os juros eram apropriados de forma linear no resultado do exercício. Agora, eles serão decrescentes.

No arrendador não houve alteração: este ainda continua usando dois modelos, financeiro e operacional.

Resumo

Tratamos, neste capítulo, de vários assuntos importantes, num grande esforço de síntese a fim de manter o livro numa quantidade de páginas razoável. Nosso assunto principal foram os Intangíveis, esse grupo do Balanço tão importante quanto, ainda, desconhecido pelos contadores. Pesquisas bem recentes deixam patente que os intangíveis são os vetores de valor mais importantes para a empresa. Por isto, deverão ser, cada vez mais, estudados e entendidos por nós. Um Balanço Patrimonial no qual não tenhamos nos esforçado em fazer, no limite de nossos conhecimentos, um retrato adequado dos Intangíveis conta apenas uma parte da realidade empresarial e, portanto, é enganoso para os usuários.

Questionário

1. O que são ativos intangíveis?
2. Apresente alguns exemplos de classificação de ativos intangíveis.
3. Considerado um dos assuntos mais complexos em Contabilidade, explique *goodwill*.
4. Como são amortizados os intangíveis?
5. Explique gastos com pesquisa e desenvolvimento.
6. Os gastos com pesquisa e desenvolvimento podem ser ativados? Se sim, em que situações?
7. Explique o método da equivalência patrimonial.
8. Como devem ser tratados os lucros não realizados entre as empresas do mesmo grupo, na equivalência patrimonial?
9. Explique consolidação das demonstrações contábeis e quando há obrigatoriedade de realizá-la.
10. Explique *leasing*.

Exercícios

1. A empresa Alfa tem um ciclo operacional de três meses. Elabora suas demonstrações financeiras de acordo com os padrões de separação entre curto e longo prazos da Lei nº 6.404 (Lei das Sociedades por Ações). Analise e discuta os problemas, se houver, que poderão ocorrer na interpretação das cifras resultantes, principalmente da demonstração de fontes e aplicações de recursos.

2. Certa empresa está sendo seriamente considerada por um grupo empresarial como um bom negócio para compra e incorporação. Um estudo retrospectivo de seus resultados, eliminando-se as distorções da inflação e os ganhos e perdas excepcionais, tem demonstrado uma rentabilidade média de $ 150 milhões anuais, sem necessidade de expansão, mas apenas substituição normal de equipamentos. Acredita-se que este lucro médio possa ser mantido normalmente por um período indefinido. O valor do patrimônio líquido na data, avaliado a preços de realização, é de $ 1.250 milhões. O mesmo patrimônio, avaliado a custos de reposição, apresenta-se na ordem de $ 1.750 milhões. Considera-se que a taxa de retorno de um investimento de risco praticamente nulo (como uma obrigação federal) estava em torno de 35% a.a. Como a empresa apresentava um histórico de lucros bastante regular (pequenas flutuações em torno do lucro médio de $ 150 milhões), considerou-se que 40% a.a. seria uma taxa adequada para ser utilizada no caso. Analise e discuta os limites que poderiam ser colocados como base para a realização do negócio. Considere horizonte indefinido (tendendo para infinito) em primeiro lugar, e, em seguida, horizonte respectivamente de vinte, quinze e dez anos. Levando-se em conta o valor de reposição do patrimônio líquido, seria aconselhável para o grupo interessado a compra?

3. A empresa Ciro efetuou um investimento de 80%, na empesa Nabil, em ações, por $ 1.500.000,00 (não houve ágio ou deságio na operação). Durante o exercício subsequente, ocorreram as seguintes transações e eventos:

    a) a subsidiária reporta um lucro de $ 300.000,00 durante o primeiro ano;

    b) a subsidiária paga, no total, $ 100.000,00 de dividendos em dinheiro e uma bonificação total de $ 20.000,00 em ações.

    Registre as operações pelo *método do custo* e pelo *método equity*.

4. A empresa A compra 30% das ações de B por $ 150,00. (O patrimônio líquido de B era de $ 500,00.) Um ano após, B reporta um lucro de $ 150,00. Seu patrimônio é igual a $ 500,00 × 1,5 (houve uma inflação de 50%) + 150,00 = $ 900,00, constituído de um capital de $ 690,00 e reservas de $ 210,00. Efetuar os cálculos e análises em A e B, levando-se em conta as disposições da Lei das Sociedades por Ações e outras legislações pertinentes, no Brasil. Como desdobramento do exercício, discutir as seguintes hipóteses (na investidora):

    a) a investida aumenta seu capital (sem ágio), mas a investidora nada subscreve;

    b) B distribui dividendos em dinheiro.

5. Discuta como é tratado, pela Lei das Sociedades por Ações, o *goodwill* na consolidação. Compare-o com o tratamento ou as abordagens puramente teóricas.

14

As "Novas" Abordagens à Teoria (Pesquisa) Contábil – Um Resumo

Objetivos de Aprendizagem

Neste capítulo, você aprenderá:
- Teoria positiva da Contabilidade.
- Teoria normativa da Contabilidade.
- Teoria normativa *versus* teoria positiva, qual a melhor?
- Um pouco mais sobre a prevalência da essência sobre a forma e o conceito de valor justo.

14.1 Introdução

Este capítulo tratará, de forma resumida, da apresentação de novas abordagens à Teoria da Contabilidade e, em última análise, à própria Contabilidade, surgidas nos EUA e na Europa na década de 1960 e no Brasil a partir de inícios da década de 1990.

Coloca-se, de propósito, "Novas" pois, na verdade, a Teoria da Contabilidade deveria ser uma só. Melhor seria, talvez, afirmar-se que existem formas diferenciadas da teoria a ser apresentada e explicada.

Nosso texto de Teoria da Contabilidade, pioneiro no Brasil, em suas mais recentes edições, nunca deixou de apontar, em tópicos resumidos e dentro de capítulos, algumas tendências mais recentes da teoria e, principalmente, da pesquisa contábil.

É chegada a hora de se dedicar um capítulo especial, embora resumido, para não cansar o leitor, a esses assuntos, de forma a manter o texto sempre atualizado e líder em sua categoria de livro para os cursos mais avançados de graduação e, inclusive, de pós-graduação.

14.2 Teoria positiva

Conforme Dias Filho e Baptista Machado (2008, p. 15) denomina-se **positivo** o enfoque da Teoria da Contabilidade que tem por objetivo descrever **como** a Contabilidade se desenrola, no mundo real, e predizer o que irá ocorrer (poder preditivo). Denomina-se, também, de positiva a abordagem respectiva da pesquisa contábil.

Daí a expressão **teoria positiva** em contraposição a **teoria normativa** (como a desenvolvida em boa parte dos capítulos anteriores deste livro).

Teoria normativa, eminentemente dedutiva, diagnostica um determinado problema ou cenário contábil e desenvolve **como** deve ser tratado contabilmente. Ao passo que **teoria positiva** procura não ditar regras mas tentar entender porque a Contabilidade é como é, na prática, e deveria ser capaz de ter certo poder preditivo.

Um exemplo que é sempre interessante apresentar para diferenciar os dois tipos de teoria (pesquisa) é lembrar de quando o Brasil sofria com uma alta taxa de inflação. O que os normativos fizeram foi, a fim de enfrentar o problema da falta de comparabilidade, no tempo das demonstrações contábeis, imaginar um sistema de correção monetária que tornasse as informações comparáveis em termos de poder aquisitivo numa **certa data. Mas, os normativos não abordaram a questão a partir de quais magnitudes das taxas de inflação o sistema de correção se tornaria fundamental para as empresas**. Já, um autor positivista, provavelmente, teria estabelecido hipóteses e testado, dentro de vários intervalos de taxas de inflação, a partir de qual banda os usuários efetivamente precisariam de um mecanismo de correção completo. Felizmente para os normativos isso não se fez necessário dada a grande taxa de inflação prevalecente em vários anos. Hoje em dia, entretanto, se não tivesse sido extinta, seria importante simular se seria importante a aplicação do método de correção monetária integral, tendo em vista as taxas atuais de inflação, mais módicas.

A teoria e a prática de pesquisa normativa foram prevalecentes nos EUA até a década de 1960 e, no Brasil, até inícios da década de 1990.

Como exemplos de normativos, no nível internacional, podem-se citar Chambers (1966) e Edwards e Bell (1961) entre inúmeros outros. No Brasil Iudícibus (1966) e Martins (1972) entre outros. Apesar de que os dois últimos se aproximaram, no século XXI, de formas diferente embora, do positivismo, não adotando-o como exclusivo, mas tentando entendê-lo melhor. No que se refere à teoria positiva, os pioneiros, em termos de apresentação e explicação da teoria, foram Watts e Zimmerman (1986) e um grande número de pesquisadores que, muito antes até de Watts e Zimmermn, como Ball e Brown (1968), por exemplo, já tinham se utilizado da metodologia positiva. No Brasil, os pioneiros da abordagem positiva foram Lopes (2002) e Martinez (2002) e já se multiplicam os autores de artigos que seguem essa metodologia; entretanto, alguns deles não conhecem suas implicações mais profundas, limitando-se a adotar a metodologia quantitativa e teste de hipóteses de forma às vezes totalmente desligadas de um paradigma conceitual ou apenas supondo-o *como assumido*.

Watts e Zimmerman, citados por Dias Filho e Baptista Machado, ao discorrer sobre teoria positiva da Contabilidade, assim se expressam: *"Por si mesma, a teoria, como a descrevemos, não fornece prescrições para a prática da contabilidade. Sua preocupação é explicar essa prática. Ela é projetada para prever e indicar quais empresas irão e quais não irão utilizar determinado método de avaliação de ativos, mas não se pronuncia a respeito de qual método elas devem lançar mão. Ela não nos dirá o que devemos fazer, não mais do que a Física nos diz se devemos construir uma ponte ou nos contentar com uma balsa."*

Assim, uma teoria com as feições acima descritas se adapta muito bem às investigações de natureza empírica, nas quais se escolhe um determinado tratamento contábil, sobre o qual se projeta uma premissa e, através de uma análise lógico-quantitativa, se confirma ou não a premissa (hipótese).

Por exemplo, é senso quase comum se achar que as firmas multinacionais de auditoria, pelo seu tamanho, são mais independentes em relação a seus clientes do que as pequenas firmas nacionais. Isso se traduz na hipótese de que, nas firmas auditadas pelas "Big four", essas teriam menor tendência a "gerenciar" o resultado através do uso mais livre dos provisionamentos, do que nas firmas auditadas pelas pequenas auditorias nacionais. O significado da independência está expresso no fato de que, nas "Big four", uma entidade auditada, por maior que seja, nunca representa uma grande porcentagem do faturamento da firma de auditoria.

Pois bem, essa hipótese pode ser testada por um teste de médias das acumulações discricionárias (utilização dos provisionamentos para "gerenciar" o resultado) e utilizando-se determinadas equações providas pela teoria positiva. A hipótese, no caso, foi confirmada.

Não fora a aplicação da teoria positiva, essa sensação ficaria apenas como tal, sem comprovação alguma!

É preciso tomar muito cuidado, todavia, com as hipóteses confirmadas por pesquisas positivas, pois: (1) suas conclusões normalmente estão limitadas à amostra considerada; ainda assim, (2) seus resultados devem ser analisados com cuidado.

Por exemplo, no caso descrito anteriormente, pode ser que as empresas auditadas pela pequenas firmas nacionais também tivessem uma dimensão menor, o tipo de entidade em que as liberalidades com os critérios contábeis são maiores. O problema, então, não seria de que as pequenas firmas de auditores são menos eficientes (independentes) mas sim de que as firmas auditadas por elas é que cometem mais gerenciamentos de resultados. É difícil separar causas dos efeitos, mas o fato é que a pesquisa revelou que as empresas cuja auditoria é feita por pequenas firmas nacionais cometem mais manipulações.

É importante notar que a teoria positiva da Contabilidade tem um *background* teórico definido na Economia e no comportamento dos agentes. Esse comportamento é tido como sempre racional, no sentido de maximizar sua riqueza e bem-estar e sem muitas considerações de justiça, lealdade ou equidade.

De forma geral, muitos confundem teoria positiva com qualquer aplicação de métodos quantitativos em pesquisa empírica. Na verdade, pode-se aplicar a metodologia quantitativa utilizada em teoria positiva em outras investigações de caráter social, institucional e histórico, mas essas **têm um pano de fundo conceitual totalmente diferente do da teoria positiva, estritamente falando**.

A teoria positiva pode ser melhor estudada sob as perspectivas do **Oportunismo** e da **Eficiência**. A perspectiva **Oportunista** se baseia, essencialmente, na consideração de que os indivíduos atuam buscando a maximização de seu bem-estar, conforme visto antes. Então, por exemplo, numa das dimensões da perspectiva **Oportunística**, a hipótese do **Plano de Incentivo**, se pressupõe que os administradores de empresas que recebem bônus por resultados expressivos alcançados, **tenderão** a utilizar métodos contábeis que aumentam o resultado do período...

Já sob a hipótese da **Eficiência**, as organizações tenderão a armar mecanismos que atenuem as atitudes oportunistas, em benefício da entidade e que também diminuem os conflitos de interesses entre agentes (administradores) e principal (os donos do capital).

Um exemplo interessante é quando um grupo de empresas sob o mesmo controle publica demonstrações consolidadas, mesmo que não haja imposição legal. Considera-se, no caso, que as demonstrações consolidadas apresentam uma imagem mais realística da capacidade de liquidez e solvência do grupo como um todo.

Veja entretanto que, no fundo, a hipótese **oportunista** continua prevalecendo, porém em benefício da entidade toda em lugar de indivíduos ou grupos isolados.

14.3 Abordagem institucional e social

Tendo Hopwood (1983) como seu pioneiro, o pano de fundo dessa abordagem é avesso à ideia de que a Contabilidade, nas organizações, prima sempre pela objetividade e racionalidade, mas está incluída num contexto institucional e social no qual a noção de padrões de comportamento, legitimidade e outros parâmetros sociais ajudam a entender os fenômenos contábeis.

Em outras palavras, a Contabilidade não pode ser totalmente bem entendida fora do contexto das organizações e de suas metas, as quais nem sempre são, pelo menos a curto prazo, as da racionalidade absoluta e da busca da maior eficiência, como objetivos em si. Ou seja, nem sempre as organizações adotam esse ou aquele procedimento por considerá-lo mais racional em dada circunstância. Ao contrário, suas escolhas podem ser guiadas por uma concepção institucionalizada do que é visto como o melhor, o mais adequado, o racional, o justo etc. (Dias Filho e Baptista Machado, 2008, p. 33).

Um exemplo, talvez dos mais interessantes, é o do orçamento (obviamente a Contabilidade tem grande participação na dinâmica do **orçado *versus* real**). Na visão clássica, o orçamento é um instrumento de coordenação dos vários setores para a obtenção de resultados colimados. Na visão institucional e social, na verdade, é uma das materializações da visão de poder, dentro da entidade.

Apesar de muito interessantes, essas abordagens, não conseguem, sob nosso ponto de vista, obscurecer a visão técnica mais tradicional da Contabilidade, tanto na teoria normativa quanto na positiva, mas também não se pode acreditar que as definições extremamente técnicas e racionais das teorias positiva e normativa expliquem todo o fenômeno contábil dentro das organizações.

Crê-se que o pesquisador moderno deva associar as duas dimensões, a racional e a institucional e social, a fim de entender melhor a Contabilidade e como ela atua nas organizações.

14.4 Outras abordagens

Alguns autores destacam também a **abordagem histórica** como interessante. Na verdade essa última privilegia, até sob uma perspectiva da evolução das organizações, como a Contabilidade e o departamento de Contabilidade das entidades se comportaram na evolução histórica da disciplina e de sua autuação nas organizações. A abordagem histórica é sempre muito importante para entender de onde viemos e para onde vamos. Um contador sem a perspectiva histórica da profissão equivale a alguém que faz uma longa viagem com os olhos totalmente vendados. Vai chegar a um determinado lugar sem ter tido a noção das paisagens pelas quais passou.

14.5 A Teoria contratual da firma e a Contabilidade

Trata-se de noções (da Teoria Contratual) muito importantes, decisivas, para a Governança Corporativa. Nessa visualização, a empresa é vista como um conjunto de contratos entre os diversos participantes. Na verdade, empresa, seus auditores, administradores, proprietários, agências reguladoras são regidos por uma série de contratos, formais ou informais.

A Contabilidade tem um papel importante dentro da teoria contratual da firma, de acordo com Sunder (1997) para: (1) mensurar a participação de cada participantes nos contratos; (2) mensurar a participação de cada um no resultado da empresa; (3) informar os participantes a respeito do grau de sucesso no andamento dos contratos; (4) distribuir informações para os participantes.

14.6 Assimetria informacional

Relevante para a Contabilidade, a assimetria informacional ocorre quando os administradores informam para a sociedade e mercado mensurações que não refletem a realidade econômica da empresa. Se uma determinada entidade utiliza-se da percentagem fiscal para a depreciação, quando, pela realidade econômica da empresa no ativo em particular, deveria ter utilizado outra metodologia de cálculo de depreciação, ao divulgar ao mercado a taxa fiscal, estará aumentando o grau de assimetria informacional com relação ao mercado, ou seja, esse ficará em grande desvantagem para avaliar de forma consistente o andamento da empresa.

Autores como Lopes e Martins (2007) apresentam outras abordagens interessantes como a teoria **positiva das organizações**, leitura válida para quem pretende se aprofundar no assunto.

Importante, também, considerar que uma teoria abrangente da Contabilidade deveria incluir, em seu guarda-chuva conceitual, a **Contabilidade gerencial**, pelo menos em seus aspectos mais amplos e organizacionais. Nesse aspecto, a fim de se ter uma Teoria da Contabilidade mais ampla, pesquisas devem ser feitas sobre como os sistemas contábeis e os próprios métodos de custeamento se desenvolveram, através dos tempos, dentro das organizações. Na verdade, se na teoria contábil tradicional, para usuários externos, nos preocupamos com esse fluxo de informação e de comunicação, porque não estudar, também, o que ocorre no âmbito interno das organizações? Por exemplo, qual o impacto de um sistema de avaliação baseado no custeio variável *versus* por absorção? Como a evolução de desempenho da entidade pode ser afetado por essas escolhas? Ou, qual o efeito dos diferentes modelos de climas organizacionais sobre o desempenho financeiro a longo prazo da entidade?

14.7 A diferente interpretação dos conceitos contábeis fundamentais conforme a teoria normativa e a positiva

Há uma grande discussão entre autores sobre a interpretação de certas normas contábeis conforme se esteja avaliando-as pela ótica da teoria normativa ou positiva. Assim, autores positivistas frequentemente afirmam que determinado critério de avaliação, o Fair Value (Valor Justo), por exemplo, não é melhor ou pior do que outros, pois depende, sua utilização, do contexto em que a Contabilidade atua dentro da empresa. O mesmo ocorre com os conceitos de relevância e conservadorismo, entre outros. O de **Relevância** é extremamente importante. Os normativos apresentam uma série de considerações para escolher, por exemplo, entre critérios de avaliação de ativo, quais os mais relevantes em cada circunstância. Segundo os positivistas, isso é, de certa forma, irrelevante. Para eles, conceitos ou normas mais importantes são os que, uma vez aplicados, levam a uma maior facilidade para prever os **fluxos futuros de caixa**. Em outras palavras, demonstrações contábeis e os critérios utilizados nelas são tão mais relevantes à medida em que facilitem a previsão de fluxos futuros de caixa. (Mas, os autores normativos mais avançados também sempre deram grande importância à previsão de fluxos futuros de caixa, embora como consequência de boas demonstrações contábeis, como um todo, mais do que da aplicação de um critério ou outro de avaliação.)

14.8 Qual a melhor, a teoria normativa ou a positiva?

É difícil colocar a questão nestes termos, embora os positivistas, usualmente, sejam intempestivos ao atribuir superioridade à teoria positiva, só porque se baseia em hipóteses e se utiliza de métodos quantitativos.

Imagine-se, como que num passe de mágica, apagar totalmente de nossa memória o normativismo e pensar o que seriam a Teoria da Contabilidade e a própria Contabilidade sem as inúmeras obras, normas legais provenientes de agências reguladoras e de grandes autores conceituais. No nosso modo de ver, seria um caos completo o mundo da Contabilidade. Cada empresa contabilizando as operações de formas diferentes. É claro que a pesquisa positiva ainda seria válida, mas é preciso entender que os avanços que a teoria positiva alcança são mais seguros, é verdade, do que os propiciados pela teoria normativa, mas, sem dúvida, muito mais limitados, pois se estaria amarrados à amostra analisada e à metodologia utilizada, essa sempre questionável.

Embora muitas vezes eivada de defeitos, seria impossível conceber uma sociedade moderna sem a intervenção da própria sociedade, via órgãos reguladores, a fim de se ter um mínimo de comparabilidade nos relatórios contábeis. Por outro lado, perder-se a obra e a contribuição dos grandes gênios do normativismo seria condenar a teoria contábil a voltar pelo menos uns trezentos anos atrás.

O que se pensa é que as duas teorias se completam. Entretanto, se uma tivesse que ser escolhida, seria a base normativa, pois a outra, sem essa base, não subsiste.

De fato, é importante, como os positivistas pensam, entender porque a Contabilidade é como ela é e seu caráter preditivo. Todavia, mais importante ainda, é (poucos, é verdade, tem esse dom) prever cenários futuros e armar um arcabouço contábil para enfrentá-los.

14.9 Prevalência da essência sobre a forma e valor justo (mais um pouco)

Não se pode finalizar o capítulo sem abordar, mais um pouco (além das noções já apresentadas em outros tópicos deste texto), a questão do Valor Justo e da Prevalência da Essência sobre a Forma.

Essência sobre a Forma, já se caracterizou, em trabalhos anteriores, como mais do que uma qualidade da informação contábil, mas sim, uma verdadeira raiz da teoria contábil (e da prática), algo que vem antes dos Princípios Fundamentais, tal sua importância.

Houve, em São Paulo, até um seminário especial, promovido pela Editora Dialética, sobre Controvérsias Jurídico-Contábeis, no qual a Essência e a Forma foram debatidas por juristas e contadores. Para o livro comemorativo do evento foram convidados outros autores e tive a oportunidade de subscrever um capítulo intitulado: **Essência sobre a Forma e Valor Justo: Duas Faces da Mesma Moeda**.

No capítulo, se ressaltou, mais uma vez, a importância da Essência para a Contabilidade. Adicionou-se, todavia, que a essência econômica precisa ser sempre monitorada pelos contadores, pois a Economia não é, necessariamente, uma ciência e atividade absolutamente moral. Pode ser, às vezes, amoral e, com sorte, não imoral. Ao preferir sempre a essência sobre a forma, pode-se, em certos casos, em operações de incorporação e compra, por exemplo, desfavorecer os acionistas minoritários. Embora a essência possa ser econômica, o contador, aí, tem que voltar à **Forma** e, através dos códigos de ética profissional, não abraçar a injustiça. Para todo o resto, a prevalência da essência sobre a forma é fundamental para a Contabilidade. Também se comentou que os juristas teriam que, na **forma**, contemplar, sempre que possível, a **essência**.

Quanto ao **Valor Justo**, embora um conceito avançado, por referir-se, inicialmente, a valor de mercado, se analisava que existiriam maneiras mais práticas de se avaliar o valor de mercado, já testadas anteriormente, do que se seguir a definição estrita de Valor Justo, algo enigmática e de difícil interpretação. Também, não se concorda com a restrição valorativa de Valor Justo que, pelas mais recentes interpretações do FASB e IASB, seria de **valor de saída** (de venda). Este autor prefere os conceitos de **custo corrente** ou de reposição, se necessário, corrigidos pelas variações do poder aquisitivo médio da moeda.

Resumo

Neste capítulo, apresentamos as novas abordagens à Teoria da Contabilidade de forma resumida. Embora a Teoria da Contabilidade devesse ser uma só, existem formas diferentes da teoria que podem ser apresentadas e explicadas. A teoria normativa é eminentemente dedutiva, diagnostica um problema ou um cenário contábil e esclarece como deve ser tratado contabilmente; a outra (positiva), em contraposição à normativa, procura não ditar regras, mas tentar entender por que a Contabilidade é como é, na prática, e deveria ser capaz de ter certo poder preditivo. Comentamos a abordagem institucional e social, que defende que a Contabilidade está incluída em um contexto institucional e social no qual as noções de padrões de comportamento, legitimidade e outros parâmetros sociais ajudam a entender os fenômenos contábeis. Existem também outras abordagens, como a histórica, privilegiando como a Contabilidade e o departamento de Contabilidade das entidades se comportam na evolução histórica da disciplina e como atuam nas organizações.

Apresentamos a teoria contratual da firma e destacamos o papel da Contabilidade dentro dela. Teoria importante para a Governança Corporativa, reza que a empresa é vista como um conjunto de contratos entre os diversos participantes.

Cap. 14 • As "Novas" Abordagens à Teoria (Pesquisa) Contábil – Um Resumo

A assimetria informacional ocorre quando administradores informam para a sociedade e o mercado mensurações que não refletem a realidade econômica da empresa. Isso causa no mercado uma desvantagem para avaliar de forma consistente o andamento da empresa. Fechamos o capítulo debatendo um pouco mais sobre as teorias normativa e positiva e se há uma melhor, concluindo que, na verdade, as duas teorias se completam. E, por fim, abordamos um pouco mais sobre a prevalência da essência sobre a forma e o conceito de valor justo.

Questionário

1. Explique a teoria positiva.
2. Faça uma reflexão sobre a teoria positiva e sua aplicabilidade na Contabilidade. É possível que esta seja ampliada no futuro?
3. Explique a teoria normativa.
4. A teoria normativa é menos válida que a positiva?
5. Em sua análise, explique as diferenças entre a teoria normativa e a teoria positiva. Em sua opinião, qual a melhor?
6. Explique a abordagem institucional e social.
7. Comente a abordagem histórica.
8. Qual o papel da Contabilidade em relação à teoria contratual?
9. Explique a assimetria informacional.
10. Explique o valor justo.

15

Perspectivas e Tendências da Teoria da Contabilidade e da Contabilidade em Geral

Objetivos de Aprendizagem

Neste capítulo, você aprenderá:
- As perspectivas e tendências da Teoria Contábil e da Contabilidade.
- A realidade da inteligência artificial na Contabilidade.
- As características sociais e institucionais que poderão influenciar a profissão contábil.

15.1 Finalidades e objetivos do capítulo

Apresentamos nos capítulos anteriores o que consideramos *o mínimo* de teoria para os estudantes que se iniciam nos cursos de pós-graduação em Contabilidade e Finanças, para os cursos avançados na Graduação e para os profissionais de alto nível, principalmente auditores e analistas de investimentos. Entretanto, o estudioso em geral, o professor de Contabilidade e o profissional sentem-se confusos no momento em virtude de certa indefinição dos limites de atuação da Contabilidade. Pode ficar perplexo, por exemplo, ao consultar, digamos, a revista *The Accounting* Review, editada pela AAA (American Accounting Association) nos últimos anos, e notar uma enorme quantificação da Contabilidade. Afinal, trata-se de Microeconomia, Econometria ou Contabilidade? O *gap* de entendimento do leitor médio de origem contábil, mesmo nos Estados Unidos, com relação a tal tipo de revista, é brutal. Entramos em outro mundo, talvez o da Contabilometria ou Contimetria, ou seja, um mundo desconhecido e, de certa forma, assustador. Por outro lado, analisando o trabalho de uma equipe de auditoria, no campo, verificamos que o aluno, recém-saído do curso de graduação, fica, na verdade, realizando somas e subtrações e colocando estranhos sinais nos cantos das páginas. Que profissão é esta? Que disciplina é esta em que os contrastes são tão brutais? No Brasil, os contrastes são mais acentuados, pois, além dos problemas analisados de amplitude da disciplina e de diferença de abordagens, ainda existem ou persistem os problemas de escolas de Contabilidade. Pessoalmente, não somos nem quantitativistas nem meros descritivos da Contabilidade; não nos julgamos possuidores da varinha mágica ou da bola de cristal para prever o futuro. Entretanto, nossa experiência como professor e profissional confere-nos a obrigação de, modestamente, tentar desfazer, pelo menos em parte, a confusão formada ou, mais provavelmente, acentuá-la. Assim, analisaremos certas tendências, algumas não perfeitamente delineadas da Contabilidade, à luz da evolução de nossa sociedade tecnológica. No final do capítulo, analisaremos o tipo de estrutura que deveremos montar a fim de nos prepararmos, como professores, para enfrentar os desafios do século XXI em Contabilidade.

15.2 Nosso presente é uma realidade de computadores e robôs, Internet e *big data*

Apesar de as sociedades menos desenvolvidas estarem, mesmo nesse setor, sempre a reboque das mais desenvolvidas, o fato inconteste é que o mundo hoje já é o mundo dos computadores, dos robôs, das telecomunicações com imagem, dos *sites* sociais e da cibernética em geral. E o futuro mediato nos reserva ainda grandes mudanças tecnológicas.

Muitos dos desenvolvimentos citados já estão em uso ou em estágio avançado de experimentação nos países adiantados. Muitos são disponíveis entre nós. Em termos de informação isto significa que:

1. será cada vez mais rápido o acesso a arquivos de informação e seu *display* à pessoa autorizada ou que possa pagar a taxa para visualizar certa informação contida nos arquivos;

2. a quantidade de informação que poderá ser "processada" pelos computadores e a quantidade de informação contida nas saídas (relatórios) será cada vez maior, mais rápida e mais ampla quanto às aplicações;

3. nas empresas e entidades que realizam atividades econômicas, a integração entre o ambiente externo e a empresa será cada vez maior, em termos de informação e de acesso sistêmico.

Em termos do uso que possamos fazer de tal informação, notamos que:

1. haverá ênfase muito grande na análise de tais informações e na seleção do que for: a) indispensável; b) relevante; c) útil, mas não indispensável; d) dispensável; e e) necessário evitar;

2. poderão ser atendidas com maior precisão as necessidades informativas dos mais variados usuários, porque o modelo decisório será mais explícito;

3. será possível, assim, a partir do mesmo cadastro básico de informação, elaborar, instantaneamente, vários "pacotes" diferentes quanto aos módulos e detalhes, para os vários tipos de usuários. Isto implicará uma decisão sobre a validade de gastar tempo e recursos (no sistema de informação montado) para determinados tipos de usuários e com determinada frequência.

É importante notar, em tudo isto, que as *transferências de fundos* de uma pessoa ou entidade já são extremamente rápidas (Eletronic Funds Transfer); isto é algo mais que mera papelada, e exigirá novas posturas por parte dos contadores e auditores sobre os controles e sobre a avaliação de desempenho.

As comunicações entre sistemas, computadores, grupos de computadores de cidade a cidade, de país a país, da terra para estações espaciais etc. serão rotina, gerando problemas de privacidade, controle e auditoria.

15.3 A aplicação de métodos quantitativos no equacionamento da solução de problemas empresariais

Nota-se, há alguns decênios, crescente tendência para o uso de métodos quantitativos que facilitem a explicitação e o encaminhamento de problemas empresariais. Na verdade, no campo científico, existe uma verdadeira "conspiração" entre métodos quantitativos e aplicação de computador contra o contador tradicionalista. Não se deve confundir a sábia aplicação de métodos quantitativos para ajudar a resolver com mais precisão e rapidez problemas empresariais com certos exageros que têm aparecido nos últimos anos, procurando apresentar assuntos e sentenças que poderiam perfeitamente ser explicados em português em uma linguagem matemática ou estatística, simplesmente porque confere, aparentemente, mais *status* para quem escreve. Normalmente, tais exageros são cometidos, não incompreensivelmente, por jovens acadêmicos em busca de títulos, fama e "áurea" de gênio. Entretanto, também deve ser condenado, veementemente, o descaso da maioria dos contadores, com relação à utilização de métodos quantitativos, *a priori*, muito mais por insegurança por sua fraca formação e pouco conhecimento desses assuntos do que por convicção franca e abalizada sobre a matéria.

Métodos quantitativos podem ser úteis, em Contabilidade, principalmente nos seguintes tópicos e assuntos:

1. no tratamento de grande massa de dados, na pesquisa indutiva em Contabilidade;
2. na formulação de modelos preditivos de comportamento de custos, receitas, despesas e resultados;
3. em certos problemas de alocações de custos e transferências interdivisionais, intersetoriais e interempresariais;
4. nas formulações orçamentárias com distribuições probabilísticas; e
5. em decisões de otimização de resultado ou minimização de custos.

Não podemos esquecer do tipo 1 de aplicação, pois, mesmo que queiramos tirar da grande massa de dados analisados apenas conclusões de natureza qualitativa, muitas vezes é necessário aplicarmos métodos quantitativos em seu tratamento. É claro, portanto, que a maior margem de aplicação de métodos quantitativos (acoplados com programas e aplicações em computador) se dará no campo da pesquisa contábil e, especificamente, quando utilizarmos o método indutivo, embora seja muitas vezes necessária no método dedutivo.

Na aplicação empresarial, talvez a maior potencialidade resida na formulação de modelos preditivos de comportamento de custos, receitas, despesas e resultados. A técnica de análise de regressão, em todas as suas variantes e modalidades, apresenta-se, ainda, como a área de maiores resultados nesse campo. É preciso entender que a Contabilidade e o contador se utilizam rudimentarmente de raciocínios puramente aritméticos quando poderiam ganhar muito maior operacionalidade se os colocassem e generalizassem em "modelos". Aqui, como em muitas outras áreas da empresa, pode-se notar uma área de *overlapping* entre várias disciplinas e ciências. Entretanto, entendemos que o contador tem: a) uma participação efetiva na formulação do modelo informativo preditivo (e não no modelo decisorial); e b) um interesse muito grande em "ganhar" profissionalmente campos cinzentos entre a área de Finanças, Administração da Produção e Contabilidade que, na verdade, são de quem, na prática, "sabe mais". Acreditamos, nesse caso, que o contador leva uma grande vantagem (desde que amplie sua formação e inclua uma forte dose de exposição a métodos quantitativos), pois conhece como ninguém a origem, a codificação, a acumulação e o sentido das informações financeiras; leva também a vantagem inegável de ter, em sua mente, o instrumental, "o retrato financeiro da empresa", expresso por esse formidável tripé formado por dois balanços patrimoniais e pelos vários fluxos que os medeiam, principalmente o fluxo de resultados.

Além dessas, não podemos deixar de lembrar as aplicações de amostragem estatística principalmente na Auditoria. Nesse campo, as especulações acabam de transformar-se em uma realidade palpável. Hoje, os auditores poderiam e deveriam deixar de gastar muito tempo e esforço (e dinheiro) se utilizassem, adequadamente, critérios estatísticos no dimensionamento de suas amostras. E, tudo isto, poderia ser feito melhorando a confiabilidade dos resultados.

Parece-nos, em uma análise final, que a adoção inteligente e criteriosa de métodos quantitativos na Contabilidade será um *must* cada vez maior daqui para frente. Longe de tornar o campo de nossa disciplina árido e insensível às aplicações puramente teóricas, abrirá novos horizontes e conferirá uma força nunca vista à disciplina, pois estaremos respondendo à melhor utilização que se pode fazer dos dados contábeis, isto é, como instrumento informativo projetado para o futuro.

15.4 Outras características sociais e institucionais que poderão influenciar a profissão

Ao mesmo tempo em que nossa civilização se utilizará cada vez mais e até na vida familiar e doméstica dos benefícios da computação, notam-se certas características que, tudo leva a crer, poderão acumular-se, principalmente no Brasil:

1. consciência cada vez maior por parte de outros grupos que não os acionistas, os administradores ou o governo sobre a importância da "comunicação de informação contábil", por exemplo, sobre níveis salariais, de participação etc.; em uma época de livre negociação de salários entre empresas e sindicatos, estes estarão cada vez mais atentos à informação contábil;

2. desligamento, cada vez maior, entre a avaliação de desempenho de divisões e a avaliação de desempenho de gerentes (de pessoas); isto levará à necessidade da incorporação sistemática de outros critérios qualitativos de avaliação;

3. grandes oportunidades para a profissão na ampliação de campos de atividades, como a indústria do lazer e da diversão.

Tudo leva a crer que, ao mesmo tempo em que o homem do futuro mediato será amplamente circundado por robôs e computadores, ainda assim (e por isso mesmo) se libertará para pensar mais, para realizar-se como ser humano e como profissional. Isto dará oportunidade ao surgimento de uma variedade de atividades ligadas ao lazer, à recreação, a atividades culturais etc., em que a necessidade de informações, isto é, da Contabilidade, se fará sentir cada vez mais. O campo de aplicação amplia-se cada vez mais, dando oportunidade de empregos e de realização profissional. Na verdade, a Contabilidade está no alvorecer de uma nova era.

Evolução da Teoria da Contabilidade: A evolução que a Teoria da Contabilidade poderá ter será um campo de observação muito importante para os estudiosos. Tivemos, até a década de 60, o predomínio das teorias normativas e prescritivas, mesmo em países de vanguarda na área da pesquisa contábil, como nas universidades dos EUA. Lá, a partir de meados da década, inicia-se a ênfase na Teoria Positiva da Contabilidade e hoje, praticamente, é a única forma de teoria aceita nos grandes centros universitários de pesquisa. Achamos que a introdução desta nova forma de encarar a Teoria e a própria Contabilidade foi de uma utilidade extraordinária, pois nos fez entender e dimensionar eventos, fenômenos e procedimentos que eram dados como dogmas, dado seu caráter prescritivo e normativo. Entramos muito mais a fundo no entendimento dos mercados, do comportamento de seus *players*, entendemos muito mais certos problemas de agência, o comportamento de agentes e principais, na satisfação de suas funções de utilidade. Penetramos no mundo da *Value Relevance*, ou seja, relacionamos variáveis dependentes ligadas a algum parâmetro de mercado com variáveis contábeis tradicionais, consideradas como independentes, e tentamos explicar aquelas em função destas. Aventuramo-nos no complexo mundo dos comportamentos dos agentes, principalmente dos analistas de investimentos e no obscuro ambiente dos gerentes que manipulam ou melhor gerenciam resultados a fim de obter certo comportamento desejado desses face ao mercado. Muitas e muitas outras facetas do contexto contábil foram e estão sendo exploradas pela teoria positiva. Tem havido, também, interessantes pesquisas na área institucional e social, bem como histórica, que nos permitem inferir outras dimensões da prática contábil além das puramente técnicas ou racionais. Tudo isto tem sido revelador e extremamente importante para entendermos o que a Contabilidade faz no mundo real e por que o faz dessa ou daquela maneira. Mas, não é suficiente para entendermos totalmente o que a Contabilidade é ou pode vir a ser. Para isto, será necessário amalgamar todas as principais formas de Teoria, inclusive a Normativa, na busca incessante da essência desta disciplina tão desafiadora e interessante, quão difícil de ser dimensionada. O verdadeiro cientista não pode se deixar levar apenas pela obsessão da sua verdade, consubstanciada em determinadas crenças e metodologias, mas deverá ser capaz de observar todo o espectro da Teoria Contábil, em suas mais variadas formas, a fim de, aliado a espírito criativo e de vanguarda, tentar vislumbrar o que a contabilidade é ou pode via a ser.

Teoria da Contabilidade e Contabilidade Gerencial: Tem sido discutida, em círculos restritos de estudiosos e pesquisadores, a questão de se uma teoria abrangente não deveria englobar, também, a Contabilidade denominada de Gerencial, além da Financeira, que tem sido objeto da maior parte dos estudos sobre teoria. Sem dúvida, uma teoria, em princípio, deveria ser capaz de constituir-se num amplo guarda-chuva conceitual para todas as aplicações práticas. Entretanto, não podemos esquecer que a Contabilidade Gerencial, por mais importante que seja, diz respeito a poucas pessoas, no fundo aos tomadores de decisão dentro da empresa. Ao passo que a Contabilidade Financeira destina-se a milhares, quando não milhões, de pessoas, interessadas nos relatórios emanados da Contabilidade de determinada entidade. Ao falarmos de Gerencial, estamos muito mais próximos de custos, de informática, de administração da produção, de eficiência e eficácia. Quando observamos a Financeira, nossa interface com Teoria das Finanças, com a Macroeconomia, com as teorias institucionais e sociais se avoluma extraordinariamente. A Teoria da Contabilidade Financeira está intimamente ligada à evidenciação e à comunicação da informação contábil para, no fundo, a sociedade em geral. A Contabilidade Gerencial é o reduto da Contabilidade para tomada de decisões no curto prazo, o mais das vezes, embora a Teoria da Agência, uma teoria puramente de origem financeira, seja importante para entender os conflitos entre agente e principal, as assimetrias informacionais, dentro da própria contabilidade gerencial. Portanto, embora haja interesses e amplitudes diferenciadas, a Teoria da Contabilidade Financeira pode auxiliar a Contabilidade Gerencial e esta pode dar alguns *insights* para aquela. No fundo, as diferenças, se houverem, residem no modelo decisório dos usuários externos e internos. Se pudermos, de alguma forma, unificá-los, a Teoria da Contabilidade assumirá caráter de universalidade.

Fase Especial Vivida pela Contabilidade no Brasil: a partir de final de 2007, com a edição da Lei nº 11.638, e em 2009, com a edição da Lei nº 11.941, que alteraram disposições da Lei das S.A., pavimentando o caminho para a internacionalização da Contabilidade brasileira, tendo já em operação o Comitê de Pronunciamentos Contábeis em acordo completo com a Comissão de Valores Mobiliários e outras agências reguladoras, vive, a Contabilidade brasileira, uma nova fase de edição, de normas de melhor qualidade. Ao mesmo tempo, uma época de grandes desafios, não apenas para os reguladores, como principalmente para os contadores que deverão adotar as novas normas.

Trata-se da aderência de todo o conjunto de normas contábeis às normas do IASB, ou às famosas IFRS. Embora traduzidas com todo cuidado e esmero, o entendimento das novas normas exige uma mudança completa de mentalidade e atitude por parte dos nossos contadores, mais acostumados a obedecer a um sistema de normas que dizia "com fazer", de maneira solene e dogmática.

A forma de expressão das normas de origem anglo, com as do IASB, é completamente diferente da que conhecíamos (embora já houvesse trabalhos nesse estilo, como a Estrutura Conceitual da CVM/Ibracon), porque vai exigir um grande esforço de adaptação a uma maneira diferente de pensar. Deve-se usar muito mais o subjetivismo responsável que, como se sabe, não tem fronteiras muito nítidas com a Contabilidade criativa e com as manipulações.

Deve-se treinar um grande número de contadores a abraçar essa nova forma de entender a Contabilidade e suas normas. O esforço de adaptação deverá ser muito intenso, mas não há caminho de volta. A internacionalização da Contabilidade brasileira foi uma decisão estratégica do Governo com o sentido de inserir, definitivamente, o País no mundo da economia globalizada, facilitando a comunicação de informação contábil unificada no mundo inteiro e ajudando as decisões globalizadas sobre recursos mundiais.

Abriu-se, assim, uma nova era na Contabilidade brasileira, na qual, sem dúvida, aumentou-se a qualidade das normas e práticas contábeis. A nós, estudiosos da Teoria, que vai muito além das normas, embora essas devam ser baseadas naquela, cabe acompanhar, analisar e, se necessário, criticar judiciosamente o que vai ser produzido visando, principalmente, à comunicabilidade de tais normas e como serão entendidas pelos usuários.

A questão do *fair value* (valor justo): muito tem se falado, nos últimos anos, sobre o conceito e utilização do Valor Justo.

Como no nosso texto foram privilegiados conceitos de valor de mercado muito mais testados e com os quais a profissão contábil está acostumada, como o de **custo corrente**, não se tem feito muitas referências ao Valor Justo.

Na verdade, esse conceito e sua mensuração tem sido muito ventilados pelo FASB e IASB, principalmente para instrumentos financeiros e derivativos, existindo uma tendência, todavia, de, num futuro mediato, ser ampliada sua aplicação a todos os ativos e passivos. A Lei nº 11.638/07 adotou o cálculo do valor presente para os recebíveis e contas a pagar de longo prazo, uma espécie de Valor Justo, portanto (de mercado).

Conforme foi definido mais recentemente, entretanto, o Valor Justo acabou se configurando num **valor de saída**, o que contraria o postulado da Continuidade, de resto reconhecido na própria Estrutura conceitual do IASB (e do CPC/CVM). Crê-se que um ajuste deverá ser feito ao conceito ou então a Continuidade deverá ser deixada de lado, o que parece improvável.

No fundo, trata-se de um valor de mercado e, na falta deste, devem ser utili- zados cálculos matemáticos, que podem assumir grande complexidade, para se achar um substituto à altura.

Os contadores, através dos conceitos esposados por vários autores, já estão acostumados ao cálculo de valores de mercado. Lembre-se, todavia, que **mercado** significa, primeiramente, custo de reposição (ou corrente) e só na falta deste valor de realização.

RELATO INTEGRADO: nos últimos anos, tem ganhado muito realce a necessidade de se integrarem informações de caráter, não apenas financeiro, mas também social e de desempenho ambiental e de sustentabilidade num único relatório, ou Relato Integrado, que tem sido a denominação mais aceita.

As empresas entenderam que, hoje, o alcance da informação contábil tem que ser muito mais amplo do que o financeiro, das demonstrações tradicionais (obviamente muito importantes e fundamentais), mas englobar, de forma estruturada e coerente, informações de natureza gerencial, social e de sustentabilidade.

Embora ainda não obrigatório, centenas de empresas, no mundo inteiro, já preparam esse Relato com bastante sucesso.

No Brasil, a Natura tem sido uma das pioneiras neste aspecto e, entre os profissionais mais envolvidos com o assunto, encontramos os Professores Nelson Carvalho e José Roberto Kassai.

Pensamos que, como sempre, deve haver um compromisso de prestar informação mais ampla, mas sempre respeitando o custo/benefício da informação adicional, mesmo porque os usuários têm limitações quanto ao que conseguem absorver e entender.

Sem dúvida, a preocupação com os aspectos sociais, ambientais e de sustentabilidade deverá ser cada vez mais aguda nas atividades futuras de empresas e, também, de pessoas. Afinal, uma entidade ou grupo que não respeitam o ambiente em que atuam e que não tomam medidas efetivas para sanar os erros cometidos no passado e evitar problemas futuros é como se estivessem cavando um buraco embaixo dos próprios pés!

15.5 Considerações conclusivas

O ensino de Teoria, sem prejuízo das considerações de perfeição formal que pode encerrar, tem a finalidade, no contexto do curso de Contabilidade, de ajudar o aluno a entender não apenas "como fazer", mas "por que é feito assim" ou "se não deveria ser feito diferente". Além do mais, uma Teoria deve ser capaz de aumentar o poder preditivo, pelo maior entendimento do "porquê" dos que a estudaram. Embora não se possa negar o caráter predominantemente normativo do trabalho, em várias oportunidades alertamos para a perspectiva de outras abordagens e visualizações da Contabilidade. Juntas, e fertilizadas as abordagens pelo espírito crítico e criativo do pesquisador, podem nos conduzir, num futuro não remoto, ao entendimento do que a Contabilidade é ou pode vir a ser.

Resumo

Este capítulo teve por objetivo apresentar, baseado na experiência como profissional e professor deste autor, uma análise de certas tendências, algumas ainda não perfeitamente delineadas da Contabilidade, à luz da evolução de nossa sociedade tecnológica, e apontar quais os desafios do século XXI em Contabilidade. Passamos pelo debate da realidade de computadores, os robôs, a internet e o *big data*, concluindo que as mudanças exigirão novas posturas por parte dos contadores e auditores sobre os controles e sobre a avaliação de desempenho. Os métodos quantitativos serão úteis para a solução de problemas empresariais e sua adoção de forma inteligente e criteriosa na Contabilidade abrirá novos horizontes e conferirá uma força nunca vista à disciplina, pois estaremos respondendo à melhor utilização que se pode fazer dos dados contábeis, ou seja, um instrumento informativo projetado para o futuro.

Da mesma forma, analisamos o debate da inclusão da Contabilidade Gerencial em uma teoria mais abrangente da Contabilidade. Abordamos as oportunidades abertas pelo advento da harmonização com as normas internacionais ocorrida em 2007. E, ainda, as perspectivas sobre o *fair value* e o Relato Integrado, evidenciando que a Contabilidade está em franco desenvolvimento.

Questionário

1. Faça uma análise sobre a influência da tecnologia na Contabilidade. Você acha que haverá necessidade de uma mudança de postura dos profissionais?

2. Pesquise em outras fontes sobre inteligência artificial e *big data*. Escreva um texto sobre suas conclusões e qual será o impacto para a profissão contábil.

3. Explique a aplicação de métodos quantitativos na solução de problemas empresariais.

4. Explique por que o estudo dos métodos quantitativos aplicados à Contabilidade tem capacidade preditiva.

5. Quais serão as grandes oportunidades para a profissão contábil no futuro?

6. Comente sobre a Contabilidade Gerencial. Você concorda que ela deveria ser englobada em uma teoria mais abrangente da Contabilidade? Se sim, por quê?

7. Explique, de forma resumida, as mudanças ocorridas nas normas contábeis em 2007.

8. Você acredita que as práticas contábeis melhoraram em razão da modificação das normas?

9. Explique o *fair value*.

10. Comente sobre Relato Integrado e por que ele vem ganhando visibilidade no mundo e, em especial, no Brasil.

Unidade III (Especial)

Teoria da Correção Monetária Contábil

16

A Contabilidade em Face das Flutuações de Preços – Conceitos Gerais

Objetivos de Aprendizagem

Neste capítulo, você aprenderá:
- A flutuação de preços e seus impactos para a Contabilidade.
- As várias abordagens de correção.

16.1 Observações introdutórias

Esta unidade, de grande importância para o contexto histórico da Contabilidade, representa um resumo, em alguns casos, e uma ampliação de nossos trabalhos, em outros.[1]

Outros trabalhos, nossos e de outros autores, assim como os desenvolvidos mais recentemente, são levados em conta. Por se tratar de *teoria da correção monetária*, a abordagem é muito mais ampla do que qualquer abordagem existente na Lei das Sociedades por Ações ou nas normas do Imposto sobre a Renda. Entretanto, um perfeito entendimento da teoria geral da correção monetária, além de colocar o estudioso em um nível atualizado de conhecimento da disciplina, permite atender melhor e apreciar as abordagens parciais legais, fiscais ou da CVM. Estas, no que se refere à correção monetária, serão ligeiramente comentadas em anexo especial.

De forma alguma deve ser entendido que esta unidade esgote o assunto da correção monetária, principalmente em suas aplicações práticas mais detalhadas. Será, todavia, um estímulo para obras futuras específicas e mais analíticas.

---

[1] IUDÍCIBUS, Sérgio de. *Contribuição à teoria dos ajustamentos contábeis*. 1966. Tese (Doutoramento). São Paulo: FEA-USP. Do mesmo autor, *Aspectos da avaliação de estoques a preços correntes*. Tese (livre-docência). 1968. São Paulo: FEA-USP. Esta Unidade III é de leitura facultativa, embora desejável.

16.2 A Contabilidade e as flutuações de preços

Os agentes econômicos, os usuários externos e internos da informação contábil que se utilizam dos relatórios contábeis em suas tomadas de decisões desejam uma relevância cada vez maior das informações contábeis, no sentido de que reproduzam com a maior fidelidade possível a realidade empresarial.

Esta realidade se exterioriza, a par de outras manifestações e eventos, por meio de contínuas flutuações de preços de bens e serviços, devidas, de um lado, a causas puramente monetárias e, de outro, a fatores estruturais, tais como mudanças nos gostos dos consumidores, na tecnologia, nas escalas de oferta e procura dos bens e serviços, em uma economia de concorrência imperfeita.

Como vimos até o presente momento, o núcleo da doutrina contábil ainda vigente está estruturado em torno dos denominados "princípios contábeis geralmente aceitos", baseados em premissas conservadoras, e a maior parte deles é originária de épocas remotas, em que não se sentia o problema das variações de preços de forma intensa como tem ocorrido nos últimos cinquenta anos, pelo menos na maioria dos países importantes do mundo ocidental civilizado, ou, ao senti-lo da mesma forma e intensidade que hoje, não se dispunha de meios para expressar o problema em termos de propostas concretas de solução. Poderíamos afirmar que a Contabilidade se amoldaria quase perfeitamente dentro dos princípios geralmente aceitos, se não houvesse flutuações de preços na economia e se o futuro fosse perfeitamente previsível. Todavia, como as condições econômicas reais são sensivelmente diferenciadas das que serviram de inspiração inicial para a doutrina contábil tradicional, os contadores, profissionais e estudiosos acham-se em um impasse: ao aplicarem rigorosamente os princípios geralmente aceitos poderão produzir relatórios contábeis de pouca relevância, pelo menos sob alguns aspectos; ao utilizarem-se de outros critérios de avaliação para tornar os demonstrativos mais relevantes, estarão correndo o risco de serem considerados revisionistas, desobedientes aos princípios geralmente aceitos, e terão seus trabalhos severamente questionados pela profissão estabelecida e representada em associações e institutos. Na verdade, não existe uma resposta fácil para este dilema. O contador praticante, a fim de ver validados seus procedimentos, ainda deverá obedecer aos princípios geralmente aceitos de Contabilidade, utilizando-se, quando existirem, das normas legais ou fiscais de correção monetária, mesmo que parciais ou abrangendo apenas alguns grupos contábeis. Ainda assim, deverá estar em condições, se interrogado, de depurar dos relatórios contábeis as flutuações de preços e a inflação (ou deflação) e apresentar para o usuário da informação contábil, pelo menos para efeitos gerenciais, uma visão mais atualizada do resultado empresarial e de seus efeitos no balanço.

Não se julgue que o único problema, em nível teórico, a ser enfrentado sob o tópico geral de flutuações de preços, seja constituído pela correção monetária em um sentido restrito, isto é, uma mera homogeneização dos demonstrativos contábeis de várias datas a um único denominador comum monetário de uma data escolhida como base. Esta é apenas uma das abordagens que pode ser tomada isolada ou conjuntamente com outras. Trataremos de três grandes abordagens principais: 1. correção de demonstrativos pelas variações do poder aquisitivo médio geral da moeda (medido por um índice geral de preços ou por um índice de flutuações do poder aquisitivo da moeda para a entidade em si, dentro de sua escala de oferta e procura de bens e serviços); 2. correção dos demonstrativos contábeis aos custos de reposição específicos de ativos e passivos (e consequentemente de receitas e despesas), segundo várias fórmulas possíveis; e 3. correção por uma conjugação das duas técnicas citadas, o modelo possivelmente mais completo. Não trataremos, entretanto, senão de passagem, de correções a valores de saída, visto não serem estes, usualmente, de interesse imediato da Contabilidade, na continuidade das operações, pela teoria dominante. Mais recentemente, as empresas têm feito os registros contábeis, além de em reais, numa moeda de conta mais estável.

16.3 As várias abordagens de correção, num modelo simplificado

Um exemplo com balanço e operações simplificadas fornece a melhor forma de entender, em sentido amplo, a diferenciação de abordagens. Certa entidade inicia suas operações, em t_0, com um capital de $ 100,00 aplicado em disponibilidades. Em t_0, ainda, adquire um bem tangível (poderia ser uma mercadoria) por $ 50,00. O índice geral de preços, em t_0, era supostamente igual a 100 (índice 100). Em um momento t_1 subsequente verifica-se que, para adquirirmos o mesmo bem, precisaríamos desembolsar $ 60,00 que, portanto, é o preço de reposição do ativo em t_1. Em t_1, o índice geral de preços (o mesmo tipo utilizado em t_0) é supostamente igual a 110 (isto significa que entre t_0 e t_1 houve uma perda de poder aquisitivo da moeda de 10%, em termos de t_1). Em t_2, metade do lote físico correspondente ao ativo anteriormente adquirido na totalidade por $ 50,00 é vendido por $ 40,00. Se fôssemos adquirir novamente em t_2 todo o lote original, deveríamos desembolsar $ 80,00. Por outro lado, o índice geral de preços acusava, em t_2, 120. De que forma poderíamos representar, nos balanços e nos demonstrativos de resultados, os efeitos das operações e dos eventos ocorridos? Para comparação, iniciaremos o raciocínio com a aplicação dos princípios contábeis geralmente aceitos, isto é, admitindo-se o custo histórico como base de valor e o princípio da realização da receita.

BALANÇOS PELA CONTABILIDADE ORTODOXA	Em t_0	Em t_1	Em t_2
Ativo			
Disponibilidades	$ 50,00	$ 50,00	$ 90,00
Ativo não monetário (ex.: mercadorias)	$ 50,00	$ 50,00	$ 25,00
	$ 100,00	$ 100,00	$ 115,00
Patrimônio líquido			
Capital	$ 100,00	$ 100,00	$ 100,00
Lucros acumulados			$ 15,00
			$ 115,00

O resultado do período t_0 a t_1 seria nulo. O resultado do período t_1 a t_2 seria um lucro de $ 15,00. O resultado do período t_0 a t_2 seria um lucro de $ 15,00.

Isto é decorrente do fato de a Contabilidade ortodoxa não reconhecer flutuações específicas nos preços dos ativos (enquanto permanecem estocados) nem, usualmente, flutuações do poder aquisitivo da moeda. Por outro lado, o resultado é reconhecido quando o bem é transferido (usualmente) pela venda a um agente do mercado. O lucro contábil ortodoxo é, assim, um lucro realizado (derivante de receitas menos despesas ou de ganhos e perdas algebricamente considerados).

Que aconteceria, entretanto, se levássemos em conta as flutuações do poder aquisitivo médio da moeda (sem considerar as flutuações dos preços de reposição), isoladamente? Antes de mais nada, deveríamos escolher uma data-base para homogeneização monetária. Escolhendo t_2, devemos formar os coeficientes de inflação, que são os seguintes: a) para eventos de t_0 em termos de t_2 = 120/100 = 1,2; b) para eventos de t_1 em termos de t_2 = 120/110 = 1,09; c) para eventos de t_2 em termos de t_2 = 120/120 = 1,00.

O resultado do período t_0 a t_1 seria um prejuízo de $ 5,50; o resultado do período t_1 a t_2 seria um lucro de $ 5,50; o resultado do período t_0 a t_2 seria nulo. Como se explicariam tais resultados?

BALANÇOS CORRIGIDOS PELA FLUTUAÇÃO DO PODER AQUISITIVO MÉDIO DA MOEDA EM TERMOS DE t_2			
	Em t_0	Em t_1	Em t_2
Ativo			
Disponibilidades	$ 60,00	$ 54,50	$ 90,00
Mercadorias	$ 60,00	$ 60,00	$ 30,00
	$ 120,00	$ 114,50	$ 120,00
Patrimônio líquido			
Capital	$ 120,00	$ 120,00	$ 120,00
Lucros (prejuízos) acumulados[2]	$ 0,00	($ 5,50)	$ 0,00
	$ 120,00	$ 114,50	$ 120,00

A empresa teve um prejuízo de $ 5,50 entre t_0 e t_1. Este último é explicado apenas por ter deixado à empresa $ 50,00 de disponibilidades ociosas entre t_0 e t_1, já que não houve operações no período. A taxa de inflação do período t_0 a t_1, diferença entre dois coeficientes, é de (120/100 – 120/110) = (1,2 – 1,09) = 0,11, ou 11%. Se multiplicarmos $ 50,00 por 0,11, obteremos exatamente $ 5,50, que é o montante do prejuízo obtido.

Como se explicaria, então, o lucro de $ 5,50 no período t_1 a t_2? Vendemos em t_2 uma mercadoria por $ 40,00 cujo equivalente lote físico havia custado, em t_0, $ 25,00. Já estão corrigidos $ 40,00, em termos de t_2, pois a venda ocorreu exatamente em t_2. O custo, por outro lado, de $ 25,00, é oriundo de um gasto ocorrido em t_0, quando o índice geral de preços era 100. Expressando-se os $ 25,00 em termos de poder aquisitivo de t_2, obtemos: $ 25,00 × 1,20 = $ 30,00. O lucro na operação, portanto, é de $ 10,00. Como explicar o lucro líquido final de apenas $ 5,50? Acontece que a empresa manteve ociosos, mais uma vez, $ 50,00 de disponibilidade de t_1 a t_2. A taxa de inflação de t_1 a t_2 em termos de t_2 = (120/110 – 120/120) = (1,09 – 1,00) = 0,09 ou 9%. Multiplicando-se $ 50,00 por 0,09 obtemos $ 4,50, que constitui, obviamente, uma perda. Subtraindo-se os $ 4,50 do lucro na operação de venda, de $ 10,00, obtemos um lucro líquido corrigido de $ 5,50, conforme apontado pela diferença entre patrimônios líquidos.

É claro que, tendo obtido um prejuízo líquido de $ 5,50 no período t_0 a t_1 e um lucro líquido no mesmo valor no período t_1 a t_2, o resultado do período todo, isto é, t_0 a t_2, é nulo em seu total.

Ao corrigirmos os balanços, nada mais fizemos que expressar os saldos das várias contas em termos do poder aquisitivo da data-base escolhida, isto é, de t_2. Entretanto, temos dois tipos diferenciados de ativos: o primeiro, disponibilidades, é denominado "item monetário". Por definição, é um valor corrente em cada data. Basta, assim, multiplicar sua expressão monetária por 1,20, o saldo em t_0; por 1,09 o saldo em t_1 ($ 50,00 × 1,09 = $ 54,50); por 1,00, o saldo em t_2, lembrando-nos de que, exatamente em t_2, entraram mais $ 40,00, em caixa derivantes da venda. Obtemos, assim, os valores de $ 60,00, $ 54,50 e $ 90,00, respectivamente, para t_0, t_1 e t_2.

Mercadorias, por outro lado (o segundo item, não monetário), é suscetível de uma variação intrínseca de valor (o custo de reposição ou o valor de mercado pode ser diferente do valor histórico) e, portanto, não é um item monetário (itens expressos em quantias fixas e determinadas), e seu saldo deverá ser corrigido de acordo com as datas originais de aquisição. Assim, o estoque de $ 50,00, tendo sido adquirido em t_0, é corrigido pelo coeficiente 1,2, resultando em $ 60,00. Em t_1, temos o mesmo estoque de $ 50,00 em valores históricos. Neste caso, todavia, não multiplicaremos $ 50,00 por 1,09 (como no caso de disponibilidades), mas conservaremos os mesmos $ 60,00, já que o critério de correção geral para os itens não monetários é pela data de sua incorporação. Assim, o estoque de $ 50,00 de t_1 é o mesmo lote de mercadorias adquirido em t_0. Em t_2, o valor histórico da mercadoria re-

---

[2] Ou ganhos (perdas) acumulados.

manescente após a venda seria de $ 25,00. Entretanto, como a aquisição do lote original data de t_0, os $ 25,00 serão corrigidos por 1,20, resultando em $ 30,00, conforme consta do balanço corrigido. Nota-se, assim, que podemos perfeitamente chegar ao resultado líquido correto por simples diferença entre patrimônios corrigidos (ajustando-se pelas variações de capital e pelas distribuições de resultados que, no caso, não ocorreram). Entretanto, os resultados finais, principalmente em casos complexos, ficam mais ou menos englobados e podem dissimular vários resultados positivos e negativos somados algebricamente. No período t_1 a t_2, ocorreu exatamente isso. Na verdade, tivemos um lucro de $ 10,00 na operação de venda e uma perda de $ 4,50 pela manutenção de saldo ocioso em disponível. Este fato fica mais claro ao corrigirmos os demonstrativos de resultados:

DEMONSTRATIVOS DE RESULTADOS CORRIGIDOS PELA FLUTUAÇÃO DO PODER AQUISITIVO MÉDIO DA MOEDA, EM TERMOS DE t_2			
	Período t_0 a t_1	Período t_1 a t_2	Período t_0 a t_2
Venda	–	$ 40,00	$ 40,00
(–) Custo das vendas	–	$ 30,00	$ 30,00
= Resultado em vendas	–	$ 10,00	$ 10,00
(–) Perdas pela manutenção de disponibilidades	($ 5,50)	($ 4,50)	($ 10,00)
= Resultado líquido	($ 5,50)	$ 5,50	$ 0,00

Verifica-se que o resultado líquido final do período t_0 a t_2 é a simples diferença entre o patrimônio líquido final corrigido, $ 120,00, menos o inicial também corrigido, isto é, $ 100,00 × 1,20 = $ 120,00. Não houve, é claro, nem lucro nem prejuízo, pois o patrimônio líquido inicial em termos corrigidos é exatamente igual ao final. Conseguimos, apenas, manter o patrimônio líquido inicial inalterado em seu poder aquisitivo em termos de moeda de t_2.

Nota-se, todavia, que, ao corrigir os estoques de mercadorias (e seus custos, transferidos para despesa pela venda) atribuímo-lhes a variação do poder aquisitivo médio da moeda. É muito provável, entretanto, que as mercadorias tenham uma variação específica em grau diferente da variação do índice geral de preços. Se quisermos retratar esta última filosofia de valor, entraremos na teoria do custo corrente. Vejamos como se apresentariam os balanços:

BALANÇOS EM TERMOS DE CUSTOS CORRENTES t_2 (sem consideração da variação do poder aquisitivo médio da moeda)			
	Em t_0	Em t_1	Em t_2
Ativo			
Disponibilidades	$ 50,00	$ 50,00	$ 90,00
Mercadorias	$ 50,00	$ 60,00	$ 40,00
	$ 100,00	$ 110,00	$ 130,00
Patrimônio líquido			
Capital	$ 100,00	$ 100,00	$ 100,00
"Excesso"		$ 10,00	$ 30,00
	$ 100,00	$ 110,00	$ 130,00

O resultado do período t_0 a t_1 seria de $ 10,00. O resultado do período t_1 a t_2 seria de $ 20,00, e o resultado do período t_0 a t_2 seria de $ 30,00.

O que denominamos "excesso" de $ 10,00 entre t_0 e t_1 é apenas o resultado da variação do preço específico das mercadorias, de $ 50,00 para $ 60,00. Na filosofia do custo corrente, reconhecem-se economicamente como ganhos valorizações de ativos, enquanto permanecem não vendidos, o que contraria o princípio geral da realização (de receitas e de ganhos). Na terminologia clássica, os $ 10,00 seriam uma *economia de custo não realizada*. (As diferenças de valor de outros ativos não sujeitos usualmente à venda seriam um *ganho de capital não realizado* – ou realizável.) Trata-se, de qualquer maneira, de *uma valorização de estoque* não realizada (no sentido de que não se materializou pela venda). Vamos denominá-la, genericamente, *ganho não realizado*. A explicação para tal ganho é, como vimos, simples. Todavia, como explicar o "excesso" de $ 30,00 em t_2? Note-se que, se não tivéssemos vendido metade do estoque, ainda assim o balanço corrente em t_2 apontaria um patrimônio líquido de $ 130,00 ($ 50,00 de caixa mais $ 80,00, valor corrente, em t_2, de todo o lote de mercadoria). Como explicar, então, o lucro líquido de $ 20,00 entre t_1 e t_2 ($ 130,00 – $ 110,00 ou $ 30,00 – 10,00)?

Analise o quadro a seguir:

	Vendas	$ 40,00
(–)	Custo corrente da reposição das vendas (50% de $ 80,00)	$ 40,00
=	Resultado corrente em vendas (operacional)	$ 0,00
(+)	Ganho realizado pela venda ($ 40,00 – $ 25,00)	$ 15,00[3]
=	Lucro realizado	$ 15,00
+	Acréscimo de ganhos não realizados ($ 15,00 – $ 10,00)	$ 5,00[4]
=	Lucro corrente do período t_1 a t_2	$ 20,00

Verifique-se que, da economia realizada pela venda de $ 15,00, $ 5,00 foram gerados no período t_0 a t_1 (o valor do estoque total variou de $ 50,00 para $ 60,00; vendendo metade de t_2, *realizamos* $ 5,00). Os $ 10,00 restantes foram *gerados e* realizados no período t_1 a t_2 (o estoque total variou de $ 60,00 para $ 80,00; pela venda de metade, *realizamos* $ 10,00). Por definição, a economia realizada em um período é igual ao custo corrente de venda menos o custo histórico.

Por outro lado, no estoque de *ganhos não realizados* ficaram $ 10,00 gerados em t_1 a t_2, e os restantes $ 5,00 remanescentes de t_0 a t_1. O total seria igual a $ 15,00, em t_2. Como o valor em t_1 é de $ 10,00, houve um acréscimo no estoque de ganhos não realizados de ($ 15,00 – 10,00) = $ 5,00.

Observe-se que atribuímos, como custo corrente das vendas, um valor definido instantaneamente em t_2 (50% de $ 80,00, preço de reposição do estoque total em t_2). Poderíamos, em outra variante, definir como custo corrente um valor médio de período; neste caso, obteríamos: $\frac{\$ 40,00 + \$ 30,00}{2} = \$ 35,00$.

Isto seria mais correto se as vendas também se tivessem verificado uniformemente durante o período t_1 a t_2. Como ocorreram exatamente no momento t_2, o custo de reposição em t_2 é mais consentâneo, como "confronto".

O *lucro realizado* do demonstrativo corrente é igual ao lucro líquido histórico. Nem poderia ser diferente, pois o conceito de lucro histórico é o de lucro realizado. A grande vantagem analítica do conceito

---

[3] Este valor é realizado pela venda, isto é, o ganho (ou economia de custo) realizado por termos adquirido a mercadoria quando custava $ 25,00 (em t_0) em vez de adquiri-la quando a vendemos, caso em que precisaríamos de $ 40,00.

[4] Este valor também é obtido, de forma mais completa, da seguinte maneira: (valor corrente do estoque em t_2 menos correspondente valor histórico) *menos* (valor corrente do estoque em t_1 menos correspondente valor histórico) = ($ 40,00 – $ 25,00) – ($ 60,00 – $ 50,00) = $ 40,00 – $ 25,00 – $ 60,00 + $ 50,00 = $ 5,00.

corrente é separar o ganho propriamente operacional (diferença entre valores correntes de vendas e valores correntes de custos dos insumos vendidos) do resultado da parte realizada apenas por uma variação de valor, enquanto o bem permaneceu estocado. E, ainda, adicionar ao resultado a variação líquida, de um período a outro, no montante dos ganhos ainda não realizados. Note que uma forma mais resumida de apresentar o demonstrativo para o período t_1 a t_2 seria:

	Vendas	$ 40,00
(–)	Custo corrente das vendas	$ 40,00
=	Lucro operacional corrente em vendas	$ 0,00
(+)	Ganhos de estocagem	
	Totais (realizados ou não): ($ 80,00 – $ 60,00)	$ 20,00
=	Lucro líquido corrente	$ 20,00

Embora correto de maneira global, falha a evidenciação informativa desse demonstrativo, pois não saberíamos qual a base de distribuição de resultados, caso fosse necessária. na verdade, dos $ 20,00, $ 15,00 já foram realizados pela venda e, levando-se em conta as possibilidades financeiras e os custos de reposição da mercadoria vendida, poderiam, para alguns estudiosos, ser levados em conta para distribuição (não quer dizer que seriam necessariamente distribuídos, mas poderiam ser levados em conta como base de cálculo). Entretanto, tudo dependerá da posição de caixa, das flutuações futuras, previstas nos preços das mercadorias a serem repostas (se esperamos novos acréscimos nos custos de reposição, deveremos deixar recursos para renovar o estoque) e das variações dos índices gerais de preços, fato que não foi levado em conta no modelo de custo corrente visto até aqui.

É exatamente a não consideração da variação do poder aquisitivo da moeda entre os períodos que torna falha ou não completa esta abordagem do custo corrente, apesar da grande inovação em termos de evidenciação de resultados. Os balanços correntes em cada data não são comparáveis por não termos considerado o efeito residual da inflação. Vejamos como se desdobraria o terceiro modelo, mais complexo e mais correto (antes, porém, realizemos o demonstrativo corrente para o período t_0 a t_2):

DEMONSTRATIVO CORRENTE DE RESULTADO PARA O PERÍODO t_0 a t_2	
Vendas	$ 40,00
(–) Custo corrente das vendas	$ 40,00
= Lucro operacional corrente	$ 0,00
+ Ganho realizado pela venda	$ 15,00
= Lucro realizado	$ 15,00
(+) Acréscimo no estoque de ganhos não realizados ($ 40,00 – $ 25,00) – ($ 50,00 – $ 50,00)	$ 15,00
= Lucro líquido corrente	$ 30,00

É claro que, da valorização total do estoque, de $ 30,00 ($ 80,00 – $ 50,00), $ 15,00 foram realizados pela venda e $ 15,00 permaneceram não realizados. Como o valor dos ganhos não realizados em t_0 (instantaneamente definidos) é zero (o valor histórico na data da transação é igual ao valor corrente), o acréscimo ocorrido no período t_0 a t_2 é igual ao ganho não realizado total em t_2, isto é, de $ 15,00, ou definido completamente, conforme o demonstrativo supra: ($ 40,00 – $ 25,00) – ($ 50,00 – $ 50,00) = $ 15,00.

Para uma análise mais completa, deveríamos identificar as datas ou os períodos de formação dos ganhos:

1. *realizados:* $ 5,00 formados em t_0 a t_1

    $ 10,00 formados em t_1 a t_2

2. *não realizados:* $ 5,00 formados em t_0 a t_1

    $ 10,00 formados em t_1 a t_2

3. *resumo:* $ 10,00 formados em t_0 a t_1 ($ 60,00 – $ 50,00)

    $ 20,00 formados em t_1 a t_2 ($ 80,00 – $ 60,00)

Vejamos agora como se desdobrariam os demonstrativos duplamente corrigidos: pelas variações do índice geral de preços e pelas variações de preços específicos.

BALANÇOS EM TERMOS CORRENTES
(levando em conta as variações do poder aquisitivo médio da moeda – data-base: t_2)

	Em t_0	Em t_1	Em t_2
Ativo			
Disponibilidades	$ 60,00	$ 54,50	$ 90,00
Mercadorias	$ 60,00	$ 65,40	$ 40,00
	$ 120,00	$ 119,90	$ 130,00
	Em t_0	Em t_1	Em t_2
Patrimônio líquido			
Capital e "excesso"	$ 120,00	$ 119,90	$ 130,00

O resultado corrente corrigido ou "real" seria, para t_0 a t_1, de $ 0,10, prejuízo; e, para t_1 a t_2, $ 10,10, lucro. O resultado para o período t_0 a t_2 é de $ 10,00, positivo.

Por enquanto, não separamos, no patrimônio líquido, o capital do "excesso" (lucro ou prejuízo), porque não é fácil ou viável calcular qual seria o valor "corrente" do capital em cada data de balanço.

Entretanto, daremos uma explicação detalhada mais adiante. Como se pode notar, a técnica de correção de balanços correntes (tomamos, como base para correção, os balanços correntes anteriores e aplicamos a seu saldo apenas o coeficiente para expressá-lo em termos de moeda de poder aquisitivo de t_2) é simples. Por exemplo, o saldo de mercadorias de $ 50,00 em t_0 já é um valor corrente. Para transformá-lo em termos de t_2, basta multiplicá-lo por 1,20. O saldo de $ 60,00 de mercadorias em t_1 também é um valor corrente. Basta multiplicá-lo por 1,09. O saldo em t_2, de $ 40,00, já é corrente, e não precisa de correção. Observe-se a diferença da técnica aqui empregada para aplicação do índice geral de preços do exemplo em que aplicávamos o índice geral aos valores históricos. O coeficiente pelo qual multiplicávamos o estoque de mercadorias era sempre 1,20, pois o estoque havia sido adquirido em t_0, e os saldos constantes em t_1 e t_2 eram sobras daquele lote inicialmente adquirido em t_0.

RESUMO DA DIFERENÇA DE TRATAMENTO

	Em t_0	Em t_1	Em t_2
• Estoque histórico corrigido	$ 50,00 × 1,20	$ 50,00 × 1,20	$ 25,00 × 1,20
• Estoque corrente corrigido	$ 50,00 × 1,20	$ 60,00 × 1,09	$ 40,00 × 1,00

Cap. 16 • A Contabilidade em Face das Flutuações de Preços – Conceitos Gerais   211

Como os valores dos estoques, na hipótese de custo corrente, já estão atualizados ao nível monetário, de *cada data*, basta apenas, para torná-los comparáveis, traduzi-los monetariamente em termos de t_2. Para isso, basta multiplicar os saldos pelo coeficiente de cada ano.

Quanto às disponibilidades, os valores correntes corrigidos são iguais aos históricos corrigidos, pois, por definição, no caso de itens monetários, os valores históricos são iguais aos correntes.

É claro que, mesmo no modelo histórico corrigido, se adquiríssemos mais mercadorias, digamos em t_1, e uma parcela destas estivesse ainda incluída no estoque de t_2, corrigiríamos pelo coeficiente de t_1 em termos de t_2.

Vamos agora corrigir os demonstrativos correntes apresentados anteriormente. A finalidade é chegarmos a um lucro corrente corrigido ou "real".

	Período $t_{1\,a\,t2}$
Vendas	$ 40,00 × 1,00 = $ 40,00
(–) Custo corrente corrigido das mercadorias vendidas	$ 40,00 × 1,00 = $ 40,00
= Resultado corrente corrigido em vendas (operacional)	$ 0,00
+ Ganho (economia) realizado pela venda ($ 40,00 × 1,00 – $ 25,00 × 1,20) =	$ 10,00
= Lucro realizado	$ 10,00
+ Acréscimo de ganhos não realizados ($ 40,00 × 1,00 – $ 25,00 × 1,20) – ($ 60,00 × 1,09 – $ 50,00 × 1,20) =	$ 4,60
(–) Perdas pela manutenção de disponibilidades ociosas entre t1 e t2 $ 50,00 × (1,09 – 1,00) =	($ 4,50)
= Resultado líquido corrente corrigido	$ 10,10

Verifica-se que o demonstrativo corrente corrigido nada mais é que o demonstrativo corrente, multiplicando-se os saldos pelos coeficientes das datas de suas formações e adicionando o resultado das perdas ou ganhos pela manutenção de *disponibilidades ociosas* (ou *itens monetários ociosos*), elemento que não aparece no demonstrativo de resultados histórico (nem no corrente), mas aparece no *histórico corrigido* e no *corrente corrigido*.

Analisemos cada um dos itens do demonstrativo corrente corrigido:

a) *vendas e custo das vendas*. Por estarem ambos expressos em termos correntes de t_2 (exatamente de t_2), não existe necessidade de corrigi-los. Se vendas e custo das vendas representassem valores correntes médios de período (por definição, as vendas nominais de um período são iguais às vendas correntes), deveriam ser corrigidos pelo coeficiente de meio de período de preços, se quisermos levar os valores para o último dia do período;

b) *ganho (economia) de custo realizado pela venda*. Sendo tal item, por definição (e por intuição), a diferença entre o valor corrente dos insumos transferidos via venda e seu valor histórico, se quisermos aplicar o índice geral de preços (efeito residual da inflação), basta multiplicar os valores pelos coeficientes respectivos. Assim, $ 40,00 é o valor corrente em t_2 e está atualizado monetariamente; $ 25,00 são oriundos de t_0 e deverão ser corrigidos por 1,20;

c) *acréscimo (decréscimo) de ganhos não realizados*. Aqui vale o mesmo princípio. É importante desdobrar o valor final de tais ganhos (ou perdas) em todos os seus elementos componentes. Assim, sabemos que o acréscimo (ou decréscimo) de ganhos (ou perdas) não realizadas entre t_1 e t_2 é exatamente a diferença do valor estático de tais saldos em t_2 e t_1, subtraindo t_1 de t_2. Em t_2, tal valor é de $ 15,00. Formado, todavia, por $ 40,00 (já atualizados) e $ 25,00 (multiplicados por 1,20). Os ganhos não realizados em t_1, por seu lado, são de $ 10,00. Derivam da diferença entre o valor de reposição na data ($ 60,00) e o valor histórico na mesma data ($ 50,00). O primeiro, para ser expresso em termos monetários de t_2, basta ser multiplicado por 1,09 (coeficiente de t_1 em t_2). O segundo, por ser formado em t_0, será multiplicado por 1,20;

d) *perdas pela manutenção de disponibilidades ociosas entre t_1 e t_2*. Neste item, o cálculo é exatamente o mesmo do conceito histórico corrigido. Representa quanto perdemos, em termos de poder aquisitivo, por termos deixado $ 50,00 ociosos de t_1 a t_2. A taxa de inflação no período considerado é de 9%. Assim, perdemos 0,09 × $ 50,00 = $ 4,50 de poder aquisitivo (em termos de t_2). Note-se que nada perdemos sobre a entrada adicional de caixa de $ 40,00 (pela venda) por ter esta ocorrido apenas no último dia do período (exatamente em t_2), não tendo permanecido ocioso o saldo de t_1 a t_2.

Entretanto, é preciso calcularmos o resultado corrente corrigido para o período t_0 a t_1. Neste período, acontece apenas (aparentemente) a valorização corrente do estoque para formar o resultado. Esta valorização é igual a $ 10,00, resultante da diferença de $ 60,00 (valor de reposição do estoque em t_1) e $ 50,00 (valor histórico na mesma data). Corrigindo-se cada valor, chegamos a $ 60,00 × 1,09 = $ 65,40; $ 50,00 × 1,20 = $ 60,00; $ 65,40 – $ 60,00 = $ 5,40. Teríamos um efeito positivo pelo ganho não realizado. Entretanto, é preciso adicionarmos a este resultado, algebricamente, a perda pela manutenção de disponibilidade ociosa que, no período t_0 a t_1, foi de $ 50,00 × (1,20 – 1,09) = 0,11 × $ 50,00 = $ 5,50, como já havíamos visto. Assim, $ 5,40 de resultado positivo menos $ 5,50 de resultado negativo dão o resultado líquido negativo, *já apurado por diferença de patrimônios, de $ 0,10*.

Resta somente apurarmos o resultado corrente corrigido para o período t_0 a t_2. Sabemos que será de $ 10, positivo. Entretanto, vamos apurar esse valor na demonstração corrente corrigida:

DEMONSTRATIVO CORRENTE CORRIGIDO	
	Período t_1 a t_2
	$
Vendas etc., idem $t_1 - t_2$	$
•	
•	
•	
Lucro realizado	$ 10,00
+ Acréscimo de ganhos não realizados ($ 40,00 × 1,00 – $ 25,00 × 1,20) – ($ 50,00 × 1,20 – $ 50,00 × 1,20) =	$ 10,00
(–) Perdas pela manutenção de disponibilidades ociosas $ 50,00 × (1,20 – 1,00) =	($ 10,00)
= Resultado líquido corrente corrigido	$ 10,00

Esse resultado pode ser obtido simplesmente aplicando a diferença global entre patrimônios. O patrimônio líquido corrente em t_2 é de $ 130,00. Este valor já está atualizado monetariamente. O valor do patrimônio líquido corrente em t_0 (o histórico é igual ao corrente no caso) é igual a $ 100,00. Atualizado em termos de t_2, passa para $ 120,00. Logo, ganhamos $ 10,00 no período t_0 a t_2.

Como poderíamos desdobrar, agora, no patrimônio líquido corrente corrigido, o que é capital e o que são lucros ou prejuízos acumulados "reais"? Como o capital é um *fundo de valor*, ele tem a data, para efeito de correção, de suas subscrições e integralização efetivas em dinheiro, direito e bens. Assim, somente se praticaria a correção do capital pelo modelo histórico corrigido e não pelo corrente corrigido.

DETALHAMENTO DO PATRIMÔNIO LÍQUIDO CORRENTE CORRIGIDO			
	Em t_0	Em t_1	Em t_2
Capital	$ 120,00	$ 120,00	$ 120,00
Lucros ou prejuízos acumulados	$ 0,00	($ 0,10)	$ 10,00
	$ 120,00	$ 119,90	$ 130,00

É de interesse elaborar um resumo dos resultados obtidos pelos diferentes conceitos. É o que faremos no quadro a seguir:

RESUMO DE CONCEITOS E RESULTADOS				
				Período t_1 a t_2
	Contabilidade ortodoxa	Contabilidade ao nível geral de preços	Contabilidade a custos correntes	Contabilidade a custos correntes corrigidos ao nível geral de preços
Lucro bruto (operacional) Em vendas	$ 15,00	$ 10,00	$ 0,00	$ 0,00
Lucro realizado	$ 15,00	$ 10,00	$ 15,00	$ 10,00
Lucro líquido	$ 15,00	$ 0,00	$ 30,00	$ 10,00
Lucro "não realizado"*	$ 0,00	($ 10,00)	$ 15,00	$ 0,00

* As perdas com manutenção de disponibilidades também foram consideradas como "não realizadas". A rigor, somente realizaríamos tais ganhos (ou perdas) quando, logo após o fim do período para o qual foram calculados, formos ao mercado adquirir bens e serviços.

Verificam-se paralelismos interessantes:

1. *lucro realizado* pela Contabilidade ortodoxa = *lucro realizado* a custos correntes;
2. *lucro líquido* pela Contabilidade ortodoxa = *lucro realizado* a custos correntes;
3. *lucro realizado* pela Contabilidade ao nível geral de preços = *lucro realizado* pela contabilidade a custos correntes corrigidos ao nível geral de preços;
4. *lucro líquido a custos correntes* = *lucro líquido* pela Contabilidade ortodoxa + *lucro não realizado* a custos correntes;
5. *lucro líquido* a custos correntes corrigidos ao nível geral de preços = *lucro realizado* pela Contabilidade ao nível geral de preços + *lucro não realizado* pela Contabilidade a custos correntes corrigidos ao nível geral de preços.

Se não houvesse itens monetários, o lucro líquido corrente corrigido seria igual ao lucro líquido ao nível geral de preços mais o lucro não realizado da Contabilidade a custos correntes corrigidos.

De fato, não existindo itens monetários, o lucro líquido histórico corrigido seria de $ 10,00. Somando-se a esses $ 10,00 mais $ 10,00 de "lucros não realizados" (não seriam mais iguais a zero, pois não teríamos mais as perdas de $ 10,00), obteríamos um lucro líquido corrente corrigido de $ 20,00.

Se quisermos obter a relação diretamente, teríamos de qualificar:

lucro líquido corrente corrigido = lucro líquido histórico corrigido + lucros (perdas) não realizadas correntes corrigidas (outras que não derivantes de itens monetários).

Note que o leitor foi exposto às mais variadas expressões para representar os vários conceitos utilizados. Na verdade, é para habituá-lo às mais variadas nomenclaturas que são encontradas em textos. Assim:

- Contabilidade ao nível geral de preços ≅ custos históricos corrigidos ≅ demonstrativos corrigidos pelas variações do poder aquisitivo médio da moeda;
- Contabilidade a custos correntes ≅ custos correntes ≅ custos correntes de reposição (na data);
- Contabilidade a custos correntes corrigidos ao nível geral de preços ≅ custos correntes corrigidos.

Resumo

O problema da Contabilidade, face às flutuações de preços, deve ser abordado, pelo menos, sob triplo aspecto: 1. consiste na "depuração" dos relatórios contábeis históricos apenas dos efeitos da variação do poder aquisitivo médio geral da moeda, conforme mensurado por um dos vários índices gerais existentes ou por um índice (sempre geral, todavia) construído para o mercado em que atua a empresa; 2. leva em conta as flutuações específicas nos preços dos ativos e dos passivos, mensuradas por seus custos de reposição nas datas dos balanços e suas consequências nas mensurações de fluxos de períodos; 3. na verdade, as flutuações totais de preços são devidas a fatores monetários e estruturais, cumulativamente. Daí a tentativa de, primeiramente, se reproduzirem os dados contábeis a preços e a custos correntes de cada data para, em seguida, apurar o efeito residual da inflação geral (ou deflação), aplicando-se um homogeneizador monetário por meio de índices gerais de preços. Poderíamos, ainda, avaliar a valores de saída, mas desprezamos esta variante, na continuidade.

Questionário

1. Por que as flutuações de preços impactam os demonstrativos contábeis?
2. Quais os efeitos da manutenção do custo histórico como base de valor em um cenário de inflação? Explique.
3. Explique a correção de balanços pela flutuação do poder aquisitivo médio da moeda.
4. Como fica a Demonstração de Resultado do Exercício corrigido pela flutuação do poder aquisitivo médio da moeda?
5. Explique a correção de balanços em termos de custos correntes.
6. O que acontece quando corrigimos os demonstrativos pelas variações do índice geral de preços e pelas variações de preços específicos?
7. Quais os tratamentos de correção que podem ser aplicados ao estoque e quais as diferenças?
8. Qual o tratamento para correção do Patrimônio Líquido?
9. O que ocorre se houver um cenário de deflação?
10. Explique por que o modelo mais completo de correção é o que combina duas técnicas, quais sejam: (a) correção de demonstrativos por um índice geral de preços ou por um índice de flutuações do poder aquisitivo da moeda para a entidade em si, dentro de sua escala de oferta e procura de bens e serviços, e (b) correção dos demonstrativos contábeis aos custos de reposição específicos de cada ativo e passivo, segundo fórmulas possíveis.

Cap. 16 • A Contabilidade em Face das Flutuações de Preços – Conceitos Gerais   215

Exercícios

Pelas informações fornecidas abaixo, efetue os cálculos necessários e levante quadros análogos aos apresentados no texto, no que se refere aos vários conceitos de lucro: ortodoxo, histórico corrigido, corrente e corrente corrigido.

Posição em 31-12-X

- Capital: $ 150,00
- Caixa: $ 100,00
- Terrenos: $ 50,00 (como integralização de capital).
- Índice geral de preços: 1.320.

Posição e operações em 31-01-X+1

- Compra de mercadorias por $ 80,00, a prazo.
- Índice geral de preços: 1.300.
- Preço de reposição do terreno: $ 51,00.

Posição e operações em 28-02-X+1

- Venda de 1/3 do lote físico de mercadorias por $ 29,00, a vista.
- Índice geral de preços: 1.280.
- Preço de reposição de mercadorias: $ 78,00 (do lote todo).
- Preço de reposição do terreno: $ 55,00.
- Data-base: 28-02-X+1. (para correção)

17

Generalização da Contabilidade ao Nível Geral de Preços

Objetivos de Aprendizagem

Neste capítulo, você aprenderá:
- As consequências da variação no nível geral de preços.
- As consequências dessa variação nos ativos e passivos monetários e como corrigi-los.

17.1 Mudanças no nível geral dos preços

Afirma-se que ocorre uma variação no nível geral de preços como resultado de uma variação no poder aquisitivo da unidade monetária durante um período. Como adequadamente afirma Hendriksen,[1] na ausência de movimentos estruturais ou relativos de preços, todos os preços se moveriam juntamente na mesma porcentagem. Entretanto, se os preços variam a taxas diferentes, é preciso obter uma média ou um índice de preços a fim de expressar o nível geral dos preços correntes com relação a algum período-base.

Assim, a relação entre o índice corrente dos preços e o índice na data-base expressa a mudança relativa dos preços incluídos no índice. Se o índice de preços subiu de 500 para 1.000, os preços teriam dobrado e o poder aquisitivo do real teria diminuído em 50%. Então, a expressão *poder aquisitivo*, como muitas vezes usamos no contexto de nosso trabalho, significa, basicamente, a habilidade de adquirir bens e serviços com certa quantidade de dinheiro comparada com quanto poderíamos ter adquirido, com a mesma quantidade de dinheiro, em uma data anterior.

É necessário compreender que o poder aquisitivo geral refere-se à habilidade de adquirir todos os tipos de bens e serviços disponíveis na economia e é mensurado pelas mudanças no nível geral de preços (por exemplo, o índice geral de preços, coluna 2, conceito disponibilidade interna, publicado pela revista *Conjuntura Econômica*). Por outro lado, poder aquisitivo específico refere-se à habilidade de adquirir bens e serviços específicos em datas específicas. Assim, o poder aquisitivo específico pode ser mensurado por variações em preços específicos. Se determinado equipamento teve, entre t_0 e t_1, seu preço variado de

---

[1] HENDRIKSEN, Eldon S. *Accounting theory*. Homewood: Richard D. Irwin, 1971. p. 203.

$ 100,00 para $ 120,00, dizemos, com toda propriedade, que o preço específico do equipamento aumentou 20%. Hendriksen afirma que entre esses dois extremos existem muitos conceitos intermediários, isto é, concernentes à habilidade para adquirir certos bens e serviços que podem ser adquiridos por grupos específicos de pessoas ou que podem ser utilizados para certas finalidades. Dá como exemplo o índice de preços ao consumidor, que seria adequado para mensurar a mudança média nos preços de uma "cesta de mercadorias" usualmente adquirida por famílias de assalariados. Outro exemplo seria mensurar o poder aquisitivo de empresas no esforço de adquirir os bens e serviços normalmente adquiridos por elas. Consideraremos esse e outros exemplos intermediários como conceitos de poder aquisitivo específico (ou poder aquisitivo para certos grupos) e voltaremos a discutir o assunto.

Certamente, tanto o índice de preços ao consumidor quanto o da empresa para bens que usualmente adquire não deixam de ser *índices gerais*, os quais, contudo, contêm em sua cesta básica de bens e serviços apenas aqueles usualmente utilizados pelos consumidores (assalariados) e pela empresa. Na verdade, *são índices gerais de preços para grupos específicos*, mais do que índices de poder aquisitivo específico.

Usualmente, um conceito de poder aquisitivo geral, mensurado por um índice apropriado, é aconselhável quando a empresa é tão dinâmica que podemos afirmar que ela está continuamente realizando escolhas para investir ou reinvestir seu capital na economia para todos os tipos de bens e serviços.

Uma visão alternativa seria corrigir dados contábeis para as finalidades de seus acionistas. Embora discutível à luz da continuidade, ainda permanece o problema de qual índice mensura melhor o poder aquisitivo médio dos acionistas. Não existe resposta para essa pergunta. Pode-se dizer, todavia, que, usualmente, os acionistas não recaem em classes de baixa renda. Assim, um índice de custo de vida seria talvez inadequado, sendo mais aproximado um índice de preços ao consumidor, mas, mesmo assim, com sérias limitações. É mais provável que a variação do índice geral de preços mensure melhor as variações de poder aquisitivo dos detentores de ações para finalidades de controle (grandes acionistas) do que qualquer outro índice de poder aquisitivo para grupos específicos. De qualquer maneira, à luz da teoria da entidade, não parece ser o poder aquisitivo do acionista o conceito dominante na questão dos índices.

Uma terceira abordagem seria a do *poder aquisitivo de investimentos da empresa*. Este conceito pode, segundo Hendriksen, ser desdobrado em três: (1) habilidade da empresa em reinvestir em uma quantidade igual de bens de investimento em geral; (2) habilidade da empresa em reinvestir em bens de capital geralmente adquiridos por todas as firmas do setor; (3) a habilidade de reinvestir em bens de investimento semelhantes àqueles que adquiriu no passado. Hendriksen considera que a primeira é a melhor para uma economia dinâmica como a dos Estados Unidos e que, para tal finalidade, seria necessário um índice geral de preços de investimentos bastante compreensivo. Portanto, recaímos, de certa forma, no índice geral de preços.

Note que a ênfase dada a poder aquisitivo para bens de investimento não é a mesma coisa que mensurar as variações de poder aquisitivo médio da moeda para determinada empresa ou grupo de empresas. Para este último fim, seria necessário construir cestas de bens e serviços que incluíssem não apenas bens para investimento, mas também bens de consumo. Todos os insumos usualmente utilizados pela empresa ou grupo de empresas em suas atividades produtivas deveriam compor o *índice geral de preços* para o grupo específico. Provavelmente, este é o melhor índice geral de preços a ser utilizado por uma empresa em particular, ou setor. Corresponderia à utilização pelo assalariado (de baixa renda) do índice de custo de vida para deflacionar ou inflacionar seus rendimentos, em vez de utilizar o índice 2 de *Conjuntura Econômica*. Ambos são índices gerais, mas cada um adequado para grupos específicos.

As dificuldades inerentes à utilização de um índice geral de preços para cada empresa ou setor de empresas estão implícitas em problemas de praticabilidade (é preciso estabelecer uma "data-base" razoável antes de se estabelecer o índice interno geral; a conceituação e o cálculo de índice é uma especialização bastante delicada). Por outro lado, é necessário reconhecer que as empresas são muitas vezes altamente dinâmicas, mudando bastante a composição dos bens e serviços normalmente utilizados, reinvestindo seus lucros em outras linhas ou em outras empresas, de forma que não é fácil idealizar, calcular e manter coerentemente um índice geral de preços para determinada empresa ou grupo de empresas. As comparações entre empresas ou grupos de empresas também ficariam dificultadas pela adoção de índices gerais particulares.

Chegamos à conclusão de que, para finalidades da Contabilidade ao nível geral de preços (o próprio nome já indica), algum tipo de índice bastante geral dos preços de bens e serviços de determinada economia seria o mais adequado para refletir: 1. as variações do poder aquisitivo da entidade como um todo; 2. uma aproximação, talvez melhor do que a de outros índices para grupos específicos, das variações do poder aquisitivo dos grupos de acionistas de alta renda. É claro que, para finalidades puramente gerenciais, o espectro de conceitos amplia-se sobremaneira.

17.2 Ativos e passivos monetários (uma reflexão)

Precisamos ser bastante específicos na qualificação do que são ativos e passivos monetários, pois isto terá bastante influência em nosso modelo de correção. Assim, ativos monetários são contas cujos valores estão expressos em uma quantidade fixa de unidades monetárias que representam poder aquisitivo geral. Embora os preços dos bens e serviços e os direitos expressos em certo montante fixo em reais permaneçam invariados, o poder aquisitivo ou a habilidade de convertê-los em bens e serviços é alterada.

Constituem ativos monetários as disponibilidades e os direitos contratuais de receber um montante fixo de dinheiro no futuro, como contas e títulos a receber; constituem ativos monetários, também, investimentos que rendam um valor fixo de juros ou dividendos e que serão resgatados em valor fixo no futuro, embora a data de resgate não precise ser especificada, como no caso de ações preferenciais. O *Accounting Research Study nº 3* sugere que algumas despesas pagas antecipadamente também possam ser classificadas como ativos monetários. Não concordamos com esta opinião, pois os preços, em termos de bens e serviços a serem recebidos no futuro como consequência de pagamento feito hoje, variarão. De qualquer forma, podem tais itens, às vezes, ser considerados monetários, por sua irrelevância com relação ao ativo total, mas não por conceituação.

Por outro lado, passivos monetários referem-se a obrigações de pagar montantes fixos de reais em alguma data futura, sem considerar as flutuações do poder aquisitivo médio da moeda.

Incluem-se também obrigações de pagar certo número fixo de reais, embora o montante exato não seja ainda conhecido com certeza. Passivos monetários incluem contas e títulos a pagar, salários e juros a pagar, obrigações de longo prazo pagáveis em quantias fixas. Receitas recebidas antecipadamente, pelo mesmo motivo que no caso das despesas pagas antecipadamente, não deveriam, conceitualmente, ser consideradas como monetárias. Dívidas conversíveis em capital também não deveriam ser consideradas como passivos monetários porque, havendo uma possibilidade de conversão futura, a obrigação não é cancelada pelo pagamento de certo número fixo de reais. Pode-se considerar, excepcionalmente, monetária esta conta em períodos em que ocorrer séria deflação e se o crescimento no valor das ações ordinárias não cancelar este declínio nos preços.

Estas definições clássicas, em uma economia *indexada*, levam a algumas dúvidas; por exemplo, as dívidas em moeda estrangeira sujeitas à correção pela variação cambial seriam passivos monetários ou não? Os direitos e obrigações que trazem uma cláusula de correção por um índice geral de preços ou por algum outro tipo de mecanismo de correção são monetários ou não?

A rigor, tais itens poderiam parecer não monetários, pois, na verdade, de uma forma ou de outra, estabelecem obrigações (ou direitos) de pagar (ou receber) valores iguais a *certa quantidade fixa de poder aquisitivo* (e não de reais). Entretanto, a questão não é tão óbvia, pois, na data de cada balanço, aquelas contas indexadas representam um montante fixo a pagar ou, melhor dizendo, representam o montante que presumivelmente pagaríamos ou receberíamos na data do balanço, aproximadamente (excetuando-se os descontos). Certa dívida a longo prazo, assumida em dólares, digamos US$ 100, no início do período, que, por hipótese, equivalem a $ 200,00 e a $ 300,00 no fim do período, por efeito da variação cambial aplicável, *é um item monetário ou não*? Vejamos na prática como ficariam os exemplos, se considerássemos como *item monetário* e como *item não monetário*. Suponhamos que o índice geral de preços (interno) no início do período seja de 100 e, no fim, de 180. Suponhamos, ainda, que não tenha havido operações no período, sendo a única despesa a correspondente à variação cambial. Assumiremos duas hipóteses alternativas: 1. o montante do empréstimo permanece em disponibilidade; 2. o montante é investido em um ativo claramente não monetário.

Os balanços históricos são, respectivamente:

a) *deixando os recursos de empréstimo em disponibilidade*:

	Início	Fim
Caixa	$ 200,00	$ 200,00
Dívida	$ 200,00	$ 300,00
Patrimônio líquido	$ 0,00	($ 100,00)

b) *aplicando em item não monetário (por exemplo, terreno)*:

	Início	Fim
Ativo não monetário	$ 200,00	$ 200,00
Dívida	$ 200,00	$ 300,00
Patrimônio líquido	$ 0,00	($ 100,00)

CORREÇÕES

1. *Tratamento como item monetário (da dívida) e recursos no disponível*

	Início em termos de fim	Fim em termos de fim
Caixa	$ 360,00	$ 200,00
Dívida	$ 360,00	$ 300,00
Patrimônio líquido	$ 0,00	($ 100,00)

Prejuízo = $ 100,00

DEMONSTRAÇÃO DE RESULTADOS CORRIGIDA		
• Despesa de variação cambial		($ 100,00)[2]
• Ganhos (perdas) nos itens monetários		
No ativo monetário, perda de	($ 160,00)	
No passivo monetário, ganho de	$ 160,00	$ 0,00
Resultado líquido		($ 100,00)

---

[2] Consideremos no exemplo a variação cambial ocorrida exatamente no último dia do período. Se a considerarmos durante o período, teríamos:

DESPESA DE VARIAÇÃO CAMBIAL

$$\frac{180}{\frac{100+180}{2}} \times \$\,100{,}00 = \$\,129{,}00$$

2. *Tratamento como item não monetário (da dívida) e recursos no disponível*

	Início em termos de fim	Fim em termos de fim
Caixa	$ 360,00	$ 200,00
Dívida	$ 360,00	$ 360,00
Patrimônio líquido	$ 0,00	($ 160,00)

Na verdade é como se, em vez de termos a variação cambial da ordem de 50%, tivéssemos de 80%. De fato, se a variação cambial tivesse seguido a mesma taxa de inflação interna, a correção seria de 80%. Notemos, todavia, que, se pagássemos o empréstimo exatamente no fim (segundo balanço), pagaríamos apenas $ 300,00 (em reais correntes), se tivéssemos disponibilidades suficientes. Acabaríamos tendo, portanto, um prejuízo líquido de apenas $ 100,00, já que daríamos baixa na dívida corrigida de $ 360,00.

Essa diferença é exatamente a diferença porcentual entre a taxa de inflação interna e a variação cambial, multiplicada pela dívida. Assim, 180% – 150% = 30%; $ 200,00 × 30% = $ 60,00.

Note, portanto, que o montante a ser pago em reais, no fim do período, seria de $ 300,00 e não $ 360,00, no fim das contas. Com $ 300,00 poderíamos comprar US$ 100 e resgatar a dívida.

1. *Tratamento como item monetário (da dívida) e recursos em terrenos*

   Aqui aplicamos o produto do empréstimo em terrenos, que não é item monetário.

	Início em termos de fim	Fim em termos de fim
Terrenos	$ 360,00	$ 360,00
Dívida	$ 360,00	$ 300,00
Patrimônio líquido	$ 0,00	$ 60,00

Nesse caso, houve um lucro de $ 60,00, derivado exatamente da diferença entre a taxa interna de inflação e a de variação cambial. Por outro lado, aplicando em terrenos, protegemo-nos, de certa forma, contra a inflação, não perdendo nem ganhando (no esquema *Price Level*).

2. *Tratamento como item não monetário (da dívida) e recursos em terrenos*

	Início em termos de fim	Fim em termos de fim
Terrenos	$ 360,00	$ 360,00
Dívida	$ 360,00	$ 360,00
Patrimônio líquido	$ 0,00	$ 0,00

Teríamos, todavia, um ganho adicional nos itens monetários de $ 29,00, pois os $ 100,00 de variação cambial seriam considerados um acréscimo na conta de passivo monetário durante o período. Ganharíamos nesta conta 29%. Logo, resumindo:

Depesas de variação cambial corrigida		($ 129,00)
Perdas no ativo monetário		($ 160,00)
Ganhos no passivo monetário		
• no saldo inicial	$ 160,00	
• nos acréscimos	$ 29,00	$ 189,00
Resultado líquido		($ 100,00)

É claro, todavia, que, ao resgatar a dívida por $ 300,00, teríamos um ganho de $ 60,00. A situação real poderia, artificial e complicadamente, ser assim apresentada:

Despesa de variação cambial se a dívida fosse corrigida pela inflação interna	($ 160,00)
Redução de despesas pela diferença entre a inflação interna e a taxa de variação cambial	$ 60,00
	($ 100,00)
+ Não ocorrência de perda por não termos aplicado em disponível $ 200,00 × 0,80 =	$ 160,00
= Resultado líquido positivo	$ 60,00

Observando os comportamentos dos vários balanços e resultados, verificamos que estes são aparentemente corretos em seu valor líquido e mais coerentes quando tratarmos a dívida como *item monetário*. Como ficamos então? Na verdade, o número de reais que devemos no fim do período resulta da aplicação da taxa de variação cambial. Isto, entretanto, não tira, a rigor, a característica não monetária, por natureza, da dívida, nestas condições. A representação correta seria da seguinte forma:

	Início em termos de fim		Fim em termos de fim
Terrenos	$ 360,00		$ 360,00
Dívida corrigida pela taxa interna	($ 360,00)	($ 360,00)	
Ganho pela diferença de taxas	–	$ 60,00	($ 300,00)
Patrimônio líquido	$ 0,00		$ 60,00

Assim, no tratamento da dívida com variação cambial como item não monetário, não tem sentido calcularmos *ganhos pela manutenção* da dívida levando a resultados incorretos. Todavia, se a taxa de variação cambial for igual à taxa de inflação interna do real, o tratamento como item não monetário puro levaria a resultados corretos.

A dívida, com o efeito da variação cambial, aumentou de $ 200,00 para $ 300,00. Entretanto, deveria ter aumentado de $ 200,00 para $ 360,00. Logo, tivemos um ganho líquido de $ 60,00.

Verifiquemos, todavia, que, se considerarmos a dívida como item não monetário, não tem sentido calcularmos *ganhos pela manutenção da dívida*, como se fosse item monetário, para comparar com a despesa de variação cambial. A demonstração mais correta seria representar os $ 60,00 como ganho líquido devido à diferença entre a taxa de inflação interna e a de variação cambial (hipoteticamente estabelecidas no exemplo). Por outro lado, quando aplicamos em disponibilidades, o resultado líquido de $ (100) é devido à comparação da perda de $ 160,00 pela ociosidade dos recursos em caixa ($ 0,80 × $ 200,00) com o ganho líquido de $ 60,00 na dívida, conforme também ocorre no último exemplo. Assim, a grande diferença nos resultados reside no fato de como aplicamos; se aplicamos em terrenos, nada ganhamos ou perdemos nestes. O ganho líquido de $ 60,00 é devido a podermos resgatar a dívida por $ 300,00 em lugar de $ 360,00. Este último fator permanece quando aplicarmos em disponível. Todavia, perdemos $ 160 pela sua manutenção ociosa.

A problemática pode ser mais bem visualizada se tratarmos de um exemplo com mais de dois exercícios.

Suponhamos que tenha sido obtido um empréstimo de US$ 100 em t_0. A taxa de variação cambial é de 30% em t_1 e 25% (sobre o valor em real em t_1 menos os pagamentos feitos logo no início de t_2) em t_2. Os índices gerais de preços são: em t_0, 100; em t_1, 140; em t_2, 182. São calculados juros simples de 10% sobre o valor do empréstimo original em dólares e adicionados à dívida, no fim de cada período, à taxa de variação cambial vigente. A relação cambial em t_0 é de um dólar para dez reais. Vamos supor que os juros sejam incorporados à dívida após o cálculo da variação cambial sobre o saldo da dívida e são pagos bem no início do período seguinte:

	Situação da dívida (em reais)		
	em t_0	em t_1	em t_2
Dívida inicial	$ 1.000,00	$ 1.000,00	$ 1.300,00 (ou $ 1.000,00)
Variação cambial		$ 300,00	$ 325,00 (ou $ 625,00)
Juros incorridos a pagar		$ 130,00	$ 162,50
Total da dívida	$ 1.000,00	$ 1.430,00	$ 1.787,50

Os coeficientes de inflação interna são os seguintes:

182/100 = 1,82

182/140 = 1,30

182/182 = 1,00

Se considerarmos a dívida como *item não monetário*, deveremos considerar a data original da operação; por outro lado, os juros são apenas uma porcentagem de 10% sobre a dívida original. Assim, teríamos, em valores corrigidos (sem levar em conta a taxa de variação cambial):

	t_0 em termos de t_2	t_1 em termos de t_2	t_2 em termos de t_2
Dívida	$ 1.820,00	$ 1.820,00	$ 1.820,00
Juros		$ 182,00	$ 182,00
	$ 1.820,00	$ 2.002,00	$ 2.002,00

Se considerarmos o saldo total do passivo, em cada data, como *item monetário* (na data) teríamos:

	t_0 em termos de t_2	t_1 em termos de t_2	t_2 em termos de t_2
Dívida inicial	$ 1.820,00	$ 1.300,00	$ 1.300,00
Variação cambial		$ 390,00	$ 325,00
Juros		$ 169,00	$ 162,50
Total	$ 1.820,00	$ 1.859,00	$ 1.787,50

Verificamos que o primeiro período, em termos de t_2, é igual nos dois tratamentos. Entretanto, o segundo e o terceiro são completamente diferentes. Se considerarmos como *item não monetário*, manteremos o coeficiente de correção na data da operação; se considerarmos como item monetário, apenas transformaremos reais correntes, em cada data, em termos de t_2.

A diferença em t_1 é de $ 143,00 entre as duas abordagens. Analisemos a progressão das taxas internas de inflação e de variação cambial.

Taxa interna
t_0 a t_1, em termos de t_1 = (1,40 − 1,00) = 0,4 = 40%
(−) *Taxa de variação cambial* t_0 a t_1, em termos de t_1 = 30%
= Diferença de taxa = 10%

Como se verifica pelo cálculo acima, existe, no primeiro período, uma diferença de 10% (portanto, um ganho). Entretanto, em termos de poder aquisitivo constante, estes 10% serão expressos em termos de moeda em t_2. Deverão ser multiplicados por 1,30, portanto. Assim, 0,10 × 1,30 = 0,13. Os $ 143,00 de diferença são devidos: $ 13,00 ao ganho na correção dos juros ($ 100,00 × 0,13) e $ 130,00 à diferença na correção da dívida original de $ 1.000,00 (ou $ 1.820,00 contra $ 1.690,00).

Por outro lado, a diferença em t_2 é de $ 214,50.

Taxa interna de t_1 a t_2, em termos de t_2 = 30%
Taxa de variação cambial t_1 a t_2 = 25%
Diferença de taxa = 5%

Assim, se os $ 1.300,00 de t_1 (dívida mais variação cambial) tivessem sido corrigidos pela taxa interna, eles iriam para $ 1.690,00; pela variação cambial, foram para $ 1.625,00; temos uma diferença de $ 65,00; os juros, que iriam para $ 130,00 × 1,30 = $ 169,00, foram para $ 162,50, uma diferença de $ 6,50. As duas diferenças totalizam $ 71,50. Essa diferença total, todavia, refere-se apenas ao período t_1 a t_2, como se a operação tivesse ocorrido em t_1. Como ocorreu em t_0, temos de somar aos $ 71,50 os $ 143,00 já alocados. Assim, $ 71,50 + $ 143,00 = $ 214,50, a diferença total entre os saldos totais da dívida, em t_2, conforme consideremos: 1. *totalmente item não monetário* (sem consideração da diferença entre a taxa interna e a de desvalorização cambial); e 2. *item monetário*.

Na verdade, a representação completa da situação talvez fosse melhor da seguinte forma:

	t_0 em termos de t_2	t_1 em termos de t_2	t_2 em termos de t_2
Dívida corrigida pela taxa interna	$ 1.820,00	$ 1.820,00	$ 1.820,00
Juros corrigidos pela taxa interna		$ 182,00	$ 182,00
Ajuste pela diferença de taxa (acumulado)		($ 143,00)	($ 214,50)
Dívida líquida corrigida	$ 1.820,00	$ 1.859,00	$ 1.787,50

Na verdade, entre t_0 e t_1, tivemos um agravamento global do resultado da empresa (como consequência da operação de dívida e juros), em termos de moeda de t_2, de $ 39,00. No período t_1 a t_2, tivemos um resultado líquido positivo de $ 71,50. O resultado líquido global da operação de dívida foi favorável em $ 32,50. Nesse exemplo, os juros não são cumulativos. Referem-se a uma porcentagem fixa sobre o saldo inicial da dívida em dólares, paga no início do período seguinte.

De tudo o que foi exposto, concluímos que o fato de o valor líquido das operações com dívidas corrigíveis pela variação cambial ser igual ao valor que obtemos tratando como item monetário não faz que a operação ganhe, em natureza, esta característica. Na verdade, não estamos devendo uma quantia fixa em reais, mas em dólares; logo, não se trata, a rigor, de item monetário. A representação mais completa é a vista anteriormente.

É preciso, todavia, efetuar algumas considerações e qualificações adicionais ao que foi visto até agora. Se o produto da dívida ficar aplicado em ativos monetários, e deixarmos estes últimos ociosos, teremos:

a) perdas pela manutenção do ativo monetário ocioso;
b) um ganho líquido pelo fato de a correção da dívida ter sido feita pela variação cambial em vez da taxa interna de inflação;
c) ausência de ganhos pela manutenção da dívida, já que esta não foi considerada como item monetário.

Assim, o tratamento correto do exemplo 1 seria:

Ganho na dívida pela diferença de taxa	=	$ 60,00
Perda pela ociosidade de caixa	=	($ 160,00)
Resultado líquido	=	($ 100,00)

Não seria rigorosamente correta a representação (se considerarmos a dívida como não monetária, com ajuste pela diferença de taxas):

	Variação cambial		($ 100,00)
+	Ganho pela manutenção da dívida	$ 160,00	
(–)	Perda pela manutenção de caixa	($ 160,00)	$ 0,00
=	Resultado líquido		($ 100,00)

Podemos, portanto, considerar as dívidas corrigíveis por variação cambial como *monetárias* e corrigir, nos demonstrativos de resultados, a variação cambial, assim como o saldo líquido dos itens não monetários (calcular a perda ou ganho líquido *sobre o saldo*); mas, inquestionavelmente, o mais correto seria a representação da dívida como *não monetária, com o ajuste pela diferença de taxa*, e as perdas ou ganhos nos itens monetários seriam calculados *sem incluir* o montante da dívida no cálculo do saldo.

Fica claro, porém, que, o caso de dívida corrigível por um mesmo índice que a taxa de inflação interna, poderia ser tratado como o de um item não monetário puro. Apenas para esclarecimento, retomemos o exemplo 2, com a introdução dessa variante. Teríamos:

	Início em termos de fim	Fim em termos de fim
Caixa	$ 360,00	$ 200,00
Dívida	$ 360,00	$ 360,00
Patrimônio líquido	$ 0,00	($ 160,00)

O resultado líquido de $ 160,00 seria assim explicado:

Perda pela manutenção de disponível ocioso $ 200,00 × 0,80 = $ 160,00.

Não haveria perda nem ganho pela correção da dívida, já que esta seria corrigida exatamente pela mesma taxa da variação de preços internos.

Por outro lado, se aplicarmos em terrenos, teríamos:

Terrenos	$ 360,00	$ 360,00
Dívida	$ 360,00	$ 360,00
Patrimônio líquido	$ 0,00	$ 0,00

É claro que, nesse caso, não houve modificação no patrimônio líquido, pois investimos o montante de uma dívida (que é corrigida pela taxa interna) em um imóvel que também se corrige pela taxa interna. Logo, não perdemos nem ganhamos. Note que no demonstrativo de resultados nada seria declarado nesse exemplo, ao passo que, se o considerássemos como item monetário, faríamos, provavelmente:

	Despesas de correção da dívida	($ 160,00)
+	Ganho pela manutenção da dívida	$ 160,00
=	Resultado líquido	$ 0,00

Entretanto, é evidente que esta última representação é um artifício, pois a dívida não foi mantida em valor constante (nominal) de $ 200,00, mas foi, paulatinamente, como efeito da cláusula de correção implícita, alterando-se até chegar a $ 360,00. Poderíamos, até, considerar que a correção da dívida vai acumulando-se de acordo com o decurso do tempo em uma relação linear com este último. De fato, mesmo se por algum motivo resolvêssemos pagar a dívida no meio do ano, o credor não aceitaria receber o valor histórico, com a alegação (nossa) de que a correção da dívida somente é calculada, usualmente, no fim do ano. Ele faria questão de receber uma parcela *pro-rata tempore* da correção total. Como no meio do ano não sabemos qual será a correção total do ano, corrigiríamos pela taxa realizada até o semestre. Se a correção fosse prefixada, atribuiríamos uma parcela proporcional de correção ao semestre. De qualquer forma, não há, a rigor, ganho pela manutenção da dívida original de $ 200,00, pois esta, como efeito da correção implícita, varia de momento a momento; portanto, não é um item monetário puro, *conforme a definição dada a este conceito por Hendriksen e outros*. A maioria dos autores, todavia, consideraria como item monetário.

Entretanto, é preciso ficar bem claro que, se o produto da dívida ficar, total ou parcialmente, ocioso em caixa, teremos perdas pela manutenção de *caixa* e não teremos (por não ser item monetário) ganhos pela *manutenção da dívida*. O dinheiro em caixa não é corrigido, ao passo que o saldo da dívida o será. Por outro lado, os ganhos (perdas) nos itens monetários deveriam ser considerados como "não realizados" e evidenciados no demonstrativo de resultados corrigido após o resultado operacional. A tendência da maioria dos autores é considerar todos os exemplos tratados como Itens Monetários.

Resumo

As correções pela variação do poder aquisitivo médio da moeda devem ser entendidas como restauração dos valores originais em termos de moeda de poder aquisitivo de uma data-base escolhida no início, no meio ou no final da série.

As limitações do modelo são claras e todas as limitações da Contabilidade tradicional, menos as do problema do denominador comum monetário, são observadas no mesmo. Apesar de tudo, por sua aplicabilidade com apenas um índice geral de preços, é bastante preconizável para as empresas da economia em geral, favorecendo as comparações setoriais. Deve ser entendido como um mecanismo de correção simples aplicável para homogeneizar séries de médio e longo prazos. Isto não impede que, mesmo para finalidades gerenciais, o modelo de correção pelo nível geral de preços seja apto a oferecer bases muito melhores do que as tradicionais. Todos os modelos de correção oficial já existentes no Brasil – desde a primeira lei sobre correção monetária do ativo fixo, passando pela legislação que instituiu a reserva de manutenção de capital de giro próprio e indo até às disposições da Lei das Sociedades por Ações e da regulamentação do Imposto de Renda que adaptou suas normas às da Lei – são apoiados fortemente no modelo visto no capítulo, embora o mecanismo de correção seja bastante rudimentar. A melhor forma de corrigir, pelo modelo completo, balanços já corrigidos pelas normas oficiais é retirar o efeito da correção oficial, reconstituindo os valores históricos para aplicar em seu todo a técnica da Contabilidade ao nível geral de preços ou da correção integral da CVM.

Quanto a se considerarem contas a receber e a pagar com cláusulas intrínsecas de correção como itens monetários ou não, deixamos ao leitor a decisão final. O efeito líquido no resultado é como se fossem monetários. A representação, todavia, pode variar.

18

As Correções pelas Variações Específicas de Preços

> ### Objetivos de Aprendizagem
>
>
>
> Neste capítulo, você aprenderá:
> - Como tratar a correção das demonstrações contábeis pelo critério da variação específica de preços.
> - Quais as fontes para obtenção de preços específicos.
> - Exemplo de correção global dos dados históricos de uma empresa industrial (hipotética).

18.1 Mudanças nos preços específicos

A gerência precisa tomar decisões em curtos intervalos de tempo. Para isso, informações contábeis baseadas em preços correntes são mais suscetíveis de fornecer melhores alternativas para o tomador de decisões.

Historicamente, os contadores, ao enfrentar o problema das flutuações violentas de preços, tentaram abordá-lo sob o ângulo do custo de reposição. A preocupação com os custos de reposição é mais antiga, do ponto de vista contábil, do que as tentativas de corrigir pelo nível geral de preços, embora estas se tenham consolidado em trabalhos de sucesso e ganho notoriedade como alternativa de uso mais simples.

Basicamente, o modelo de custos de reposição ou, mais rigorosamente, de custos correntes (que podem ser, na data dos balanços, de reposição) visa expressar as contas do ativo, do passivo e de receitas e despesas em termos correntes.

A finalidade é acompanhar as flutuações específicas de preços que ocorrem nos ativos. Estamos considerando, primariamente, valores de entrada e não de venda. A teoria dos custos correntes representa um desvio mais acentuado das práticas e teorias geralmente aceitas do que a teoria dos ajustamentos ao nível geral de preços, já que, além de alterar o princípio do custo histórico como base de valor, ainda incide no princípio da realização, que não é mais obedecido. Reconhecem-se ganhos (perdas) ainda que não realizados, ao passo que, na Contabilidade tradicional, isto é, quando muito, uma exceção.

É sabido que os ativos, que constam em nosso patrimônio (os passivos já estão, usualmente, próximos de valores correntes), variam de preço em proporção diferente da variação do poder aquisitivo médio da moeda. Em algumas circunstâncias, pode ocorrer o fato de o nível geral de preços deslocar-se em certa direção, e o preço corrente de um ativo (pelo menos em curtos intervalos de tempo) deslocar-se até em direção oposta.

A teoria do custo corrente considera que tais modificações são prioritárias para a Contabilidade por serem inerentes especificamente aos ativos (e suas consequências nas despesas, já que as receitas usualmente já estão em termos correntes de período) transacionados pela entidade. Este tipo de correção, todavia, não deve ser confundido com a correção realizada com um índice geral de preços construído internamente pela empresa. Este é um ajustamento ao nível geral de preços, aquele é um ajustamento de cada ativo por seu preço específico. É necessário definirmos com mais rigor alguns termos:

Custo corrente na data. Custo corrente de aquisição de um ativo igual ao que estamos avaliando, no estado em que se encontra. Se este valor não existir como um todo, será necessário calcular o custo corrente dos insumos contidos no ativo. Seu somatório será o custo corrente do ativo.

A rigor, portanto, custo corrente pode ser diferente de custo de reposição, pois este incorpora mudanças tecnológicas ao passo que aquele não.

Na prática, todavia, é difícil seguir rigorosamente a teoria dos custos correntes para alguns ativos. Na verdade, o que se busca muitas vezes é o valor de reposição de um ativo que realize serviços equivalentes ao antigo. Entretanto, esta distinção entre custo corrente e custo de reposição precisa ser feita do ponto de vista teórico.

Custo corrente de período. Refere-se aos fluxos de despesas derivados da expiração ou da utilização de ativos avaliados a preços correntes. É um conceito de custo corrente médio de período e não de custo corrente na data. As receitas nominais (históricas) usualmente são iguais às receitas correntes, já que independem de estoques, enquanto as despesas que dependem de movimentação de estoques e de amortização e depreciações de ativos não monetários não se equivalem em suas perspectivas *nominal* (histórica) e *corrente*. Exemplificando, se a depreciação de um ativo avaliado a custos históricos equivale a 5%, em um período, de seu valor histórico, a depreciação em termos correntes deverá levar em conta, como base de cálculo, os valores correntes.

A validade da teoria da correção a custos correntes está limitada aos ativos e aos processos que continuarão a ser utilizados pela empresa em seu processo de produção de bens e serviços. Se sabemos que determinado ativo não mais apresenta utilidade econômica para a empresa, em função de mudanças na função de produção ou mesmo na capacidade de gerar serviços e benefícios para a empresa, de nada adianta avaliá-lo, ou o que dele restar, a preços correntes. Assim, a validade da teoria dos custos correntes está restrita aos casos em que a empresa pretende substituir os ativos por outros iguais ou estritamente equivalentes.

Devemos, agora, definir as mudanças nos preços específicos. Na inexistência de variações de valor da unidade monetária, a diferença de preço no tempo de um bem ou serviço representa sua mudança em valor de troca de mercado ou em preço específico.

Assim, variação para mais dos preços dos insumos de produção reflete um acréscimo das despesas da entidade, ao passo que um acréscimo no valor de mercado do produto ou serviço produzido pela entidade motiva um acréscimo de receita, contanto que as quantidades permaneçam constantes ou aumentem. É importante notar que a Contabilidade, tradicionalmente, compara o valor corrente das receitas de vendas de produtos ou de serviços prestados com o custo original dos consumos de ativos necessários para a produção de tais receitas.

Mais recentemente, tem-se considerado que um conceito mais relevante é comparar valores correntes de receita com insumos correntes de despesa. O problema consiste na escolha de um tratamento adequado para a variação do valor do ativo enquanto permanecer estocado (ou não vendido). Alguns consideram que esta diferença, além de afetar o patrimônio líquido, deve passar pelo resultado do período. Cremos que isso deva ocorrer, embora não faça parte do lucro operacional e não seja levada em conta esta parcela para distribuição.

Na linguagem e terminologia originais de Edwards & Bell, se adquirirmos um ativo por $ 1.600,00 e o vendermos mais tarde por $ 2.400,00 quando o custo corrente de recompra for $ 1.920,00, teremos de destacar as seguintes parcelas:

Lucro bruto operacional	$ 480,00	= ($ 2.400 – $ 1.920)
Ganho de estocagem	$ 320,00	= ($ 1.920 – $ 1.600)
Ganho total	$ 800,00	

Se os $ 320,00 tivessem ocorrido em um período anterior, eles teriam sido *economias de custo realizáveis*; porém, desde que vendidas no período corrente, seriam *realizadas* no mesmo.

Entretanto, se, no fim do período corrente, se configurar uma nova diferença entre o valor histórico e o valor corrente dos estoques porventura remanescentes, configurar-se-á também uma nova economia de custo realizável, que possivelmente será realizada no próximo período. É esta parcela "não realizada" que consideramos não dever integrar o resultado bruto operacional (mas afetar o resultado) nem ser suscetível de distribuição. A parcela realizada, entretanto, mesmo quando não estritamente operacional, *pode* ser levada em conta, dependendo da situação financeira da entidade e de outros fatores, para distribuição. É preciso considerar, todavia, os recursos que serão necessários para repor o bem vendido. Por isso, alguns autores não levam em conta, para distribuição, o ganho de estocagem, mesmo que realizado.

18.2 Algumas fontes para obtenção de preços específicos

As fontes básicas para averiguação dos custos correntes de reposição são, essencialmente:

1. pesquisa nos mercados;
2. pesquisas e cálculos baseados em registros internos da empresa; e
3. índices de preços publicados.

A primeira seria a fonte ideal de informação para a obtenção dos dados correntes, desde que fossem satisfeitas as seguintes condições:

1. o mercado existe;
2. o mercado é livre;
3. o mercado é competitivo;
4. o mercado é ativo.

A primeira condição está associada, principalmente no que concerne aos bens de capital, à taxa de desenvolvimento tecnológico. Alguns tipos de ativos fixos, por exemplo, são continuamente cotados na qualidade de produtos novos e estão sujeitos a pequenas mudanças tecnológicas. Nestes casos, o preço corrente de aquisição de tais bens pode ser obtido da mesma forma pela qual obtemos os preços unitários correntes de muitas matérias-primas e produtos, isto é, por meio de telefonemas, pedidos ou consultas a listas de preços etc. Este procedimento, entretanto, será impraticável no caso de elementos de ativo fabricados sob encomenda e que obedecem a especificações mais rigorosas, como também para aqueles itens sujeitos a notáveis mudanças tecnológicas.

Se a obtenção de custos correntes de reposição, pela pesquisa direta no mercado, pode ser tarefa problemática no caso de alguns ativos fixos, o mesmo não acontece com grande parte dos bens acabados de consumo imediato ou intermediário e também com um bom número de matérias-primas básicas e materiais indiretos. Não nos podemos esquecer, porém, de que os estoques de bem acabados para determinada empresa são constituídos, usualmente, por bens manufaturados pela própria empresa e, neste caso, o que se procura obter é um custo corrente de fabricação e não um custo corrente de aquisição. O custo corrente de fabricação, entretanto, pode ser inferido indiretamente computando-se o custo corrente de aquisição dos fatores dos quais se originaram os insumos contidos no produto fabricado. Em resumo, preços de mercado são facilmente localizados no caso de inventários, principalmente de matérias-primas. Tais elementos, em geral, são cotados em bases contínuas, e uma rápida consulta às listas de preços ou emprego de outros expedientes rotineiros é suficiente, em geral, para obtermos os preços desejados.

Dificuldades poderão surgir na correção de estoques de produção semimanufaturados e manufaturados, que contêm, como parcela de seu valor, outros elementos de custo, como: depreciação (que, por sua vez, normalmente é parcela dos custos indiretos de fabricação), salários etc. Para atualizar a depreciação histórica é preciso também atualizar o valor dos bens depreciáveis; para isso, a pesquisa direta no mercado poderá não ser a fonte hábil de dados primários, em vista do progresso tecnológico e, consequentemente, da inexistência do mercado para certos bens. O recurso a índices de preços específicos parece ser, neste caso, a única forma viável.

Outra condição necessária para significação da pesquisa direta no mercado, como fonte de valores econômicos representativos, é que o mercado seja livre, isto é, um mercado em que nenhuma autoridade constituída interfira no livre funcionamento da oferta e da procura. É preciso, ainda, que o mercado seja altamente competitivo, isto é, em que compradores e vendedores sejam concorrentes não só um contra o outro, mas também entre similares (compradores × compradores e vendedores × vendedores). Se inexistir concorrência entre compradores e vendedores, teremos um preço privativo. A falta de concorrência entre compradores ou vendedores acarretará um preço de monopólio.

Do ponto de vista rigorosamente econômico, a ocorrência de tais imperfeições empobrece e muitas vezes anula a significância dos valores de mercado em relação à sua representatividade de valores econômicos. Na prática, todavia, devemos ser bem menos exigentes.

O mercado deveria ser também amplo e ativo. Um mercado é amplo quando seus preços representam a ação múltipla da oferta e da procura mundiais e é ativo quando a frequência das operações for acentuada. Muitas matérias-primas enquadram-se, pelo menos em moldes nacionais, na condição de amplitude de mercado, bem como em todos os requisitos anteriores, de forma que os preços correntes são aproximações razoáveis do valor ideal de mercado. Em muitos casos, todavia, apenas a primeira condição (existência do mercado) estará satisfeita, ao passo que as outras não o serão, total ou parcialmente, em virtude das imperfeições de mercado existentes na economia.

De qualquer forma, sempre que possível, deveremos obter os preços correntes diretamente no mercado.

Algumas providências de ordem organizacional podem propiciar à empresa relativa autonomia na construção de índices de preços para apuração de valores correntes e outras finalidades.

De fato, um esforço coordenado entre os vários departamentos da empresa, supervisionado pelo setor contábil, pode dotá-la de um serviço de estatísticas internas.

Alguns autores e praticantes têm questionado, recentemente, sobre a utilidade e a adequação dos índices de preços calculados por entidades oficiais ou semioficiais, por julgarem que a empresa, situada em determinado mercado, possuindo estrutura de produção e de demanda próprias e tendo de arcar com uma estrutura de custos característica, precisa ajustar seus valores históricos por meio de uso de índices globais construídos utilizando a experiência da própria empresa. Estes, todavia, não deixam de se constituir em *índices gerais para empresas específicas*.

Este pensamento já demonstrou ser capaz de implicações práticas, não no ajustamento de valores históricos aos preços correntes, pois ainda não constitui assunto geralmente aceito, mas principalmente em orçamentos, em previsões de custos fixos, em custos-padrão e outras técnicas previsionais. Entre os muitos exemplos do que acabamos de afirmar, reportamo-nos a um caso em que os autores, retratando uma situação real, fornecem interessante amostra da aplicação de índices construídos na própria empresa, aplicados ao orçamento de custos fixos relacionados ao nível de atividade da fábrica.[1] Neste sentido, constroem, com habilidade, um índice sazonal.

O serviço de estatísticas internas pode ser organizado iniciando-se a coleta de dados significativos a partir de certo momento presente ou futuro; entretanto, também é possível reconstituir e reelaborar dados históricos anteriores, a fim de retroceder a data inicial de alguns anos e de não perder preciosa experiência da empresa.

Os itens do balanço e da demonstração de resultados, para nos restringir apenas aos dois principais relatórios financeiros, podem ser agrupados de forma conveniente em conjuntos ou classes relativamente homogêneas de elementos, tais como:

1. maquinaria, instalações industriais e equipamentos;
2. veículos;
3. móveis e utensílios;
4. terrenos e edifícios;
5. inventários e suprimentos;
6. honorários, ordenados e salários;
7. outros custos;
8. receitas de vendas etc.

Suponhamos, a título de exemplo, que desejamos construir um índice interno para maquinaria, instalações e equipamentos, coincidindo o ano-base do índice com a data de fundação da empresa. Seriam os seguintes os passos principais para a consecução daquele objetivo:

1. obtêm-se os preços médios ponderados de máquinas, instalações e equipamentos adquiridos no ano-base e no ano da correção; e
2. determina-se a relação existente entre os valores médios.

Suponhamos que no ano-base e no ano do ajuste se verificaram as seguintes compras de máquinas:

Máquinas	Ano-base	Ano do ajuste
Tipo A	5 a $ 20.000,00 cada	7 a $ 50.000,00 cada
Tipo B	3 a $ 80.000,00 cada	4 a $ 140.000,00 cada
Tipo C	7 a $ 40.000,00 cada	2 a $ 80.000,00 cada
	15 $ 620.000,00	13 $ 1.070.000,00

O preço médio ponderado das compras no ano-base seria igual a:

$$PMC_1 = \frac{\$\ 620.000,00}{15} \cong 41.333,33$$

O preço médio ponderado das compras no ano do ajuste seria igual a:

$$PMC_2 = \frac{\$\ 1.070.000,00}{13} \cong 82.307,69$$

---

[1] O'HARA, B. J.; CLELLAND, C. R. *Effective use of statistics in accounting and business*. New York: Holt, Rinehart and Winston, 1964. p. 35-38.

O índice de aumento de preço de maquinaria seria, portanto, igual a:

$$IPM = \frac{\$ 82.307,69}{41.333,33} = 1,99$$

Este mesmo tipo de cálculo pode ser estendido aos demais grupos, com as variantes que julgarmos convenientes. Claro está que, no caso da maquinaria anteriormente citada, qualquer mudança significativa na composição dos grupos de ano-base e de ajuste, como máquinas adquiridas no ano-base que não foram adquiridas no ano de ajuste ou, então, máquinas adquiridas no ano de ajuste que simplesmente não existam no ano-base, empobrecerá a significância do índice. Notemos, todavia, que no exemplo empregamos um processo ultrassimplificado. A empresa poderia empregar fórmulas mais adequadas, como as do deflator implícito, de Paasche, Marshall e Edgeworth, ou mesmo a fórmula ideal de Fischer etc., em bases mais consistentes e contínuas, digamos, de ano para ano, ou de semestre para semestre, aos dados históricos ou aos *inputs* de compra, obtendo melhores ponderações das flutuações de preços internos. De qualquer forma, o índice interno assim apurado (desde que a frequência dos *inputs* nos vários períodos seja razoável) será, para algumas finalidades, mais significativo para a empresa do que um índice geral de maquinaria, em bases nacionais ou mesmo regionais, publicado pelos órgãos especializados.

O emprego desse processo seria altamente aconselhável nos relatórios corrigidos, desde que fossem elaborados em caráter de complementaridade aos relatórios convencionais. A finalidade principal dos ajustamentos, em nossa maneira de pensar, é fornecer à administração uma visão mais realista da situação empresarial, no sentido de melhores tomadas de decisões.

Poderia ser inclusive interessante ajustar, ao mesmo tempo, com base em índices publicados e internos para avaliarmos os desvios existentes entre a política da empresa e as tendências do ramo a que pertence. Esta comparação poderia ainda apontar eficiências ou ineficiências dos vários setores operacionais da empresa. Diga-se, aliás, que comparações entre índices internos e nacionais, regionais ou do setor industrial são de grande valia para a empresa e sua utilidade vai além do âmbito dos ajustamentos contábeis, chegando a ser atribuição do setor econômico da empresa.

As desvantagens desse processo de obtenção de custos correntes consistiriam, principalmente, na falta de uniformidade dos ajustamentos efetuados pelas várias empresas, pelo menos no que diz respeito aos índices aplicados, a não ser que algum órgão público, semipúblico ou associação de classe baixasse normas rígidas para elaboração de índices dentro de cada setor industrial ou comercial. Todavia, o ajustamento de dados com caráter de uniformidade e generalidade, como é pretendido por alguns autores, escapa às possibilidades práticas, pelo menos por enquanto. O fundamental é que cada empresa adote suas providências no sentido de possuir dados contábeis atualizados, os quais, devidamente compostos em classes funcionais, forneçam bases mais flexíveis para tomadas de decisões.

A construção de índices específicos internos tem a grande vantagem adicional de transformar a Contabilidade e o setor contábil de uma empresa em colecionador e depositário de uma série de informações passíveis de serem usadas nas mais variadas decisões.

O Prof. Ruy Aguiar da Silva Leme afirma:

> "É de todos conhecida a similitude entre empresa e um organismo vivo. Neste organismo, podemos distinguir um cérebro... o sistema nervoso, que se incumbe de transmitir o comando do cérebro para os membros e as informações dos sentidos para o cérebro... Dentro deste contexto, a Contabilidade deve ser considerada como um sistema de geração de informações. Sua função é tomar informações existentes em uma forma bruta, tratá-las e classificá-las de forma a fornecer outras informações em uma forma mais apropriada para o administrador, na tomada de suas decisões."

O trabalho de construção de índices internos é, sem dúvida, um dos mais profícuos campos de atuação futura para os contadores. Independentemente das vantagens que adviriam para as *correções* de balanços, a empresa seria beneficiada como um todo, com notáveis reflexos positivos nas estatísticas nacionais.

Índices de preços publicados

Não é a menos importante fonte para obtenção de dados que nos possibilitem a apuração de valores correntes, mas a terceira. Existem algumas fontes que publicam regularmente índices econômicos nacionais e regionais, mas entre elas destaca-se, sem dúvida, a revista mensal *Conjuntura Econômica*, editada pela Fundação Getulio Vargas, pelo Instituto Brasileiro de Economia e pelo Centro de Análise da Conjuntura Econômica.

Em nosso trabalho de doutoramento, enfatizamos o emprego dos índices externos, embora atualmente nossa tendência tenha evoluído rumo ao uso de índices construídos, quando possível, pela própria empresa. Não podemos, todavia, desprezar certas vantagens que são oferecidas pelos índices provenientes de órgãos independentes da empresa:

1. alcançar-se-ia maior uniformidade desde que as empresas escolhessem de forma consistente os índices a serem aplicados em cada caso;
2. os relatórios ajustados com emprego de índices externos à empresa teriam maior probabilidade de ser aceitos como válidos pelo público em geral.

18.3 Exemplo de correção global dos dados históricos de empresa industrial (hipotética)[2]

A empresa industrial XYZ fabrica cinco produtos distintos, indicados com as letras A_1, A_2, A_3, A_4 e A_5, e utiliza no processo de fabricação dez materiais diretos básicos (denominados B, C, D, E, F, G, H, I, J e L), dos quais os quatro primeiros entram na composição de todos os produtos; F e G entram apenas nos produtos A_1 e A_2; H e I participam de A_3 e A_4 e J e L apenas em A_5.

O departamento técnico da referida empresa possui especificação técnica dos vários produtos, sabendo-se o número de unidades de matéria-prima e de mão de obra direta necessárias ao acabamento de uma unidade de cada produto. A ficha técnica dos produtos é reproduzida no Quadro 18.1.

QUADRO 18.1
Empresa XYZ – unidades de mão de obra direta e de matérias-primas necessárias à fabricação de uma unidade de cada produto.

Elementos Materiais	A_1	A_2	A_3	A_4	A_5
B	10	5	7	3	1
C	5	4	11	10	14
D	7	6	3	1	5
E	15	16	14	6	3
F	14	11			
G	10	1			
H			1	5	
I			6	4	
J					4
L					15
Mão de obra Horas	15	14	13	12	11

---

[2] O exemplo foi transcrito do trabalho *Aspectos da avaliação de estoques a preços correntes*, de nossa autoria, Tese de livre-docência, 1968. Na época em que escrevíamos esta *Teoria da contabilidade*, alteramos as datas dos balanços para 1975 e 1976. Pelo que representa o exemplo, mais uma explicação da metodologia do que pelo valor das cifras, datas etc., incluídas, não mudamos as datas. Entretanto, o leitor poderia alterar para 2018 e 2019 respectivamente. A taxa de Imposto de Renda, de 30% antiga, foi mantida.

Pelos primeiros dados acerca da empresa, cujos relatórios históricos pretendemos ajustar a termos correntes de reposição, notamos as dificuldades que encontraremos no ajustamento dos estoques de matérias-primas, de produtos semimanufaturados e acabados, em virtude do grande número de materiais diretos utilizados e do grande número de bens produzidos pela empresa. Este problema, todavia, pode ser extremamente simplificado se adotarmos uma variante do chamado cálculo das *unidades básicas* de produção, no que se refere aos materiais. Neste sentido, o avaliador efetuou os seguintes cálculos e averiguações.

Observou que a experiência anterior da empresa, nos últimos cinco anos de atividade, era suficiente para estabelecer uma relação média, em termos de custo, entre todos os materiais, que seria simplificada se tomássemos o material C como termo de comparação. Atribuindo-se à unidade básica C um valor simbólico de 1,00, poder-se-iam atribuir os seguintes preços aos demais materiais, quando relacionados, na média da experiência dos últimos cinco anos, com a unidade escolhida como básica: $B = 0,80$; $D = 0,96$; $E = 1,10$; $F = 0,60$; $G = 2,30$; $H = 1,40$; $I = 0,40$; $J = 3,00$; e $L = 1,90$.

O avaliador aproveitou-se habilmente dessas relações, no sentido de simplificar o ulterior ajustamento de estoques aos preços correntes, que, diretamente realizado, exigiria um esforço muito maior. Conhecendo as relações médias, pôde expressar a composição dos vários produtos, no que se refere às matérias-primas, em termos de uma única matéria-prima, isto é, C. Compreende-se que isto facilitará sobremaneira o trabalho de ajustamento, pois, ao procurar por preços correntes, preocupar-nos-emos apenas com o material C.

Neste sentido, o avaliador construiu o Quadro 18.2.

Na empresa estudada, os custos indiretos de fabricação são alocados aos produtos de acordo com o custo total da matéria-prima mais mão de obra direta neles contidos.

Sabe-se que, para o ano de 1976, foram incorridos $ 395.000,00 de custos indiretos, dos quais $ 15.035,63 referem-se à depreciação histórica dos equipamentos da empresa.

Não havia estoque de produtos em processo, no início e no fim do período. Por outro lado, era a seguinte a composição dos estoques de matérias-primas e de produtos acabados no início e no fim do período (veja Quadro 18.4).

Pela análise do quadro em questão, averiguamos quão grande foi a simplificação introduzida no processo de ajustamento pelo artifício empregado. De fato, com poucos cálculos, estamos em condições de apurar o custo corrente dos estoques iniciais e finais de matérias-primas e de produtos acabados, no que se refere à matéria-prima neles contida.

QUADRO 18.2 Empresa XYZ – produtos expressos em termos de unidade básica C.

Produtos	B	C	C	C	D	C	E	C	F	C	G	C	H	C	I	C	J	C	L	C	Total expresso em termos de C	%
A_1	10	8,0	5	5	7	6,72	15	16,5	14	8,4	10	23,0									67,62	28,35
A_2	5	4,0	4	4	6	5,76	16	17,6	11	6,6	1	2,3									40,26	16,88
A_3	7	5,6	11	11	3	2,88	14	15,4					1	1,4	6	2,4					38,68	16,22
A_4	3	2,4	10	10	1	0,96	6	6,6					5	7,0	4	1,6					28,56	11,97
A_5	1	0,8	14	14	5	4,8	3	3,3									4	12	15	28,5	63,40	26,58
		20,8		44		21,12		59,4		15		25,3		8,4		4,0		12		28,5	238,52	100,00

Observação: Para cada produto há uma coluna que expressa as unidades de cada matéria-prima necessárias para a fabricação de uma unidade do produto. Ao lado da referida coluna, anotamos o equivalente de unidades em termos do material C. Temos, na penúltima coluna, o total, em termos de C, necessário para cada unidade do produto. A_1, por exemplo, necessita de 67,62 unidades-custo de C para ser completado.

Para completar a determinação do custo corrente dos estoques de produtos acabados é suficiente conhecermos, nas datas, a taxa média de remuneração-hora dos operários. Mais complexa é a tarefa de atribuirmos aos produtos uma quota de custos indiretos de fabricação.

Quanto às taxas de mão de obra, eram de $ 12,50 e 16,00 no início e no fim do período. Basta apurarmos o número de horas de mão de obra direta contidas na produção acabada e multiplicá-las, respectivamente, por $ 12,50 e $ 16,00.

Reportando-nos à ficha de especificação técnica dos produtos, notamos os valores para o custo da mão de obra direta contido nos produtos acabados nas datas (veja Quadro 18.3).

QUADRO 18.3
Custo da mão de obra direta contida no estoque.

Produto	Horas contidas em uma unidade de produto	Custo em 31-12-75	Custo em 31-12-76
A_1	15	15 × 40 × $ 12,50 = $ 7.500,00	15 × 35 × $ 16,00 = $ 8.400,00
A_2	14	14 × 13 × $ 12,50 = $ 2.275,00	14 × 15 × $ 16,00 = $ 3.360,00
A_3	13	13 × 25 × $ 12,50 = $ 4.062,50	13 × 38 × $ 16,00 = $ 7.904,00
A_4	12	12 × 90 × $ 12,50 = $ 13.500,00	12 × 80 × $ 16,00 = $ 15.360,00
A_5	11	11 × 80 × $ 12,50 = $ 11.000,00	11 × 60 × $ 16,00 = $ 10.560,00
	Custo total	$ 38.337,50	$ 45.584,00

QUADRO 18.4
Valor corrente de matéria-prima contida nos estoques.

Elementos	em 31-12-76 I	II	III $	IV $	em 31-12-75 I	II	III	IV $
Matéria-prima B	150	120	1,50	180,00	130	104	2,65	275,60
C	200	200	1,50	300,00	240	240	2,65	636,00
D	120	115,2	1,50	172,80	312	299,52	2,65	793,73
E	15	16,5	1,50	24,75	100	110	2,65	291,50
F	460	276	1,50	414,00	140	84	2,65	222,60
G	300	690	1,50	1.035,00	280	644	2,65	1.706,60
H	100	140	1,50	210,00	100	140	2,65	371,00
I	45	18	1,50	27,00	113	45,2	2,65	119,78
J	90	270	1,50	405,00	80	240	2,65	636,00
L	26	49,4	1,50	74,10	20	38	2,65	100,70
Totais		1.895,1		$ 2.842,65		1.944,72		$ 5.153,51

Elementos	em 31-12-76				em 31-12-75			
	I	II	III $	IV $	I	II	III	IV $
A_1	40	2.704,8	1,50	4.057,20	35	2.366,7	2,65	6.271,76
A_2	13	523,38	1,50	785,07	15	603,9	2,65	1.600,40
A_3	25	967	1,50	7.450,50	38	1.469,84	2,65	3.895,08
A_4	90	2.570,4	1,50	3.855,60	80	2.284,8	2,65	6.054,72
A_5	80	5.072	1,50	7.608,00	60	3.804	2,65	10.080,60
Totais		11.837,58		$ 17.756,37		10.529,24		$ 27.902,56

Observações: coluna I = unidades de cada matéria-prima ou produto em estoque;
coluna II = coluna I expressa em termos de unidade básica C;
coluna III = preço unitário corrente de compra de uma unidade C;
coluna IV = valor corrente total.

Conhecemos, agora, a composição do custo corrente dos inventários de matéria-prima e de produtos acabados.

Para a determinação da carga de custos indiretos de fabricação a ser alocada aos produtos em estoque, teremos de confiar em uma estimativa menos rigorosa, isto é, aplicar uma porcentagem média sobre o custo da mão de obra direta e materiais, ditada pela experiência da empresa. Assim, em nosso caso, sabemos que, em média, 20% do custo total do produto em estoque são constituídos pelos custos indiretos de fabricação. Aplicando este raciocínio aos valores correntes obtidos, teríamos os seguintes números (veja Quadro 18.5).

Quanto ao número de unidades vendidas, é preciso conhecermos primeiramente as unidades fabricadas durante 1976. Sejam: A_1, 520; A_2, 360; A_3, 812; A_4, 500; A_5, 220.

QUADRO 18.5
Estimativa de custos indiretos de fabricação contidos no estoque de produtos acabados em 31-12-75 e custo total.

Produtos	Custo de matéria-prima	Custo da mão de obra direta	Custos indiretos de fabricação	Custo total
A_1	$ 4.057,20	$ 7.500,00	$ 2.889,30	$ 14.446,50
A_2	$ 785,07	$ 2.275,00	$ 765,02	$ 3.825,09
A_3	$ 1.450,50	$ 4.062,50	$ 1.378,25	$ 6.891,25
A_4	$ 3.855,60	$ 13.500,00	$ 4.338,90	$ 21.694,50
A_5	$ 7.608,00	$ 11.000,00	$ 4.652,00	$ 23.260,00
Totais	$ 17.756,37	$ 38.337,50	$ 14.023,47	$ 70.117,34

Um quadro análogo feito para 31-12-76 apresentaria para o estoque final de produtos, em custo total: $ 91.858,20.

Conseguimos, portanto, obter o valor corrente de reposição dos produtos acabados. Torna-se indispensável, agora, obtermos o número de unidades fabricadas durante o período, a fim de apurarmos o custo corrente dos produtos vendidos. Além disso, anotemos as seguintes informações adicionais:

Custos indiretos de fabricação (históricos) incorridos em 1976 =	$	395.000,00
Custo da mão de obra direta do período	$	1.183.855,00
Valor das compras de materiais diretos em 1976	$	217.715,00

Valor do imobilizado técnico tangível	31-12-75	31-12-76
• Valores históricos	$ 150.356,30	$ 150.356,30
• Correntes de reposição em cada data (preços pesquisados diretamente do mercado)	$ 320.000,00	$ 448.000,00

Conhecendo o número de unidades em estoque no início e no fim do período (Quadro 18.4), torna-se fácil determinar o número de unidades vendidas:

A_1 = 525 unidades
A_2 = 358
A_3 = 799
A_4 = 510
A_5 = 240
2.432 unidades

Avaliação do custo corrente dos produtos vendidos. Existem várias alternativas para a avaliação desse item. Podemos calcular o custo unitário corrente da produção do período e multiplicar esse valor pelo número de unidades vendidas. Na ausência de estoques de produtos semiacabados, sabemos que o custo de fabricação (produção) do período será igual aos custos industriais do período.

O custo de produção do período, por sua vez, é igual ao custo das matérias-primas consumidas (estoque inicial, $ 1.500.00 + compras, $ 217.715,00 – estoque final, $ 3.600,00), mais o valor da mão de obra direta, $ 1.183.855,00 e mais o valor dos custos indiretos de fabricação correntes ($ 395.000,00 + $ 23.364,37); este último valor ($ 23.364,37) é o excesso de depreciação corrente sobre a histórica. Temos, assim, CPP = $ 215.615,00 (MP) + $ 1.183.855,00 (MOD) + $ 418.364,37 = $ 1.817.834,30. Este valor é um custo corrente do período, com exceção de matérias-primas, que envolvem a diferença entre estoques iniciais e finais históricos. Todavia, os valores são diminutos; poderia ser utilizado este custo histórico. Entretanto, observemos que a forma ideal de mensurar tais custos seria calcular o valor unitário médio ponderado das compras de materiais diretos para cada material e multiplicar esse custo unitário ponderado pelas quantidades de cada material consumido. Aliás, o mesmo deveria ocorrer com os produtos. Deveríamos calcular o custo unitário médio ponderado corrente da fabricação de cada produto no período e multiplicá-lo pelo número de produtos vendidos. Como temos apenas valores globais, devemos arranjar-nos com eles e aceitar as limitações derivantes dos cálculos. Assim, a fim de não incluir estoques nos cálculos, o custo unitário corrente das compras do período pode ser inferido *em termos da matéria-prima C*. Suponhamos que tivessem sido adquiridas 104.923 *unidades e equivalentes a C* dos vários materiais diretos.

Teríamos, assim, o seguinte custo unitário médio ponderado:

$$\frac{\text{Custo unitário médio ponderado}}{\text{das compras de matérias-primas}} = \frac{\$\ 217.715,00}{104.923\ \text{unidades}} = \$\ 2{,}075\ \text{por unidade}$$

Devemos multiplicar esse valor ($ 2,075) pelo número de unidades de materiais diretos utilizados no período, em termos de material direto C.

Sabemos que foram produzidas no período as seguintes unidades de produto:

$$
\begin{aligned}
A1 &= 520 \text{ unidades} \times 67,62 = 35.162,40 \text{ unidade de C.} \\
A2 &= 360 \text{ unidades} \times 40,26 = 14.493,60 \quad " \quad " \\
A3 &= 812 \text{ unidades} \times 38,68 = 31.408,16 \quad " \quad " \\
A4 &= 500 \text{ unidades} \times 28,56 = 14.280,00 \quad " \quad " \\
A5 &= 220 \text{ unidades} \times 63,40 = \underline{13.948,00} \quad " \quad "
\end{aligned}
$$

Total das unidades consumidas em termos de C = 109.292,16

Custo corrente da matéria-prima consumida = \$ 2,075 × 109.292,16 = \$ 226.781,23.

Note que esse valor é bastante semelhante ao de compras. Assim, o custo de fabricação corrente do período seria igual a \$ 226.781,23 + \$ 1.183.855,00 + \$ 403.328,74 = \$ 1.829.000,50. Este valor é dividido pelo número de unidades de produtos fabricadas no período, isto é, 2.412, obtendo o custo unitário corrente de fabricação do período.

$$\text{Custo unitário corrente de fabricação} \frac{\$ 1.829,50}{2.412} = \$ 758,29$$

Esse valor é multiplicado agora pelo número de unidades vendidas, resultando no custo corrente dos produtos vendidos. Assim, \$ 752,06 × 2.432 unidades = \$ 1.844.161,20, que é o custo corrente dos produtos vendidos. Notemos que o correspondente valor histórico seria de (\$ 1.500,00 + \$ 15.600,00 − \$ 3.600,00 − \$ 25.700,00 + \$ 217.715,00 + \$ 1.183.855,00 + \$ 395.000,00) = \$ 1.784.370,00. \$ 1.500,00, \$ 15.600, \$ 3.600,00 e \$ 25.700,00 são, respectivamente, valor histórico de materiais diretos e produtos acabados em 31-12-75 e, na sequência, em 31-12-76 (valores dados).

Observemos que o custo corrente dos produtos vendidos é obtido independentemente de estoques. A fórmula *estoque inicial + unidades adquiridas (fabricadas) − estoque final* não é válida em termos de custos correntes de reposição. Devemos inferir preços médios ponderados de compras (ou fabricação) do período e multiplicar tais preços pelas unidades vendidas (ou consumidas). O processo utilizado foi o ideal preconizado por Edwards & Bell, considerando o *total* dos produtos. Para sermos rigorosos, deveríamos tê-lo aplicado a cada produto, individualmente.

OUTRAS INFORMAÇÕES			
	31-12-75		31-12-76
Disponível	\$ 13.000,00		\$ 15.000,00
Duplicatas a receber (líquido)	\$ 122.220,00		\$ 227.950,00
Depreciação acumulada (histórica)	\$ 45.106,89 (30%)		\$ 60.142,52 (40%)
Contas a pagar	\$ 112.000,00		\$ 90.000,00
Vendas		\$ 2.300.000,00	
Despesas de desembolso		\$ 358.735,63	
Taxa de imposto de renda = 30%			
Imposto de Renda suposto no valor de \$ 30.000,00			
Capital subscrito e integralizado	\$ 100.000,00		\$ 100.000,00

Estamos em condições agora de levantar os balanços patrimoniais da empresa XYZ, em valores correntes de reposição, nas duas datas:

EMPRESA XYZ – BALANÇOS PATRIMONIAIS A VALORES CORRENTES				
Ativo	31-12-75			31-12-76
Disponibilidades		$ 13.000,00		$ 15.000,00
Duplicatas a receber		$ 122.220,00		$ 227.950,00
Matérias-primas		$ 2.842,65		$ 5.153,51
Produtos acabados		$ 70.117,34		$ 91.858,20
Imobilizado tangível	$ 320.000,00	$ 224.000,00	$ 448.000,00	$ 268.800,00
(–) Depreciação acumulada	($ 96.000,00)	$ 432.179,99	($ 179.200,00)	$ 608.761,71
Total do ativo				
(–) Passivo (contas a pagar, inclusive imposto de renda a pagar)		$ 112.000,00		$ 90.000,00
= Patrimônio líquido (Capital e lucros acumulados)		$ 320.179,99		$ 518.761,71

O resultado líquido corrente do exercício de 1976 foi, portanto, de $ 518.761,71 – $ 320.179,99 = $ 198.581,72, positivo, e avaliado em termos correntes.

Empresa XYZ – demonstração de resultados – Exercício de 1976 (a valores correntes)	
Vendas	$ 2.300.000,00
Custo corrente dos produtos vendidos	$ 1.844.161,20
= Lucro operacional em vendas	$ 455.838,80
+ Economias de custo realizadas ($ 1.844.161,20 – $ 1.784.370,00)	$ 59.791,20
= Lucro realizado em vendas	$ 515.630,00
(–) Despesas de desembolso	$ 358.735,63
= Lucro realizado total	$ 156.894,37
(–) Imposto de renda	$ 30.000,00
= Lucro realizado após imposto de renda	$ 126.894,37
+ Acréscimo no saldo dos ganhos não realizados ocorrido entre 31-12-75 e 31-12-76	$ 71.687,35
= Lucro líquido corrente	$ 198.581,72

São necessárias algumas explicações sobre os itens indicados anteriormente.

Economias de custo realizadas. Por definição, são iguais à diferença entre o custo corrente dos produtos vendidos e o correspondente custo histórico. Note que a superioridade informativa do conceito de custo de reposição consiste, basicamente, em destacar, do lucro realizado em vendas (e do realizado total), a parcela devida à adição de utilidade aos fatores de produção (lucro operacional em vendas) da parcela de lucro realizada, mas devida a fatores de estocagem e/ou especulativos. Os $ 515.630,00 correspondem, de fato, ao lucro bruto em vendas que apuraríamos no conceito histórico ($ 2.300.000,00 – $ 1.784.370,00). Explicamos nas páginas anteriores como chegamos aos valores correntes e históricos dos produtos vendidos. Notemos que a parcela de depreciação incluída no custo histórico dos produtos vendidos (e, em parte, nos estoques) é de $ 15.035,63, exatamente igual à diferença entre os saldos das *depreciações acumuladas* a valores históricos. Não incluímos, nesse exemplo, depreciações administrativas. A parcela correspondente em termos de custos correntes de reposição, todavia, incluída no custo corrente dos produtos vendidos e nos estoques, não é igual à diferença entre os saldos das depreciações acumuladas correntes, que apenas reproduzem as porcentagens históricas, em cada data, sobre os valores corrigidos. Vejamos o assunto mais pormenorizadamente:

A depreciação acumulada histórica representava 30% do saldo do ativo em 31-12-75. Foi aplicada a mesma porcentagem aos valores correntes de reposição, resultando em $ 96.000,00.

Como não houve compra adicional, suponhamos que a variação em valores correntes de $ 320.000,00 para $ 448.000,00 foi verificada uniformemente durante o período, o que equivale a dizer que se verificou no meio do período. Assim, a depreciação corrente de 1976 representa 10% do saldo inicial, isto é, $ 32.000,00 + metade de 10% do acréscimo (como se tivéssemos adquirido outro imobilizado no valor de $ 128.000,00 em meados do período), ou seja, $ 6.400,00. A depreciação total seria, assim, de $ 38.400,00.

A diferença entre os saldos das depreciações acumuladas correntes, todavia, é de $ 179.200,00 – $ 96.000,00 = $ 83.200,00, isto é, não corresponde à depreciação operacional corrente. Há uma diferença de $ 44.800,00, que será explicada a seguir.

Os $ 44.800,00 de diferença para chegar aos $ 179.200,00 representam exatamente 10% sobre $ 448.000,00, que é o acréscimo de porcentagem da depreciação acumulada em 31-12-76 sobre 31-12-75, porém calculado sobre o valor de reposição em 31-12-76.

Outra forma de calcular a depreciação operacional é:

$$\text{Depreciação operacional} = \frac{\$ 320.000,00 + \$ 448.000,00}{2} \times 0,10 = \$ 38.400,00$$

Calculamos a depreciação como 10% sobre o valor médio corrente do imobilizado tangível no início e no fim do período.

Notemos que realizamos um cálculo de depreciação operacional corrente *para o período*, de conformidade, aproximadamente, com o comportamento das demais despesas e receitas. Alguns autores calculariam como 10% sobre o valor de reposição no fim do período, o que daria $ 44.800,00. Isto somente seria rigorosamente correto, todavia, se as vendas e demais despesas (utilização de recursos) tivessem ocorrido no fim do período e não durante o mesmo.

Acréscimo no saldo dos ganhos não realizados ocorrido entre 31-12-75 e 31-12-76. Representa o item mais complexo do demonstrativo corrente e precisa ser cuidadosamente derivado.

Como resultado de registrarmos os ativos não monetários, na conceituação de custo corrente, nos balanços, a preços de reposição, surge, em cada data, uma diferença entre o valor corrente e o respectivo valor histórico, que vai para acréscimo de patrimônio líquido, como ganho (lucro) não realizado, pelo fato de o ativo não ter sido vendido. Assim, no balanço final, temos:

	Valores históricos	Valores correntes
Matéria-prima	$ 3.600,00	$ 5.153,51
Produtos acabados	$ 25.700,00	$ 91.858,20
Imobilizado tangível (líquido)	$ 90.213,78	$ 268.800,00
Totais	$ 119.513,78	$ 365.811,71
Diferença e crédito do patrimônio líquido (no balanço de 31-12-76)		$ 246.297,93

Vamos realizar o mesmo cálculo para 1975:

	Valores históricos	Valores correntes
Matéria-prima	$ 1.500,00	$ 2.842,65
Produtos acabados	$ 15.600,00	$ 70.117,34
Imobilizado tangível (líquido)	$ 105.249,41	$ 224.000,00
Totais	$ 122.349,41	$ 296.959,99
Diferença a crédito de patrimônio líquido (no balanço de 31-12-75)		$ 174.610,58

Temos, portanto:

Valor inscrito no patrimônio líquido de 31-12-76	$ 246.297,93
(–) Valor inscrito no patrimônio líquido de 31-12-75	$ 174.610,58
= Diferença a ser creditada ao resultado de 1976	$ 71.687,35

Este último valor é que aparece no demonstrativo de resultados. Notemos que se trata da diferença entre dois saldos, atribuível como resultado do período. Isto não significa, todavia, que os $ 71.687,35 tenham surgido necessariamente apenas de variações de preços ocorridas no exercício de 1976. A forma apresentada é uma simplificação dos processos formulados originariamente por Edwards & Bell. Entretanto, a correção numérica dos resultados é absoluta. Poderiam ter ocorrido perdas em vez de ganhos.

É preciso entender: o que vai para o resultado do período não é a diferença entre os valores correntes em cada data. Esta seria igual a $ 365.811,71 – $ 296.959,99 = $ 68.851,72. Em cada data deveremos inscrever no patrimônio líquido a diferença entre o valor de reposição e o respectivo histórico (como se fosse uma reavaliação de ativos). É a diferença entre os dois valores inscritos que transita no demonstrativo de resultados.

Voltemos ao valor do patrimônio líquido corrente:

	31-12-75	31-12-76
Capital	$ 100.000,00	$ 100.000,00
Ganho não realizado	$ 174.610,58	$ 246.297,93
Lucros acumulados realizados	$ 45.569,41	$ 172.463,78
	$ 320.179,99	$ 518.761,71

Se efetuarmos a diferença entre os saldos em cada data obteremos:

Capital	$ 0,00	
Ganho não realizado	$ 71.687,35	
Lucros acumulados realizados	$ 126.894,37	
	$ 198.581,72	= lucro do período

Resumo

Como vimos, a avaliação a custos correntes de reposição representa um desvio acentuado dos princípios contábeis geralmente aceitos. Apresenta a grande vantagem de retratar os saldos das contas no balanço, em cada data, em uma perspectiva atualizada de valor (de entrada), bem como, no demonstrativo de resultados, separa muito bem a parcela puramente operacional do lucro em vendas da parcela especulativa e/ou de manutenção, o mesmo ocorrendo com o lucro realizado total.

Entretanto, como os balanços são correntes apenas em cada data, não são comparáveis se o poder aquisitivo médio geral da unidade monetária tiver sofrido variação no período.

É necessário, portanto, conjugar as correções a preços específicos com os ajustes da variação do poder aquisitivo médio geral da moeda. É o que veremos no próximo capítulo.

19

A Influência das Variações do Poder Aquisitivo da Moeda; Custos Correntes Corrigidos

Objetivos de Aprendizagem

Neste capítulo, você aprenderá:
- As premissas sobre o índice geral de preços, como escolhê-lo.
- Como escolher a data-base e o cálculo dos coeficientes.
- Como calcular o resultado corrente corrigido, apurado por diferença entre patrimônios líquidos.
- Como tratar as correções no Balanço Patrimonial e na Demonstração de Resultados do Exercício.

19.1 Generalidades

Apesar de termos construído, no capítulo anterior, demonstrações de alta significação para a administração e também para os usuários externos à empresa, cabe agora homogeneizar os dados em função de uma moeda de poder aquisitivo constante, isto é, expressar os valores correntes ao mesmo nível monetário, para que as demonstrações sejam efetivamente comparáveis. Uma vez que isto esteja realizado, poderemos afirmar que nos aproximamos de um conceito de lucro "real", a valores de entrada, com exclusão de custos imputados e econômicos.

19.2 As premissas sobre o índice geral de preços

Aplicaremos a correção ao mesmo exemplo do capítulo anterior. Temos quatro datas importantes:

	Índice
Data de aquisição do imobilizado tangível	100
31-12-75	170
Meados de 1976	206
31-12-76	254

O índice geral de preços escolhidos seria, por exemplo, do tipo *Coluna 2, Disponibilidade Interna da "Conjuntura"*. Os níveis são, obviamente, hipotéticos.

19.3 Escolha da data-base e cálculo dos coeficientes

Data-base, 31-12-76

Coeficientes: 254/100 = 2,54, para a aquisição do imobilizado

254/170 = 1,49, para os eventos ocorridos em 31-12-75

254/206 = 1,23, para os eventos ocorridos uniformemente durante 1976

254/254 = 1,00, para os eventos ocorridos em 31-12-76

Lembramos que, no balanço patrimonial de 31-12-75, a depreciação acumulada já representava 30% do valor do imobilizado. Como se presume (pelo cálculo da depreciação de 1976) que a taxa anual é de 10%, já tínhamos, em 31-12-75, três exercícios decorridos. Portanto, os equipamentos foram adquiridos em início de 1973. Se houvesse aquisições adicionais, deveríamos corrigi-las também pela data da incorporação (no custo histórico corrigido) e levar em conta a flutuação específica de preços do novo equipamento. As depreciações sobre o equipamento adquirido recentemente levariam em conta, para efeito de correção, a data de aquisição.

19.4 O resultado corrente corrigido apurado por diferença entre patrimônios líquidos

O lucro líquido corrente corrigido será igual a:

$ 518.761,71 × 1,00 − $ 320.179,99 × 1,49 =

$ 518.761,71   − $ 477.068,1851 = $ 41.693,5249.[1]

Notamos que o "lucro real" é sensivelmente inferior ao lucro corrente. De $ 198.581,72 passamos a $ 41.693,5249. O lucro corrente corrigido representa apenas 21% do lucro corrente não corrigido. Houve uma diminuição, com a base de $ 198.581,72 de 79% no lucro.

É claro que, se tivéssemos aumentos efetivos de capital durante o exercício ou distribuição de dividendos, a diferença patrimonial deveria ser ajustada, corrigindo-se tais ocorrências pelo coeficiente de suas datas.

19.5 Correção dos balanços patrimoniais

Uma vez que os balanços estejam expressos em valores correntes de reposição de cada data, não há dificuldades para corrigi-los pela variação do poder aquisitivo médio geral da moeda. Bastaria multiplicar, em nosso exemplo, todas as contas do balanço inicial por 1,49. As do balanço final estão em termos de 31-12-76 e não seriam corrigidas. Não reproduziremos os balanços correntes corrigidos, por ser imediato seu entendimento.

---

[1] Foram mantidas todas as casas após a vírgula, apenas para demonstrar a exatidão absoluta do método de correção.

19.6 Correção da demonstração de resultados

Esta é bem mais complexa. Efetuaremos a correção item por item e, no final, reconstituiremos todo o demonstrativo.

19.6.1 Vendas

As vendas de $ 2.300.000,00 seriam corrigidas da mesma forma que em uma *price level accounting* pura, já que os valores históricos coincidem com os correntes de período. Pelo fato de o enunciado não dar a distribuição mensal ou trimestral das vendas, suponhamos a distribuição uniforme. Serão corrigidas, assim, pelo coeficiente, 1,23, resultando em $ 2.829.000,00.[2]

19.6.2 Custo corrente dos produtos vendidos

Da forma como foi calculado e definido, é um valor de meados de período e não dependeu de estoques iniciais e finais. Bastará multiplicar seu valor corrente por 1,23, resultando em $ 2.268.318,20. Estamos conservando, no exemplo, todas as casas após a vírgula, apenas para demonstrar a precisão do modelo de correção.

19.6.3 Economias de custo realizadas

Dos elementos da demonstração de resultados, talvez este seja o que apresenta mais dificuldades. Sabemos que tais economias são iguais à diferença entre custos correntes e históricos (no caso, ambos corrigidos). O custo corrente corrigido dos produtos vendidos já foi calculado no tópico anterior. Vamos, agora, corrigir o *custo histórico*.

Custo histórico corrigido = $ 1.500,00 × 1,49 + $ 15.600,00 × 1,49 – $ 3.600,00 – $ 25.700,00 + $ 217.715,00 × 1,23 + $ ... $ 1.183.855,00 × 1,23 + $ 379.964,37 × 1,23 + $ 15.035,63 × 2,54. Multiplicamos cada elemento formador do custo histórico dos produtos vendidos pelo coeficiente de sua data de formação. Notemos que os custos indiretos foram separados em duas partes, uma em meados e outra (depreciação) corrigida na data da compra do equipamento. Todavia, o procedimento não é rigoroso quanto à correção dos estoques iniciais e finais de materiais diretos e produtos, mas supusemos que a data de formação do valor histórico seja coincidente com a corrente. Entretanto, deveríamos, a rigor, verificar a data média de formação dos estoques iniciais e finais. O estoque inicial seria corrigido por um coeficiente maior que 1,49 e o final também seria corrigido por algo maior que 1,00. Suponhamos agora que os coeficientes das datas em que se formaram os estoques sejam: iniciais, 1,55; finais 1,05. Vamos reproduzir os cálculos corretos:

$ 1.500,00 × 1,55 = $ 2.325,00; $ 15.600,00 × 1,55 = $ 24.180,00;

$ 3.600,00 × 1,05 = $ 3.780,00; $ 25.700,00 × 1,05 = $ 26.985,00;

$ 217.715,00 × 1,23 = $ 267.789,45; $ 1.183.855,00 × 1,23 = $ 1.456.141,65;

$ 379.964,37 × 1,23 = $ 467.356,1751; $ 15.035,63 × 2,54 = $ 38.190,5002.

---

[2] Para consulta a respeito de distribuições não uniformes, veja IUDÍCIBUS, Sérgio de. *Contabilidade gerencial*. 2. ed. São Paulo: Atlas, 1978. Capítulo 2.

O valor final resultante é igual a $ 2.225.217,7753 (somando e subtraindo os valores, conforme indicado na página anterior).

O valor da *economia de custo realizada* será, portanto, de .... $ 2.268.318,20 – $ 2.225.217,7753 = $ 43.100,4247.

19.6.4 Despesas de desembolso

$ 358.735,63 × 1,23 = $ 441.244,8249

19.6.5 Imposto de Renda

$ 30.000,00 × 1,00 = $ 30.000,00. Se corrigirmos pelo coeficiente de meados de 1976 (hipótese também válida), deveremos levar em conta este fato também nos itens monetários.

19.6.6 Acréscimo no saldo dos ganhos não realizados ocorrido entre 31-12-75 e 31-12-76

Para corrigir este item é necessário analisar cada componente individualmente.

Assim, vamos recompor os ganhos não realizados em 31-12-76 e corrigi-los:

GANHOS NÃO REALIZADOS CORRIGIDOS (31-12-76)		
	Valores históricos	Valores correntes
Matéria-prima	$ 3.600,00 × 1,05 = $ 3.780,00	$ 5.153,51
Produtos acabados	$ 25.700,00 × 1,05 = $ 26.985,00	$ 91.858,20
Imobilizado tangível	$ 90.213,78 × 2,54 = $ 229.143,0012	$ 268.800,00
Totais	$ 259.908,0012	$ 365.811,71

Existe um acréscimo nos custos correntes corrigidos (expressos em termos de 31-12-76) de $ 105.903,7088.

Efetuamos o mesmo tipo de cálculo para 31-12-75:

GANHOS NÃO REALIZADOS CORRIGIDOS (31-12-75)		
	Valores históricos	Valores correntes
Matéria-prima	$ 1.500 × 1,55 = $ 2.325	$ 2.842,65 × 1,49 = $ 4.235,5485
Produtos acabados	$ 15.600 × 1,55 = $ 24.180	$ 70.117,34 × 1,49 = $ 104.474,8366
Imobilizado tangível	$ 105.249,41 × 2,54 = $ 267.333,5014	$ 224.000,00 × 1,49 = $ 333.760,0000
Totais	$ 293.838,5014	$ 442.470,3851

Cap. 19 • A Influência das Variações do Poder Aquisitivo da Moeda; Custos Correntes Corrigidos 249

Existe uma diferença a favor do custo corrente corrigido de $ 148.631,8837; assim:

Ganho não realizado real em 31-12-76	$ 105.903,7088
(–) Ganho não realizado real em 31-12-75	$ 148.631,8837
Decréscimo real atribuído do exercício de 1976	$ (42.728,1749)

O estoque de ganhos não realizados reais perdeu potencialidade de um ano para outro (é preciso considerar, todavia, a parcela que foi realizada). Atribuiremos, assim, um decréscimo ao resultado líquido corrente do período de $ 42.728,1749.

19.6.7 Ganhos (perdas) nos itens monetários

No saldo inicial, de $ 23.220,00 × 0,49 = $ 11.377,80 perda
Nos acréscimos, de $ 159.730,00 × 0,23 = $ 36.737,90 perda
Total $ 48.115,70 perda

19.6.8 Demonstração de resultados corrigida (resumo)[3]

Exercício de 1976	
Vendas	$ 2.829.000,000
(–) Custo dos produtos vendidos	$ 2.268.318,200
= Lucro operacional em vendas	$ 560.681,800
+ Economias de custo realizadas	$ 43.100,4247
= Lucro realizado em vendas	$ 603.782,2247
(–) Despesas de desembolso	$ 441.244,8249
= Lucro realizado (AIR)	$ 162.537,3998
(–) Imposto de renda	$ 30.000,0000
= Lucro realizado (DIR)	$ 132.537,3998
(–) Decréscimo nos saldos de ganhos não realizados e perdas nos itens monetários	$ 90.843,8749
= Lucro líquido corrente corrigido (real)	$ 41.693,5249

Resumo

Verificamos, neste e no capítulo anterior, o rigor absoluto do processo de correção. É claro que, em casos práticos, deverão ser tomados atalhos e caminhos simplificados, a fim de determinar a data média de formação dos eventos. Por exemplo, as compras de itens não monetários – os imobilizados tangíveis e os investimentos – deverão ser corrigidas, quando a frequência de aquisições for muito grande em cada ano e a empresa tiver muitos anos de vida, pelo coeficiente médio de cada ano, em termos do da data-base, ou em bases mensais, quando a taxa de inflação for muito alta.

---

[3] Neste exemplo preocupamo-nos em demonstrar os grandes traços das técnicas de correção. Detalhes sobre correção de certas contas, como provisão para devedores duvidosos etc., já foram demonstrados em outros trabalhos e exercícios. Por outro lado, o mecanismo de correção preconizado pela CVM (Instrução CVM nº 191, de 15-07-92) representa um aperfeiçoamento dos critérios vistos, devendo ser objeto de estudo por parte dos profissionais.

Contas como provisão para devedores duvidosos, títulos com cláusula de correção monetária, pré ou pós-fixada, obrigações com correção monetária intrínseca etc. poderão ser trabalhosas. Entretanto, podem ser sempre relacionadas com sua data de formação. Devedores duvidosos têm a data das contas a receber às quais se referem. Os ativos e os passivos monetários que forem sujeitos a cláusulas de correção monetária intrínseca deverão ser corrigidos na *price level accounting*, pelo valor original do investimento, isto é, via de regra, corrigiremos o investimento original pelas variações do poder aquisitivo médio da moeda. As correções monetárias operacionais serão adicionadas ao valor histórico. Da comparação entre os dois totais (original corrigido pelo coeficiente de correção geral) – (original corrigido pelo coeficiente de correção intrínseco), surgirão perdas ou ganhos ou poderá, até, não haver diferença. O raciocínio é análogo e inverso ao exemplo de dívida com variação cambial. Todavia, no fundo, simplificando a questão, qualquer tipo intrínseco de correção operacional irá afetar o saldo do direito a receber ou da obrigação a pagar no fim do exercício. Se se tratar de valores a receber e a pagar, mesmo que de longo prazo, poderemos corrigi-los, na prática, como se fossem item monetário. Se for investimento em ações ou em ativos não monetários que não se caracterizem como valores a receber ou a pagar, deverá, sem dúvida, ser corrigido pelo coeficiente da data de incorporação. Quando o custo corrente não tiver de forma alguma uma avaliação possível a preço corrente (será também difícil apurar o valor corrente de itens como *goodwill*), tomaremos, como valor corrente, em cada data, o valor original corrigido em termos de poder aquisitivo, mesmo que estejamos levantando balanços correntes. Embora não seja possível calcular um custo de reposição para tais itens, é possível, às vezes, estimar um valor de realização ordenada. Neste caso, o valor de realização pode ser preferível, como expressão de valor corrente, ao valor histórico corrigido. O capital também é um item que somente pode ser corrigido pelas variações do poder aquisitivo médio geral da moeda, de acordo com as subscrições reais em cada data.

Unidade IV (Apêndices)

– Alterações Principais das Leis nº 11.638, de 2007, e nº 11.941, de 2009

– A Lei das Sociedades por Ações (1976)

Apêndice A

Principais Alterações da Lei nº 11.638, de 2007, e da Lei nº 11.941, de 2009

I – Introdução

A Comissão de Valores Mobiliários – CVM comunica que, em 28 de dezembro próximo passado, foi promulgada a Lei nº 11.638/07, que altera, revoga e introduz novos dispositivos à Lei das Sociedades por Ações (Lei nº 6.404, de 15 de dezembro de 1976), notadamente em relação ao capítulo XV que trata de matéria contábil. A referida Lei nº 11.638/07 teve origem no Projeto de Lei nº 3.741/2000, de iniciativa desta CVM junto ao Executivo, cuja finalidade maior era possibilitar a eliminação de algumas barreiras regulatórias que impediam a inserção total das companhias abertas no processo de convergência contábil internacional, além de aumentar o grau de transparência das demonstrações financeiras em geral, inclusive em relação às chamadas sociedades de grande porte não constituídas sob a forma de sociedade por ações.

Originalmente, o Projeto de Lei nº 3.741, mediante proposta de alteração do art. 289, buscava ainda reduzir os custos de publicação dessas demonstrações, tendo em vista, inclusive, o expressivo aumento das informações complementares (notas explicativas e quadros suplementares) que deverá advir em função desse processo de convergência. Muito embora este último objetivo não tenha sido alcançado no final da tramitação do projeto, a Lei nº 11.638/07, ao possibilitar essa convergência internacional, irá permitir, no futuro, o benefício do acesso das empresas brasileiras a capitais externos a um custo e a uma taxa de risco menores.

A CVM considera, com a aprovação do PL nº 3.741, que está sendo concluído um ciclo, longo, difícil e muito debatido, mas, evidentemente, não o processo como um todo. Um novo ciclo se inicia agora e que demandará grandes esforços das companhias, dos auditores, dos diversos organismos e profissionais de contabilidade e finanças e, certamente, da própria CVM no processo de regulação, disseminação, orientação e aprendizado das modificações produzidas pela nova lei e das matérias dela decorrentes que necessitarão ser normatizadas.

Assim sendo, a CVM vem a público para manifestar o seu entendimento *preliminar* quanto à aplicação da nova lei e como deverá ser desenvolvido o seu processo de regulação, bem como solicitar ao mercado, especialmente às companhias abertas e seus auditores independentes, que apresentem dúvidas e sugestões a respeito dessa matéria, com vistas à elaboração de ato normativo pela CVM.

II – Demonstrações Financeiras de 31-12-2007

Tendo em vista a relevância das alterações produzidas pela Lei nº 11.638/07, e para atendimento ao disposto na Deliberação CVM nº 505/06, as companhias deverão divulgar, em nota explicativa às suas demonstrações financeiras de 31-12-2007, os eventos contemplados na nova lei que irão influenciar as suas demonstrações do próximo exercício e, quando possível, uma estimativa de seus efeitos no patrimônio e no resultado de 2007 ou o grau de relevância sobre as demonstrações de 2008.

III – Principais Alterações Contábeis da Lei nº 11.638/07

A Lei nº 11.638/07 produziu alterações específicas, pontuais e de aplicação imediata no exercício de 2008, em linha com os padrões contábeis internacionais, além de estabelecer para a CVM o poder/dever de emitir normas para as companhias abertas em consonância com esses padrões internacionais. Em função do disposto no § 5º do art. 177 adicionado pela Lei nº 11.638/07, as normas contábeis emitidas pela CVM deverão estar obrigatoriamente em consonância com os padrões contábeis internacionais adotados nos principais mercados de valores mobiliários, ou seja, de acordo com as normas emitidas pelo International Accounting Standards Board – IASB, que é hoje considerado como a referência internacional dos padrões de contabilidade.

A nova lei também faculta às companhias fechadas a adoção das normas expedidas pela CVM para as companhias abertas, possibilitando que essas companhias participem também do processo de convergência contábil (art. 177, § 6º). Além disso, determina às sociedades de grande porte a observância das disposições da lei societária no que diz respeito à escrituração e elaboração de demonstrações financeiras, além de exigir que essas demonstrações sejam auditadas por auditores independentes registrados na CVM (art. 3º).

Em resumo, as alterações estabelecidas para as companhias abertas pela Lei nº 11.638/07 são:

1. A substituição da Demonstração das Origens e Aplicações de Recursos – DOAR pela Demonstração dos Fluxos de Caixa – DFC (art. 176, IV). A lei permite que, no primeiro exercício social, a DFC seja divulgada sem indicação dos valores referentes ao ano anterior. Entendemos, no entanto, que essa faculdade não deva ser adotada por aquelas companhias que já vêm divulgando esse tipo de demonstração.

2. A inclusão da Demonstração do Valor Adicionado – DVA no conjunto das demonstrações financeiras elaboradas, divulgadas e que devem ser aprovadas pela assembleia geral ordinária – AGO (art. 176, V). Também neste caso a lei permite que, no primeiro exercício social, a DVA seja divulgada sem indicação dos valores referentes ao ano anterior. Entendemos, também, que essa faculdade não deva ser adotada por aquelas companhias que já vêm divulgando voluntariamente esse tipo de demonstração.

3. Foi criada uma nova possibilidade, além da originalmente prevista na lei societária, de segregação entre a escrituração mercantil e a escrituração tributária, ao estabelecer a alternativa para a companhia adotar na sua escrituração mercantil, e não apenas em livros auxiliares, as disposições da lei tributária, desde que, em seguida, depois de apurado o lucro base para tributação, sejam efetuados os ajustes necessários para que as demonstrações financeiras estejam em consonância com a Lei das S.A e os princípios fundamentais de contabilidade. Essas demonstrações deverão ainda ser objeto de auditoria por auditor independente registrado na CVM (art. 177, § 2º, II).

Este ponto, mantido para efeito histórico, foi modificado pela Lei nº 11.941/09, determinando que as disposições da lei tributária ou de lei especial da atividade que conduzam ou incentivem a utilização de métodos ou critérios contábeis diferentes ou determinem registros, lançamentos ou ajustes ou a elaboração de outras demonstrações financeiras deverão ser feitas exclusivamente em livros ou registros auxiliares, sem qualquer modificação na escrituração mercantil (art. 177, § 2º). Fica clara, portanto, a segregação entre escrituração mercantil e escrituração tributária.

4. Foram criados dois novos subgrupos de contas: o Intangível, no ativo permanente e os Ajustes de Avaliação Patrimonial, no patrimônio líquido (art. 178, § 1º, "c" e § 2º, "d"). Além disso, foram especificadas novas definições, em linha com os padrões internacionais de contabilidade, o que: (a) inclui no ativo imobilizado os bens decorrentes de operações em que há transferência de benefícios, controle e risco, independentemente de haver transferência de propriedade (art. 179, IV); (b) restringe o uso do ativo diferido às despesas pré-operacionais e aos gastos incrementais de reestruturação; e (c) segrega no ativo intangível os bens incorpóreos, inclusive o *goodwil* adquirido. Deve ser ressaltado que, para as companhias abertas, a existência desse subgrupo "Intangível" já se encontrava regulada pela Deliberação CVM nº 488/05.

Neste ponto, também foram feitas modificações pela Lei nº 11.941/09: o ativo permanente recebeu nova denominação – "ativo não circulante" –, que passa a ser composto de ativo realizável a longo prazo, investimentos, imobilizado e intangível. O passivo também sofreu modificações: o passivo exigível a longo prazo passou a ser denominado de "passivo não circulante", resultados de exercícios futuros foram retirados. No patrimônio líquido, a composição ficou da seguinte forma: capital social, reservas de capital, ajustes de avaliação patrimonial, reservas de lucros, ações em tesouraria e prejuízos acumulados (art. 178, § 1º e § 2º).

O ativo diferido foi revogado pela Lei nº 11.941/09.

Quanto ao subgrupo "Ajustes de Avaliação Patrimonial", este servirá essencialmente para abrigar a contrapartida de determinadas avaliações de ativos a preço de mercado, especialmente a avaliação de determinados instrumentos financeiros e, ainda, os ajustes de conversão em função da variação cambial de investimentos societários no exterior, cabendo ressaltar que esses últimos ajustes estão sendo objeto de deliberação a ser brevemente emitida pela CVM, aprovando o Pronunciamento CPC 02 do Comitê de Pronunciamentos Contábeis.

5. A nova lei estabeleceu também novos critérios para a classificação e a avaliação das aplicações em instrumentos financeiros, inclusive derivativos. Em linha com a regra internacional, esses instrumentos financeiros são classificados em três categorias (destinadas à negociação, mantidas até o vencimento e disponíveis para venda) e a sua avaliação pelo custo mais rendimentos ou pelo valor de mercado será feita em função da sua classificação em uma dessas categorias (art. 183, I e § 1º, "d"). A regulação completa desse dispositivo em linha com as normas do IASB (IAS 32, IAS 39 e IFRS 7) é bastante complexa, detalhada e exigirá por parte das Companhias Abertas e de seus Auditores um forte grau do que se costuma denominar de "subjetivismo responsável".

6. Uma outra alteração relevante é a introdução do conceito de Ajuste a Valor Presente para as operações ativas e passivas de longo prazo e para as relevantes de curto prazo. A CVM entende que a aplicação desse conceito pelas companhias abertas por ela reguladas depende da emissão de norma específica ou de expressa referência em alguma outra norma, delimitando o seu alcance e fixando as premissas necessárias para sua utilização, o que deverá ser feito sempre em consonância com as normas internacionais (art. 183, VIII e art. 184, III).

7. A Lei nº 11.638/07 também obriga a companhia a efetuar, periodicamente, análise para verificar o grau de recuperação dos valores registrados no ativo imobilizado e no intangível. A CVM, no caso das companhias abertas, já regulou essa matéria ao emitir a Deliberação CVM nº 527/07 (revogada pela 639/10) aprovando o Pronunciamento CPC 01 do Comitê de Pronunciamentos Contábeis (atualmente na revisão 1 – R1 – pela Deliberação CVM nº 639/10), estando em linha com as normas internacionais de contabilidade (art. 183, § 3º).

8. Nas operações de incorporação, fusão ou cisão (combinação de empresas), quando forem realizadas entre partes não relacionadas e estiverem vinculadas à efetiva transferência de controle, todos os ativos e passivos da incorporada, cindida ou fusionada deverão ser identificados, avaliados e contabilizados a valor de mercado. Com a Lei nº 11.941/09, as operações referidas acima ficam sujeitas a normas especiais de avaliação e contabilização aplicáveis a essas operações, a serem estabelecidas pela Comissão de Valores Mobiliários. Da mesma forma mencionada no item 5, sobre a questão da avaliação

dos instrumentos financeiros, esta é outra matéria cuja regulação, em linha com a regra internacional (IFRS-3), é também bastante complexa, inclusive em função dos ambientes jurídico-societários que balizam essas operações no Brasil e no exterior, o que demandará uma atenção especial dos reguladores ao analisar e implementar as normas internacionais que tratam da matéria (art. 226, § 3º).

9. Foi alterado o parâmetro para avaliação de coligadas pelo método da equivalência patrimonial, sendo estabelecido que esse método de avaliação seja aplicado a todas as coligadas em que a investidora tenha influência significativa. A nova lei estabelece ainda que existe presunção de influência significativa quando a participação for de 20% ou mais do capital *votante*, ao contrário do disposto na lei original que estabeleceu como parâmetro o capital *total* (art. 248).

A Lei nº 11.941/09 deu nova redação ao artigo 248 da Lei nº 6.404/76, estabelecendo que o método da equivalência patrimonial deve ser aplicado em coligadas, controladas e em outras sociedades que façam parte de um mesmo grupo ou estejam sob controle comum.

10. Criação da Reserva de Incentivos Fiscais – a criação dessa reserva visa a possibilitar que as companhias abertas possam, a partir de regulação da CVM, registrar as doações e subvenções para investimento não mais como reserva de capital e sim no resultado do exercício (de imediato ou em bases diferidas) como estabelece a norma internacional. Para que a companhia não corra o risco de perder o benefício fiscal da subvenção, está sendo previsto que a parcela do lucro líquido que contiver esse benefício fiscal possa ser destinada para essa reserva e excluída da base de cálculo do dividendo obrigatório (art. 2º).

Cabe ressaltar que o projeto aprovado no legislativo alterava o atual art. 181 da lei societária para que: (1) os resultados de transações entre controladoras e controladas; (2) as receitas não realizadas decorrentes de doações e subvenções para investimentos; e (3) outras receitas não realizadas, fossem registradas, enquanto não realizadas, em conta de Resultado do Exercício Futuro. Essa alteração foi objeto de veto presidencial, essencialmente em razão do item (1) acima (resultados de transações entre controladoras e controladas), o que, no nosso entendimento e com a permanência do art. 195-A,[1] com a revogação da letra "d" do § 1º do art. 182[2] e com o disposto no § 5º do art. 177,[3] não impede que, em função de regulamentação específica da CVM, as doações e subvenções para investimentos possam ser contabilizadas de acordo com as normas internacionais e, enquanto não realizadas, sejam classificadas como Resultados de Exercícios Futuros.

11. Eliminação da Reserva de Reavaliação – ao dar nova redação à letra "d" do § 2º do art. 178, ao § 3º do art. 182 e ao revogar o § 2º do art. 187, a Lei nº 11.638/07 eliminou a possibilidade de as sociedades por ações efetuarem reavaliações espontâneas do seu ativo imobilizado. A nova lei deu a opção às companhias para manterem os saldos existentes dessa reserva, que deverão ser realizados de acordo com as regras atuais (no caso das companhias abertas, nos termos da Deliberação CVM nº 183) ou de estornarem esses saldos até o final do exercício social em que a lei entrou em vigor, ou seja, até o final do exercício de 2008.

12. Eliminação da Reserva de Capital "Prêmio na Emissão de Debêntures" (art. 10) – O prêmio recebido na emissão de debêntures normalmente faz parte das condições da sua negociação, em função da atratividade desse papel ou da sua precificação, como, por exemplo, a fixação de taxa de juros acima da

---

[1] Art. 195-A. A assembleia geral poderá, por proposta dos órgãos de administração, destinar para reserva de incentivos fiscais a parcela do lucro líquido decorrente de doações ou subvenções governamentais para investimentos, que poderá ser excluída da base de cálculo do dividendo obrigatório (inciso I *caput* do art. 202 desta Lei).

[2] Art. 182.
§ 1º Serão classificadas como reservas de capital as contas que registrarem:
....
d) as doações e subvenções para investimento.

[3] Art. 177. . . .
§ 5º As normas expedidas pela Comissão de Valores Mobiliários a que ser refere o § 3º deste artigo deverão ser elaboradas em consonância com os padrões internacionais de contabilidade adotados nos principais mercados de valores mobiliários.

média do mercado. Nesse caso, o prêmio recebido, configura uma receita não realizada, que deveria ser classificada como Resultados de Exercícios Futuros, para apropriação ao resultado em função do prazo das debêntures e do reconhecimento também no resultado das despesas de juro. Ele corresponde, economicamente, a uma redução da taxa efetiva de juros dessa dívida. A nova lei veio dessa forma corrigir uma distorção contábil contida na lei societária.

IV – Outras Disposições da Lei nº 11.638/07

1. Como já mencionado, a Lei nº 11.638/07 estendeu às sociedades de grande porte, assim consideradas aquelas que, individualmente ou sob controle comum, possuam ativo total superior a R$ 240 milhões ou receita bruta superior a R$ 300 milhões, a obrigatoriedade de manter escrituração e de elaborar demonstrações financeiras com observância às disposições da lei societária. Assim, embora não haja menção expressa à obrigatoriedade de publicação dessas demonstrações financeiras, qualquer divulgação voluntária ou mesmo para atendimento de solicitações específicas (credores, fornecedores, clientes, empregados etc.), as referidas demonstrações deverão ter o devido grau de transparência e estar totalmente em linha com a nova lei (art. 3º).

2. A Lei nº 11.638/07 também possibilitou à CVM estabelecer regras diferenciadas, para as companhias abertas e demais emissores de valores mobiliários, sobre a natureza e a periodicidade das informações que elas devam prestar, sobre o relatório da administração e sobre as suas demonstrações financeiras, padrões de contabilidade e relatórios e pareceres de auditoria (art. 4º). Cabe ressaltar que a Lei nº 10.303/01 já havia alterado a lei societária, dando à CVM poderes para classificar e regular as companhias abertas em categorias segundo as espécies e classes dos valores mobiliários por elas emitidos. A nova lei não altera essa disposição e além de considerar, ainda, o porte das companhias, incluiu os demais emissores de valores mobiliários no que diz respeito ao estabelecimento de regras diferenciadas nos casos previstos no § 1º, incisos I, II e IV do art. 22 da Lei nº 6.385/76.

3. A nova lei alterou, ainda, a Lei nº 6.385/76 reforçando o entendimento desta CVM de que a regulação contábil no Brasil pode estar formalmente baseada, no todo ou em parte, nos trabalhos desenvolvidos por um organismo multirrepresentativo, que tenha por objeto o estudo e a divulgação de princípios e padrões contábeis e de auditoria, e que reflita o pensamento dos diversos interessados nas informações contábeis das sociedades por ações. Com a introdução na nova lei da possibilidade de a CVM, do Banco Central do Brasil e dos demais reguladores firmarem convênios com essa entidade, ficam reforçados o papel e a importância do Comitê de Pronunciamentos Contábeis – CPC, hoje já em plena atividade, bem como fica ressaltada a necessidade deste organismo vir a ser dotado de condições plenas para atender as demandas dos reguladores e dos diversos mercados, e, dessa forma, dar maior efetividade a essa disposição contida na Lei nº 11.638/07 (art. 5º).

V – Vigência e Aplicação da Lei nº 11.638/07

O artigo 9º da referida lei estabeleceu a sua entrada em vigor no primeiro dia do exercício seguinte ao da sua publicação. Dessa forma, considerando que a Lei nº 11.638/07 foi publicada no *Diário Oficial da União* de 28-12-2007, ela passou a vigorar para as demonstrações financeiras do exercício social iniciado a partir de 1º de janeiro de 2008. Tendo em vista que a lei societária, em seu art. 176,[4] regula as demonstrações financeiras que são elaboradas no final do exercício social, a CVM entende que as alterações, relativas a demonstrações financeiras contidas na Lei nº 11.638/07, deverão produzir os seus efeitos iniciais sobre as demonstrações elaboradas para atendimento ao referido art. 176, cujo exercício se iniciou a partir de 1º-1-2008, independentemente da data do seu encerramento.

Essas novas regras deverão ser aplicadas, portanto, não só às demonstrações encerradas em 31-12-2008, mas, ainda, nos demais casos de elaboração, em 2008, de outras demonstrações financeiras previs-

---

[4] "Art. 176. Ao fim de cada exercício social a Diretoria fará elaborar, com base na escrituração mercantil da companhia, as seguintes demonstrações financeiras, que deverão..."

tas na lei societária como, por exemplo, o levantamento de balanço especial eventualmente elaborado para atendimento aos arts. 45 e 204 da lei societária. No caso das companhias que iniciaram o exercício antes de 1º de janeiro de 2008, as alterações da Lei nº 11.638/07 consequentemente somente serão aplicáveis às demonstrações financeiras encerradas a partir de 2009.

VI – A Lei nº 11.941/2009

A Lei nº 11.941/09 promoveu alterações na Lei nº 6.404/76. A principal foi ajustar a legislação tributária para a segregação entre escriturações comercial e tributária. Com isso, foi criada a neutralidade dos efeitos da legislação contábil na legislação tributária. Outras alterações foram promovidas e comentadas ao longo deste capítulo.

Apêndice B

Avaliação Global das Principais Disposições Contábeis Contidas na Lei nº 6.404, de 15-12-1976

A.1 Finalidades do apêndice

O escopo deste apêndice é perfeitamente caracterizado. Tentaremos efetuar uma análise imparcial das principais disposições contábeis da lei, em comparação com as correntes atuais de Teoria da Contabilidade, evidenciação e *disclosure*. Nossa análise deter-se-á, apenas, nos aspectos fundamentais, principalmente na área de avaliação, demonstrações contábeis e *equity*.[1] Nosso interesse, como sempre, reside nas estruturas e não na ornamentação do edifício contábil. Consideremos, por outro lado, que alguns outros autores têm geralmente adotado posturas extremadas com relação à qualidade intrínseca da lei. Como sempre acontece com um evento importante para a profissão (e a lei, sem dúvida, é de extrema relevância), a maioria de nossos contadores, conforme sua corrente, tece os comentários e as opiniões mais extremadas sobre o conteúdo contábil da lei. Alguns chegam ao absurdo de condená-la quase totalmente: uma cegueira incrível e um absoluto jejum de conhecimentos contábeis mais sólidos! Uma negação da evidência que já incorpora notáveis progressos contábeis, desde principalmente a Circular nº 179 do Banco Central.[2]

Alguns tecem comentários elogiosos indiscriminados à lei, como se reconhecer o acerto geral do texto não obrigue o leitor interessado na evolução contábil a apontar certos erros e desvios – alguns talvez razoavelmente importantes – que ocorreram.

Somente a evolução dos acontecimentos, inclusive em termos de desdobramentos de trabalhos da CVM, da legislação fiscal etc., poderá dar-nos uma base mais segura de análise, principalmente a experiência das empresas, as reações do mercado, as dificuldades de interpretação que surgirão etc. Tudo isto e muito mais poderá e deverá ser pesquisado no futuro, inclusive os aspectos comportamentais no processo decisório e na alocação de investimentos, distribuição de dividendos e outras políticas empresariais. É importante, no momento, avaliar imparcialmente e na medida do possível a qualidade das disposições contábeis da lei, em face dos conceitos sobre Teoria da Contabilidade, vistos anteriormente, e talvez de outros

---

[1] Para tratamento detalhado dos dispositivos da lei e comentários comparativos de cada artigo entre a lei e a teoria, consulte IUDÍCIBUS, Sérgio de; MARTINS, Eliseu; GELBCKE, Ernesto Rubens. *Manual de Contabilidade Societária:* aplicável a todas as sociedades: de acordo com as normas internacionais. 3. ed. São Paulo: Atlas, 2018. Este Apêndice é de leitura facultativa.

[2] Este Apêndice tem certa validade, apenas no sentido histórico, sendo sua leitura totalmente facultativa.

argumentos que surjam por necessidade da comparação. Todavia antecipamos que nossa opinião global com relação à qualidade e à oportunidade da lei é mais favorável do que contrária. Trata-se de avaliar se a lei foi tão boa quanto poderia ter sido, ou o que poderia ser melhorado ou simplificado.

A.2 Escrituração

O artigo 177 estabelece que "a escrituração da companhia será mantida em registros permanentes, com obediência aos preceitos da legislação comercial e desta lei e aos *princípios de contabilidade geralmente aceitos*, devendo observar métodos ou critérios contábeis *uniformes* no tempo e registrar as mutações patrimoniais segundo o regime de competência". (Ênfases de nossa iniciativa.)

Parece-nos muito importante para a profissão esta introdução da lei e seus parágrafos, que analisaremos a seguir. Acham-se citados, nominalmente, dois aspectos essenciais da Contabilidade:

1. princípios geralmente aceitos; e
2. uniformidade de critérios no tempo (consistência).

Adicionalmente, reforça o *regime de competência*, embora isto seja claramente redundante, pois é um dos princípios contábeis geralmente aceitos (por nós englobado no princípio de realização da receita e confrontação da despesa, conforme Capítulo 4).

Notemos que, do ponto de vista formal, ao realçar que a escrituração será mantida "com obediência aos preceitos... e *desta lei* (a própria Lei nº 6.404) e *aos princípios de contabilidade geralmente aceitos*"..., a lei está fazendo uma distinção entre *seus* dispositivos e os princípios geralmente aceitos. Boa parte das disposições contábeis contidas na lei estaria enquadrada dentro dos desdobramentos derivados de um corpo de princípios geralmente aceitos, principalmente segundo a interpretação norte-americana do significado da expressão. Nem todos os dispositivos, todavia, nela estariam enquadrados, principalmente em questão de normas e procedimentos. Assim, considerando que a lei deve ser obedecida pelos sujeitos passivos por ela englobados, pressupomos que as sociedades às quais a lei deverá aplicar-se deverão, em caso de eventual conflito, aplicar primeiramente os dispositivos legais e em seguida os princípios apenas no que for aplicável ou não contrariar a lei.

Observemos, e teremos oportunidade de realçar muitas vezes este ponto, que a terminologia utilizada na lei é bastante primária, quando não equivocada, tendo-se em vista os bons conceitos contábeis. Em nossa opinião, o *caput* do artigo 177 deveria ser assim redigido:

> A escrituração da companhia será mantida em registros permanentes, observando os princípios geralmente aceitos de Contabilidade, assim como suas convenções, normas e procedimentos detalhados e os preceitos da legislação comercial e desta lei.

Ressaltar a *consistência* (chamada de uniformidade pela lei) e o regime de competência é redundante, embora o realce possa ser entendido levando-se em conta o grau de desconhecimento bastante acentuado sobre princípios contábeis por parte de muitos contadores. Melhor teria sido, todavia, que a lei fosse bem sucinta em seus artigos, remetendo os detalhes a um trabalho, a ser realizado logo em seguida. Por exemplo, a CVM poderia realizar, juntamente com o IBRACON e algumas universidades, uma pesquisa sobre os princípios geralmente aceitos. A lei ficou em um meio-termo: não foi suficientemente sucinta, como talvez seria correto (mas não conveniente), e não foi suficientemente detalhada para ser operacional. Nosso ponto de vista é que muito dependerá das firmas de auditoria e do conhecimento intrínseco dos auditores sobre princípios contábeis. Devemos ressaltar, a esta altura, que nossa expectativa a esse respeito é pessimista. Existem algumas firmas de auditores independentes que não têm condições técnicas mínimas para zelarem por tanta responsabilidade. Acredito, assim, que, pelo fato de a lei ter-se encaminhado pelo caminho do detalhe, deveria ter sido detalhada até o fim, explicitando os princípios contábeis geralmente aceitos e outros detalhes que trataremos mais adiante.

O § 1º, dentro da redundância já comentada, ressalta que "as demonstrações financeiras (a denominação correta seria *demonstrações contábeis*) do exercício em que houver modificação de métodos ou critérios contábeis, de efeitos relevantes, deverão indicá-la em nota e ressaltar esses efeitos". Não se indica o que é *efeito relevante*, o que todavia é um problema existente inclusive nos Estados Unidos em muitas redações. Indicam-se metas a serem observadas, sem definir melhor *como* e *quanto*. Devemos, em tais casos, repousar no bom-senso e no conhecimento por parte dos auditores dos trabalhos que tratam sobre relevância. É claro que, do ponto de vista formal, este parágrafo também é redundante.

A lei lavrou um tento importante (os autores da lei) no § 2º do artigo 177, tratando de separar a Contabilidade Comercial (ou a Contabilidade "Contábil") da Fiscal. O grande problema é que as sanções para quem não obedecer aos critérios fiscais são muito mais visíveis e sentidas do que aquelas que porventura recaiam sobre os que não obedecerem aos critérios contábeis da lei e aos princípios geralmente aceitos. Em áreas em que a lei não tenha sido suficientemente detalhada e que a legislação fiscal, por imperativo de suas necessidades, entrar, direta ou indiretamente, em detalhes contábeis, há o perigo de as empresas (especialmente as menores) acabarem utilizando os critérios (e limites) fiscais.

Apesar de tudo, consideramos que o conteúdo do § 2º do artigo 177 é de grande relevância para a profissão, no sentido de sua definitiva incorporação ao rol das profissões liberais efetivas, desde que demonstremos uma participação profunda e façamos um sério estudo a seu respeito.

O artigo 177 contém outros parágrafos que, apesar de relativamente importantes, não comentaremos aqui.

A.3 Demonstrações financeiras (demonstrações contábeis)

O artigo 176 (verifique que não estamos necessariamente tratando das disposições da lei pela ordem de seus artigos, mas pela precedência que consideramos importante, quanto aos assuntos – *escrituração* vem antes das *demonstrações*) estabelece:

> "Art. 176. Ao fim de cada exercício social, a Diretoria fará elaborar, *com base na escrituração mercantil* da companhia, as seguintes demonstrações financeiras (contábeis), que deverão exprimir com clareza a situação do patrimônio da companhia e as mutações ocorridas no exercício (ênfase e parênteses nossos):
>
> I – balanço patrimonial;
>
> II – demonstração de lucros ou prejuízos acumulados;
>
> III – demonstração do resultado do exercício;
>
> IV – demonstração dos fluxos de caixa; e
>
> V – se companhia aberta, demonstração do valor adicionado."

À parte os problemas de terminologia na redação do *caput*, notamos que as demonstrações obrigatórias deveriam ser assim enumeradas:

I – balanço patrimonial;

II – demonstração do resultado do exercício;

III – demonstração de mutações patrimoniais;

IV – demonstração dos fluxos de caixa; e

V – demonstração do valor adicionado.

Embora o § 2º do artigo 186 admita que a demonstração de lucros ou prejuízos acumulados *poderá* ser incluída na demonstração das mutações do patrimônio líquido, *se elaborada e publicada pela companhia,* consideramos que a lei deveria ter sido taxativa a este respeito. Todos sabem que a composição de nosso patrimônio líquido é a mais complexa em todo o mundo (consequência da própria lei). Ora, uma demonstração excelente como a de *mutações do patrimônio líquido*, praticamente uma contribuição nacional quase original à Contabilidade (em seus aspectos de apresentação), deveria ter sido obrigatória. Se se desejava um realce para a demonstração de lucros ou prejuízos acumulados, isto poderia ter sido feito.

Por outro lado, a palavra *recursos*, em Contabilidade, pode ter várias interpretações. Embora durante muito tempo tenha sido utilizada a palavra *fundos* e ainda agora os americanos a utilizem (o famoso *Fund's Flow Statement*), não significa que andaram corretos. É verdade também que, pela leitura da forma e do conteúdo da demonstração, conforme definidos pela lei (artigo 188), poder-se-ia argumentar que o que se deseja é uma descrição muito sumarizada (levando-nos a pensar que seria por diferença de saldos) das movimentações de fontes e aplicações. Ainda assim, mesmo que de forma reduzida e, eventualmente, por diferença de saldos, o que se procura acompanhar em suas variações parece ser, incontestavelmente, o *net working capital*, ou, em nossa terminologia, o resultado da equação: ativo circulante – passivo circulante, ou seja, o capital circulante líquido.

O § 1º do artigo 176 fixa uma posição bastante interessante no sentido de propiciar maior possibilidade de comparação ao analista: a obrigação de publicar as demonstrações contábeis de cada exercício com a indicação dos valores correspondentes das demonstrações do parágrafo anterior.

O § 2º entra em detalhes do tipo como ou que critérios utilizar para agrupar as contas; todavia, estabelece algo muito bom, que é não permitir a utilização de designações genéricas, como "diversas contas" ou "contas correntes".

O § 4º estabelece que "as demonstrações serão complementadas por notas explicativas e outros quadros analíticos ou demonstrações contábeis necessários para esclarecimento da situação patrimonial e dos resultados do exercício". Vejamos agora o grau de correspondência existente entre as notas explicativas exigidas pela lei e as que enumeramos no Capítulo 4:

> "a) Os principais critérios de avaliação dos elementos patrimoniais, especialmente estoques, dos cálculos de depreciação, amortização e exaustão, de constituição de provisões para encargos ou riscos, e dos ajustes para atender a perdas prováveis na realização de elementos do ativo."

Acreditamos que a indicação do método de avaliação empregado, principalmente dos estoques (inventários), possa ser feita em notas parentéticas no corpo principal das demonstrações. Não parece ser a nota explicativa a melhor localização para expor critérios de avaliação, principalmente se entrarem na normalidade dos princípios, das convenções, das normas e dos procedimentos de Contabilidade e dos dispositivos da Lei. As notas explicativas deveriam indicar mudanças nas técnicas e critérios...

> "b) Os investimentos em outras sociedades, quando relevantes (art. 247, parágrafo único)."

Julgamos de interesse para o leitor, para os analistas de investimentos e para os usuários externos esta informação, a fim de melhor entender a amplitude e as complexidades do balanço e dos relatórios analisados.

> "d) Os ônus reais constituídos sobre elementos do ativo, as garantias prestadas a terceiros e outras responsabilidades eventuais ou contingentes."

Caracterizam-se bastante como nota explicativa tais evidenciações, principalmente no que se refere a responsabilidades contingenciais (veja Capítulo 6).

> "e) A taxa de juros, as datas de vencimentos e as garantias das obrigações a longo prazo."

Considerando-se o interesse que apresenta uma escrutinização mais detalhada do exigível a longo prazo, no sentido de uma melhor avaliação do risco do empreendimento, é justificada esta evidenciação.

Vale, aqui, o critério geral de que, inicialmente, as notas explicativas foram imaginadas para apresentar descrição de fatos ou critérios importantes, mas de difícil descrição quantitativa (veja o item 6.2 do Capítulo 6). Consideramos, portanto, que, a não ser que existam problemas especiais de avaliação, um quadro suplementar (não confundir com demonstração suplementar) resolveria ou seria a sede mais adequada para este tipo de evidenciação.

> "f) O número, espécies e classes das ações do capital social."
>
> "g) As opções de compra de ações outorgadas e exercidas no exercício."

De certa forma, o item g caracteriza-se como nota explicativa, podendo os portadores de tais opções de compra subscrever ações do capital social; esse direito será exercido mediante apresentação do respectivo título; na verdade, o exercício da opção caracteriza-se como transação que afeta o capital e os direitos ou expectativas dos acionistas preexistentes ou em perspectiva. Este tipo de evidenciação é um exemplo de nota explicativa legítima, conforme a teoria.

> "h) Os ajustes de exercícios anteriores (art. 186, § 1º)."

Lembre-se de que o artigo 186, parágrafo 1º, reza: "Como ajustes de exercícios anteriores serão considerados apenas os decorrentes de efeitos da mudança de critério contábil, ou da retificação de erro imputável a determinado exercício anterior, e que não possam ser atribuídos a fatos subsequentes." Trataremos detalhadamente do significado deste parágrafo mais adiante, mas vejamos, agora, se poderia caracterizar-se como nota explicativa. A resposta é positiva, principalmente quando se refere a mudança de critério contábil. É o tipo de evidenciação semiquantitativa ou semiqualitativa que requer a nota explicativa, perfeitamente consagrada em teoria.

> "i) Os eventos subsequentes à data de encerramento do exercício que tenham, ou possam vir a ter, efeito relevante sobre a situação financeira e os resultados futuros da companhia."

Se, após a data de encerramento do exercício, a empresa assinar um grande contrato de fornecimento que exigirá uma considerável expansão de planta, com cometimento de recursos da empresa, mas também com benefícios futuros previsíveis, este fato, embora não retratado contabilmente no balanço auditado, deverá ser evidenciado em nota explicativa. Este é apenas um dos exemplos (dramatizado) de uma nota deste tipo. O conservadorismo manda que os aspectos de cometimento de recursos, exigibilidades e responsabilidades devam ser evidenciados com tanto ou possivelmente mais destaque que as perspectivas favoráveis...

Concluímos esse tópico que afirma que nossa Lei considera, na prática, a nota explicativa como única fonte de evidenciação adicional. Na verdade, alguns itens poderiam ter sido tratados como *quadros suplementares* e outros como outras formas de evidenciação. Devemos deixar para as notas explicativas todos os eventos "evidenciáveis" que: a) não sejam meros detalhes (mesmo que elaborados) de grupos ou contas já constantes dos demonstrativos formais, que seriam feitos em quadros suplementares: ou b) sejam demonstrações afastadas dos princípios geralmente aceitos (por exemplo, um balanço patrimonial totalmente a custos de reposição que mereça *demonstrações suplementares*).

A.4 Balanço patrimonial

No ativo, as contas serão dispostas em ordem decrescente de grau de liquidez dos elementos nelas registrados, nos seguintes grupos:

1. ativo circulante; e
2. ativo não circulante:
   2.1. realizável a longo prazo;

2.2. investimentos;

2.3. imobilizado; e

2.4. intangível.

No passivo, as contas serão classificadas nos seguintes grupos:

1. passivo circulante;
2. passivo não circulante;
3. patrimônio líquido:
   3.1. capital social;
   3.2. reservas de capital;
   3.3. ajustes de avaliação patrimonial;
   3.4. reservas de lucros;
   3.5. ações em tesouraria; e
   3.6. prejuízos acumulados.

As contribuições mais importantes da nova classificação consistem:

1. na eliminação do grupo *pendente*, do ativo e do passivo;
2. na substituição do *não exigível* pelo *patrimônio líquido*, denominação muito mais indicativa e correta;
3. na criação do grupo *circulante*, no ativo e passivo.

Devemos dizer que, de maneira geral, a classificação mostra-se de acordo com as formas utilizadas há muito tempo pelos analistas financeiros, embora não totalmente. Notemos o excessivo (a nosso ver) desdobramento do patrimônio líquido.

A.5 Ativo

Comentemos, agora, as classificações de eventos e contas em grupos do ativo, conforme a Lei. O artigo 179, inciso I, estabelece (os grifos nas citações dos incisos são nossos):

"I – No *ativo circulante*: as disponibilidades, os direitos realizáveis no curso do exercício social subsequente e as aplicações de recursos em despesas do exercício seguinte."

A novidade, além de englobar o antigo *realizável a curto prazo* (optando, na separação geral entre curto e longo, pelo limite do exercício social subsequente ao do balanço em questão), consiste na incorporação das *prepaid expenses* ou das despesas pagas antecipadamente no ativo circulante. Notemos que a Lei utilizou a expressão "e as aplicações de recursos em *despesas do exercício seguinte*". Desde que o direito a receber os benefícios futuros se esgote dentro dos limites do fim do exercício subsequente e desde que se trate de aplicação em *atividades* da empresa (veja item sobre capital circulante líquido), caracteriza-se perfeitamente, do ponto de vista teórico, o procedimento adotado pela Lei. Nem todos os tipos de gastos que se transformarão em despesa em exercícios posteriores, é claro, são ativos circulantes. Em sentido global, quase todos os ativos que são gastos transformam-se em despesa, por consumo, troca ou obsolescência.

Somente serão classificados como ativo circulante os gastos que, por força de contrato ou outra condição perfeitamente determinável, se transformarão em despesa do exercício seguinte na mesma razão em que os serviços potenciais proporcionados à empresa pelo gasto antecipado se expirarem.

> "II – No ativo realizável a longo prazo: os direitos realizáveis após o término do exercício seguinte, assim como os derivados de vendas, adiantamentos ou empréstimos a sociedades coligadas ou controladas (art. 243), diretores, acionistas ou participantes no lucro da companhia, que não constituírem negócios usuais na exploração do objeto da companhia."

É bastante interessante o conteúdo deste grupo. Além de incluir, como seria normal, os direitos realizáveis após o término do exercício seguinte, pela sequência da redação, obriga a incluir outros direitos, mesmo que de curto prazo, desde que não constituam negócios usuais na exploração do objeto da companhia. Isto significa que poderemos ter valores vencíveis até o fim do exercício seguinte e que, por seus prazos, deveriam, aparentemente, ser incluídos no ativo circulante. A Lei, em nossa opinião, andou teoricamente correta em excluir tais direitos de *não atividade* do ativo circulante, pois a conceituação deste último grupo precisa ser circunscrita às operações usuais na exploração do objeto da companhia (veja nossa discussão no tópico sobre capital circulante líquido). Deveria ter criado, todavia, a rigor, outro grupo – *outros direitos realizáveis a curto prazo* – ou algo semelhante, para tais itens. Os analistas deveriam levar em conta os problemas citados. Uma análise atenta deveria ser realizada para, na medida do possível, assegurar-se da efetiva conversibilidade, no curto prazo, de tais direitos.

> "III – *Em investimentos*: as participações permanentes em outras sociedades e os direitos de qualquer natureza, não classificáveis no ativo circulante, e que não se destinem à manutenção da atividade da companhia ou da empresa."

Grupo ou subgrupo do não circulante, bastante complexo. Parece bastante adequada a representação dos investimentos ou das participações permanentes (não feitas com a finalidade de venda) em outras sociedades. Entretanto, em outras áreas, pode ficar difícil determinar se uma conta ou operação deve ir para realizável a longo prazo ou para investimentos. Um *long term investment*, porém feito com a intenção de realização, mesmo que em prazo longo, seria realizável a longo prazo ou investimento? Parece-nos, salvo melhor juízo, que a única maneira de diferenciar seja, efetivamente, a intenção. Se a intenção é de que o investimento seja de *caráter permanente*, mesmo que não estritamente ligado à manutenção da atividade da empresa (pelo menos no momento da inscrição), deverá ser classificado nesse grupo. Se a intenção é realizar, pela venda, o direito, sendo o interesse apenas de obter um rendimento ou uma aplicação financeira realizável em uma data previsível, com valor razoavelmente prefixável, será um realizável a longo prazo.

Por exemplo, a empresa adquire um terreno para utilização futura nas atividades da empresa. A rigor, não seria classificável tal aplicação, ainda, no imobilizado técnico, mas sê-lo-ia no grupo investimentos (nunca no realizável a longo prazo). Um imóvel adquirido com a finalidade de proporcionar uma renda de caráter permanente para a entidade também seria classificável nesse grupo.

> "IV – *No ativo imobilizado*: os direitos que tenham por objeto bens corpóreos destinados à manutenção das atividades da companhia ou da empresa ou exercidos com essa finalidade, inclusive os decorrentes de operações que transfiram à companhia os benefícios, riscos e controle desses bens."

Nesse grupo, nota-se uma delimitação na classificação de bens apenas corpóreos, isso porque o grupo de intangíveis foi introduzido. Além disso, em seu final, há menção de transferência à companhia de benefícios, riscos e controle, indicando assim que a companhia não terá necessariamente a propriedade, a exemplo de operações com bens provenientes de contratos de *leasing* (vide Capítulo 13). Outro ponto é que as contas anteriormente classificadas em imobilizações financeiras passam a integrar o investimento (ou, em alguns casos, talvez, o realizável a longo prazo).

> "V – *No intangível*: os direitos que tenham por objeto bens incorpóreos destinados à manutenção da companhia ou exercidos com essa finalidade, inclusive o fundo de comércio adquirido."

Importante modificação realizada, segregando bens incorpóreos de corpóreos. Já tratamos, no Capítulo 13, dos itens classificáveis nesse grupo.

Resumindo os comentários sobre este tópico, a Lei atingiu, de forma geral, o escopo de melhorar significativamente as classificações nos grupos, com algumas exceções. Foi muito conservadora ao excluir do ativo circulante direitos realizáveis a curto prazo. Para finalidades práticas, apesar de apoiar, conceitualmente, a definição de circulante como ligado à atividade normal da empresa, a separação dos grupos por prazos de realização é importante, talvez até vital para a análise de balanços.

A.6 Passivo exigível

A Lei é muito sumarizada ao classificar o passivo, conforme o artigo 180: "As obrigações da companhia, inclusive financiamentos para aquisição de direitos do ativo não circulante, serão classificadas no passivo circulante, quando se vencerem no exercício seguinte, e no passivo não circulante, se tiverem vencimento em prazo maior, observado o disposto no parágrafo único do art. 179." (Nos casos em que o ciclo operacional da empresa tiver duração maior que o exercício social, a classificação no circulante ou longo prazo terá como base o prazo desse ciclo.)

Quando trata dos critérios de avaliação, a Lei oferece abertura para o melhor entendimento de sua extensão, quanto ao passivo (exigibilidades):

> As obrigações, os encargos e os riscos, conhecidos ou calculáveis, inclusive Imposto de Renda a pagar com base no resultado do exercício, serão *computados pelo valor atualizado* até a data do balanço.

É importante o conteúdo deste inciso, já que define os limites e a extensão que a Lei atribuiu ao exigível. Quando afirma *conhecidos ou calculáveis*, abre o exigível para a inclusão de provisões e estimativas. Os eventos que desencadeiam a saída monetária não ocorreram ainda, mas o fato gerador da despesa já. Por outro lado, quando insiste em *serão computados pelo valor atualizado*, dá a entender que as obrigações serão evidenciadas por seu saldo derivante da atualização, até a data do balanço, dos encargos e dos eventos relativos à incorporação do ativo à empresa (em cuja contrapartida surgiu o passivo) ou da despesa ao resultado do período, de acordo com o regime de competência. O passivo, como vimos em ponto específico, é devido aos eventos passados ou presentes, e seu vencimento (da obrigação de pagar) projeta-se para o futuro. Se incluirmos no saldo da dívida os encargos e as despesas a vencerem no decorrer dos períodos futuros, deveremos deduzi-los do saldo da dívida, por meio de uma conta retificativa, de forma a obtermos o *valor atualizado* de que fala a Lei.

A.7 Critérios de avaliação do ativo

Este é um dos pontos principais da Lei. O assunto é tratado no artigo 183, e em vários incisos e parágrafos. Vamos, ordenadamente, comentar cada um deles. As ênfases e parênteses são nossos.

> "Art. 183. No balanço, os elementos do ativo serão avaliados segundo os seguintes critérios:
>
> I – as aplicações em instrumentos financeiros, inclusive derivativos, e em direitos e títulos de créditos, classificados no ativo circulante ou no realizável a longo prazo:
>
> a) pelo seu valor justo, quando se tratar de aplicações destinadas à negociação ou disponíveis para venda; e
>
> b) pelo valor de custo de aquisição ou valor de emissão, atualizado conforme disposições legais ou contratuais, ajustado ao valor provável de realização, quando este for inferior, no caso das demais aplicações e os direitos e títulos de crédito;"

Este inciso é extremamente complexo, pois refere-se, antes de tudo, aos instrumentos financeiros – inclusive derivativos –, direitos e títulos de crédito classificados no ativo circulante ou no realizável a longo prazo. Com o advento da Lei nº 11.638/07 e da Lei nº 11.941/09, este item sofreu profundas alterações. Anteriormente, esses ativos eram avaliados ao custo ou valor de mercado se este fosse inferior ao custo. Agora, são segregados em duas categorias: as chamadas aplicações destinadas à negociação ou disponíveis para venda e as não destinadas imediatamente à venda.

Se o ativo for classificado como disponível para venda, deverá ser avaliado pelo seu valor justo.

A Lei define o conceito de valor justo para instrumentos financeiros, no item d do § 1º do artigo 183:

> "d) dos instrumentos financeiros, o valor que pode se obter em um mercado ativo, decorrente de transação não compulsória realizada entre partes independentes; e, na ausência de um mercado ativo para um determinado instrumento financeiro:
>
> 1) o valor que se pode obter em um mercado ativo com a negociação de outro instrumento financeiro de natureza, prazo e risco similares;
>
> 2) o valor presente líquido dos fluxos de caixa futuros para instrumentos financeiros de natureza, prazo e risco similares; ou
>
> 3) o valor obtido por meio de modelos matemático-estatísticos de precificação de instrumentos financeiros."

Já se as aplicações não forem disponíveis imediatamente para venda, deverão ser avaliadas pelo seu custo de aquisição ou emissão, ou ajustadas ao seu valor de provável realização quando este for inferior.

> "II – Os direitos que tiverem por objeto mercadorias e produtos do comércio da companhia, assim como matérias-primas, produtos em fabricação e bens em almoxarifado, pelo custo de aquisição ou produção, *deduzido de provisão para ajustá-lo ao valor de mercado quando este for inferior*."

Mais uma vez há a consagração da regra "custo ou mercado, dos dois o menor". É preciso lembrar, entretanto, que *valor de mercado* para os estoques de matérias-primas e de bens em almoxarifado é o preço de reposição, ao passo que, para os bens destinados à venda, é o preço líquido de realização mediante venda no mercado, deduzidos os impostos e demais despesas necessárias para a venda e *a margem de lucro*.

Se levássemos estritamente a sério esta regra, estaríamos avaliando, quando menor que o custo, a um valor de realização líquido menos margem de lucro. Este, acreditamos, é um critério excessivamente conservador. A opinião generalizada dos estudiosos da Lei sobre este tópico é a de que não se deve entender o texto legal como absolutamente rígido. Assim, deveria ser utilizado, normalmente, apenas o valor de realização líquido, isto é, preço de venda menos impostos e despesas diretas necessárias à venda; somente se houver séria evidência de que a efetiva alienação trará um valor ainda inferior a este, então, será deduzida a margem de lucro no valor que for necessário para a compensação desta perda prevista.

> "III – Os investimentos em participação no capital social de outras sociedades (investimentos societários), ressalvado o disposto nos arts. 248 a 250 (avaliação pelo método do *equity* e da consolidação), pelo *custo de aquisição*, deduzido de provisão para perdas prováveis na realização do seu valor, quando essa perda estiver comprovada como permanente, e que não será modificado (o custo do investimento) em razão do recebimento, sem custo para a companhia, de ações ou quotas bonificadas."

O custo de aquisição, assim, é o critério de avaliação de tais investimentos, ressalvado o caso em que se requer a avaliação pela participação patrimonial. Somente poderá ser feito um provisionamento para perda quando esta estiver comprovada como permanente.

Por outro lado, o item *c* do parágrafo 1º, do artigo 183, considera como valor de mercado:

"c) dos investimentos, o valor líquido pelo qual possam ser alienados a terceiros."

Percebe-se que houve certo lapso na redação da Lei neste ponto, pois, na avaliação dos investimentos, não se deveria usar o valor de mercado, ou seja, o montante pelo qual possam ser alienados a terceiros, já que, sendo ativos permanentes, não estão destinados à venda, mas a seu uso e à sua exploração. Considera-se, assim, que deverá ser provisionada a diferença entre o valor contábil e o valor de realização apenas quando a perda for considerada permanente, isto é, de lenta ou de difícil recuperação.

Verifica-se, assim, que, para os investimentos societários, excetuando-se o caso de aplicação da equivalência patrimonial, o critério de avaliação é o do custo de aquisição, provisionado para o valor de mercado se a perda for julgada permanente, sem possibilidade prática de recuperação previsível.

De qualquer forma, o valor inscrito no ativo não poderá ser modificado pelo recebimento, sem custo, de ações ou quotas bonificadas, isto é, dividendos em ações, conforme vimos no capítulo em que falamos de patrimônio líquido.

A Lei, no artigo 183, inciso IV, estabelece também que "os demais investimentos, pelo custo de aquisição, deduzido de provisão para atender às perdas prováveis na realização do seu valor, ou para redução do custo de aquisição ao valor de mercado, quando este for inferior". Se a intenção, para os ativos permanentes, é de não serem vendidos, somente devemos baixá-los para resultado quando sua capacidade de gerar serviços (ou rendimentos permanentes) estiver lesada. Não deveriam ser ajustados pelo valor de mercado, definido conforme a alínea *c* do parágrafo 1º, tão logo se verifique uma diferença entre o custo e o mercado assim definido, se este for menor, mas somente se a perda de capacidade do ativo for julgada permanente.

Quanto ao ativo imobilizado, inciso V, do artigo 183, será avaliado pelo custo de aquisição, obviamente deduzido do saldo da respectiva conta de depreciação, amortização ou exaustão.

O inciso VI do artigo 183, que tratava sobre os ativos diferidos, foi revogado.

Os Ativos Intangíveis, inciso VII do artigo 183, serão avaliados pelo seu custo de aquisição, deduzido do saldo da respectiva conta de amortização.

A Lei nº 11.638/07 incluiu, no artigo 183 da Lei nº 6.404/76, a determinação de que os ativos decorrentes de operações de longo prazo deverão ser ajustados ao seu valor presente, sendo os demais ajustados quando houver efeito relevante.

Elaborando um resumo dos critérios de avaliação do ativo, teremos o seguinte quadro:

Critérios de Avaliação do Ativo	
Aplicações em instrumentos financeiros, inclusive derivativos, e em direitos e títulos de créditos, classificados no circulante ou no realizável a longo prazo destinados à negociação ou disponíveis para venda	Valor justo
Aplicações em instrumentos financeiros, inclusive derivativos, e em direitos e títulos de créditos, classificados no circulante ou no realizável a longo prazo	Custo de aquisição ou valor da emissão, ajustado ao valor provável de realização, quando este for inferior
Direitos que tenham por objeto mercadorias e produtos do comércio, assim como matérias-primas, produtos em fabricação e bens de almoxarifado	Custo de aquisição ou produção, deduzido de provisão para ajustá-lo ao valor de mercado quando este for inferior
Investimentos em participação no capital de outras sociedades (exceto os avaliados pelo método da equivalência patrimonial)	Pelo custo de aquisição, deduzido de provisão de perdas prováveis na realização do seu valor, quando essa perda estiver comprovada como permanente

Critérios de Avaliação do Ativo	
Demais investimentos	Custo de aquisição, deduzido de provisão para prováveis perdas na realização do seu valor, ou para redução do custo de aquisição ao valor de mercado, quando este for inferior
Imobilizado	Custo de aquisição, deduzido do saldo de depreciação, amortização ou exaustão
Intangível	Custo de aquisição, deduzido do saldo de amortização

Assim, nossa Lei foi bastante tradicionalista ao abordar o problema da avaliação do ativo. O valor de mercado, via de regra, somente é reconhecido se for inferior ao de custo.

Na avaliação dos *demais investimentos*, a Lei foi inexata, pois, ao admitir a possibilidade de descarregar para perda uma parcela do valor dos investimentos, deu a entender que o critério de valor a ser utilizado seria o de mercado, que é entendido como o *quantum* pelo qual possam ser alienados a terceiros. Ora, os ativos permanentes deveriam se descarregados para perda quando se comprovasse que seu poder de participação nas atividades produtivas em geral da entidade perdeu substância e não, propriamente, pela queda de seu valor de realização. Pode acontecer que um ativo permanente perca sua capacidade de gerar serviços ou receitas para a entidade que o possui e tenha um bom valor de mercado para terceiros. É claro, todavia, que a Lei se referia a investimentos e, especificamente, aos não societários, quando se utiliza da possibilidade do valor de mercado. E, devemos admitir, no caso de investimentos, principalmente não societários, que a forma prática de avaliar a perda de substância talvez seja pelo valor de realização, quando for inferior ao custo, pois significa que a entidade em que o investimento foi realizado está em face da descontinuidade. De qualquer forma, a redação da Lei deveria ter sido mais cuidadosa.

A.8 Patrimônio líquido

Já tratamos, rapidamente, do texto da Lei e de seu significado, quando vimos o capítulo sobre patrimônio líquido.

O artigo 182 estabelece que "a conta do capital social discriminará o montante subscrito e, por dedução, a parcela ainda não realizada". É bastante discutível, mesmo que teoricamente, a atitude tomada pela Lei. De acordo com a teoria da entidade, a parcela não realizada constitui um verdadeiro ativo. É claro que esta prática proporcionava muitas manobras no sentido de elevar o capital, dilatando os prazos de realização. Para finalidades de análise de retorno sobre o patrimônio líquido e sobre o ativo, deveria, efetivamente, ser deduzida a parcela não realizada. Assim, a Lei adotou uma filosofia definida, apesar de discutível do ponto de vista da teoria da entidade.

É preciso observar que a Lei, ao incluir algumas operações como reservas de capital, evitou que passassem por resultado, adotando, assim, uma posição intermediária entre a filosofia *all inclusive* e *current operational* do resultado do exercício, talvez aproximando-se mais desta do que daquela.

Assim, o produto da alienação de partes beneficiárias e de bônus de subscrição, o prêmio recebido pela emissão de debêntures e as doações e subvenções para investimento são considerados como reservas de capital, não passando por resultado. Poderíamos discutir o caso das doações para investimento, em alguns casos. Todavia, dificilmente deveriam deixar de passar por resultado o produto da alienação de partes beneficiárias e bônus de subscrição (embora como receita não operacional) e a parcela de amortização do prêmio recebido na emissão de debêntures (caso raríssimo em nossa realidade).

A.9 Demonstração de lucros ou prejuízos acumulados

O elemento mais importante definido pela Lei neste item refere-se aos *ajustes de exercícios anteriores*, realizados a débito ou a crédito de lucros acumulados. A extensão da composição de tais ajustes pode dar-nos uma ideia da filosofia adotada quanto a escolher entre *all inclusive* ou *current operational*.

De certa forma, o simples fato de existir ajuste debitado ou creditado para lucros acumulados dá a entender que a filosofia adotada é contrária ao *all inclusive*.

O parágrafo 1º do artigo 186 define: "Como ajustes de exercícios anteriores serão considerados apenas os decorrentes de efeitos da mudança de critério contábil, ou da retificação de erro imputável a determinado exercício anterior, e que não possam ser atribuídos a fatos subsequentes." Além de tais ajustes, não passam por resultados os itens vistos quando tratamos de patrimônio líquido.

No caso de mudanças de critérios contábeis, efetivamente não ocorrem grandes áreas de problemas. Essas áreas podem ocorrer na caracterização de correções de erros.

É entendimento dos maiores especialistas na Lei que, para se poder conceituar a correção de um erro do passado como tal tipo de ajuste, é necessário que tenha sido cometido por imperícia e que não seja decorrente de fatos acontecidos posteriormente. Por exemplo, se houver a criação em excesso (ou em falta) de uma provisão para imposto de renda por desconhecimento da legislação ou por erro em sua interpretação, ocorre, de fato, um ajuste de períodos anteriores no resultado acumulado do período presente. Todavia, se a super ou a subavaliação decorrer de uma alteração na legislação, subsequentemente à data da estimativa da provisão, isto não seria considerado ajuste, mas um componente do próprio resultado do período em que o acerto for feito.

Na verdade, verifica-se que o canto da sereia do "ao período o lucro do período" seduziu os autores da parte contábil da Lei. Entretanto, a sereia maior foi "utilizamos um critério misto ou intermediário". O fato é que, embora atrativa, a teoria do lucro "limpo" do período é ingênua. Acreditar que o lucro do período é decorrência ou gerado apenas por seus eventos é negar o encadeamento lógico *de como* as coisas efetivamente ocorrem. Já vimos que diferenciar ajustes de exercícios anteriores, que não afetam resultados, de ganhos ou perdas, que afetam, é muito difícil se não exotérico. O melhor procedimento é adotar uma filosofia globalizante de lucro, evidenciando muito bem as causas das alterações e separando a parte operacional da extraoperacional. A Lei adotou uma forma intermediária entre os dois extremos, embora *filosoficamente* pareça querer ter optado pela doutrina "limpa".

Pelo menos, a Lei focalizou exatamente o que vai para resultados e o que afeta lucros acumulados. Se as empresas forem consistentes no tratamento das contabilizações, como esperamos, ainda assim será possível retratar a tendência.

A.10 Demonstração do resultado do exercício

Como consequência do que analisamos anteriormente, a demonstração do resultado do exercício, pela Lei, contém os seguintes elementos fundamentais:

	Receita bruta de vendas e serviços
(–)	Deduções da receita
=	Receita líquida de vendas e serviços
(–)	Custo das mercadorias (ou serviços) vendidas
=	Lucro bruto
(–)	Despesas operacionais

	Com vendas
	Financeiras (deduzidas das receitas)
	Gerais e administrativas
	Outras despesas operacionais
=	Resultado operacional
(±)	Outras receitas e despesas
=	Resultado antes do imposto de renda
(−)	Imposto de renda
=	Resultado antes das participações
(−)	Participações de debêntures, empregados, administradores e partes beneficiárias e contribuições para instituições ou fundos de assistência ou previdência a empregados.
=	Resultado líquido (e o montante por ação do capital social)

De maneira geral, parece razoável a disposição da demonstração, tratada no tópico anterior, uma vez que aceita a sua filosofia geral.

Poderíamos excetuar a prática recomendada de tratar as despesas financeiras (deduzidas das receitas) como operacionais, o que, como vimos anteriormente, é muito discutível, principalmente a ligação entre receitas e despesas financeiras. A Lei considerou, por outro lado, as participações como despesa e não como distribuição de resultados. O grande problema da demonstração é derivante da forma de correção monetária utilizada, o que permite corrigir o resultado, "de uma só batelada", deixando, todavia, ao encargo do analista realizar suas análises de rentabilidade ou mesmo simples análises verticais da demonstração de resultados com valores que expressam grandezas diferentes.[3]

Percebamos que tanto o tópico da demonstração de lucros ou prejuízos acumulados quanto o da demonstração de resultados, mandam estabelecer dois quocientes:

1. dividendo por ação do capital social; e
2. lucro (ou prejuízo) por ação do capital social.

Entretanto não dá nenhuma indicação quanto à forma de calcular tais quocientes e quanto a todas as complexidades que este cálculo, levado a suas últimas consequências, pode apresentar conforme analisamos resumidamente no tópico sobre patrimônio líquido do Capítulo 10. Subentendemos que deva ser utilizada a forma mais simples, isto é, a divisão pelo número de ações em circulação na data da demonstração.

O artigo 187, seus incisos e parágrafos, que tratam da demonstração de resultados, reforçam, ainda, certos aspectos, de forma às vezes curiosa, conforme já analisamos, de passagem, no Capítulo 8.

"§ 1º Na determinação do resultado do exercício serão computados:

a) as receitas e os *rendimentos* ganhos no período, independentemente da sua realização em moeda (esta observação é absolutamente redundante em virtude dos princípios geralmente aceitos e, como se não bastasse, em virtude de referências anteriores, expressas, na Lei, quanto a regime de competência);

b) os *custos*, despesas, *encargos* e perdas, pagos ou incorridos, correspondentes a essas receitas e rendimentos."

Efetivamente, em matéria de terminologia, a Lei foi infeliz, chegando a ser quase inaceitável em certas oportunidades. Já comentamos esse aspecto no Capítulo 8. Sublinhamos os termos que nos parecem impróprios, em linguagem contábil.

---

[3] Para análise mais profunda sobre este aspecto, veja IUDÍCIBUS, Sérgio de. *Análise de balanços*. 2. ed. São Paulo: 1978; edição atual, 11ª, 2017. Veja também, do mesmo autor, *Contabilidade gerencial*. 2. ed. São Paulo: Atlas, 1978, edição atual, 7ª, 2020.

A.11 Outras considerações

Teceremos agora algumas considerações conclusivas, embora de forma mais resumida, sobre a parte contábil da Lei, pois entramos em outro capítulo, ou seja, o Capítulo XVI, Lucro, Reservas e Dividendos, parte do qual (dividendos), apesar do enorme interesse do ponto de vista financeiro (Administração Financeira) não é, propriamente, um problema de natureza contábil. A outra parte mais importante da Lei, do ponto de vista contábil, que trata da avaliação do investimento em coligadas e controladas e de normas sobre consolidação (assim como da parte inicial do Capítulo XX), já foi tratada quando os assuntos foram expostos, em teoria, nos capítulos anteriores.

A.11.1 Lucro líquido

É interessante que a Lei define, explicitamente, o que é lucro líquido do exercício, em seu artigo 191: "Lucro líquido do exercício é o resultado do exercício que remanescer depois de deduzidas as participações de que trata o art. 190." Este se refere às participações estatutárias de empregados, administradores e partes beneficiárias, as quais serão determinadas, sucessivamente e nessa ordem, com base nos lucros que remanescerem depois de deduzida a participação anteriormente calculada. Antes de apresentar tais participações, todavia, é preciso que sejam deduzidos (absorvidos) quaisquer prejuízos acumulados e a provisão para o imposto de renda (artigo 189). Por outro lado, o prejuízo do exercício, se houver, será obrigatoriamente absorvido pelos *lucros acumulados*, pelas *reservas de lucros* e *pela reserva legal*, nessa ordem.

Pela Lei, a despesa de imposto de renda não é o último item da demonstração de resultados, antes do lucro líquido. É interessante que o artigo 190, ao tratar das participações, se esqueceu das debêntures, que, no artigo 187, inciso VI, estavam citadas em primeiro lugar.

O fato de a provisão para imposto de renda ser subtraída de lucro antes das participações, pela Lei comercial, não significa que as participações não sejam dedutíveis, pelo menos parte delas, para efeito de lucro tributável. Veja, a esse respeito, o artigo 58 do Decreto-lei nº 1.598, de 25-12-77.

A ordem de utilização das contas de patrimônio líquido na absorção do prejuízo de exercício, isto é, primeiramente por lucros acumulados, em seguida, por reservas de lucros e, finalmente, por reserva legal, parece bastante razoável.

Com relação aos prejuízos acumulados e ao cálculo das participações, vale a pena frisar que, no caso de ter ocorrido prejuízo em exercícios anteriores, já absorvido por reservas existentes, a conta prejuízos acumulados não existirá. Por esta razão, não haverá o que deduzir do lucro de um período ulterior para efeito de cálculo das participações. Somente ocorrerá essa dedução quando existir a conta de prejuízos acumulados, isto é, quando tiverem sido consumidos todos os saldos das reservas de lucros (ou, também, a critério da companhia, após o consumo dos saldos das reservas de capital – artigo 200, item I). Assim, não se aplica a hipótese de abater do lucro de um período, para fins de participações, prejuízos anteriores que tenham sido absorvidos por reservas, mesmo que dentro da mesma administração. É claro que, em geral, quando escrevemos *reservas de lucros*, estamos incluindo os *lucros acumulados*.

Também não podemos deixar de lembrar que, na demonstração de resultados, poderemos ter uma linha, antes de se apurar o resultado operacional, constituída pelas variações de investimentos em controladas, nos termos do inciso XXVI, alínea *a*, das Normas Anexas à Instrução nº 1 de 27-4-78, da CVM.

A.11.2 Das reservas e retenção de lucros

Os artigos 193 a 199 tratam mais detalhadamente das reservas de lucros ou das várias modalidades de reservas de lucros.

São as seguintes as principais modalidades de reservas de lucros:

1. reserva legal;
2. reservas para contingências;
3. reserva de retenção de lucros; e
4. reserva de lucros a realizar.

A reserva legal continua obrigatória na porcentagem de 5% do lucro líquido do exercício e deverá ser calculada antes de qualquer outra destinação de lucro. Esta reserva, entretanto, não excederá 20% do capital social. Além do mais, a empresa *poderá* deixar de constituir a reserva legal no exercício em que o saldo dessa reserva, acrescida do montante das reservas de capital de que trata o parágrafo 1º do artigo 182 (todas, exceto a resultante de correção monetária do capital realizado), exceder 30% do capital social. Subentende-se que a empresa poderá deixar de constituir a reserva na hipótese supra, mesmo que a reserva, individualmente, não tenha chegado a 20% do capital social.

Tal reserva, tradição oriunda da Lei anterior, perde boa parte de seu significado em uma economia tão inflacionada como a nossa. A finalidade expressa da mesma é "assegurar a integridade de capital social" e somente poderá ser utilizada para compensar prejuízos e aumentar o capital social.

A *reserva para contingências* é tratada no artigo 195. A assembleia geral poderá, por proposta dos órgãos da administração, destinar parte do lucro líquido à formação de reserva com a finalidade de compensar, em exercício futuro, a diminuição do lucro decorrente de perda julgada provável, cujo valor possa ser estimado.

O parágrafo 1º estabelece que a proposta dos órgãos da administração deverá indicar a causa de perda prevista a justificar, com as razões de prudência que a recomendem, a constituição da reserva.

Os especialistas entendem como reserva para contingências apenas as criadas para fins de precaução contra possíveis perdas futuras, cujos fatos geradores contábeis ainda não ocorreram. Não se confundem com as provisões para riscos inseríveis no exigível, já que estas tiveram seus fatos geradores já ocorridos, restando apenas saber o valor exato das perdas ou conhecer a efetiva necessidade de arcar com os desembolsos ou não.

Segundo tais especialistas, as reservas para contingências não têm como finalidade antecipar reconhecimento de perdas eventuais pertencentes a exercícios futuros, mas evitar pagamento de dividendos com a parcela do lucro do período, a fim de criar reservas que possam absorver prejuízos eventuais futuros. Servem para normalizar o pagamento dos dividendos no caso de empresas sujeitas a grandes flutuações de resultados por fatores externos e incontroláveis. Por exemplo, uma empresa agrícola pode criar reservas para contingências a fim de fazer face a problemas de eventuais perdas com granizo, geadas, pragas etc. Não se confundem com provisão no passivo nem com passivo propriamente dito.

Parece-nos que a reserva para contingências é um assunto bem definido em teoria contábil. Não deveria haver necessidade de a Lei citá-la explicitamente para que fosse utilizada. Por outro lado, fica claro que, uma vez criada, a administração deve indicar a causa da perda prevista e justificar a criação da reserva. Como, todavia, a Lei se preocupou em estabelecer dividendo mínimo, era necessário ser bem específica com relação às reservas de lucros, pois, afinal, representam acantonamentos de lucros que acabam sendo reinvestidos no ativo, sem serem distribuídos, imediatamente, aos acionistas. A colocação teórica da reserva na Lei parece adequada.

A *reserva de retenção de lucros* (especial) e a de *lucros a realizar* são duas inovações absolutas da Lei, salvo melhor juízo, principalmente a de lucros a realizar. Quanto à especial (retenção de lucros), o artigo 196 estabelece que a "assembleia geral poderá, por proposta dos órgãos da administração, deliberar reter parcela do lucro líquido do exercício prevista em orçamento de capital por ela previamente aprovado". Este orçamento deverá conter a justificação da retenção de lucros proposta e todas as fontes de recursos e aplicações de capital, fixo ou circulante, e poderá ter a duração de até cinco exercícios, salvo ou no caso de execução, por prazo maior, de projeto de investimento. Francamente, parece-nos redundância a menção expressa a tais tipos de reservas. No fundo, é a proteção exagerada conferida à empresa, como pessoa distinta da dos sócios e acionistas, pelo fato de ter fixado dividendo obrigatório. É claro que a empresa reterá os lucros que forem necessários a uma boa política de substituição de equipamentos e mesmo para a ampliação. Não seria necessário mencionar uma reserva específica na Lei. Entretanto, como em outras partes, a Lei foi muito minuciosa, tentando, a nosso ver, dar base legal para a empresa defender-se de reclamos porventura feitos por acionistas minoritários. Considerando nossa mentalidade e nossas tradições, o acionista minoritário reclamante (e os órgãos judiciários) somente se sentirão devidamente respaldados ao tratar de termos e políticas que estejam expressas na Lei.

A *reserva de lucros a realizar* é bastante inovadora, em termos internacionais. Antes, é preciso definir o que são *lucros a realizar*:

1. o saldo credor da conta de registro das contrapartidas dos ajustes de correção monetária;
2. o aumento do valor do investimento em coligada e controladas;
3. o lucro em vendas a prazo *realizável* após o término do exercício seguinte.

O termo *realizável* é utilizado para significar lucro contido em recebíveis de longo prazo.

Ora, no exercício em que os *lucros a realizar*, acima definidos, ultrapassarem o valor destinado às reservas: (1) legal, (2) estatutária, (3) de contingências e (4) especial, a assembleia geral poderá, por proposta dos órgãos da administração, *destinar o excesso* à constituição de reserva de lucros a realizar.

Estas reservas servem para postergar o pagamento de dividendos relativos a lucros economicamente existentes, mas financeiramente ainda não realizados. São de uso optativo e deverão ser analiticamente controladas, ou seja, deve-se registrar separadamente cada lucro financeiro por realizar decorrente de cada uma das três hipóteses legais, para que seja possível a realização de reversão futura da forma mais correta possível.

Nota-se, mais uma vez, a preocupação do legislador com a integridade e até com a situação financeira da entidade. Se juntarmos a tais reservas, justificadas e justificáveis, o disposto no parágrafo 4º do artigo 202, que reza: "o dividendo previsto neste artigo não será obrigatório no exercício social em que os órgãos da administração *informarem* à assembleia geral ordinária ser ele incompatível com a situação financeira da companhia", veremos que pouco ou quase nada poderá sobrar para o acionista se a sociedade o quiser e aproveitar todas as chances da Lei para capitalização de lucros.

Apesar de tudo, parece uma boa inovação a reserva de lucros a realizar, pois é preciso proteger a entidade de ser obrigada a distribuir lucros ainda não realizados financeiramente. Entretanto, devemos tomar cuidado com as reversões de tais reservas.

Não concordamos com o teor do parágrafo 4º do artigo 202 pois é excessivamente protecionista para a entidade em prejuízo do acionista. Notemos que basta a administração *informar* à assembleia que a situação financeira da companhia é má. Por outro lado, não se define muito bem o que é *situação financeira*. Por que o acionista (minoritário) deve ser co-responsável, por exemplo, por uma má administração financeira da qual resultou uma péssima situação? É verdade que o mesmo parágrafo estabelece que o conselho fiscal, se em funcionamento, deverá dar parecer sobre essa informação (entretanto, o conselho é dominado por representantes dos acionistas majoritários) e, na companhia aberta, seus administradores encaminharão à Comissão de Valores Mobiliários exposição justificativa da informação transmitida à assembleia geral dentro de cinco dias de sua realização... No fundo, reconhecemos que a sociedade por ações é uma sociedade de capital. Efetivamente, querer assegurar, legalmente, uma proteção aos acionistas minoritários vai tão contra os princípios da sociedade que acaba gerando provisões que, para proteger a galinha dos ovos de ouro da descapitalização, caem no domínio do folclórico. A impressão inicial é que a Lei legalizou o que as sociedades por ações sempre fizeram e continuarão fazendo, isto é, distribuir o dividendo que a administração e os acionistas majoritários quiserem. No entanto, devem agora justificar-se um pouco mais. Estas são considerações qualitativas que nos reservamos o direito de confirmar ou não no futuro. Na parte contábil, nada há de especial para reclamar.

A Lei estabeleceu limites para a constituição de reservas estatutárias e de retenção de lucros e para o saldo das reservas de lucros.

O artigo 198 estabelece que "a destinação dos lucros para constituição das reservas de que trata o art. 194 (estatutárias) e a retenção nos termos do art. 196 não poderão ser aprovadas, em cada exercício, em prejuízo da distribuição do dividendo obrigatório (art. 202)". Esta é uma importante limitação para as reservas estatutárias, assim como para a retenção de lucros do artigo 196. As reservas estatutárias são as consignadas em estatutos, que deverão indicar, de modo preciso e completo, a sua finalidade, os critérios para determinar a parcela anual dos lucros líquidos que serão destinados à sua constituição e os limites máximos da reserva. Digamos que essas reservas de lucros e a de retenção são de menor "hierarquia" de necessidade do que a de contingências e de lucros a realizar, além, é claro, da reserva legal. Sua constituição não pode ser aprovada em prejuízo do dividendo obrigatório.

Entretanto, o artigo 199 estabelece um limite geral para as reservas de lucros, as quais, *exceto aquelas para contingências* e de *lucros a realizar*, não poderão ultrapassar o capital social. Notemos que a reserva legal também entra na composição deste limite.

As *reservas de capital*, por outro lado, têm limitações em sua utilização. Somente poderão ser utilizadas para:

1. absorção de prejuízos que ultrapassarem os lucros acumulados e as reservas de lucros;
2. resgate, reembolso ou compra de ações;
3. resgate de partes beneficiárias;
4. incorporação ao capital social; e
5. pagamento de dividendo a ações preferenciais, quando essa vantagem lhes for assegurada (no exercício em que o lucro for insuficiente).

A reserva constituída com o produto da venda de partes beneficiárias poderá ser destinada ao resgate desses títulos.

De certa forma, a explicitação das limitações no uso das reservas de capital é mais ou menos redundante, pois é claro que tais reservas devem ser utilizadas para absorção de prejuízos somente após ter esgotado os lucros acumulados e as reservas de lucros, dentro da extrema especialização que a Lei estabeleceu.

A.11.3 Dos dividendos (considerações principais)

A provisão mais importante da Lei a esse respeito está contida no artigo 202, em seus incisos e parágrafos.

Diz o artigo 202, *caput*: "Os acionistas têm direito de receber como dividendo obrigatório, em cada exercício, *a parcela dos lucros estabelecida no estatuto*, ou, se este for omisso, *metade do lucro líquido do exercício* diminuído ou acrescido dos seguintes valores:

I – quota destinada à constituição da reserva legal (art. 193);

II – importância destinada à formação de reservas para contingências (art. 195), e reversão das mesmas reservas formadas em exercícios anteriores;

III – lucros a realizar transferidos para a respectiva reserva (art. 197), e lucros anteriormente registrados nessa reserva que tenham sido realizados no exercício."

Notemos a importância atribuída às reservas legal, de contingências e de lucros a realizar que, assim como suas reversões, não podem entrar no cálculo do montante distribuível de recursos em dividendos.

De certa forma, somos contrários a estabelecimentos de fórmulas e parâmetros para distribuição de resultados. A empresa deve ter, sujeita à ampla discussão na assembleia, liberdade de determinar sua política de distribuição de dividendos, de acordo com a situação financeira, com as perspectivas futuras e com a política de reinvestimentos necessários. Entretanto, como a Lei teve a finalidade de garantir certo dividendo mínimo (obrigatório), teve de ser bastante específica e, no caso, achamos que andou corretamente.

O parágrafo 2º do mesmo artigo estabelece que "quando o estatuto for omisso e a assembleia geral deliberar alterá-lo para introduzir norma sobre a matéria, o dividendo obrigatório *não poderá ser inferior a 25% (vinte e cinco por cento) do lucro líquido ajustado nos termos deste artigo*".

É importante ressaltar:

1. que a empresa somente pode pagar dividendos utilizando lucro líquido do exercício, lucros acumulados e reservas de lucros. Somente em casos de ações preferenciais (condições do artigo 17, parágrafo 5º) é que poderão ser utilizadas as reservas de capital; e
2. que o estatuto poderá estabelecer o dividendo como porcentagem do lucro ou do capital social, ou fixar outros critérios para determiná-lo, desde que sejam regulados com precisão e minúcia e *não sujeitem os acionistas minoritários ao arbítrio dos órgãos de administração ou da maioria*.

Verifica-se que, apesar de tudo e talvez independentemente dos resultados que na realidade possam ser obtidos, houve, de fato, certa preocupação "ética" com os acionistas minoritários, apesar de algo ingênua.

Já comentamos o conteúdo do parágrafo 4º do artigo 202 que possibilita à administração informar à assembleia que a situação financeira do empreendimento não permite a distribuição de dividendos em certo exercício. Assim, o parágrafo 5º, do mesmo artigo, estabelece que "os lucros que deixarem de ser distribuídos nos termos do § 4º serão registrados como reserva especial e, se não absorvidos por prejuízos em exercícios subsequentes, deverão ser pagos como dividendo assim que o permitir a situação financeira da companhia".

O livro *Manual de contabilidade das sociedades por ações*[4] prevê as seguintes reservas de lucros: legais, estatutárias, para contingências, de lucros a realizar, de lucros para expansão (retenção de lucros), reservas de incentivos fiscais, especial para dividendo obrigatório não distribuído, especial de lucros – ajuste de investimentos.

A reserva especial para dividendo obrigatório não distribuído é exatamente aquela prevista no parágrafo 5º acima mencionado.

A reserva especial de lucro – ajuste de investimentos – destina-se, segundo o referido Manual, a registrar a contrapartida do ajuste especial feito na conta investimentos, na passagem do método de custo para o método de equivalência patrimonial, relativo aos investimentos relevantes em coligadas e controladas.

O artigo 203 faz referência especial aos *dividendos de ações preferenciais*, firmando o conceito de que o disposto nos artigos 194 a 197 (reservas estatutárias, reserva para contingências, reserva de expansão e reserva de lucros a realizar) e no artigo 202 (pagamento do dividendo obrigatório) não prejudicará o direito dos acionistas preferenciais de receber os *dividendos fixos ou mínimos* a que tenham prioridade, inclusive os atrasados, se cumulativos. Os dividendos a acionistas preferenciais fixos ou mínimos têm preferência sobre os demais dividendos, mesmo que os acionistas preferenciais gozem do direito de participar nos lucros, se houver, além do limite mínimo.

---

[4] IUDÍCIBUS, MARTINS, GELBCKE, 2018, p. 386.

A.12 Conclusões sobre disposições contábeis da Lei nº 6.404

Após esta análise perfunctória da Lei, em seus aspectos contábeis principais (a parte de consolidação e equivalência patrimonial foi tratada, sumariamente, em capítulo anterior), estamos em condições de oferecer um resumo dos pontos fortes e fracos da Lei.[5]

A.12.1 A lei quanto à sua oportunidade

Parece-nos que, sob o aspecto contábil, não poderia ser mais oportuna a edição da Lei. O Brasil encontrava-se, em termos de Contabilidade, em uma posição ainda indefinida com relação à filosofia contábil básica a ser adotada pelos profissionais. Os profissionais estavam em um dilema, pois, por um lado, a Circular nº 179 e alguns estudiosos já vinham apresentando e exigindo em parte uma abordagem preferencialmente norte-americana à Contabilidade e, por outro lado, a maioria dos autores clássicos ainda se filia ou se filiava à escola europeia, decadente, como vimos em capítulo especial. Finalmente, a Lei nº 6.404 veio institucionalizar, definitivamente, as boas normas contábeis baseadas na "maneira de ver" a Contabilidade dos norte-americanos, não sem importantes contribuições brasileiras, como a melhoria da correção monetária, as reservas de lucros a realizar e outras menores.

É preciso entender que Contabilidade no Brasil deve ser a melhor possível. Devemos adotar as melhores práticas estrangeiras e, na medida do necessário e do possível, dar nossa contribuição original.

Os autores contrários a esta forma de encarar a Contabilidade têm somente os seguintes caminhos:

1. mudar de opinião, após estudar minuciosamente a Lei e os trabalhos de vários autores nacionais e estrangeiros;
2. não mudar de opinião e serem tão fortes politicamente que consigam mudar a lei; não cremos que isto seja possível, a não ser que haja uma mudança total na tecnoburocracia atual;
3. ficar pregando no vazio, ou seja, um vazio profissional que se aprofunda à medida que fica evidente, aos olhos de todos, que a qualidade dos relatórios hoje publicados é muito superior aos demonstrativos de alguns anos, principalmente em termos de evidenciação.

A.12.2 A lei quanto à terminologia contábil

Aqui reside, talvez, o ponto mais fraco da Lei, pelo menos aos olhos dos especialistas em Teoria da Contabilidade. A redação precisaria ser revista completamente sob esse aspecto.

A.12.3 A lei quanto à clareza e à ordem de exposição

A Lei, sob este aspecto, também deixa bastante a desejar. Tem-se a impressão de que, devido à urgência e à complexidade do assunto, muitos aspectos contábeis foram lembrados quando a secção já estava pronta e então remendou-se a redação, perdendo sequência, ordem e clareza. Seria também necessária uma revisão.

---

[5] Para mais detalhes operacionais, sobre a parte contábil da Lei, consulte IUDÍCIBUS; MARTINS; GELBCKE; SANTOS.

A.12.4 Os grandes problemas de natureza técnica existentes

Não existem, salvo melhor juízo e análise, problemas técnicos de grande ou extrema gravidade. Os analistas têm apontado problemas mais ou menos sérios na área de equivalência patrimonial e consolidação, alguns dos quais citados rapidamente. Entretanto, tais problemas decorrem mais das explicitações de normas gerais da Lei em outros instrumentos legais e não propriamente da letra da Lei. Não nos parecem de gravidade tal, todavia, que invalidem o esforço global realizado. Assim, problemas graves não existem. Existem alguns de gravidade média e pequena, já comentados.

A.12.5 As grandes contribuições da lei sob o aspecto contábil

As principais contribuições, a nosso ver, são as seguintes:
1. clara separação entre Contabilidade Comercial (Contabilidade "Contábil") e Contabilidade para fins fiscais;
2. aperfeiçoamento da classificação das contas no balanço;
3. introdução do método de equivalência patrimonial na avaliação de investimentos; e
4. criação da reserva de lucros a realizar.

Como toda obra solitária (na parte contábil), apresenta defeitos de "acabamento", terminologia etc. que poderiam ter sido evitados se o trabalho tivesse sido revisto por uma equipe. Entretanto, consideramos que o avanço, em termos de estágio anterior, é *irrefutável, relevante* e *irreversível*. Os defeitos que apontamos e outros que nos tenham escapado podem perfeitamente e oportunamente ser corrigidos. Assim, consideramos que, em uma etapa futura, os seguintes avanços poderão ser realizados:

1. consagração definitiva do valor de mercado como base de avaliação obrigatória;
2. melhora dos critérios de evidenciação e inclusão explícita do *leasing*, formas de tratamento etc.;
3. inclusão mais completa e precisa de um painel de indicadores a serem apresentados aos investidores (quocientes do ponto de vista do investidor);
4. obrigatoriedade da demonstração de mutações patrimoniais; e
5. mais informações de natureza social e ambiental (Balanço Social).

Lei nº 6.404, de 15 de Dezembro de 1976[1,2]

CAPÍTULO XV
EXERCÍCIO SOCIAL E DEMONSTRAÇÕES FINANCEIRAS

Seção I
Exercício Social

Art. 175. O exercício social terá duração de 1 (um) ano e a data do término será fixada no estatuto.

Parágrafo único. Na constituição da companhia e nos casos de alteração estatutária o exercício social poderá ter duração diversa.

Seção II
Demonstrações Financeiras

Disposições Gerais

Art. 176. Ao fim de cada exercício social, a diretoria fará elaborar, com base na escrituração mercantil da companhia, as seguintes demonstrações financeiras, que deverão exprimir com clareza a situação do patrimônio da companhia e as mutações ocorridas no exercício:

I – balanço patrimonial;

II – demonstração dos lucros ou prejuízos acumulados;

III – demonstração do resultado do exercício; e

IV – demonstração dos fluxos de caixa; e (Redação dada pela Lei nº 11.638, de 2007)

V – se companhia aberta, demonstração do valor adicionado. (Incluído pela Lei nº 11.638, de 2007)

§ 1º As demonstrações de cada exercício serão publicadas com a indicação dos valores correspondentes das demonstrações do exercício anterior.

§ 2º Nas demonstrações, as contas semelhantes poderão ser agrupadas; os pequenos saldos poderão ser agregados, desde que indicada a sua natureza e não ultrapassem 0,1 (um décimo) do valor do respectivo grupo de contas; mas é vedada a utilização de designações genéricas, como "diversas contas" ou "contas-correntes".

§ 3º As demonstrações financeiras registrarão a destinação dos lucros segundo a proposta dos órgãos da administração, no pressuposto de sua aprovação pela assembleia-geral.

§ 4º As demonstrações serão complementadas por notas explicativas e outros quadros analíticos ou demonstrações contábeis necessários para esclarecimento da situação patrimonial e dos resultados do exercício.

§ 5º As notas explicativas devem: (Redação dada pela Lei nº 11.941, de 2009)

---

[1] Atualizada pelas Leis nº 11.638/07 e nº 11.941/09.

[2] Para verificar uma relação consolidada das Leis nº 6.404/76 e nº 11.638/07, veja o excelente trabalho de Marcos Peters, *Comentários à Lei 11.638/07*. São Paulo: Saint Paul, 2008.

I – apresentar informações sobre a base de preparação das demonstrações financeiras e das práticas contábeis específicas selecionadas e aplicadas para negócios e eventos significativos; (Incluído pela Lei nº 11.941, de 2009)

II – divulgar as informações exigidas pelas práticas contábeis adotadas no Brasil que não estejam apresentadas em nenhuma outra parte das demonstrações financeiras; (Incluído pela Lei nº 11.941, de 2009)

III – fornecer informações adicionais não indicadas nas próprias demonstrações financeiras e consideradas necessárias para uma apresentação adequada; e (Incluído pela Lei nº 11.941, de 2009)

IV – indicar: (Incluído pela Lei nº 11.941, de 2009)

a) os principais critérios de avaliação dos elementos patrimoniais, especialmente estoques, dos cálculos de depreciação, amortização e exaustão, de constituição de provisões para encargos ou riscos, e dos ajustes para atender a perdas prováveis na realização de elementos do ativo; (Incluído pela Lei nº 11.941, de 2009)

b) os investimentos em outras sociedades, quando relevantes (art. 247, parágrafo único); (Incluído pela Lei nº 11.941, de 2009)

c) o aumento de valor de elementos do ativo resultante de novas avaliações (art. 182, § 3º); (Incluído pela Lei nº 11.941, de 2009)

d) os ônus reais constituídos sobre elementos do ativo, as garantias prestadas a terceiros e outras responsabilidades eventuais ou contingentes; (Incluído pela Lei nº 11.941, de 2009)

e) a taxa de juros, as datas de vencimento e as garantias das obrigações a longo prazo; (Incluído pela Lei nº 11.941, de 2009)

f) o número, espécies e classes das ações do capital social; (Incluído pela Lei nº 11.941, de 2009)

g) as opções de compra de ações outorgadas e exercidas no exercício; (Incluído pela Lei nº 11.941, de 2009)

h) os ajustes de exercícios anteriores (art. 186, § 1º); e (Incluído pela Lei nº 11.941, de 2009)

i) os eventos subsequentes à data de encerramento do exercício que tenham, ou possam vir a ter, efeito relevante sobre a situação financeira e os resultados futuros da companhia. (Incluído pela Lei nº 11.941, de 2009)

§ 6º A companhia fechada com patrimônio líquido, na data do balanço, inferior a R$ 2.000.000,00 (dois milhões de reais) não será obrigada à elaboração e publicação da demonstração dos fluxos de caixa. (Redação dada pela Lei nº 11.638, de 2007)

§ 7º A Comissão de Valores Mobiliários poderá, a seu critério, disciplinar de forma diversa o registro de que trata o § 3º deste artigo. (Incluído pela Lei nº 11.941, de 2009)

Escrituração

Art. 177. A escrituração da companhia será mantida em registros permanentes, com obediência aos preceitos da legislação comercial e desta Lei e aos princípios de contabilidade geralmente aceitos, devendo observar métodos ou critérios contábeis uniformes no tempo e registrar as mutações patrimoniais segundo o regime de competência.

§ 1º As demonstrações financeiras do exercício em que houver modificação de métodos ou critérios contábeis, de efeitos relevantes, deverão indicá-la em nota e ressaltar esses efeitos.

§ 2º A companhia observará exclusivamente em livros ou registros auxiliares, sem qualquer modificação da escrituração mercantil e das demonstrações reguladas nesta Lei, as disposições da lei tributária, ou de legislação especial sobre a atividade que constitui seu objeto, que prescrevam, conduzam ou incentivem a utilização de métodos ou critérios contábeis diferentes ou determinem registros, lançamentos ou ajustes ou a elaboração de outras demonstrações financeiras. (Redação dada pela Lei nº 11.941, de 2009)

I – (revogado); (Redação dada pela Lei nº 11.941, de 2009)

II – (revogado). (Redação dada pela Lei nº 11.941, de 2009)

§ 3º As demonstrações financeiras das companhias abertas observarão, ainda, as normas expedidas pela Comissão de Valores Mobiliários e serão obrigatoriamente submetidas a auditoria por auditores independentes nela registrados. (Redação dada pela Lei nº 11.941, de 2009)

§ 4º As demonstrações financeiras serão assinadas pelos administradores e por contabilistas legalmente habilitados.

§ 5º As normas expedidas pela Comissão de Valores Mobiliários a que se refere o § 3º deste artigo deverão ser elaboradas em consonância com os padrões internacionais de contabilidade adotados nos principais mercados de valores mobiliários. (Incluído pela Lei nº 11.638, de 2007)

§ 6º As companhias fechadas poderão optar por observar as normas sobre demonstrações financeiras expedidas pela Comissão de Valores Mobiliários para as companhias abertas. (Incluído pela Lei nº 11.638, de 2007)

§ 7º (Revogado). (Redação dada pela Lei nº 11.941, de 2009)

SEÇÃO III
Balanço Patrimonial

Grupo de Contas

Art. 178. No balanço, as contas serão classificadas segundo os elementos do patrimônio que registrem, e agrupadas de modo a facilitar o conhecimento e a análise da situação financeira da companhia.

§ 1º No ativo, as contas serão dispostas em ordem decrescente de grau de liquidez dos elementos nelas registrados, nos seguintes grupos:

I – ativo circulante; e (Incluído pela Lei nº 11.941, de 2009)

II – ativo não circulante, composto por ativo realizável a longo prazo, investimentos, imobilizado e intangível. (Incluído pela Lei nº 11.941, de 2009)

§ 2º No passivo, as contas serão classificadas nos seguintes grupos:

I – passivo circulante; (Incluído pela Lei nº 11.941, de 2009)

II – passivo não circulante; e (Incluído pela Lei nº 11.941, de 2009)

III – patrimônio líquido, dividido em capital social, reservas de capital, ajustes de avaliação patrimonial, reservas de lucros, ações em tesouraria e prejuízos acumulados. (Incluído pela Lei nº 11.941, de 2009)

§ 3º Os saldos devedores e credores que a companhia não tiver direito de compensar serão classificados separadamente.

Ativo

Art. 179. As contas serão classificadas do seguinte modo:

I – no ativo circulante: as disponibilidades, os direitos realizáveis no curso do exercício social subsequente e as aplicações de recursos em despesas do exercício seguinte;

II – no ativo realizável a longo prazo: os direitos realizáveis após o término do exercício seguinte, assim como os derivados de vendas, adiantamentos ou empréstimos a sociedades coligadas ou controladas (artigo 243), diretores, acionistas ou participantes no lucro da companhia, que não constituírem negócios usuais na exploração do objeto da companhia;

III – em investimentos: as participações permanentes em outras sociedades e os direitos de qualquer natureza, não classificáveis no ativo circulante, e que não se destinem à manutenção da atividade da companhia ou da empresa;

IV – no ativo imobilizado: os direitos que tenham por objeto bens corpóreos destinados à manutenção das atividades da companhia ou da empresa ou exercidos com essa finalidade, inclusive os decorrentes de operações que transfiram à companhia os benefícios, riscos e controle desses bens; (Redação dada pela Lei nº 11.638, de 2007)

V – (Revogado pela Lei nº 11.941, de 2009)

VI – no intangível: os direitos que tenham por objeto bens incorpóreos destinados à manutenção da companhia ou exercidos com essa finalidade, inclusive o fundo de comércio adquirido. (Incluído pela Lei nº 11.638, de 2007)

Parágrafo único. Na companhia em que o ciclo operacional da empresa tiver duração maior que o exercício social, a classificação no circulante ou longo prazo terá por base o prazo desse ciclo.

Passivo Exigível

Art. 180. As obrigações da companhia, inclusive financiamentos para aquisição de direitos do ativo não circulante, serão classificadas no passivo circulante, quando se vencerem no exercício seguinte, e no passivo não circulante, se tiverem vencimento em prazo maior, observado o disposto no parágrafo único do art. 179 desta Lei. (Redação dada pela Lei nº 11.941, de 2009)

Resultados de Exercícios Futuros

Art. 181. (Revogado pela Lei nº 11.941, de 2009)

Patrimônio Líquido

Art. 182. A conta do capital social discriminará o montante subscrito e, por dedução, a parcela ainda não realizada.

§ 1º Serão classificadas como reservas de capital as contas que registrarem:

a) a contribuição do subscritor de ações que ultrapassar o valor nominal e a parte do preço de emissão das ações sem valor nominal que ultrapassar a importância destinada à formação do capital social, inclusive nos casos de conversão em ações de debêntures ou partes beneficiárias;

b) o produto da alienação de partes beneficiárias e bônus de subscrição;

c) (revogada); (Redação dada pela Lei nº 11.638, de 2007) (Revogado pela Lei nº 11.638, de 2007)

d) (revogada). (Redação dada pela Lei nº 11.638, de 2007) (Revogado pela Lei nº 11.638, de 2007)

§ 2º Será ainda registrado como reserva de capital o resultado da correção monetária do capital realizado, enquanto não-capitalizado.

§ 3º Serão classificadas como ajustes de avaliação patrimonial, enquanto não computadas no resultado do exercício em obediência ao regime de competência, as contrapartidas de aumentos ou diminuições de valor atribuídos a elementos do ativo e do passivo, em decorrência da sua avaliação a valor justo, nos casos previstos nesta Lei ou, em normas expedidas pela Comissão de Valores Mobiliários, com base na competência conferida pelo § 3º do art. 177 desta Lei. (Redação dada pela Lei nº 11.941, de 2009)

§ 4º Serão classificados como reservas de lucros as contas constituídas pela apropriação de lucros da companhia.

§ 5º As ações em tesouraria deverão ser destacadas no balanço como dedução da conta do patrimônio líquido que registrar a origem dos recursos aplicados na sua aquisição.

Critérios de Avaliação do Ativo

Art. 183. No balanço, os elementos do ativo serão avaliados segundo os seguintes critérios:

I – as aplicações em instrumentos financeiros, inclusive derivativos, e em direitos e títulos de créditos, classificados no ativo circulante ou no realizável a longo prazo: (Redação dada pela Lei nº 11.638, de 2007)

a) pelo seu valor justo, quando se tratar de aplicações destinadas à negociação ou disponíveis para venda; e (Redação dada pela Lei nº 11.941, de 2009)

b) pelo valor de custo de aquisição ou valor de emissão, atualizado conforme disposições legais ou contratuais, ajustado ao valor provável de realização, quando este for inferior, no caso das demais aplicações e os direitos e títulos de crédito; (Incluída pela Lei nº 11.638, de 2007)

II – os direitos que tiverem por objeto mercadorias e produtos do comércio da companhia, assim como matérias-primas, produtos em fabricação e bens em almoxarifado, pelo custo de aquisição ou produção, deduzido de provisão para ajustá-lo ao valor de mercado, quando este for inferior;

III – os investimentos em participação no capital social de outras sociedades, ressalvado o disposto nos artigos 248 a 250, pelo custo de aquisição, deduzido de provisão para perdas prováveis na realização do seu valor, quando essa perda estiver comprovada como permanente, e que não será modificado em razão do recebimento, sem custo para a companhia, de ações ou quotas bonificadas;

IV – os demais investimentos, pelo custo de aquisição, deduzido de provisão para atender às perdas prováveis na realização do seu valor, ou para redução do custo de aquisição ao valor de mercado, quando este for inferior;

V – os direitos classificados no imobilizado, pelo custo de aquisição, deduzido do saldo da respectiva conta de depreciação, amortização ou exaustão;

VI – (revogado); (Redação dada pela Lei nº 11.941, de 2009)

VII – os direitos classificados no intangível, pelo custo incorrido na aquisição deduzido do saldo da respectiva conta de amortização; (Incluído pela Lei nº 11.638, de 2007)

VIII – os elementos do ativo decorrentes de operações de longo prazo serão ajustados a valor presente, sendo os demais ajustados quando houver efeito relevante. (Incluído pela Lei nº 11.638, de 2007)

§ 1º Para efeitos do disposto neste artigo, considera-se valor justo: (Redação dada pela Lei nº 11.941, de 2009)

a) das matérias-primas e dos bens em almoxarifado, o preço pelo qual possam ser repostos, mediante compra no mercado;

b) dos bens ou direitos destinados à venda, o preço líquido de realização mediante venda no mercado, deduzidos os impostos e demais despesas necessárias para a venda, e a margem de lucro;

c) dos investimentos, o valor líquido pelo qual possam ser alienados a terceiros.

d) dos instrumentos financeiros, o valor que pode se obter em um mercado ativo, decorrente de transação não compulsória realizada entre partes independentes; e, na ausência de um mercado ativo para um determinado instrumento financeiro: (Incluída pela Lei nº 11.638, de 2007)

1) o valor que se pode obter em um mercado ativo com a negociação de outro instrumento financeiro de natureza, prazo e risco similares; (Incluído pela Lei nº 11.638, de 2007)

2) o valor presente líquido dos fluxos de caixa futuros para instrumentos financeiros de natureza, prazo e risco similares; ou (Incluído pela Lei nº 11.638, de 2007)

3) o valor obtido por meio de modelos matemático-estatísticos de precificação de instrumentos financeiros. (Incluído pela Lei nº 11.638, de 2007)

§ 2º A diminuição do valor dos elementos dos ativos imobilizado e intangível será registrada periodicamente nas contas de: (Redação dada pela Lei nº 11.941, de 2009)

a) depreciação, quando corresponder à perda do valor dos direitos que têm por objeto bens físicos sujeitos a desgaste ou perda de utilidade por uso, ação da natureza ou obsolescência;

b) amortização, quando corresponder à perda do valor do capital aplicado na aquisição de direitos da propriedade industrial ou comercial e quaisquer outros com existência ou exercício de duração limitada, ou cujo objeto sejam bens de utilização por prazo legal ou contratualmente limitado;

c) exaustão, quando corresponder à perda do valor, decorrente da sua exploração, de direitos cujo objeto sejam recursos minerais ou florestais, ou bens aplicados nessa exploração.

§ 3º A companhia deverá efetuar, periodicamente, análise sobre a recuperação dos valores registrados no imobilizado e no intangível, a fim de que sejam: (Redação dada pela Lei nº 11.941, de 2009)

I – registradas as perdas de valor do capital aplicado quando houver decisão de interromper os empreendimentos ou atividades a que se destinavam ou quando comprovado que não poderão produzir resultados suficientes para recuperação desse valor; ou (Incluído pela Lei nº 11.638, de 2007)

II – revisados e ajustados os critérios utilizados para determinação da vida útil econômica estimada e para cálculo da depreciação, exaustão e amortização. (Incluído pela Lei nº 11.638, de 2007)

§ 4º Os estoques de mercadorias fungíveis destinadas à venda poderão ser avaliados pelo valor de mercado, quando esse for o costume mercantil aceito pela técnica contábil.

Critérios de Avaliação do Passivo

Art. 184. No balanço, os elementos do passivo serão avaliados de acordo com os seguintes critérios:

I – as obrigações, encargos e riscos, conhecidos ou calculáveis, inclusive Imposto sobre a Renda a pagar com base no resultado do exercício, serão computados pelo valor atualizado até a data do balanço;

II – as obrigações em moeda estrangeira, com cláusula de paridade cambial, serão convertidas em moeda nacional à taxa de câmbio em vigor na data do balanço;

III – as obrigações, os encargos e os riscos classificados no passivo não circulante serão ajustados ao seu valor presente, sendo os demais ajustados quando houver efeito relevante. (Redação dada pela Lei nº 11.941, de 2009)

Critérios de Avaliação em Operações Societárias
(Incluído pela Lei nº 11.941, de 2009)

Art. 184-A. A Comissão de Valores Mobiliários estabelecerá, com base na competência conferida pelo § 3º do art. 177 desta Lei, normas especiais de avaliação e contabilização aplicáveis à aquisição de controle, participações societárias ou negócios. (Incluído pela Lei nº 11.941, de 2009)

Correção Monetária

Art. 185. (Revogado pela Lei nº 7.730, de 1989)

Seção IV
Demonstração de Lucros ou Prejuízos Acumulados

Art. 186. A demonstração de lucros ou prejuízos acumulados discriminará:

I – o saldo do início do período, os ajustes de exercícios anteriores e a correção monetária do saldo inicial;

II – as reversões de reservas e o lucro líquido do exercício;

III – as transferências para reservas, os dividendos, a parcela dos lucros incorporada ao capital e o saldo ao fim do período.

§ 1º Como ajustes de exercícios anteriores serão considerados apenas os decorrentes de efeitos da mudança de critério contábil, ou da retificação de erro imputável a determinado exercício anterior, e que não possam ser atribuídos a fatos subsequentes.

§ 2º A demonstração de lucros ou prejuízos acumulados deverá indicar o montante do dividendo por ação do capital social e poderá ser incluída na demonstração das mutações do patrimônio líquido, se elaborada e publicada pela companhia.

Seção V
Demonstração do Resultado do Exercício

Art. 187. A demonstração do resultado do exercício discriminará:

I – a receita bruta das vendas e serviços, as deduções das vendas, os abatimentos e os impostos;

II – a receita líquida das vendas e serviços, o custo das mercadorias e serviços vendidos e o lucro bruto;

III – as despesas com as vendas, as despesas financeiras, deduzidas das receitas, as despesas gerais e administrativas, e outras despesas operacionais;

IV – o lucro ou prejuízo operacional, as outras receitas e as outras despesas; (Redação dada pela Lei nº 11.941, de 2009)

V – o resultado do exercício antes do Imposto sobre a Renda e a provisão para o imposto;

VI – as participações de debêntures, empregados, administradores e partes beneficiárias, mesmo na forma de instrumentos financeiros, e de instituições ou fundos de assistência ou previdência de empregados, que não se caracterizem como despesa; (Redação dada pela Lei nº 11.941, de 2009)

VII – o lucro ou prejuízo líquido do exercício e o seu montante por ação do capital social.

§ 1º Na determinação do resultado do exercício serão computados:

a) as receitas e os rendimentos ganhos no período, independentemente da sua realização em moeda; e

b) os custos, despesas, encargos e perdas, pagos ou incorridos, correspondentes a essas receitas e rendimentos.

§ 2º (Revogado). (Redação dada pela Lei nº 11.638, de 2007) (Revogado pela Lei nº 11.638, de 2007)

Seção VI
Demonstrações dos Fluxos de Caixa e do Valor Adicionado

(Redação dada pela Lei nº 11.638, de 2007)

Art. 188. As demonstrações referidas nos incisos IV e V do caput do art. 176 desta Lei indicarão, no mínimo: (Redação dada pela Lei nº 11.638, de 2007)

I – demonstração dos fluxos de caixa – as alterações ocorridas, durante o exercício, no saldo de caixa e equivalentes de caixa, segregando-se essas alterações em, no mínimo, 3 (três) fluxos: (Redação dada pela Lei nº 11.638, de 2007)

a) das operações; (Redação dada pela Lei nº 11.638, de 2007)

b) dos financiamentos; e (Redação dada pela Lei nº 11.638, de 2007)

c) dos investimentos; (Redação dada pela Lei nº 11.638, de 2007)

II – demonstração do valor adicionado – o valor da riqueza gerada pela companhia, a sua distribuição entre os elementos que contribuíram para a geração dessa riqueza, tais como empregados, financiadores, acionistas, governo e outros, bem como a parcela da riqueza não distribuída. (Redação dada pela Lei nº 11.638, de 2007)

III – (Revogado pela Lei nº 11.941, de 2009)

IV – (Revogado pela Lei nº 11.941, de 2009)

CAPÍTULO XVI
LUCRO, RESERVAS E DIVIDENDOS

Seção I
Lucro

Dedução de Prejuízos e Imposto sobre a Renda

Art. 189. Do resultado do exercício serão deduzidos, antes de qualquer participação, os prejuízos acumulados e a provisão para o Imposto sobre a Renda.

Parágrafo único. o prejuízo do exercício será obrigatoriamente absorvido pelos lucros acumulados, pelas reservas de lucros e pela reserva legal, nessa ordem.

Participações

Art. 190. As participações estatutárias de empregados, administradores e partes beneficiárias serão determinadas, sucessivamente e nessa ordem, com base nos lucros que remanescerem depois de deduzida a participação anteriormente calculada.

Parágrafo único. Aplica-se ao pagamento das participações dos administradores e das partes beneficiárias o disposto nos parágrafos do artigo 201.

Lucro Líquido

Art. 191. Lucro líquido do exercício é o resultado do exercício que remanescer depois de deduzidas as participações de que trata o artigo 190.

Proposta de Destinação do Lucro

Art. 192. Juntamente com as demonstrações financeiras do exercício, os órgãos da administração da companhia apresentarão à assembleia-geral ordinária, observado o disposto nos artigos 193 a 203 e no estatuto, proposta sobre a destinação a ser dada ao lucro líquido do exercício.

Seção II
Reservas e Retenção de Lucros

Reserva Legal

Art. 193. Do lucro líquido do exercício, 5% (cinco por cento) serão aplicados, antes de qualquer outra destinação, na constituição da reserva legal, que não excederá de 20% (vinte por cento) do capital social.

§ 1º A companhia poderá deixar de constituir a reserva legal no exercício em que o saldo dessa reserva, acrescido do montante das reservas de capital de que trata o § 1º do artigo 182, exceder de 30% (trinta por cento) do capital social.

§ 2º A reserva legal tem por fim assegurar a integridade do capital social e somente poderá ser utilizada para compensar prejuízos ou aumentar o capital.

Reservas Estatutárias

Art. 194. O estatuto poderá criar reservas desde que, para cada uma:

I – indique, de modo preciso e completo, a sua finalidade;

II – fixe os critérios para determinar a parcela anual dos lucros líquidos que serão destinados à sua constituição; e

III – estabeleça o limite máximo da reserva.

Reservas para Contingências

Art. 195. A assembleia-geral poderá, por proposta dos órgãos da administração, destinar parte do lucro líquido à formação de reserva com a finalidade de compensar, em exercício futuro, a diminuição do lucro decorrente de perda julgada provável, cujo valor possa ser estimado.

§ 1º A proposta dos órgãos da administração deverá indicar a causa da perda prevista e justificar, com as razões de prudência que a recomendem, a constituição da reserva.

§ 2º A reserva será revertida no exercício em que deixarem de existir as razões que justificaram a sua constituição ou em que ocorrer a perda.

Reserva de Incentivos Fiscais
(Incluído pela Lei nº 11.638, de 2007)

Art. 195-A. A assembleia geral poderá, por proposta dos órgãos de administração, destinar para a reserva de incentivos fiscais a parcela do lucro líquido decorrente de doações ou subvenções governamentais para investimentos, que poderá ser excluída da base de cálculo do dividendo obrigatório (inciso I do *caput* do art. 202 desta Lei). (Incluído pela Lei nº 11.638, de 2007)

Retenção de Lucros

Art. 196. A assembleia-geral poderá, por proposta dos órgãos da administração, deliberar reter parcela do lucro líquido do exercício prevista em orçamento de capital por ela previamente aprovado.

§ 1º O orçamento, submetido pelos órgãos da administração com a justificação da retenção de lucros proposta, deverá compreender todas as fontes de recursos e aplicações de capital, fixo ou circulante, e poderá ter a duração de até 5 (cinco) exercícios, salvo no caso de execução, por prazo maior, de projeto de investimento.

§ 2º O orçamento poderá ser aprovado pela assembleia-geral ordinária que deliberar sobre o balanço do exercício e revisado anualmente, quando tiver duração superior a um exercício social. (Redação dada pela Lei nº 10.303, de 2001)

Reserva de Lucros a Realizar

Art. 197. No exercício em que o montante do dividendo obrigatório, calculado nos termos do estatuto ou do art. 202, ultrapassar a parcela realizada do lucro líquido do exercício, a assembleia-geral poderá, por proposta dos órgãos de administração, destinar o excesso à constituição de reserva de lucros a realizar. (Redação dada pela Lei nº 10.303, de 2001)

§ 1º Para os efeitos deste artigo, considera-se realizada a parcela do lucro líquido do exercício que exceder da soma dos seguintes valores: (Redação dada pela Lei nº 10.303, de 2001)

I – o resultado líquido positivo da equivalência patrimonial (art. 248); e (Incluído pela Lei nº 10.303, de 2001)

II – o lucro, rendimento ou ganho líquidos em operações ou contabilização de ativo e passivo pelo valor de mercado, cujo prazo de realização financeira ocorra após o término do exercício social seguinte. (Redação dada pela Lei nº 11.638, de 2007)

§ 2º A reserva de lucros a realizar somente poderá ser utilizada para pagamento do dividendo obrigatório e, para efeito do inciso III do art. 202, serão considerados como integrantes da reserva os lucros a realizar de cada exercício que forem os primeiros a serem realizados em dinheiro. (Incluído pela Lei nº 10.303, de 2001)

Limite da Constituição de Reservas e Retenção de Lucros

Art. 198. A destinação dos lucros para constituição das reservas de que trata o artigo 194 e a retenção nos termos do artigo 196 não poderão ser aprovadas, em cada exercício, em prejuízo da distribuição do dividendo obrigatório (artigo 202).

Limite do Saldo das Reservas de Lucro
(Redação dada pela Lei nº 11.638, de 2007)

Art. 199. O saldo das reservas de lucros, exceto as para contingências, de incentivos fiscais e de lucros a realizar, não poderá ultrapassar o capital social. Atingindo esse limite, a assembleia deliberará sobre aplicação do excesso na integralização ou no aumento do capital social ou na distribuição de dividendos. (Redação dada pela Lei nº 11.638, de 2007)

Reserva de Capital

Art. 200. As reservas de capital somente poderão ser utilizadas para:

I – absorção de prejuízos que ultrapassarem os lucros acumulados e as reservas de lucros (artigo 189, parágrafo único);

II – resgate, reembolso ou compra de ações;

III – resgate de partes beneficiárias;

IV – incorporação ao capital social;

V – pagamento de dividendo a ações preferenciais, quando essa vantagem lhes for assegurada (artigo 17, § 5º).

Parágrafo único. A reserva constituída com o produto da venda de partes beneficiárias poderá ser destinada ao resgate desses títulos.

Seção III
Dividendos

Origem

Art. 201. A companhia somente pode pagar dividendos à conta de lucro líquido do exercício, de lucros acumulados e de reserva de lucros; e à conta de reserva de capital, no caso das ações preferenciais de que trata o § 5º do artigo 17.

§ 1º A distribuição de dividendos com inobservância do disposto neste artigo implica responsabilidade solidária dos administradores e fiscais, que deverão repor à caixa social a importância distribuída, sem prejuízo da ação penal que no caso couber.

§ 2º Os acionistas não são obrigados a restituir os dividendos que em boa-fé tenham recebido. Presume-se a má-fé quando os dividendos forem distribuídos sem o levantamento do balanço ou em desacordo com os resultados deste.

Dividendo Obrigatório

Art. 202. Os acionistas têm direito de receber como dividendo obrigatório, em cada exercício, a parcela dos lucros estabelecida no estatuto ou, se este for omisso, a importância determinada de acordo com as seguintes normas: (Redação dada pela Lei nº 10.303, de 2001) (Vide Lei nº 12.838, de 2013)

I – metade do lucro líquido do exercício diminuído ou acrescido dos seguintes valores: (Redação dada pela Lei nº 10.303, de 2001)

a) importância destinada à constituição da reserva legal (art. 193); e (Incluída pela Lei nº 10.303, de 2001)

b) importância destinada à formação da reserva para contingências (art. 195) e reversão da mesma reserva formada em exercícios anteriores; (Incluída pela Lei nº 10.303, de 2001)

II – o pagamento do dividendo determinado nos termos do inciso I poderá ser limitado ao montante do lucro líquido do exercício que tiver sido realizado, desde que a diferença seja registrada como reserva de lucros a realizar (art. 197); (Redação dada pela Lei nº 10.303, de 2001)

III – os lucros registrados na reserva de lucros a realizar, quando realizados e se não tiverem sido absorvidos por prejuízos em exercícios subsequentes, deverão ser acrescidos ao primeiro dividendo declarado após a realização. (Redação dada pela Lei nº 10.303, de 2001)

§ 1º O estatuto poderá estabelecer o dividendo como porcentagem do lucro ou do capital social, ou fixar outros critérios para determiná-lo, desde que sejam regulados com precisão e minúcia e não sujeitem os acionistas minoritários ao arbítrio dos órgãos de administração ou da maioria.

§ 2º Quando o estatuto for omisso e a assembleia-geral deliberar alterá-lo para introduzir norma sobre a matéria, o dividendo obrigatório não poderá ser inferior a 25% (vinte e cinco por cento) do lucro líquido ajustado nos termos do inciso I deste artigo. (Redação dada pela Lei nº 10.303, de 2001)

§ 3º A assembleia-geral pode, desde que não haja oposição de qualquer acionista presente, deliberar a distribuição de dividendo inferior ao obrigatório, nos termos deste artigo, ou a retenção de todo o lucro líquido, nas seguintes sociedades: (Redação dada pela Lei nº 10.303, de 2001)

I – companhias abertas exclusivamente para a captação de recursos por debêntures não conversíveis em ações; (Incluído pela Lei nº 10.303, de 2001)

II – companhias fechadas, exceto nas controladas por companhias abertas que não se enquadrem na condição prevista no inciso I. (Incluído pela Lei nº 10.303, de 2001)

§ 4º O dividendo previsto neste artigo não será obrigatório no exercício social em que os órgãos da administração informarem à assembleia-geral ordinária ser ele incompatível com a situação financeira da companhia. O conselho fiscal, se em funcionamento, deverá dar parecer sobre essa informação e, na companhia aberta, seus administradores encaminharão à Comissão de Valores Mobiliários, dentro de 5 (cinco) dias da realização da assembleia-geral, exposição justificativa da informação transmitida à assembleia.

§ 5º Os lucros que deixarem de ser distribuídos nos termos do § 4º serão registrados como reserva especial e, se não absorvidos por prejuízos em exercícios subsequentes, deverão ser pagos como dividendo assim que o permitir a situação financeira da companhia.

§ 6º Os lucros não destinados nos termos dos arts. 193 a 197 deverão ser distribuídos como dividendos. (Incluído pela Lei nº 10.303, de 2001)

Dividendos de Ações Preferenciais

Art. 203. O disposto nos artigos 194 a 197, e 202, não prejudicará o direito dos acionistas preferenciais de receber os dividendos fixos ou mínimos a que tenham prioridade, inclusive os atrasados, se cumulativos. (Vide Lei nº 12.838, de 2013)

Dividendos Intermediários

Art. 204. A companhia que, por força de lei ou de disposição estatutária, levantar balanço semestral, poderá declarar, por deliberação dos órgãos de administração, se autorizados pelo estatuto, dividendo à conta do lucro apurado nesse balanço.

§ 1º A companhia poderá, nos termos de disposição estatutária, levantar balanço e distribuir dividendos em períodos menores, desde que o total dos dividendos pagos em cada semestre do exercício social não exceda o montante das reservas de capital de que trata o § 1º do artigo 182.

§ 2º O estatuto poderá autorizar os órgãos de administração a declarar dividendos intermediários, à conta de lucros acumulados ou de reservas de lucros existentes no último balanço anual ou semestral.

Pagamento de Dividendos

Art. 205. A companhia pagará o dividendo de ações nominativas à pessoa que, na data do ato de declaração do dividendo, estiver inscrita como proprietária ou usufrutuária da ação.

§ 1º Os dividendos poderão ser pagos por cheque nominativo remetido por via postal para o endereço comunicado pelo acionista à companhia, ou mediante crédito em conta-corrente bancária aberta em nome do acionista.

§ 2º Os dividendos das ações em custódia bancária ou em depósito nos termos dos artigos 41 e 43 serão pagos pela companhia à instituição financeira depositária, que será responsável pela sua entrega aos titulares das ações depositadas.

§ 3º O dividendo deverá ser pago, salvo deliberação em contrário da assembleia-geral, no prazo de 60 (sessenta) dias da data em que for declarado e, em qualquer caso, dentro do exercício social.

CAPÍTULO XX
SOCIEDADES COLIGADAS, CONTROLADORAS E CONTROLADAS

Seção I
Informações no Relatório da Administração

Art. 243. O relatório anual da administração deve relacionar os investimentos da companhia em sociedades coligadas e controladas e mencionar as modificações ocorridas durante o exercício.

§ 1º São coligadas as sociedades nas quais a investidora tenha influência significativa. (Redação dada pela Lei nº 11.941, de 2009)

§ 2º Considera-se controlada a sociedade na qual a controladora, diretamente ou através de outras controladas, é titular de direitos de sócio que lhe assegurem, de modo permanente, preponderância nas deliberações sociais e o poder de eleger a maioria dos administradores.

§ 3º A companhia aberta divulgará as informações adicionais, sobre coligadas e controladas, que forem exigidas pela Comissão de Valores Mobiliários.

§ 4º Considera-se que há influência significativa quando a investidora detém ou exerce o poder de participar nas decisões das políticas financeira ou operacional da investida, sem controlá-la. (Incluído pela Lei nº 11.941, de 2009)

§ 5º É presumida influência significativa quando a investidora for titular de 20% (vinte por cento) ou mais do capital votante da investida, sem controlá-la. (Incluído pela Lei nº 11.941, de 2009)

Seção II
Participação Recíproca

Art. 244. É vedada a participação recíproca entre a companhia e suas coligadas ou controladas.

§ 1º O disposto neste artigo não se aplica ao caso em que ao menos uma das sociedades participa de outra com observância das condições em que a lei autoriza a aquisição das próprias ações (artigo 30, § 1º, alínea b).

§ 2º As ações do capital da controladora, de propriedade da controlada, terão suspenso o direito de voto.

§ 3º O disposto no § 2º do artigo 30, aplica-se à aquisição de ações da companhia aberta por suas coligadas e controladas.

§ 4º No caso do § 1º, a sociedade deverá alienar, dentro de 6 (seis) meses, as ações ou quotas que excederem do valor dos lucros ou reservas, sempre que esses sofrerem redução.

§ 5º A participação recíproca, quando ocorrer em virtude de incorporação, fusão ou cisão, ou da aquisição, pela companhia, do controle de sociedade, deverá ser mencionada nos relatórios e demonstrações financeiras de ambas as sociedades, e será eliminada no prazo máximo de 1 (um) ano; no caso de coligadas, salvo acordo em contrário, deverão ser alienadas as ações ou quotas de aquisição mais recente ou, se da mesma data, que representem menor porcentagem do capital social.

§ 6º A aquisição de ações ou quotas de que resulte participação recíproca com violação ao disposto neste artigo importa responsabilidade civil solidária dos administradores da sociedade, equiparando-se, para efeitos penais, à compra ilegal das próprias ações.

Seção III
Responsabilidade dos Administradores e das Sociedades Controladoras

Administradores

Art. 245. Os administradores não podem, em prejuízo da companhia, favorecer sociedade coligada, controladora ou controlada, cumprindo-lhes zelar para que as operações entre as sociedades, se houver, observem condições estritamente comutativas, ou com pagamento compensatório adequado; e respondem perante a companhia pelas perdas e danos resultantes de atos praticados com infração ao disposto neste artigo.

Sociedade Controladora

Art. 246. A sociedade controladora será obrigada a reparar os danos que causar à companhia por atos praticados com infração ao disposto nos artigos 116 e 117.

§ 1º A ação para haver reparação cabe:

a) a acionistas que representem 5% (cinco por cento) ou mais do capital social;

b) a qualquer acionista, desde que preste caução pelas custas e honorários de advogado devidos no caso de vir a ação ser julgada improcedente.

§ 2º A sociedade controladora, se condenada, além de reparar o dano e arcar com as custas, pagará honorários de advogado de 20% (vinte por cento) e prêmio de 5% (cinco por cento) ao autor da ação, calculados sobre o valor da indenização.

Seção IV
Demonstrações Financeiras

Notas Explicativas

Art. 247. As notas explicativas dos investimentos a que se refere o art. 248 desta Lei devem conter informações precisas sobre as sociedades coligadas e controladas e suas relações com a companhia, indicando: (Redação dada pela Lei nº 11.941, de 2009)

I – a denominação da sociedade, seu capital social e patrimônio líquido;

II – o número, espécies e classes das ações ou quotas de propriedade da companhia, e o preço de mercado das ações, se houver;

III – o lucro líquido do exercício;

IV – os créditos e obrigações entre a companhia e as sociedades coligadas e controladas;

V – o montante das receitas e despesas em operações entre a companhia e as sociedades coligadas e controladas.

Parágrafo único. Considera-se relevante o investimento:

a) em cada sociedade coligada ou controlada, se o valor contábil é igual ou superior a 10% (dez por cento) do valor do patrimônio líquido da companhia;

b) no conjunto das sociedades coligadas e controladas, se o valor contábil é igual ou superior a 15% (quinze por cento) do valor do patrimônio líquido da companhia.

Avaliação do Investimento em Coligadas e Controladas

Art. 248. No balanço patrimonial da companhia, os investimentos em coligadas ou em controladas e em outras sociedades que façam parte de um mesmo grupo ou estejam sob controle comum serão avaliados pelo método da equivalência patrimonial, de acordo com as seguintes normas: (Redação dada pela Lei nº 11.941, de 2009)

I – o valor do patrimônio líquido da coligada ou da controlada será determinado com base em balanço patrimonial ou balancete de verificação levantado, com observância das normas desta Lei, na mesma data, ou até 60 (sessenta) dias, no máximo, antes da data do balanço da companhia; no valor de patrimônio líquido não serão computados os resultados não realizados decorrentes de negócios com a companhia, ou com outras sociedades coligadas à companhia, ou por ela controladas;

II – o valor do investimento será determinado mediante a aplicação, sobre o valor de patrimônio líquido referido no número anterior, da porcentagem de participação no capital da coligada ou controlada;

III – a diferença entre o valor do investimento, de acordo com o número II, e o custo de aquisição corrigido monetariamente; somente será registrada como resultado do exercício:

a) se decorrer de lucro ou prejuízo apurado na coligada ou controlada;

b) se corresponder, comprovadamente, a ganhos ou perdas efetivos;

c) no caso de companhia aberta, com observância das normas expedidas pela Comissão de Valores Mobiliários.

§ 1º Para efeito de determinar a relevância do investimento, nos casos deste artigo, serão computados como parte do custo de aquisição os saldos de créditos da companhia contra as coligadas e controladas.

§ 2º A sociedade coligada, sempre que solicitada pela companhia, deverá elaborar e fornecer o balanço ou balancete de verificação previsto no número I.

Demonstrações Consolidadas

Art. 249. A companhia aberta que tiver mais de 30% (trinta por cento) do valor do seu patrimônio líquido representado por investimentos em sociedades controladas deverá elaborar e divulgar, juntamente com suas demonstrações financeiras, demonstrações consolidadas nos termos do artigo 250.

Parágrafo único. A Comissão de Valores Mobiliários poderá expedir normas sobre as sociedades cujas demonstrações devam ser abrangidas na consolidação, e:

a) determinar a inclusão de sociedades que, embora não controladas, sejam financeira ou administrativamente dependentes da companhia;

b) autorizar, em casos especiais, a exclusão de uma ou mais sociedades controladas.

Normas sobre Consolidação

Art. 250. Das demonstrações financeiras consolidadas serão excluídas:

I – as participações de uma sociedade em outra;

II – os saldos de quaisquer contas entre as sociedades;

III – as parcelas dos resultados do exercício, dos lucros ou prejuízos acumulados e do custo de estoques ou do ativo não circulante que corresponderem a resultados, ainda não realizados, de negócios entre as sociedades. (Redação dada pela Lei nº 11.941, de 2009)

§ 1º A participação dos acionistas não controladores no patrimônio líquido e no lucro do exercício será destacada, respectivamente, no balanço patrimonial e na demonstração do resultado do exercício. (Redação dada pela Lei nº 9.457, de 1997)

§ 2º A parcela do custo de aquisição do investimento em controlada, que não for absorvida na consolidação, deverá ser mantida no ativo não circulante, com dedução da provisão adequada para perdas já comprovadas, e será objeto de nota explicativa. (Redação dada pela Lei nº 11.941, de 2009)

§ 3º O valor da participação que exceder do custo de aquisição constituirá parcela destacada dos resultados de exercícios futuros até que fique comprovada a existência de ganho efetivo.

§ 4º Para fins deste artigo, as sociedades controladas, cujo exercício social termine mais de 60 (sessenta) dias antes da data do encerramento do exercício da companhia, elaborarão, com observância das normas desta Lei, demonstrações financeiras extraordinárias em data compreendida nesse prazo.

Referências

Referências básicas

AMERICAN ACCOUNTING ASSOCIATION. *A statement of basic accounting theory*. 1966.

AMERICAN ACCOUNTING ASSOCIATION. Report of the committee on accounting theory construction and verification. *The Accounting Review*. Supplement, v. XLVI.

AMERICAN INSTITUTE OF CERTIFIED PUBLIC ACCOUNTANTS. *Statement nº 4*. New York: AICPA/APB, 1973.

ARTHUR Andersen & Co. *Objects of financial statements for business enterprises*. Chicago, 1972.

BALL, R.; BROWN, P. An empirical evaluation of accounting numbers. *Journal of accounting Research*, v. 7, Autumn 1968.

CHAMBERS, Raymond J. *Accounting, evaluation and economic behavior*. Englewood Cliffs, New Jersey: Prentice-Hall, 1966.

CHAMBERS, Raymond J. Towards a general theory of accounting. *The australian society of accountants annual lecture*. Austrália, 1961.

DIAS FILHO, J.; BAPTISTA MACHADO, L. H. Abordagens da Pesquisa em Contabilidade. *In*: IUDÍCIBUS, Sérgio de; LOPES, Alexsandro Broedel (coord.). *Teoria avançada da Contabilidade*. São Paulo: Atlas, 2008.

EDWARDS, Edgard O.; BELL, Philip W. *The theory and measurement of business income*. Berkeley and Los Angeles: University of California Press, 1961.

HOPWOOD, A. G. *On Trying to study accounting in the contexts in which it operates*. Accounting, Organizations and Society, 1983, 8:287-305.

IUDÍCIBUS, Sérgio de. *Aspectos da avaliação de estoques a preços correntes*. São Paulo: FEA-USP, 1968.

IUDÍCIBUS, Sérgio de. *Contribuição à teoria dos ajustamentos contábeis*. São Paulo: FEA-USP, 1966.

IUDÍCIBUS, Sérgio de; MARTINS, Eliseu; GELBCKE, Ernesto Rubens. *Manual de contabilidade das sociedades por ações*. 6. ed. São Paulo: Atlas, 1973.

IUDÍCIBUS, Sérgio de; MARTINS, Eliseu; GELBCKE, Ernesto Rubens; SANTOS, Ariovaldo dos. *Manual de contabilidade societária*: aplicável a todas as sociedades: de acordo com as normas internacionais e do CPC. 3. ed. São Paulo: Atlas, 2018.

HENDRIKSEN, Eldon S. *Accounting theory*. Homewood: Richard D. Irwin, 1971 e 1977.

HENDRIKSEN, Eldon S.; VAN BREDA, M. *Accounting theory*. 5. ed. Chicago: Irwin, 1992.

HENDRIKSEN, Eldon S.; VAN BREDA, M. *Teoria da contabilidade*. São Paulo: Atlas, 1999.

HOPWOOD, A. G. "Towards an organizational perspective for the study of accounting and information systems". *Accounting, organizations and society*, 1978.

KAPLAN, R. S. *Advanced management accounting*. New York: Prentice-Hall, 1982.

LOPES, Alexsandro Broedel. *A informação contábil e o mercado de capitais*. São Paulo: Pioneira Thomsom Learning, 2002.

LOPES, Alexsandro Broedel; MARTINS, Eliseu. *Teoria da contabilidade*. São Paulo: Atlas, 2007.

MARTINEZ, A. L. *Gerenciamento de resultados contábeis*. Tese de doutorado – Faculdade de Economia, Administração e Contabilidade, Universidade de São Paulo, São Paulo, 2002.

MARTINS, Eliseu. *Contribuição à avaliação do ativo intangível*. São Paulo: USP, 1972.

MATTESSICH, Richard. *Accounting and analytical methods*. Homewood: Richard D. Irwin, 1964.

MELIS, Frederigo. *Storia della Ragioneria*. Bologna: Dott. Cesare Zuffi, 1950.

MOONITZ, Maurice. *The basic postulates of accounting*. New York: AICPA, 1961.

MOST, Kenneth S. *Accounting theory*. Columbus: Grid, 1977.

SPROUSE, Robert T.; MOONITZ, Maurice. *A tentative set of broad accounting principles for business enterprises*. New York: AICPA, 1962.

STERLING, Robert R. *Theory of the measurement of enterprise income*. Lawrence: University Press of Kansas, 1970.

SUNDER, S. *Theory of accounting and control*. Cincinnati, Ohio: South-Western College Publishing, 1997.

THOMAS, Arthur L. The allocation problem in financial accounting. *AAA Studies in Accounting Research*. Evanston: American Accounting Association, n. 3, 1969.

WATTS, R. L.; ZIMMERMAN, J. L. *Positive accounting theory*. Englewood Cliffs: Prentice-Hall, 1986.

Referências complementares

BRASIL. Lei nº 6.404, de 15 de dezembro de 1976. Dispõe sobre as Sociedades por Ações.

BRASIL. Lei nº 10.303, de 31 de outubro de 2001. Altera e acrescenta dispositivos da Lei nº 6.404, de 15 de dezembro de 1976, que dispõe sobre as sociedades por ações.

BRASIL. Lei nº 11.638, de 28 de dezembro de 2007. Altera e revoga dispositivos da Lei nº 6.404, de 15 de dezembro de 1976, e da Lei nº 6.385, de 7 de dezembro de 1976, e estende às sociedades de grande porte disposições relativas à elaboração e divulgação de demonstrações financeiras.

BRASIL. Lei nº 11.941, de 27 de maio de 2009. Altera a legislação tributária federal relativa ao parcelamento ordinário de débitos tributários; concede remissão nos casos em que especifica; institui regime tributário de transição e dá outras providências.

COMISSÃO DE VALORES MOBILIÁRIOS – CVM. Deliberação nº 639, de 7 de outubro de 2010. Aprova o Pronunciamento Técnico CPC 01(R1) do Comitê de Pronunciamentos Contábeis – CPC sobre redução ao valor recuperável de ativos.

COMISSÃO DE VALORES MOBILIÁRIOS – CVM. Deliberação nº 675, de 13 de dezembro de 2011. Aprova o Pronunciamento Conceitual Básico do Comitê de Pronunciamentos Contábeis – CPC, que dispõe sobre a Estrutura Conceitual para Elaboração e Divulgação de Relatório Contábil-Financeiro.

COMISSÃO DE VALORES MOBILIÁRIOS – CVM. Deliberação nº 835, de 10 de setembro de 2019. Aprova o Pronunciamento Técnico CPC 00 (R2) – Estrutura Conceitual para Relatório Financeiro emitido pelo Comitê de Pronunciamentos Contábeis – CPC.

COMISSÃO DE VALORES MOBILIÁRIOS – CVM. Deliberação nº 644, de 2 de dezembro de 2010. Aprova o Pronunciamento Técnico CPC 04 (R1) do Comitê de Pronunciamentos Contábeis – CPC sobre ativo intangível.

COMISSÃO DE VALORES MOBILIÁRIOS – CVM. Deliberação nº 762, de 22 de dezembro de 2016. Aprova o Pronunciamento Técnico CPC 47 do Comitê de Pronunciamentos Contábeis – CPC sobre receita de contrato de cliente.

COMISSÃO DE VALORES MOBILIÁRIOS – CVM. Deliberação nº 787, de 21 de dezembro de 2017. Aprova o Pronunciamento Técnico CPC 06 (R2) do Comitê de Pronunciamentos Contábeis – CPC que trata de operações de arrendamento mercantil.

COMITÊ DE PRONUNCIAMENTOS CONTÁBEIS. Pronunciamento Conceitual Básico (R1). Estrutura Conceitual para Elaboração e Divulgação de Relatório Contábil-Financeiro.

COMITÊ DE PRONUNCIAMENTOS CONTÁBEIS. Pronunciamento Técnico CPC 00 (R2). Estrutura Conceitual para Relatório Financeiro.

COMITÊ DE PRONUNCIAMENTOS CONTÁBEIS. Pronunciamento Técnico CPC 04 (R1). Ativo Intangível.

COMITÊ DE PRONUNCIAMENTOS CONTÁBEIS. Pronunciamento Técnico CPC 06(R2). Operações de Arrendamento Mercantil.

COMITÊ DE PRONUNCIAMENTOS CONTÁBEIS. Pronunciamento Técnico CPC 47. Receita de Contrato de Cliente.

CONSELHO FEDERAL DE CONTABILIDADE – CFC. Resolução nº 1.121/2008. Aprova a NBC T 1: Estrutura Conceitual para a Elaboração e Apresentação das Demonstrações Contábeis.

CONSELHO FEDERAL DE CONTABILIDADE – CFC. Resolução nº 1.374/2011. Dá nova redação à NBC TG ESTRUTURA CONCEITUAL – Estrutura Conceitual para Elaboração e Divulgação de Relatório Contábil-Financeiro.

CONSELHO FEDERAL DE CONTABILIDADE – CFC. Resolução nº 2019/NGC TG EC. Dá nova redação à NBC TG ESTRUTURA CONCEITUAL – Estrutura Conceitual para relatório financeiro.

CONSELHO FEDERAL DE CONTABILIDADE – CFC. NBC TG 47 – Dispõe sobre a receita de contrato com cliente.

CONSELHO FEDERAL DE CONTABILIDADE – CFC. NBC TG 04 (R3) – Dispõe sobre a ativo intangível.

CONSELHO FEDERAL DE CONTABILIDADE – CFC. NBC TG 06 (R3) – Dá nova redação à NBC TG 06 (R2) – Operações de Arrendamento Mercantil.

ERNST & YOUNG; FIPECAFI. *Manual de normas internacionais de contabilidade*: IFRS *versus* normas brasileiras. 2. ed. São Paulo: Atlas, 2010.

ERNST & YOUNG; FIPECAFI. *Manual de normas internacionais de contabilidade*: IFRS *versus* normas brasileiras. São Paulo: Atlas, 2010. v. 2.

FUNDAÇÃO IFRS. *Normas internacionais de relatório financeiro*: conforme emitidas até 1º de janeiro de 2012 – Parte A. São Paulo: Ibracon, 2012.

FUNDAÇÃO IFRS. *Normas internacionais de relatório financeiro*: conforme emitidas até 1º de janeiro de 2012 – Parte B. São Paulo: Ibracon, 2012.

INTERNATIONAL ACCOUNTING STANDARDS BOARD – IASB. *Conceptual Framework for Financial Reporting*. Disponível em: https://www.ifrs.org/issued-standards/list-of-standards/conceptual-framework/. Acesso em: 22 fev. 2021.

INTERNATIONAL ACCOUNTING STANDARDS BOARD – IASB. IFRS 15. *Revenue from contracts with customers*. Disponível em: https://www.ifrs.org/issued-standards/list-of-standards/ifrs-15-revenue-from-contracts-with-customers/. Acesso em: 22 fev. 2021.

INTERNATIONAL ACCOUNTING STANDARDS BOARD – IASB. IFRS 16. *Leases*. Disponível em: http://eifrs.ifrs.org/eifrs/bnstandards/en/IFRS16.pdf. Acesso em: 22 fev. 2021.

RIOS, Ricardo Pereira; MARION, José Carlos. *Contabilidade avançada*. 2. ed. São Paulo: Atlas, 2020.

Índice Alfabético

A

Abordagem
 histórica, 188
 institucional e social, 187
Acréscimo
 de ganhos não realizados, 211
 no saldo dos ganhos não realizados, 248
Agentes econômicos, 60
Agregação, 60
 de patrimônios, 83
Ajustes de períodos anteriores, 135
Alocação, 62
American Institute of Certified Public Accountants (AICPA), 4
Aproximação, 63
Ascensão da escola europeia, 14
Assimetria informacional, 188
Ativo(s), 64, 106, 264
 circulante, 171, 264
 definições, 105
 diferido, 173
 e sua mensuração, 105
 imobilizado, 265
 intangível, 171
 monetários, 219
 realizável a longo prazo, 265

Autonomia patrimonial, 82
Avaliação, 61
 a preços correntes de venda, 164
 a valores
  de entrada, 165
  de saída, 164
  realizáveis líquidos, 164
 de estoques, 164
 do custo corrente dos produtos vendidos, 239

B

Balanço patrimonial, 263
Bem-estar social, 8
Big data, 194

C

Cálculo dos coeficientes, 246
Capacidade de verificação, 52
Capital
 circulante líquido, 171
 em excesso, 146
 investido, 146
 market oriented, 56
 surplus, 174
Ciclo
 contábil, 172

de capacidade, 154
   operacional, 172
Classificação, 61
Clientes, 75
Comissão de Valores Mobiliários (CVM), 90, 253
Comparabilidade, 52
Competência, 36, 88
Compreensibilidade, 52
Computadores, 194
Conservadorismo, 91
Consistência, 63, 91, 260
Consolidação, 177, 178
Contabilidade, 188
   como ciência social, 79
   como conhecimento, 79
   datas e eventos importantes na evolução histórica da, 21
   e as flutuações de preços, 204
   e decisões, 56
   evolução
      histórica da, 13
      nos Estados Unidos, 16
   gerencial, 189, 197
   informações geradas pela, 81
   no Brasil, 17
   no meio econômico e administrativo, 53
   e objetivos da, 3, 81
   origem da, 13
   perspectivas da, 20
   princípios fundamentais de, 76, 80
   usuários da, 82
Contabilização de investimentos em ações, 177
Contingências, 122
Continuidade, 63
Convenção(ões), 49
   da consistência, 51
   da materialidade, 48
   do conservadorismo, 50
Correção(ões), 205
   da demonstração de resultados, 247
   dos balanços patrimoniais, 246
   global dos dados históricos de empresa industrial, 235
   monetária operacional, 43
   pelas variações específicas de preços, 229
Credores por empréstimos, 75
Critérios de avaliação do ativo, 266
Custeamento variável, 116
Custo(s), 165
   a serem atribuídos aos estoques, 169
   como base
      de registro inicial, 33
      de valor, 91
   corrente, 114, 190, 198
      corrigidos, 245
         pelas variações do poder aquisitivo da moeda, 115
      de período, 230
      de reposição, 165, 166
      dos produtos vendidos, 247
      na data, 230
   das vendas, 211
   de aquisição, 267
   de capital, 158
   de incorporação inicial, 155
   de oportunidade, 159
   de período, 130
   de reposição, 167, 168
   histórico(s), 113, 165
      corrigidos pelas variações do poder aquisitivo médio geral da moeda, 115
Custo-padrão, 165

D

Dados de entrada, 61
Data-base, 246
Debêntures conversíveis, 148
Dedução(ões), 9
   das entradas de capital, 173

Deliberação
  CVM nº 539, de 14 de março de 2008, 70
  CVM nº 675, de 13 de dezembro de 2011, 69
  CVM nº 835, de 10 de dezembro de 2019, 63
Demonstração(ões)
  contábeis, 26, 72, 261
    consolidadas, 178
  de lucros ou prejuízos acumulados, 270
  do resultado do exercício, 270
  financeiras, 261
Demonstrativos financeiros, 62
Denominador comum monetário, 91
Depreciação(ões), 154, 157
  acumuladas, 241
Despesa(s), 88, 125, 129
  com as receitas, 91
  de desembolso, 248
  do período, 169
  operacional, 132
Direitos
  autorais, 176
  de possuidores de ativos específicos, 143
Disclosure, 49, 93
Disponibilidades ociosas, 211
Dividendos, 275
  em ações, 146
  fixos ou mínimos, 276
Dualidade, 60
Duração, 61

E

Economia(s) de custo
  não realizada, 208
  realizadas, 241, 247
Efeito
  diluição, 148
  relevante, 261
Eficiência, 187
  decrescente, 159
  estável, 159
Elementos essenciais do princípio, 85
Empregados, 74
Entidade(s), 61, 62, 63
  contábil, 26
  em marcha, 84
  na continuidade, 142
Equivalência patrimonial, 177
Equivalentes correntes de caixa, 113
Escola anglo-saxônica, 15
Escrituração, 260
Essência sobre a forma, 190
Estoques, 163
Estrutura, 60
Evidenciação, 63, 93, 95
  adequada, 94
  justa, 94
  plena, 94
Exigibilidades, 120, 143
Expressão em moeda nacional, 86
Extensão, 61

F

Fair value, 198
Fator de exclusão, 154
Financial Accounting Standards Board (FASB), 16
Firmas de auditoria de origem anglo-americana, 19
Flutuações de preços, 203, 204
Fluxos futuros de caixa, 189
Fontes para obtenção de preços específicos, 231
Fornecedores e outros credores comerciais, 75
Fundo, 144

G

Ganho(s), 125
  de capital não realizado, 208
  de custo realizado pela venda, 211
  extraordinários, 134

não realizados, 208
nos itens monetários, 249
pela manutenção, 222
Gastos
com pesquisa, 176
de capital, 173
de desenvolvimento, 176
de organização, 173
Goodwill, 48, 105, 173, 174, 176, 179
Governo e suas agências, 75
Grau de associação das despesas com as receitas, 131

I

Ibracon, 90
Imobilizado(s)
construídos pela entidade, 156
tangível, 153, 154
Imposto de Renda, 248
Indexadores da atualização, 87
Índice(s)
de preços publicados, 235
geral(is)
de preços, 218, 245
para empresas específicas, 232
Indução, 9
Inequity of monetary claims, 43
Informações
geradas pela contabilidade, 81
qualitativa, 95
Iniquidade das reivindicações monetárias, 60
Intangíveis, 172, 177
Integridade das variações, 85
Interface com sistemas, 57
Internet, 194
Intervalos de tempo, 60
Invasão norte-americana, 15
Inventário periódico, 164
Investidores, 74

Item(ns)
extraordinários, 134
monetário(s), 220, 222
ociosos, 211
não monetário, 220, 223

J

Juro normal como um custo econômico, 155

L

Leasing, 181
Lei
nº 6.404/76, 259, 277, 279
quanto à clareza e à ordem de exposição, 277
quanto à sua oportunidade, 277
quanto à terminologia contábil, 277
nº 11.638/07, 257
nº 11.941/09, 258
Licenças, 176
Lucro(s)
conceito fundamental de, 53
em excesso, 174
líquido, 213, 272
por ação, 148, 149
primário, 148
totalmente diluído, 148
realizado, 208, 213

M

Manutenção
da dívida, 226
dos valores originais nas variações internas, 86
Marcas, 176
Margem de lucro, 169
Matéria posta à disposição, 105
Materialidade, 48, 49, 52, 61, 91, 94
Mensuração
das exigibilidades, 122
e avaliação dos ativos, 107

Método(s)
    de contagem física, 164
    de *equity*, 178
        de contabilização de investimentos em ações, 177
    de juro sobre a inversão, 160
    de quotas
        constantes, 158
        crescentes, 159
        decrescentes, 161
        variáveis, 159
    do *sinking fund*, 159
    quantitativos no equacionamento da solução de problemas empresariais, 194
Montante agregado de recursos, 142
Mudanças
    no nível geral dos preços, 217
    nos preços específicos, 229
Mutações do patrimônio líquido, 262

N

Norma da objetividade, 45

O

Objetividade, 47, 63, 91
Objetivos da contabilidade, 81
Objetos econômicos, 60
Oportunismo, 187

P

Passivo(s), 64
    circulante, 171
    definições de, 119
    e sua mensuração, 119
    exigível, 266
    monetários, 219
Patentes, 176
Patrimônio
    da empresa, 146
    dos acionistas, 146
    líquido, 64, 65, 141, 269
        classificações principais no, 146
        exigibilidades e, 141
        nas consolidações, 149
        várias abordagens do, 143
    objeto da contabilidade, 79
Percentagem constante sobre o valor contábil, 161
Perdas, 125
    extraordinários, 134
    pela manutenção de disponibilidades ociosas, 212
Período(s)
    contábeis, 91
    de tempo, 62
Plano
    baseado em valores de mercado (de realização), 111
    de incentivo, 187
Poder aquisitivo, 217
    de investimentos da empresa, 218
Postulado(s), 49, 91
    contábeis, 25
    da continuidade, 27
    da entidade contábil, 26
    natureza dos, 25
Potencialidade, 54
Preços
    correntes de venda, 112, 164
    de mercado, 62
Prevalência da essência sobre a forma, 51, 52
Princípio(s), 49
    contábeis, 33
        segundo Mattessich, 59
    da atualização monetária, 87
    da competência, 87, 88
    da continuidade, 83, 84
    da entidade, 82
    da oportunidade, 84

da prudência, 89

da realização da receita e da confrontação com as despesas, 36, 38

de contabilidade geralmente aceitos, 260

do denominador comum monetário, 43

do registro pelo valor original, 85

fundamentais de contabilidade, 80

Processo
　de *impairment*, 174
　indutivo, 10

Produção, 40

Produtos ou serviços de longo prazo de maturação, 40

Profissão contábil no Brasil, 20

Prudência, 50, 89, 90, 91

Público, 75

Q

Qualidades da informação contábil, 51

Quantificação, 62

Quotas
　constantes, 159
　decrescentes, 159

R

Realização, 61
　da receita, 91

Recebimentos descontados de caixa, 164

Receita(s), 88, 125, 126, 128
　líquida, 159
　mensuração da, 127
　natureza e definições de, 125
　que acrescem em uma proporção direta ao decurso do tempo, 38

Reconhecimento
　da receita
　　após o ponto de venda, 42
　　por valoração dos estoques, 39
　das exigibilidades, 121

Recursos globais, 143

Reestruturação do ensino da Contabilidade na Faculdade de Economia e Administração da USP, 19

Regime de competência, 260

Regra custo ou mercado, 50, 168

Relevância, 48, 49, 52, 91, 94, 189

Representação fidedigna, 52

Reserva
　de capital, 275
　de lucros, 273
　　a realizar, 273, 274
　de retenção de lucros, 272, 273
　especial de lucro, 276
　legal, 273
　para contingências, 273

Resolução no 750 do Conselho Federal de Contabilidade, de 1993, 75

Restrições, 45

Resultado corrente corrigido apurado por diferença entre patrimônios líquidos, 246

Robôs, 194

S

Sistema de informação contábil, 6

Soma
　de patrimônios, 83
　dos dígitos dos algarismos dos anos, 161

Supridores especiais de recursos, 143

Systematic and rational manner, 157

T

Tangível, 172

Taxa normal de lucro, 167

Tempestividade, 52
　do registro, 85

Teoria contábil, 3
　abordagem(ns), 7
　　comportamental, 7
　　ética, 7
　　macroeconômica, 8
　　sistêmica, 9

sociológica, 8
contratual da firma, 188
da contabilidade, 196, 197
da correção monetária contábil, 201, 203
da entidade, 143, 145
do acionista ordinário, 144, 145
do agenciamento, 57
do comando, 145
do fundo, 144, 145
do proprietário, 142, 143
normativa, 11, 186, 189
positiva, 11, 185, 186, 189
   das organizações, 188
social
   do empreendedor, 145
   do empreendimento, 145
Transações
   contábeis, 61
   econômicas, 61
Troca, 62

U

Unidade
   de mensuração, 62
   estável, 63
   homogênea de mensuração, 39

Uniformidade, 51, 91
   de critérios no tempo, 260
   pela lei, 260
Usuários, 74
   da contabilidade, 82

V

Valor(es)
   de compra, 114
   de entrada, 113, 165
   de liquidação, 113
   de mercado, 50, 114, 267
   de realização, 167
      líquido, 168
   de saída, 112, 190, 198
   descontados das entradas líquidas de caixa futuras, 112
   justo, 190, 198
   monetários, 60
   realizável líquido, 164
Variações
   do poder aquisitivo da moeda, 245
   patrimoniais, 88
Venda(s), 211, 247
   como evidência, 46
Verificabilidade, 52